FRANK DIKÖTTER

DIKTATOR WERDEN

POPULISMUS, PERSONENKULT UND DIE WEGE ZUR MACHT

Aus dem Englischen von
Henning Dedekind und
Heike Schlatterer

KLETT-COTTA

Hinweis zur Übersetzung: Henning Dedekind hat
die Kapitel 1, 2, 5–8 übersetzt und die Bibliographie bearbeitet.
Die Übersetzung der Kapitel 2 (»Hitler«) und
4 (»Mao Zedong«) stammt von Heike Schlatterer.

MIX
Papier aus verantwortungsvollen Quellen
FSC® C014496

Klett-Cotta
www.klett-cotta.de
Die Originalausgabe erschien unter dem Titel
»How to be a Dictator. The Cult of Personality in the
Twentieth Century« im Verlag Bloomsbury Publishing, London

Printed in Germany
Cover: Rothfos & Gabler, Hamburg
unter Verwendung eines Fotos von © World History Archive /
Alamy Stock Photo, Bildnr. EX6GAD
Abbildung auf Seite 8: W. M. Thackeray, *The Paris Sketch Book*, London:
Collins' Clear-Type Press, 1840. © INTERFOTO / Sammlung Rauch
Gesetzt von C.H.Beck.Media.Solutions, Nördlingen
Gedruckt und gebunden von GGP Media GmbH, Pößneck
ISBN 978-3-608-98189-6

Zweite Auflage, 2020

Bibliografische Information der Deutschen Nationalbibliothek
Die Deutsche Nationalbibliothek verzeichnet diese Publikation in der
Deutschen Nationalbibliografie; detaillierte bibliografische
Daten sind im Internet über http://dnb.d-nb.de abrufbar.

Inhalt

Vorwort
9

Mussolini
21

Hitler
63

Stalin
107

Mao Zedong
145

Kim Il-sung
183

Duvalier
213

Ceaușescu
239

Mengistu
265

Nachwort
287

Anhang

Danksagungen
295

Bibliographie
297

Anmerkungen
315

Personen- und Ortsregister
357

»Zuvörderst wird also angenommen: dass alle Menschen ihr ganzes Leben hindurch beständig und unausgesetzt eine Art der Macht nach der anderen sich zu verschaffen bemüht sind; nicht darum, weil sie nach einer immer größeren Macht als die ist, welche sie schon besitzen, streben, oder sich an einer mäßigen nicht genügen können, sondern weil sie ihre gegenwärtige Macht und Glückseligkeit zu verlieren fürchten, wenn sie dieselben nicht noch vermehren.«

Thomas Hobbes, Der Leviathan[1]

REX
KÖNIG

LUDOVICUS
LUDWIG

LUDOVICUS REX
KÖNIG LUDWIG [XIV.]

Vorwort

Im Jahr 1840 veröffentlichte der für seine Satiren über die Großen und Mächtigen berühmte Romancier William Thackeray eine Karikatur von Ludwig XIV. Zu seiner Linken steht eine Kleiderpuppe mit des Königs Schwert, seinem mit Hermelin und bourbonischen Lilien verzierten Gewand, seiner wallenden Lockenperücke und seinen Schuhen mit den aristokratischen Absätzen. In der Bildmitte steht der Mann selbst als erbärmlicher *Ludovicus* in Unterwäsche mit dürren Beinen, einem hervorstehenden Bauch, kahl, bloß und zahnlos. Auf der rechten Seite indes sieht man ihn als voll bekleideten, stolzen *Ludovicus Rex* in vollem Ornat. Thackeray hatte den Sonnenkönig entkleidet, um den Menschen dahinter zu zeigen, zerbrechlich und erbarmungswürdig, ohne die Insignien der Macht: »So machen Barbiere und Schuster die Götter, die wir verehren.«[2]

»L'État, c'est moi«, soll der berühmte Herrscher des 17. Jahrhunderts angeblich gesagt haben: »Der Staat bin ich.« Aus Ludwigs Perspektive war er allein Gott verantwortlich. Er war ein absoluter Monarch, der seine autokratische Macht mehr als siebzig Jahre lang dazu nutzte, den Adel zu schwächen, den Staat zu zentralisieren und sein Hoheitsgebiet mit Waffengewalt zu erweitern. Er stellte sich als unfehlbarer Sonnenkönig dar, um den sich alles andere drehte. Durch Orden, Gemälde, Büsten, Statuen, Obelisken und Triumphbögen sorgte er dafür, dass er im ganzen Reich entsprechend verherrlicht wurde. Dichter, Philosophen und offizielle

Geschichtsschreiber hoben seine Errungenschaften hervor und priesen ihn als allwissend und omnipotent. Im Südwesten von Paris ließ er ein königliches Jagdhaus zum Schloss von Versailles umbauen, einem monumentalen Palast mit 700 Zimmern und weitläufigem Anwesen, wo er Hof hielt und seine adligen Höflinge zwang, um seine Gunst zu buhlen.[3]

Ludwig XIV. war ein Meister des Polittheaters, doch betreiben alle Politiker bis zu einem gewissen Grad Meinungsmache und Imagebildung. Ludwig XVI., ein Großenkel des Sonnenkönigs, wurde nach der Revolution 1789 auf der Guillotine hingerichtet, und mit ihm wurde auch die Vorstellung des Gottesgnadentums beerdigt. Die Revolutionäre waren der Ansicht, dass souveräne Rechte vom Volk ausgingen, nicht von Gott. In den Demokratien, die sich in den folgenden zwei Jahrhunderten nach und nach bildeten, begriffen die Führer, dass sie für das Wahlvolk attraktiv sein mussten, da dieses an der Urne über ihre weitere Karriere befand.

Freilich gab es außer Wahlen noch andere Mittel und Wege, an die Macht zu gelangen. Man konnte einen Staatsstreich organisieren oder das System manipulieren. Im Jahr 1917 stürmten Lenin und die Bolschewiki das Winterpalais und riefen eine neue Regierung aus. Später bezeichneten sie ihren Coup als »Revolution« im Geiste von 1789. Wenige Jahre danach, 1922, marschierte Mussolini auf Rom und zwang das Parlament, ihm die Macht zu übergeben. Doch wie auch andere Diktatoren stellten beide fest, dass bloße Macht ein Verfallsdatum besitzt. Durch Gewalt erlangte Macht muss durch Gewalt aufrechterhalten werden, doch Gewalt ist bisweilen ein stumpfes Instrument. Ein Diktator benötigt daher loyale Streitkräfte, eine Geheimpolizei, eine Prätorianergarde, Spione, Informanten, Vernehmer, Folterknechte. Am besten ist es jedoch, so zu tun, als wäre Zwang in Wirklichkeit Zustimmung. Ein Diktator muss seinem Volk Angst einflößen, doch wenn er es dazu verführen kann, ihn zu bejubeln, hält er sich wahrscheinlich länger. Kurz: Das Paradoxon des modernen Diktators ist, dass er die Illusion breiter Unterstützung seitens der Bevölkerung erzeugen muss.

Das gesamte 20. Jahrhundert hindurch jubelten Hunderte Millionen Menschen ihren jeweiligen Diktatoren zu, selbst wenn diese sie unterjochten und versklavten. In vielen Ländern der Erde blickte ein Diktator von Plakatwänden und Gebäuden herab; in den Schulen, Büros und Fabriken hingen seine Porträts. Gewöhnliche Menschen mussten sich vor seinem Ebenbild verneigen, an seiner Statue vorbeidefilieren, seine Taten rühmen, seinen Namen loben, sein Genie preisen. Moderne Technologien von Radio und Fernsehen bis hin zur industriellen Produktion von Postern, Plaketten und Büsten machten diese Diktatoren in einem Maße allgegenwärtig, das zu Zeiten Ludwigs XIV. unvorstellbar gewesen wäre. Selbst in relativ kleinen Ländern wie Haiti waren Tausende regelmäßig gezwungen, ihrem Führer zuzujubeln, vor dem Präsidentenpalast aufzumarschieren und damit die in Versailles veranstalteten Festivitäten in den Schatten zu stellen.

Im Jahr 1956 denunzierte Nikita Chruschtschow Josef Stalin und schilderte dessen Schreckensherrschaft in allen Einzelheiten. Die »widerliche Verherrlichung« und den »Größenwahn« seines einstigen Herrn und Meisters bezeichnete er als »Kult des Individuums«. Später wurde in der Übersetzung daraus der Begriff des »Personenkults«. Es mag sich dabei nicht um das exakt entwickelte Denkmodell eines großen Gesellschaftswissenschaftlers handeln, aber die meisten Historiker finden ihn ziemlich passend.[4]

Ludwig XIV. war noch minderjährig, da wurde Frankreich durch eine Reihe von Aufständen erschüttert, als der Adel versuchte, die Macht der Krone zu beschränken. Dieses Ziel wurde nicht erreicht, doch die Ereignisse hinterließen einen tiefen Eindruck bei dem jungen König, der sich zeit seines Lebens vor einer Rebellion fürchtete. Er verlegte das Machtzentrum von Paris nach Versailles und zwang die Adligen, Zeit am Hofe zu verbringen, wo er sie dabei beobachten konnte, wie sie um seine königliche Gnade wetteiferten. Diktatoren hatten ebenfalls Angst vor ihrem eigenen Volk, aber noch mehr fürchteten sie sich vor ihrer höfischen Entourage. Sie waren schwach. Wären sie stark gewesen, hätte eine Mehrheit sie gewählt. Stattdessen entschlossen sie sich dazu, eine Abkürzung zu nehmen, und gingen dabei oft über die Leichen ihrer Gegner. Wenn jedoch sie die Macht an sich reißen konnten, würde dies auch anderen gelingen, sodass jederzeit die Möglichkeit eines Meuchelmordes im Raum stand. Rivalen, die meist nicht weniger skrupellos waren, gab es durchaus. So war Mussolini lediglich einer von mehreren etablierten Faschistenführern und hatte vor seinem Marsch auf Rom im Jahr 1922 eine Rebellion in den eigenen Reihen überstehen müssen. Stalin verblasste im Vergleich zu Trotzki. Mao wurde in den 1930er-Jahren mehrfach von mächtigeren Rivalen seiner Posten enthoben. Kim Il-sung wurde 1945 von der Sowjetunion einer unwilligen Bevölkerung vorgesetzt und sah sich von kommunistischen Führern umgeben, die ein weit beeindruckenderes Portfolio an Untergrundaktivitäten vorweisen konnten.

Für einen Diktator bestanden viele Möglichkeiten, sich den Weg an die Macht zu ebnen und dabei seine Rivalen loszuwerden. Es gab blutige Verfolgungen, Manipulationen oder Teile-und-herrsche-Strategien, um nur einige zu nennen. Langfristig jedoch erwies sich der Personenkult als effizienteste Option. Der Kult erniedrigte Verbündete und Gegner gleichermaßen, da er sie durch eine allgemeine Unterdrückung zur Kooperation zwang. In erster Linie aber machte ein Diktator die Menschen zu Lügnern, indem er sie nötigte, ihm vor den Augen und Ohren der anderen zu huldigen. Wenn aber alle logen, wusste niemand mehr, wer tatsächlich log, was es schwieriger machte, Komplizen zu finden und einen Staatsstreich zu organisieren.

Wer schuf den Kult? Beteiligt waren Hagiographen, Fotografen, Theaterschriftsteller, Komponisten, Dichter, Redakteure und

Choreographen ebenso wie mächtige Propagandaminister und bisweilen sogar ganze Industriezweige. Letztendlich aber lag die Verantwortung bei den Diktatoren selbst. »In einer Diktatur beginnt die Politik mit der Persönlichkeit des Diktators«, schrieb Mao Zedongs Leibarzt in seinen Memoiren.[5] Die acht Diktatoren in diesem Buch besaßen ganz unterschiedliche Persönlichkeiten, doch jeder von ihnen traf die wichtigsten Entscheidungen zur eigenen Verherrlichung selbst. Manche griffen öfter ins Geschehen ein als andere. Einem Bericht zufolge soll Mussolini die Hälfte seiner Zeit damit verbracht haben, sich als allwissender, allmächtiger und unverzichtbarer Herrscher Italiens zu inszenieren – daneben leitete er noch über ein halbes Dutzend Ministerien. Stalin stutzte seinen Personenkult regelmäßig zurecht, wenn er den Eindruck gewann, dass bestimmte Lobeshymnen nun zu viel des Guten seien – jedoch nur um sie ein paar Jahre später wieder zuzulassen, wenn er befand, nun sei die Zeit reif dafür. Ceauşescu propagierte zwanghaft seine eigene Person. Auch Hitler achtete hinsichtlich seines Bildes in der Öffentlichkeit in den Anfangsjahren peinlich genau auf jedes Detail, wenngleich er später im Vergleich zu anderen Diktatoren ungewöhnlich viel delegierte. Alle schöpften die Ressourcen des Staates voll aus, um Eigenwerbung zu betreiben. Schließlich waren sie ja der Staat.

Natürlich rückten nicht alle Historiker einen Diktator in den Mittelpunkt. Ian Kershaw bezeichnete Hitler bekanntlich als »Unperson«, als mittelmäßigen Menschen, dessen persönliche Eigenschaften seine Wirkung in der Öffentlichkeit nicht erklären könnten. Seiner Meinung nach galt es, »das deutsche Volk« und dessen Wahrnehmung Hitlers genauer zu beleuchten.[6] Woher aber soll man wissen, wie die Menschen über ihren Führer dachten, wenn doch die Meinungsfreiheit stets das erste Opfer einer Diktatur ist? Hitler wurde nicht von einer Mehrheit gewählt, und nach der Machtergreifung steckten die Nazis innerhalb eines Jahres an die 100 000 ganz normale Leute ins Konzentrationslager. Die Gestapo, die SA und die Gerichte zögerten ebenfalls nicht, diejenigen einzusperren, die ihrem Führer nicht gebührend huldigten.

Bisweilen schien die vermeintliche Ergebenheit des Volkes so spontan Ausdruck zu finden, dass außenstehende Beobachter – und spätere Historiker – diese für echt hielten. Der Stalin-Kult, so hieß es immer, »war allgemein anerkannt und innerhalb der Bevölkerung von Millionen Menschen aller Schichten, Alters- und Berufsgruppen verinnerlicht, insbesondere in den Städten«.[7] Diese Aussage ist vage und unbegründet; sie ist nicht mehr oder weniger falsch als ihr Gegenteil: Millionen sowjetischer Bürger unterschiedlichster Herkunft waren dem Stalin-Kult nicht verfallen, insbesondere auf dem Land. Selbst treue Anhänger vermochten nicht die Gedanken ihres Führers zu lesen, geschweige denn die Gedanken der Millionen Menschen, deren Leben vom System reglementiert wurde.

Diktatoren, die sich an der Macht hielten, besaßen viele Fähigkeiten. Viele konnten außergewöhnlich gut ihre Gefühle verbergen. Mussolini hielt sich für den besten Schauspieler Italiens. In einem Augenblick der Unachtsamkeit bezeichnete sich auch Hitler einmal als größten Darsteller Europas. In einer Diktatur lernten jedoch auch viele gewöhnliche Menschen, sich zu verstellen. Sie mussten auf Kommando lächeln, die Linie der Partei nachbeten, deren Slogans brüllen und ihren Führer grüßen. Kurz, man erwartete von ihnen, dass sie eine Illusion der Zustimmung erzeugten. Diejenigen, denen dies nicht gelang, wurden bestraft, inhaftiert und gelegentlich auch erschossen.

Es ging nicht so sehr darum, dass wenige Menschen ihre Diktatoren bewunderten, sondern darum, dass niemand so recht wusste, was die anderen dachten. Der Sinn und Zweck des Kults war es nicht zu überreden oder zu überzeugen. Er bestand vielmehr darin, Verwirrung zu stiften, den gesunden Menschenverstand ad absurdum zu führen, Gehorsam zu erzwingen, Individuen voneinander zu isolieren und ihre Würde zu brechen. Die Menschen mussten sich selbst zensieren und gleichzeitig andere beobachten. Wer in seinen Treuebekundungen dem Führer gegenüber nicht hinreichend aufrichtig erschien, wurde denunziert. Unter der Oberfläche der scheinbaren Gleichförmigkeit existierte ein breites Spektrum: von denjenigen, die ihren Führer tatsächlich idealisierten – echte Anhänger, Opportunisten, Schläger –, bis hin zu jenen, die gleichgültig, apathisch oder sogar feindselig waren.

Diktatoren waren zuhause beliebt, wurden jedoch auch von Ausländern bewundert, etwa von angesehenen Intellektuellen und bekannten Politikern. Einige der größten Geister des 20. Jahrhunderts waren bereit, im Namen eines höheren Ziels die Tyrannei zu ignorieren oder sogar zu rechtfertigen, und festigten damit die Legitimation ihrer Lieblingsdiktatoren. Auf diesen Seiten treten sie nur flüchtig in Erscheinung, da sie bereits Gegenstand einiger ausgezeichneter Studien sind, nicht zuletzt eines jüngeren Werks von Paul Hollander.[8]

Da ein Kult aufrichtig populär wirken musste, so als wäre er aus den Herzen der Menschen hervorgetreten, war er unweigerlich mit Aberglauben und Magie durchtränkt. In manchen Ländern waren die religiösen Untertöne so auffällig, dass man versucht sein könnte, an eine bestimmte Form von säkularer Anbetung zu denken. In jedem einzelnen Fall wurde dieser Eindruck jedoch bewusst von oben kultiviert. Hitler präsentierte sich als Messias, den ein mystischer, quasireligiöser Bund mit den Massen vereinte. François Duvalier gab sich große Mühe, als Voodoo-Priester zu erscheinen, was Gerüchte um seine übernatürlichen Kräfte entfachte.

Besonders in kommunistischen Regimen bestand die Notwendigkeit eines wie auch immer gearteten traditionellen Fundaments. Der Grund dafür war einfach: In vorwiegend ländlich geprägten Gesellschaften wie Russland, China, Korea oder Äthiopien konnten nur wenige etwas mit dem Marxismus-Leninismus anfangen. Den Führer als eine Art Heiligen verehren zu lassen war deutlich wirksamer als die abstrakte politische Philosophie des dialektischen Materialismus, die von einer vorwiegend analphabetischen Bevölkerung auf dem Lande kaum verstanden wurde.

Was in einer Diktatur noch mehr zählte als Gesinnungstreue, war die Loyalität gegenüber einer Person. Eine Ideologie kann polarisieren und spalten. Ein Werk kann auf unterschiedliche Weise interpretiert werden, was möglicherweise zu verschiedenen Lagern führt. Die größten Feinde der Bolschewiki waren die Menschewiki, doch beide beriefen sich auf Marx. Mussolini lehnte Ideologien ab und hielt den Faschismus bewusst vage. Er war niemand, der sich in ein straffes Denkkorsett pressen ließ. Anstatt ein festgefügtes Weltbild zu vertreten, war er stolz auf sein intuitives, instinktgesteuertes Handeln. Wie Mussolini hatte auch Hitler, über seine Anziehungskraft auf Nationalisten und Antisemiten hinaus, außer sich selbst im Grunde wenig anzubieten.

Im Falle kommunistischer Regime ist die Angelegenheit bedeutend komplizierter, da diese ja schließlich marxistisch ausgerichtet sein sollten. Doch auch hier wäre es sowohl für gewöhnliche Menschen als auch für Parteimitglieder unklug gewesen, allzu vehement auf die Werke von Karl Marx zu pochen. Unter Stalin war man Stalinist, unter Mao Maoist und unter Kim eben Kimist.

Im Falle von Mengistu nahm man es, über die obligatorischen roten Sterne und Flaggen hinaus, mit der sozialistischen Lehre nicht so genau. In ganz Äthiopien hingen Plakate mit der heiligen Dreifaltigkeit: Marx, Engels und Lenin. Doch war es Lenin, nicht Marx, der es Mengistu angetan hatte. Marx hatte seine Vision von Gleichheit aufgezeigt, Lenin hingegen hatte ein Instrument zur Machtergreifung ersonnen: die revolutionäre Avantgarde. Statt darauf zu warten, dass die Arbeiterschaft ein Klassenbewusstsein entwickelte und den Kapitalismus beseitigte, wie Marx es vorhergesagt hatte, führte eine Gruppe professioneller, militärisch straff organisierter Revolutionäre die Revolution an und errichtete eine Diktatur des Proletariats, um den Übergang vom Kapitalismus zum Kommunismus von oben zu steuern. Sämtliche Feinde des Fortschritts eliminierte man rücksichtslos. Für Mengistu mochte die Kollektivierung der Landwirtschaft marxistisch gewesen sein, doch in erster Linie war sie ein Mittel, um noch mehr Getreide aus den ländlichen Gebieten zu pressen, was es ihm ermöglichte, seine Truppen aufzubauen.

Kommunistische Diktatoren veränderten die Marx'sche Lehre bis zur Unkenntlichkeit. Marx hatte gefordert, dass sich die Arbeiter aller Länder in einer proletarischen Revolution vereinigen sollten, Stalin indes vertrat die Auffassung vom »Sozialismus in einem Land« – mit dem Argument, dass die Sowjetunion erst erstarken müsse, bevor sie die Revolution ins Ausland exportieren könne. Mao las Marx, stellte ihn jedoch auf den Kopf, indem er anstelle der Arbeiter die Bauern zur Speerspitze der Revolution machte. Statt die klassische Ansicht beizubehalten, dass die materiellen Bedingungen die primäre Kraft historischen Wandels seien, behauptete Kim Il-sung genau das Gegenteil, nämlich, dass die Menschen nur dann wahren Sozialismus erreichen könnten, wenn sie nach Autarkie und Unabhängigkeit strebten. Im Jahr 1972 wurde die Lehre des Großen Führers in die Verfassung aufgenommen, und der Marxismus verschwand gänzlich aus Nordkorea. In sämtlichen dieser Fälle blieb die leninistische Idee einer revolutionären Avantgarde jedoch praktisch unverändert.

Häufig war die Ideologie ein Akt des Glaubens, eine Prüfung der Loyalität. Das soll nicht heißen, dass es den Diktatoren an Weltsichten oder Glaubensgrundsätzen gemangelt hätte. Mussolini etwa glaubte an wirtschaftliche Autarkie und beschwor sie wie einen Zauber. Mengistu war darauf fixiert, dass Eritrea eine aufständische Provinz sei, und überzeugt, dass ein unerbittlicher Krieg die einzige Lösung darstelle. Schließlich und endlich aber war jede Ideologie so, wie sie der Diktator auskleidete, und was der Diktator anordnete, konnte sich mit der Zeit ändern. Er personalisierte die Macht, sodass sein Wort zum Gesetz wurde.

Diktatoren belogen ihr Volk, aber auch sich selbst. Manche wurden zu Gefangenen ihrer eigenen Welt, überzeugt von ihrem eigenen Genie. Andere entwickelten ein krankhaftes Misstrauen gegenüber ihrem persönlichen Gefolge. Alle waren von Kriechern umgeben. Sie schwankten zwischen Selbstüberschätzung und Paranoia und trafen infolgedessen wichtige Entscheidungen ganz alleine – mit verheerenden Folgen, die Millionen von Menschen das Leben kosteten. Einige verloren jeden Bezug zur Realität, etwa Hitler in seinen letzten Jahren, ganz zu schweigen von Ceauşescu. Viele aber überwanden alle Schwierigkeiten und blieben an der Macht. Stalin und Mao starben eines natürlichen Todes, nachdem sie sich viele Jahrzehnte lang selbst überhöht hatten. Duvalier gelang es, seinem Sohn die Macht zu übertragen und den Kult um seine Person damit um weitere zwölf Jahre zu verlängern. Und was den extravagantesten Kult aller Zeiten betrifft, so regiert der nordkoreanische Kim-Klan inzwischen in dritter Generation.

Die Liste der Staatenlenker, die allgemein als moderne Diktatoren betrachtet werden, umfasst weit über hundert Namen. Manche waren nur wenige Monate an der Macht, andere jahrzehntelang. Unter denjenigen, die man ebenfalls in diesem Buch hätte aufführen können, sind – in willkürlicher Reihenfolge – Franco, Tito, Hoxha, Sukarno, Castro, Mobutu, Bokassa, Gaddafi, Saddam Hussein, Assad (Vater und Sohn), Khomeini und Mugabe.

Die meisten pflegten eine Form des Personenkults, boten Variationen ein und desselben Themas. Nur für sehr wenige trifft dies nicht zu, etwa für Pol Pot. Nach seiner Machtübernahme blieb selbst seine genaue Identität zwei Jahre lang im Dunkeln. Die Bewohner Kambodschas gebrauchten die allumfassende Bezeichnung Angkar (»Organisation«). Wie der Historiker Henri Locard darlegt, hatte die Entscheidung gegen den Aufbau eines Personenkults jedoch katastrophale Folgen für die Roten Khmer. Die Idee, sich hinter einer anonymen Organisation zu verstecken, die jeden Widerstand im Keim erstickte, war ein Schuss, der bald nach hinten losging. »Da die Angkar es versäumte, Verherrlichung und Ergebenheit zu induzieren, konnte sie nur Hass hervorrufen.«[9] Selbst der *Große Bruder* in George Orwells *1984* hatte ein Gesicht, das die Menschen an jeder Straßenecke anstarrte.

Diktatoren, die sich an der Macht hielten, bedienten sich häufig zweier Instrumente: Kult und Terror. Trotzdem wurde der Personenkult allzu oft als bloße Verirrung betrachtet, als abstoßendes, aber marginales Phänomen. Dieses Buch verortet ihn dort, wo er hingehört: im Herzen der Tyrannei.

Mussolini

Das am Rande des historischen Zentrums gelegene EUR ist eines der nüchternsten Viertel Roms, durchzogen von breiten, schnurgeraden Straßen und voller beeindruckender Gebäude aus glänzend weißem Travertin – demselben Baustoff, mit dem einst das Kolosseum errichtet wurde. EUR steht für Esposizione Universale di Roma, eine gigantische Weltausstellung, mit der Benito Mussolini 1942 den 20. Jahrestag des Marsches auf Rom (der Machtübernahme der Faschisten) begehen wollte. Wie der leitende Architekt Marcello Piacentini sagte, sollte das Projekt »eine neue Zivilisation« zeigen, »die Zivilisation von Mussolini«. Die Ausstellung fand zwar niemals statt, weil zuvor der Zweite Weltkrieg ausbrach, doch wurden noch bis in die fünfziger Jahre zahlreiche Gebäude fertiggestellt. Einer der symbolträchtigsten Bauten des EUR, der, umgeben von Schirmkiefern, wie ein antiker römischer Tempel auf einem erhöhten Podium thront, beheimatet das Staatsarchiv.[1]

In einem majestätischen Lesesaal mit hohen Regalen kann man sich durch die verstaubte und vergilbte an den Duce gerichtete Korrespondenz lesen. Auf der Höhe seines Ruhms erhielt er täglich bis zu 1500 Briefe. Diese durchliefen allesamt ein persönliches Sekretariat, in dem etwa 50 Personen arbeiteten. Dort wurden mehrere Hundert Schreiben zu seiner persönlichen Kenntnisnahme aussortiert. Als Mussolini im Sommer 1943 gestürzt wurde, beherbergte das Archiv eine halbe Million Akten.[2]

Am 28. Oktober, der im faschistischen Kalender als »Tag eins«

gefeiert wurde, trafen Telegramme aus allen Winkeln des Reichs ein. Darunter waren Oden an »Seine erhabene und ruhmreiche Exzellenz«, und ein gewisser Salustri Giobbe pries »das erhabene Genie, das über alle Stürme dieser Welt obsiegt hat«. Der Präfekt von Triest, um ein anderes Beispiel zu nennen, ließ wissen, dass die gesamte Bevölkerung Mussolinis Genie huldige, während die Stadt Alessandria ihn offiziell als den Schöpfer der Herrlichkeit bejubelte.[3]

In erster Linie jedoch wollten die Bewunderer des Duce handsignierte Fotos. Die Anfragen kamen von Menschen aus allen Schichten und Lebenssituationen, von Schulkindern, die Weihnachtsgrüße schickten, bis hin zu Müttern, die über den Tod ihrer gefallenen Söhne trauerten. Mussolini kam diesen Wünschen oft und gerne nach. Als die 95-jährige Rentnerin Francesca Corner aus Venedig eine Antwort erhielt, war sie von einem »immensen Gefühlsausbruch« überwältigt – so der örtliche Präfekt, der dem Geschehen pflichtschuldig beiwohnte und Bericht erstattete.[4]

Wie den meisten Diktatoren gefiel auch Mussolini der Gedanke, ein Mann des Volkes zu sein, der für jeden ansprechbar war. Im März 1929 prahlte er vor der versammelten Führung damit, er habe 1887 einhundertzwölf einzelne Fälle beantwortet, die ihm von seinem Sekretariat vorgelegt worden seien. »Wann immer sich Bürger an mich wandten, und stammten sie auch aus den entlegensten Dörfern, erhielten sie eine Antwort.«[5] Das war eine kühne Behauptung. Doch, wie die Archive zeigen, entbehrt sie nicht jeglicher Grundlage.

Einer Darstellung zufolge verbrachte Mussolini die Hälfte seiner Zeit damit, sein Bild in der Öffentlichkeit zu pflegen.[6] Er war der ultimative Meister der Propaganda, Schauspieler, Bühnendirektor, Redner und glänzender Selbstdarsteller in einer Person.

Seinen Aufstieg zur Macht hatten nur wenige vorhersehen können. Der junge Mussolini versuchte sich als Journalist für die Sozialistische Partei Italiens, fiel jedoch bei seinen Kameraden in

Ungnade, weil er Italiens Eintritt in den Ersten Weltkrieg befürwortete. Er wurde zum Wehrdienst eingezogen und 1917 durch die versehentliche Explosion einer Mörsergranate verwundet.

Dem Kriegsende in Italien folgte wie im übrigen Europa eine Phase wirtschaftlicher Instabilität. Nach blutigen Jahren auf dem Schlachtfeld und dem strengen Regiment in den Fabriken nahmen nun immer mehr Arbeiter an Streiks teil, welche die Wirtschaft lahmlegten. Inspiriert von Lenins Machtergreifung in Russland im Jahr 1917, wurden ganze Gemeinden sozialistisch, hissten die rote Flagge und erklärten sich zu Befürwortern einer Diktatur des Proletariats. Dies waren die »Roten Jahre«, in denen die Sozialistische Partei auf mehr als 200 000 Mitglieder im Jahr 1920 anwuchs und die Zahl der Anhänger der Gewerkschaft Confederazione Generale Italiana del Lavoro auf über zwei Millionen stieg.[7]

Im Jahr 1919 gründete Mussolini eine Bewegung, aus der schließlich die Faschistische Partei Italiens hervorging. Ihr Programm war vage libertär, patriotisch und antiklerikal und wurde in Mussolinis Tageszeitung *Popolo d'Italia* (»Das Volk Italiens«) unablässig propagiert. Dennoch konnten die Faschisten bei den Parlamentswahlen nicht genügend Stimmen gewinnen, um auch nur einen einzigen Sitz zu ergattern. Mitglieder verließen scharenweise die Partei, die nun auf landesweit 4000 überzeugte Angehörige zusammenschrumpfte. Der von seinen politischen Gegnern verspottete Mussolini verkündete erbittert, der Faschismus sei »in eine Sackgasse« geraten, und spekulierte offen darüber, ob er der Politik nicht ganz den Rücken kehren und eine Theaterlaufbahn anstreben solle.[8]

Mussolini verlor jedoch nur kurzzeitig die Nerven. Im September 1919 zog der Dichter Gabriele d'Annunzio mit 186 Besatzern nach Fiume, in eine Stadt, die Italien in der Folge des Zusammenbruchs der österreichisch-ungarischen Monarchie im Jahr zuvor für sich beansprucht hatte. Mussolini erkannte, dass er die Macht, die er durch freie Wahlen nicht hatte erlangen können, auch mittels brutaler Gewalt an sich reißen konnte. D'Annunzio inspirierte Mussolini aber noch auf andere Weise. In Fiume erklärte sich der extravagante Dichter zum Duce. Der Begriff war von dem lateinischen Wort *dux* abgeleitet, dem »Führer«. Fünfzehn Monate lang, bis er von der Armee vertrieben wurde, hielt d'Annunzio die istrische Hafenstadt in seinem Bann. Regelmäßig erschien er auf einem Balkon, um zu seinen Anhängern zu sprechen, die schwarze Hemden trugen und ihren Anführer mit ausgestrecktem Arm grüßten. Es gab tägliche Paraden und Fanfaren, Medaillen wurden verteilt und zahllose Parolen ausgegeben. Wie es ein Historiker ausdrückte, übernahm der Faschismus von d'Annunzio weniger ein politisches Bekenntnis als vielmehr eine politische Vorgehensweise. Mussolini begriff, dass Pomp und Prunk bei der Masse viel besser ankamen als flammende Leitartikel.[9]

Der Faschismus blieb als Ideologie vage, doch Mussolini erkannte nun die Gestalt, die er annehmen würde: Er selbst wäre der Führer, der Eine, den das Schicksal gesandt hatte, um das Glück seiner Nation zu erneuern. Im Jahr 1920 begann er, Flugstunden zu nehmen, und posierte als der neue Mann, der die Vision und den Tatendrang besaß, um erfolgreich eine Revolution anzuführen. Er war bereits ein erfahrener Journalist, der sich eines knappen, direkten und schmucklosen Stils zu bedienen wusste, um Aufrichtigkeit und Entschlusskraft zu vermitteln; nun übte er sich in der Schauspielkunst, sprach im Staccato und gebrauchte sparsame, doch gebieterische Gesten, um sich als unbeugsamer Führer zu präsentieren: den Kopf nach hinten geneigt, das Kinn nach vorn gestreckt, die Hände an den Hüften.[10]

Von 1921 an unterstützte das Parlament offen die Faschisten. Man hoffte, mit ihrer Hilfe die linken Oppositionsparteien zu schwächen. Auch seitens der Armee gab es Sympathien. Faschistische Freischärler zogen durch die Straßen, schlugen ihre Gegner zusammen und überfielen Hunderte von Gewerkschaftszentralen und Zweigstellen der Sozialistischen Partei – nicht selten geduldet von den örtlichen Behörden. Als das Land auf einen Bürgerkrieg zusteuerte, beschwor Mussolini das Bild einer bolschewistischen Gefahr herauf und machte den Faschismus zu einer Partei, die sich die Vernichtung des Sozialismus auf ihre Fahnen geschrieben hatte. Italien, so schrieb er, brauche einen Diktator, der es vor einem kommunistischen Aufstand bewahre. Im Herbst 1922 waren die faschistischen Trupps so mächtig geworden, dass sie große Teile des Landes kontrollierten. Mussolini drohte nun, 300 000 bewaffnete Faschisten in die Hauptstadt zu entsenden, obgleich ihm weniger als 30 000 Schwarzhemden zur Verfügung standen, von denen die meisten so schlecht ausgerüstet waren, dass sie für die römischen Garnisonstruppen keine Gegner dargestellt hätten. Doch der Bluff funktionierte. Als die Faschisten in der Nacht vom 27. auf den 28. Oktober begannen, Regierungsbüros in Mailand und andernorts zu besetzen, bestellte König Viktor Emanuel, dem das Schicksal der Romanows nach 1917 noch gut im Gedächtnis war, Mussolini nach Rom und ernannte ihn zum Premierminister.[11]

Eine königliche Ernennung war eine Sache, ein öffentliches Image eine andere. Mussolini, immer noch in Mailand, wollte den Mythos eines Marsches auf Rom schaffen, bei dem er die Hauptstadt auf dem Rücken eines Pferdes erreichte und seine Legionen über den Rubikon führte, um einem schwachen Parlament seinen Willen aufzuzwingen. Doch selbst nachdem man ihn mit der Regierungsbildung beauftragt hatte, gab es nur ein paar Tausend Faschisten in der Hauptstadt. Hastig wurde ein fingierter Marsch organisiert. Schwarzhemden machten sich nach Rom auf. Ihre erste Aufgabe bestand in der Zerstörung der Druckerpressen oppositioneller Zeitungen, um dafür zu sorgen, dass sich die faschistische Lesart der Ereignisse durchsetzte. Mussolini traf am Morgen des 30. Oktober mit dem Zug ein. Seine siegreichen Truppen wurden vom König in Augenschein genommen und am Tag darauf nach Hause geschickt. Sieben Jahre später wurde zum Jahrestag des Marsches auf Rom in Bologna ein fünf Meter hohes Reiterstandbild errichtet. Es zeigte den Duce, der in die Zukunft blickt, die Zügel in einer Hand, eine Flagge in der anderen.[12]

Mussolini war gerade neununddreißig Jahre alt. Er war von kleinem Wuchs, wirkte jedoch größer, weil er stets den Rücken gerade und den Rumpf starr hielt. »Sein Gesicht war farblos, sein schwarzes Haar wich von den hervorstehenden Brauen zurück; er hatte einen großen Mund, ein markantes Kinn, und in der Mitte seines Kopfes zwei große, ganz schwarze, stechende Augen, die beinahe aus seinem Gesicht hervorzuquellen schienen.« Seine Art zu sprechen und seine theatralischen Gesten – der halb zurückgelehnte Kopf, das scharf hervorstehende Kinn, die rollenden Augen – waren freilich kalkuliert, um den Eindruck von Macht und Lebenskraft zu erwecken. Im Privatleben konnte er umgänglich und äußerst charmant sein. Der englische Journalist George Slocombe, der ihn 1922 kennenlernte, stellte fest, dass sich Mussolinis öffentliches Auftreten dramatisch von der persönlichen Begegnung unterschied: Seine Muskeln verloren ihre Spannung, sein starres Kinn wurde beweglicher und seine Stimme freundlich. Slocombe meinte, Mussolini sei sein gesamtes Leben lang in der Defensive gewesen. »Nun, da er die Rolle des Aggressors eingenommen hatte, konnte er sein instinktives Misstrauen gegenüber Fremden nicht so einfach ablegen.«[13]

Sein Misstrauen gegenüber anderen Menschen, auch gegenüber seinen eigenen Ministern und Parteioberen, verließ ihn bis zu seinem Lebensende nicht. Wie Ivone Kirkpatrick, ein in der britischen Botschaft tätiger Diplomat und scharfer Beobachter, sich ausdrückte, »war er stets wachsam, da er mögliche Rivalen fürchtete, und betrachtete alle Menschen mit dem Argwohn eines Bauern«.[14]

Es gab eine ganze Menge Rivalen, die ihm Sorgen bereiteten. Mussolini spiegelte zwar das Bild einer straffen Führungsstruktur vor, doch war der Faschismus weniger eine geeinte Bewegung denn ein loses Amalgam lokaler Scharführer. Nur ein Jahr zuvor noch hatte Mussolini mit einer Rebellion in den eigenen Reihen zu kämpfen gehabt, die von einigen der bekanntesten Faschisten ausgegangen war, darunter Italo Balbo, Roberto Farinacci und Dino Grandi. Sie hatten ihn einer zu großen Nähe zu den Parlamentariern in Rom bezichtigt. Grandi, ein Faschistenführer aus Bologna, der für seinen Hang zur Gewalt berüchtigt war, hatte versucht, Mussolini zu stürzen. Balbo, ein dünner junger Mann mit wirrem Haar, war äußerst beliebt und sollte auch in den folgenden Jahrzehnten ein ernster Rivale bleiben. Mussolini reagierte mit der Bildung einer Koalitionsregierung, die sämtliche prominenten Faschisten aus ihren Ämtern ausschloss. Bei seinem ersten Auftreten als Premierminister schüchterte er die ihm feindlich gesinnte Abgeordnetenkammer ein und schmeichelte dem Senat, der freundlich gestimmt war. Vor allem aber versicherte er, dass er sich an die Verfassung halten werde. Erleichtert gab eine Mehrheit Mussolini volle Entscheidungsgewalt, und ein paar Redner baten ihn sogar, eine Diktatur zu errichten.[15]

Mussolini erschien kurzzeitig auf internationalem Parkett, um sich bei Reisen nach Lausanne und London von potenziellen Verbündeten hofieren zu lassen. An der Victoria Station bot man ihm und seinem Gefolge einen triumphalen Empfang. Die Gruppe musste sich durch eine »schreiende Menschenmasse [bewegen], geblendet von den Blitzlichtern der Fotografen«. Mussolini, der immer noch vom Ruhm seines Marsches auf Rom zehrte, wurde von der Presse zum Cromwell Italiens hochgejubelt, zum italienischen Napoleon, zum neuen Garibaldi im schwarzen Hemd. Obwohl sein Bild in der Weltöffentlichkeit mehr und mehr an Stärke gewann, sollte es sechzehn Jahre dauern, bis er die italienische Grenze wieder überschritt.[16]

Zuhause hatten nur wenige Menschen den Duce noch nicht zu Gesicht bekommen. Mussolini arbeitete mit Hochdruck daran, die

Bevölkerung für sich einzunehmen. Er veranstaltete ausgedehnte Tourneen durchs ganze Land, machte zahllose unangekündigte Besuche in Dörfern, sprach bei Massenbegegnungen mit Arbeitern und bei Einweihungen öffentlicher Projekte. Bald schon verfügte er über einen eigenen Eisenbahnzug. Wenn eine große Menschenmenge zusammengelaufen war, trat er stets ans Fenster und verlangte, dass die Fahrt verlangsamt würde. »Alle sollen mich sehen können«, erklärte er seinem Diener, dessen Aufgabe es war herauszufinden, auf welcher Seite der Bahngleise die Massen versammelt waren. Was zunächst eine politische Notwendigkeit war, wurde mit der Zeit zur Obsession.[17]

Mussolini war sich der Gefahr bewusst, die von möglichen Rivalen ausging. Daher übertrug er einem seiner treuesten Mitarbeiter die Verantwortung für die Presse im Innenministerium, das der Duce höchstpersönlich leitete. Cesare Rossis Aufgabe bestand darin, für den Faschismus die Werbetrommel zu rühren. Um Mussolini freundlich gesinnte Publikationen zu finanzieren und unabhängige Zeitungen in den Einflussbereich der Regierung zu bringen, konnte er sich eines geheimen Fundus bedienen. Außerdem unterstützte Rossi auch eine geheime Gruppe militanter Faschisten, denen es oblag, Feinde des Regimes zu eliminieren.[18] Einer dieser Männer war Amerigo Dumini, ein junger Abenteurer, der auch »Auftragskiller des Duce« genannt wurde. Im Juni 1924 entführten er und mehrere seiner Komplizen Giacomo Matteotti, einen Sozialistenführer und Abgeordneten, der Mussolini offen kritisiert hatte. Sie stachen mehrere Male mit einer Zimmermannsfeile auf ihn ein und verscharrten dann seine Leiche in einem Straßengraben außerhalb Roms.

Der Mord erregte allgemeine Abscheu. Die öffentliche Meinung wandte sich gegen Mussolini, der nun isolierter war als je zuvor. Er hielt eine beschwichtigende Rede, die ihn wiederum von seinen Anhängern entfremdete, die unter Beschuss von Parlament und Presse standen. Da er fürchtete, sie könnten sich gegen ihn wenden, unternahm er am 3. Januar 1925 mit einer zornigen Rede vor dem Abgeordnetenhaus den letzten Schritt in Richtung einer Diktatur. Trotzig verkündete Mussolini, sämtliche Bemühungen, eine parlamentarische Koalition zu bilden, seien fruchtlos verlaufen, daher werde er nun den Pfad einer faschistischen Alleinherrschaft beschreiten. Er allein, behauptete er dreist, sei verantwortlich für alles, was geschehe. »Wenn der Faschismus eine kriminelle Vereinigung ist, dann bin ich der Chef dieser kriminellen Vereinigung.« Er allein werde die Dinge ins Lot bringen – notfalls mit Gewalt im Rahmen einer persönlichen Diktatur.[19]

Es folgte eine Einschüchterungskampagne auf allen Ebenen, in deren Verlauf die bürgerlichen Freiheiten beseitigt wurden. Innerhalb weniger Tage durchsuchte die Polizei – mithilfe faschistischer Milizen – Hunderte von Häusern und verhaftete Mitglieder der Opposition.

Die Presse wurde mundtot gemacht. Noch vor Mussolinis Rede am 3. Januar 1925 hatte ein im Juli 1924 erlassenes Dekret Präfekten mit der Befugnis ausgestattet, jedes beliebige Presseorgan ohne Vorwarnung zu schließen. Dennoch verkaufte die liberale Presse weiterhin zwölfmal mehr Zeitungen als faschistische Blätter, was einer täglichen Auflage von vier Millionen Exemplaren entsprach. Jetzt aber wurden viele Redaktionen geschlossen und die kritischsten Journalisten verfolgt. In den Druckereien, denen der Betrieb weiterhin gestattet war, installierte man Polizeibeauftragte, die dafür sorgten, dass die staatliche Propaganda alle erreichte. Der *Corriere della Sera*, eine der wichtigsten Oppositionszeitungen, wurde in ein faschistisches Organ umgewandelt. Im November 1926 zählte ein drakonisches Gesetz die Gründe für eine sofortige Beschlagnahmung durch die Polizei auf – darunter Artikel, die dazu geeignet seien, »das Ansehen des Staates oder seiner Behörden zu beschädigen«. Wie ein Sargtuch legte sich Schweigen über das Land. Telefonleitungen und Post wurden überwacht, während die Geheimpolizei und die Schläger im schwarzen Hemd die Straßen unter ihre Kontrolle brachten.[20]

Diese »Revolution« wurde infolge mehrerer Anschläge auf Mussolinis Leben noch beschleunigt. Am 7. April 1926 schoss die irische Adlige Violet Gibson auf den Duce und streifte dessen Nase. Ein halbes Jahr später gab ein fünfzehnjähriger Junge während einer Parade zum Gedenken an den Marsch auf Rom einen Schuss auf Mussolini ab. Er wurde auf der Stelle von den Faschisten gelyncht, was den Verdacht aufkommen ließ, das Ganze sei zu politischen Zwecken inszeniert worden. Von November 1925 bis Dezember 1926 gelangten alle bürgerlichen Vereinigungen und politischen Parteien unter den Einfluss des Staates. Die Vereinigungsfreiheit wurde abgeschafft, selbst für kleine Gruppen von drei oder vier Personen. Mussolini verkündete: »Alles im Staate, nichts außerhalb des Staates, nichts gegen den Staat.«[21]

An Heiligabend 1925 erlangte Mussolini unter seinem neuen Titel des *Capo del Governo* volle Exekutivgewalt und beseitigte damit die noch bestehende Abhängigkeit vom Parlament. In den Worten eines ausländischen Besuchers war er nun »wie ein Gefängniswärter mit sämtlichen Schlüsseln an seinem Gürtel und einem Revolver in der Hand, der unangefochten durch ganz Italien auf und ab schritt wie durch die stillen und tristen Gänge eines riesigen Gefängnisses«.[22]

Doch auch den Faschisten stand Mussolini misstrauisch gegenüber. Im Februar 1925 ernannte er Roberto Farinacci zum Sekretär der *Nationalen Faschistischen Partei*, der einzigen gesetzlich zugelassenen Organisation im Land. Farinacci machte sich daran, die Macht der Faschisten einzudämmen und den Parteiapparat zu zerschlagen, und ebnete so den Weg für ein System persönlicher Herrschaft mit Mussolini an der Spitze. Tausende der radikaleren Parteimitglieder wurden entfernt. Hatte sich der Duce bereits 1922 geweigert, faschistische Führer in die Koalitionsregierung aufzunehmen, so stützte er sich nun auf direkt vom Staat ernannte örtliche Präfekten, um die Nation zu kontrollieren. Mussolini teilte und herrschte gern, sorgte dafür, dass Parteifunktionäre und die Staatsbürokratie sich gegenseitig überwachten, und behielt die Zügel der Macht dadurch selbst in der Hand.[23]

Manche Parteimitglieder wurden ausgeschlossen, andere hingegen begannen, ihren Führer zu beweihräuchern. Farinacci etwa bastelte emsig am Kult um seinen Herrn. Im Jahr 1923, während Mussolinis erstem Besuch zuhause in Predappio, hatten örtliche Führer vorgeschlagen, sein Geburtshaus mit einer Bronzeplakette zu versehen. Als Farinacci das Denkmal zwei Jahre später enthüllte, verkündete er, jedes Parteimitglied solle eine religiöse Pilgerreise nach Predappio unternehmen und dem Duce »Treue und Ergebenheit« geloben.[24]

Als sie erkannten, dass ihr eigenes Überleben nun vom Mythos des großen Diktators abhing, stimmten auch andere Parteiführer in den Lobgesang ein und stellten Mussolini als Heilsbringer und »beinahe göttlichen« Wundertäter dar. Ihr Schicksal war mit dem des Duce verknüpft, dem Einzigen, der den Faschismus zusammenhalten konnte. Mussolini war der Klebstoff, der durch allgemeine Subordination ermöglichte, dass so unterschiedliche Figuren wie Grandi und Farinacci am selben Strang zogen.[25]

Nachdem er die Reihen der Partei gesäubert hatte, wurde Roberto Farinacci im Jahr 1926 selbst abgesetzt. An seine Stelle trat Augusto Turati, ein ehemaliger Journalist, der sich in den Anfangsjahren des Faschismus zum Scharführer gemausert hatte. Turati machte sich emsig daran, den Kult um den Duce weiter zu festigen. So forderte er von allen Parteimitgliedern einen Schwur, um sich ihres absoluten Gehorsams Mussolini gegenüber zu versichern. 1927 verfasste er den ersten faschistischen Katechismus mit dem Titel *Eine Revolution und ein Führer*, in dem er darlegte, dass es zwar einen Großen Faschistischen Rat gebe, der Duce jedoch der »eine Führer, der einzige Führer, von welchem alle Macht ausgeht«, sei. Es existiere, wie er sagte, »ein Geist, eine Seele, ein Licht, eine Bewusstseinswirklichkeit, in welchen sich alle Brüder finden und wiedererkennen können: [Es ist] der Geist, die Tugend, die Leidenschaft von Benito Mussolini«. Ein Jahr später setzte er im Vorwort zu einem Lehrbuch über Wurzeln und Entwicklung des Faschismus die Revolution mit Mussolini und Mussolini mit der Nation gleich: »Wenn die gesamte Nation den Weg des Faschismus geht, dann werden sein Antlitz, sein Geist, sein Glaube eins mit dem Duce.«[26]

Wenn Mussolini gelegentlich auch bekundete, nichts von dem Kult um seine Person zu halten, so war er doch dessen wichtigster Architekt. Er war ein Meister in der Kunst der Selbstdarstellung, der bestimmte Gesten und Posen sorgsam einstudierte. Diese probte er in der Villa Torlonia, einem riesigen neoklassizistischen Bau mit weitläufigem Anwesen, in dem er von 1925 an residierte. Abends saß er meist in einem bequemen Sessel im Vorführraum und studierte jedes Detail seiner öffentlichen Auftritte. Mussolini hielt sich für den besten Schauspieler Italiens. Als Greta Garbo Jahre später Rom besuchte, verfinsterte sich sein Gesicht: Er wollte von niemandem in den Schatten gestellt werden.[27]

Sein Repertoire veränderte sich mit der Zeit. Der berühmte mürrische Blick – den der diensteifrige Farinacci imitierte – verschwand 1928, und über die Jahre wurden auch die harten Gesichtszüge weicher. Die funkelnden Augen, die 1922 so auffällig gewesen waren, blickten nun gelassener. Sein Lächeln wirkte sympathisch. George Slocombe schrieb: »Abgesehen von Stalin strahlt kein anderer europäischer Führer diese Ruhe und unerschütterliche Zuversicht aus, die Resultat jahrelanger, ununterbrochener höchster Autorität sind.«[28]

In der Zeitung *Il Popolo d'Italia*, 1914 von ihm selbst gegründet, hatte sich Mussolini viele Jahre lang als geborenen Führer verherrlicht. Nachdem er die Leitung des Blattes 1922 seinem Bruder Arnaldo übergeben hatte, begann dieser, den Duce als Halbgott darzustellen.[29] Cesare Rossi, der 1922 mit der Aufsicht der Presse betraut worden war, musste nach dem Mord an Matteotti zwar das Land verlassen, doch seine Behörde florierte. Von 1924 an sorgte das Presseamt dafür, dass alle Zeitungen mit »abscheulicher Verherrlichung« Mussolinis gefüllt wurden, wie sich ein Kritiker ausdrückte. Seine Reden wurden weit verbreitet. Wie der Schwarzhemden-Führer Italo Balbo sagte, war »Italien eine Zeitung, in der Mussolini jeden Tag die Titelgeschichte war«.[30]

Im Jahr 1925 übernahm das Presseamt das Istituto Luce, ein Unternehmen zur Produktion und Verbreitung kinematographischen Materials. Mussolini leitete es fortan höchstpersönlich, ließ sich in seinem Vorführraum in der Villa Torlonia Nachrichtenbeiträge zeigen und redigierte sie. Innerhalb weniger Jahre wurden sämtliche Kinos, von primitiven Vorführräumen in Arbeitervierteln bis zu den Filmpalästen mit vergoldetem Mobiliar und opulenten Teppichen, gesetzlich dazu verpflichtet, vom Istituto Luce produzierte Nachrichtenbeiträge zu zeigen, in denen Mussolini das Hauptthema war.[31]

Daneben produzierte das Luce auch gedruckte Bilder des Duce, die ihm, in Alben geklebt, zur Genehmigung vorgelegt wurden. Nach der ganzen negativen Publicity durch die » Affäre Matteotti« spielte die Fotografie eine entscheidende Rolle dabei, seine menschliche Seite zum Ausdruck zu bringen. Es gab Fotos von ihm und seiner Familie in der Villa Torlonia. Das Gelände um die Villa diente auch als Hintergrund für Bilder des Duce im Sattel, wie er früh am Morgen mit seinem Pferd über ein hölzernes Hindernis springt. Andere Fotos zeigten ihn beim Rennfahren, beim Spielen mit Löwenbabys, bei Ansprachen vor Menschenmassen, beim Getreidedreschen oder beim Geigenspiel. Er trat als Fechter, Segler, Schwimmer und Pilot auf. Im Jahr 1929 stellte der französische Journalist Henri Béraud fest: »Wohin man blickt, wohin man auch geht, stößt man auf Mussolini, nochmals Mussolini, immer Mussolini.« Es gab ihn als Porträt, Medaille, Radierung und sogar als Seifenstück. Sein Name zierte Zeitungen, Bücher,

Mauern und Zäune. »Mussolini ist allgegenwärtig, er ist wie ein Gott. Er beobachtet einen aus jedem Winkel, und man sieht ihn überall.«[32]

Auch eine 1925 zunächst auf Englisch veröffentlichte Biographie machte Mussolini menschlicher. *The Life of Benito Mussolini* erschien ein Jahr später in Italien unter dem Titel *Dux*. Siebzehn Auflagen und Übersetzungen in achtzehn weitere Sprachen sollten folgen. Das von seiner damaligen Geliebten Margherita Sarfatti verfasste Buch mythologisierte die Kindheit Mussolinis. Der Sohn eines Schmieds sei an einem Sonntagnachmittag um 14 Uhr geboren worden, »acht Tage nachdem die Sonne das Sternbild des Löwen erreicht hatte«. Noch bevor er laufen lernte, habe der »sehr ungezogene, schwierige kleine Junge« bereits andere beherrscht. Er sei einer jener Männer, denen es in die Wiege gelegt worden sei, von allen Seiten Bewunderung und Ergebenheit zu ernten, weil er Menschen durch Anziehungskraft und Charisma in seinen Bann ziehe. Die Beschreibung der Verwundung, die er 1917 erlitt, machte ihn beinahe zu einem Objekt religiöser Verehrung: »Sein Fleisch war durchbohrt von Pfeilen, übersät mit Wunden und von Blut überströmt«, und doch habe er jenen, die ihn umgaben, freundlich zugelächelt.[33]

Wenngleich Mussolini die Druckfahnen von *Dux* selbst redigierte, bevorzugte er die offizielle Biographie von Giorgio Pini, ein so offensichtlich unkritisches Werk, dass es erst 1939 in andere Sprachen übersetzt wurde. Pinis *Benito Mussolini* wurde gratis an Schulen verteilt, wo man auch lange Auszüge aus Sarfattis Buch im Unterricht las. Speziell auf Kinder zugeschnittene faschistische Lehrbücher erschienen, in denen die Legende des Duce als unermüdlicher Arbeiter im Dienste seines Volkes weitergesponnen wurde. Das 1927 vom Kultusministerium befürwortete *Il libro dell'avanguardista* (»Das Buch der Avantgarde«) von Vincenzo de Gaetano setzte die Bewegung mit der Person Mussolinis gleich: »Wenn man vom Faschismus spricht, spricht man von ihm. Der

Faschismus ist seine Sache; er hat ihn geschaffen, er hat ihn mit seinem Geist durchdrungen und ihm Leben eingehaucht.« Manche Kinder lernten Mussolinis Lebensgeschichte auswendig. Der erste Satz gab den Ton an: »Ich glaube an den erhabenen Duce – den Schöpfer der Schwarzhemden – und an Jesus Christus, seinen einzigen Beschützer.« An den Wänden aller Schulen prangte der Slogan »Von Mussolini für die Kinder Italiens«, auf dem Einband der Schreibhefte indessen sein Porträt.[34]

Mussolini feilte andauernd an seinem Image. Die Nation erfuhr, dass er niemals schlafe und bis in die frühen Morgenstunden für sein Land arbeite, daher lasse er nachts das Licht in seinem Büro brennen. Dieses befand sich im Palazzo Venezia, einem architektonischen Wahrzeichen, das die Päpste im 15. Jahrhundert errichtet hatten. Das Epizentrum der Nation lag im Sala del Mappamondo, einem gewaltigen, spärlich möblierten Saal, der etwa 15 mal 18 Meter maß. In der hintersten Ecke stand der Schreibtisch des Duce, der dort mit dem Rücken zum Fenster saß. Besucher, die in den Raum geführt wurden, mussten diesen also zuerst durchqueren und waren somit bereits eingeschüchtert, noch bevor sie Mussolini gegenübertraten.

Zu seinem Büro gehörte ein kleiner Balkon, den er nutzte, um zu den darunter versammelten Menschenmassen zu sprechen. Seine Reden bereitete er äußerst sorgfältig vor: Mal prägte er sie sich ins Gedächtnis ein, mal schrieb er sie nieder und studierte sie ein, während er im Sala del Mappamondo auf und ab ging. Er konnte aber auch spontan sein. Dann hielt er sich nicht an das Skript und passte seine Gestik der Stimmung seiner Zuhörer an. Er sprach mit einer metallischen Stimme in knappen, einfachen Sätzen, die er »wie Hammerschläge« ausstieß. Sein Gedächtnis war legendär, wobei er sich verschiedener Strategien bediente, um diesen Ruf zu festigen.

So ließ er sich etwa vorbereitete Fragen stellen oder lernte Lexikoneinträge auswendig.[35]

In der Villa Torlonia wie im Sala del Mappamondo gewährte Mussolini zahllosen Bewunderern Audienzen. Jeden Tag erfüllte er ein bestimmtes Soll: »Lehrer aus Australien, entfernte Verwandte englischer Gleichgesinnter, amerikanische Geschäftsleute, Pfadfinder aus Ungarn, Dichter aus dem Fernen Osten, alle und jeder, die in seiner erhabenen Gegenwart zu weilen wünschen, werden freundlich empfangen.« Percy Winner, ein Korrespondent der Associated Press, kommentierte recht scharfsinnig, nichts könne Mussolinis Appetit auf Verehrung besser illustrieren als die Tatsache, dass er scheinbar ohne einen Hauch von Irritation seit Jahren Kontakt zu einem nicht endenden Strom katzbuckelnder Besucher pflege.[36]

Natürlich dienten die Besuche einem strategischen Ziel; sein internationaler Ruf als starker Mann sollte gefestigt werden. Der Respekt, den er im Ausland genoss, ließ die Kritiker in seiner Heimat verstummen. Er gab sich große Mühe, ausländische Journalisten und Schriftsteller mit seinem Charme zu blenden – ein Aufwand, der sich bezahlt machte: International erschien eine Flut lobender Artikel und Bücher, was von der faschistischen Presse regelmäßig für Propagandazwecke genutzt wurde. Ausländische Journalisten, die kritisch berichteten, erhielten keine weitere Einladung.

Beeindruckt von der schieren Größe des Saals und erleichtert über den freundlichen Empfang und die Ruhe, die ein Mann von solch furchterregendem Ruf ausstrahlte, verließen viele Mussolinis Büro in dem Glauben, sie wären einem Propheten begegnet. Oft genügte ein bloßes Lächeln, um einem Besucher die Angst zu nehmen. Der französische Schriftsteller René Benjamin – 1938 mit dem renommiertesten französischen Literaturpreis, dem Prix Goncourt, ausgezeichnet – war durch die Begegnung derart eingeschüchtert, dass es ihm kaum gelang, die gewaltige Strecke von der Tür bis zu Mussolinis Schreibtisch zurückzulegen, wo ihn der Diktator jedoch mit einem breiten Grinsen sofort für sich gewann.

Maurice Bedel, ein Landsmann Benjamins, der den Prix Goncourt zehn Jahre zuvor erhalten hatte, widmete dem Lächeln des Duce sogar ein ganzes Kapitel. »Hört er jemals auf«, fragte er sich, »und sei es auch nur für einige kurze Augenblicke, ein Halbgott zu sein, getragen von einem gewaltigen Schicksal?« Andere waren gefesselt von seinem Blick. Der Dichter Ada Negri fand seine Augen »magnetisch«, bemerkte aber auch seine Hände: »Er hat wunderschöne Hände, übersinnlich, wie Flügel, wenn sie sich entfalten.«[37]

Auch große Führer kamen, um ihm Tribut zu zollen. Mahatma Gandhi, der ihn zweimal besuchte, nannte ihn »einen der größten Staatsmänner unserer Zeit«, während Winston Churchill ihn 1933 als »das römische Genie« bezeichnete, als »größten Gesetzgeber unter den Lebenden«. Allein aus den Vereinigten Staaten empfing er William Randolph Hearst, den New Yorker Gouverneur Al Smith, den Bankier Thomas W. Lamont, den künftigen Vizepräsidentschaftskandidaten Colonel Frank Knox und den Erzbischof von Boston, William Kardinal O'Connell. Thomas Edison bezeichnete ihn nach einem kurzen Treffen als »größtes Genie unserer Zeit«.[38]

Mussolini, der anderen gegenüber stets misstrauisch war, umgab sich nicht nur mit mittelmäßigen Anhängern, sondern tauschte sie auch regelmäßig aus. Den meisten Schilderungen zufolge war der schlimmste unter ihnen Achille Starace, ein humorloser Speichellecker, der im Dezember 1931 den Posten des Parteisekretärs von Augusto Turati übernahm. »Starace ist ein Kretin«, wandte ein Anhänger ein. »Ich weiß«, entgegnete Mussolini, »aber ein gehorsamer Kretin.«[39]

Starace war ein Fanatiker, dessen erste Aufgabe es war, der Partei Mussolinis Willen noch stärker aufzuzwingen. Dies bewerkstelligte er, indem er zunächst alle faschistischen Führer entfernte, die nicht bereit waren, sich einzufügen, und dann die Mitgliederzahlen der Partei erhöhte. Diese stiegen von 825 000 im Jahr 1931 auf über zwei Millionen im Jahr 1936. Viele Neumitglieder waren eher Opportunisten als Ideologen und hatten mehr ihre eigene Karriere als die Lehren des Faschismus im Sinn. Die Aufnahme so vieler gewöhnlicher Menschen in die Reihen der Partei habe zu deren Entpolitisierung geführt, wie ein Kritiker im Jahr 1939 anmerkte: »Der Faschismus hat sowohl den Antifaschismus als auch den Faschismus selbst zur Strecke gebracht. Die Stärke des Faschismus liegt im Mangel an Faschisten.« Loyalität gegenüber dem Führer gewann Vorrang vor faschistischer Überzeugung und wurde von jedermann erwartet, innerhalb wie außerhalb der Faschistischen Partei. Unter Starace waren vermutlich viele Parteimitglieder keine Faschisten, aber nur wenige keine Mussolinisten.[40]

Das passte Mussolini gut. Er war stolz darauf, sich auf Intuition, Instinkt und reine Willenskraft anstatt auf bloßen Intellekt zu verlassen, und verhöhnte wiederholt den Gedanken eines ideologisch konsistenten Weltbildes. »Wir glauben nicht an dogmatische Programme, an strenge Schemata, welche die veränderliche, unsichere und komplexe Realität eindämmen und abwehren.« In seiner eigenen Karriere hatte er nicht gezögert, den Kurs zu ändern, wenn die Umstände dies erforderlich machten. Er war nicht in der Lage, eine politische Philosophie zu entwickeln, und auch keinesfalls bereit, sich von Prinzipien, Moralvorstellungen, Ideologien oder Sonstigem bremsen zu lassen. »Handeln, handeln, handeln – das brachte sein ganzes Credo auf den Punkt.«[41]

Die Politik wurde zur Massenfeierlichkeit für eine einzelne Person. »Mussolini hat immer recht«, lautete das Motto des Regimes. Mussolini war nicht einfach von der Vorsehung gesandt, vielmehr war er deren schiere Inkarnation. Von jedem Italiener wurde nun blinder Gehorsam erwartet. Die Schlagworte »glauben, gehorchen, kämpfen« wurden in großen schwarzen Buchstaben an Hauswände geschrieben, auf Mauern schabloniert und schmückten das ganze Land.

Starace förderte einen sogenannten faschistischen Stil, der jeden Aspekt des täglichen Lebens betraf. Jede Begegnung begann nun mit einem »Heil dem Duce«, der Handschlag wurde durch einen römischen Gruß mit ausgestrecktem Arm ersetzt. Die gesamte Bevölkerung wurde in Uniform gesteckt, und sogar die kleinen Kinder posierten im schwarzen Hemd für Fotos. Jeden Samstag – der 1935 vom Großen Faschistischen Rat zum »Faschistischen Samstag« erklärt worden war – trugen die Kleinen schwarze Uniformen und meldeten sich bei der örtlichen Dienststelle, um mit einem Spielzeuggewehr über der Schulter zu exerzieren.[42]

Ein Ministerium für Populärkultur trat an die Stelle des Jahre zuvor von Cesare Rossi eingerichteten Presseamts. Die neue Organisation wurde von Galeazzo Ciano geleitet, dem Schwiegersohn des Duce, der das Reichsministerium für Volksaufklärung und Propaganda des Deutschen Reichs nachbildete. Wie sein deutsches Gegenstück gab das neue Ministerium tägliche Anweisungen für die Redaktionen heraus, die detailliert vorschrieben, was berichtet werden sollte und was verboten war. Diese Peitsche war mit einem Zuckerbrot verbunden: Die geheimen Mittel, die dem Presseamt zur Verfügung standen, schossen förmlich in die Höhe. Von 1933 bis 1943 wurden landesweit mehr als 410 Millionen Lire (damals etwa 20 Millionen US-Dollar) investiert, um das Regime und dessen Führer in zahllosen Blättern zu propagieren.

Im Jahr 1939 erschienen die Mottos des Duce im Titelkopf subventionierter Zeitungen. »Entweder kostbare Freundschaft oder brutale Feindschaft«, verkündete die *Cronaca Prealpina* unter Rückgriff auf eine Rede Mussolinis in Florenz im Mai 1930. *La Voce di Bergamo* verriet derweil »Das Geheimnis des Sieges: Gehorsam«. Auch einige ausländische Publikationen nahmen gern finanzielle Unterstützung an. *Le Petit Journal*, die viertbeliebteste Zeitung Frankreichs, erhielt eine geheime Zuwendung in Höhe von 20 000 Lire.[43]

Geheime Mittel wurden ebenso verwendet, um Künstler, Wissenschaftler und Schriftsteller zu verführen, sich der Bewegung anzuschließen. Einer Schätzung zufolge stiegen die Kosten solcher Zuwendungen von 1,5 Millionen Lire im Jahr 1934 auf 162 Millionen im Jahr 1942. Einer der Empfänger war Asvero Gravelli, ein früher Anhänger und Autor einer 1938 veröffentlichten Hagiographie mit dem Titel *Uno e molti. Interpretazioni spirituali di Mussolini* (»Einer und viele. Spirituelle Interpretationen von Mussolini«). »Gott und die Geschichte sind die beiden Begriffe, die mit Mussolini assoziiert werden«, erklärte Gravelli kühn, widerstand aber der Versuchung, ihn mit Napoleon zu vergleichen: »Wer gleicht Mussolini? Niemand. Mussolini mit Staatsmännern anderer Rassen zu vergleichen, wäre eine Herabwürdigung seiner Person. Mussolini ist der erste neue Italiener.« Der Autor erhielt für seine Bemühungen 79 500 Lire.[44]

Augusto Turati hatte 1926 begonnen, das Radio zu einem Propagandainstrument zu entwickeln. Seine Stimme war regelmäßig im Äther zu hören, zusammen mit denen anderer Faschistenführer, darunter auch Arnaldo Mussolini. Der Duce selbst ging am 4. November 1925 erstmals auf Sendung, allerdings litt die Übertragung an technischen Problemen. In den zwanziger Jahren waren Radiogeräte für die meisten Normalbürger unerschwinglich, da Italien immer noch arm und weitgehend ländlich geprägt war. Noch im Jahr 1931 gab es landesweit lediglich 176 000 Abonnenten, die meisten davon in den Städten. Als die Lehrerschaft beklagte, die Kinder könnten die Stimme Mussolinis nicht hören, sorgte Starace dafür, dass zwischen 1933 und 1938 rund 40 000 Radiogeräte kostenfrei an Grundschulen installiert wurden. Die Gesamtzahl an Abonnenten stieg, dank staatlicher Unterstützung, vor dem Ausbruch des Zweiten Weltkriegs auf 800 000 an. Nackte Zahlen sagen jedoch nichts über die Reichweite des Rundfunks aus, da auf städtischen Plätzen Lautsprecher angebracht wurden. Mitte der dreißiger Jahre schallten Mussolinis Reden somit durchs ganze Land.[45]

Mussolini übte sich in der Kunst der Omnipräsenz. Als er 1929 zum ersten Mal die Königshalle des Palazzo Venezia betrat, ein riesiges Auditorium, in dem große Versammlungen abgehalten wurden, probierte er die Bühne aus und sah sich wie ein Choreograph im Raum um, bevor er befand, dass sie zu niedrig sei. »Diejenigen ganz hinten im Saal werden Mühe haben, mich zu sehen«, sagte er und ließ den Bühnenboden anheben – eine Anordnung, die er bei zahlreichen Gelegenheiten erteilte, bis seine Untergebenen irgendwann nicht mehr wussten, wie viele Podien man den Wünschen ihres Herrn und Meisters angepasst hatte.[46]

Im Jahr 1932 wurde quer durch das Herz der Stadt ein vierspuriger Boulevard vom Kolosseum zum Palazzo Venezia gebaut, wodurch eine riesige Freiluftfläche für Mussolinis Balkonreden entstand, die nun noch größere Menschenmassen anzogen. Die Vorstellung an sich, dass jeder Italiener nach Rom reisen konnte, um den Duce zu sehen und zu hören, wurde Teil seiner Legende. Der 71-jährige Landwirt Bortolo Pelanda legte die rund 500 Kilometer von Belluno Veronese nach Rom zu Fuß zurück, um sich seinen Traum zu erfüllen, Mussolini sprechen zu hören. Arturo Rizi baute zwei Fahrräder zu einem Vehikel für seine achtköpfige Familie um und fuhr damit von Turin nach Rom – so stand es zumindest in den Zeitungen.[47]

Nach dem Marsch auf Rom hatte Mussolini begonnen, im Land umherzureisen – ein Ritual, das mit der Zeit immer häufiger stattfand, insbesondere als er 1932 seine Politik »Zum Volke gehen« verkündet hatte. Jeder Auftritt war sorgfältig inszeniert. Schulen und Geschäfte schlossen am jeweiligen Tag, während sich mit Charterbussen aus dem Umland angekarrte faschistische Jugend- und Parteiaktivisten auf den Platz ergossen. Diese sorgten für Stimmung, jubelten, sangen und applaudierten auf Kommando. Gewöhnliche Bürger erhielten mit der Morgenpost eine rosa Karte mit der Anordnung, das Spektakel zu besuchen. Wer dem nicht nachkam, musste mit Geld- und sogar Haftstrafen rechnen. Die

Polizei mischte sich unters Volk und achtete darauf, dass alle sich wunschgemäß verhielten.[48]

Mussolini ließ sein Publikum warten, manchmal stundenlang, vom Mittag bis zur Dämmerung. Selbst wenn er noch weit entfernt war, drängten sich schon Tausende eng zusammen und reckten in freudiger Erwartung seines Erscheinens ihre Hälse zum Balkon. Häufig sprach der Duce erst bei Einbruch der Dämmerung. Riesige Suchscheinwerfer wurden eingeschaltet, um den Balkon zu erhellen, in der Menge wurden Fackeln entzündet, auf nahe gelegenen Gebäuden brannten Leuchtfeuer. In dieser theatralischen Atmosphäre traten zwei uniformierte Wachen vor und bezogen unter dem anschwellenden Applaus der Menge auf beiden Seiten des Balkons Stellung. Trompeten erschallten, wenn der örtliche Parteisekretär kurz darauf ans Geländer vortrat und schrie: »Faschisten! Begrüßt den Duce!« Wenn dieser dann endlich lächelnd in Erscheinung trat, war die fiebrige, aufgepeitschte Menge so erleichtert, dass sich das lange Warten in einem Ausbruch der Freude entlud.[49]

Jeder Besuch wurde von einer enthusiastischen Presse dokumentiert, wichtige Reden vom Luce-Institut gefilmt und landesweit in Kinos gezeigt. Die bereits sorgfältig ausgewählte Menschenmenge wusste somit genau, was sie zu tun hatte, da sie das Ritual bereits von der Leinwand kannte. Die Städte wetteiferten miteinander um die Gunst des Regimes, indem sie immer größere Begeisterungsstürme und noch festlichere Empfänge boten. In Mailand, einer Lieblingsstadt des Duce, wurden für seine öffentlichen Ansprachen gewaltige temporäre Balkone errichtet, geschmückt mit Adlern aus Pappmaché.[50]

Die größte Jubelfeier des Regimes war vermutlich die *Mostra della Rivoluzione fascista* (»Ausstellung über die faschistische Revolution«), die am 28. Oktober 1932 anlässlich des zehnten Jahrestages des Marsches auf Rom eröffnet wurde. Von 1932 bis 1934 strömten rund vier Millionen Besucher über das Gelände des

Palazzo delle Esposizione. Mitglieder von Parteiorganisationen erhielten ermäßigten Eintritt. Im Zentrum der Ausstellung, welche die dramatischsten Episoden der faschistischen Revolution chronologisch darstellte, stand Mussolini. Kurator Dino Alfieri erklärte, die Revolution sei »untrennbar mit Denken und Willen Mussolinis verbunden«. Raum T, ganz am Ende der Ausstellung, war dem Duce gewidmet. Dort waren Manuskripte und persönliche Gegenstände unter Glas zu sehen, darunter Mussolinis Taschentuch, an dem immer noch das Blut von Violet Gibsons Attentatsversuch im April 1926 klebte. Eine exakte Rekonstruktion seines Büros bei der Zeitung *Popolo d'Italia* gestattete es den Besuchern, ihrem Führer näher zu kommen.[51]

Eine weitere Pilgerstätte, neben Raum T, war der Geburtsort des Duce. 1925 war der Parteisekretär Roberto Farinacci nach Predappio gereist, um dort einen Treueeid auf den Führer zu leisten. Sieben Jahre später, zum zehnten Jahrestag der faschistischen Revolution, machte Achille Starace das kleine mittelalterliche Dörfchen zur nationalen Gedenkstätte und stampfte zu Ehren Mussolinis eine völlig neue Stadt – Predappio Nuova – aus dem Boden. »Vom einfachsten Mann bis zu seiner königlichen Hoheit« erwiesen Menschen aller Schichten dem Führer in Predappio Respekt. Tagein, tagaus trafen Tausende von Pilgern alleine oder mit organisierten Busreisen ein. Manche kamen zu Fuß, andere mit dem Fahrrad. Schweigend schoben sie sich durch Mussolinis Elternhaus und senkten ihre Häupter vor der Familiengruft. In einer Kirche namens Santa Rosa gedachte man seiner Mutter Rosa Maltoni, die mit der Jungfrau Maria, Jesu Mutter, verglichen wurde. Sein Vater wurde als Held der Revolution glorifiziert. Weit über Predappio hinaus wurden Schulen, Krankenhäuser, Brücken und Kirchen nach Mussolinis Eltern benannt.[52]

Mussolini empfing nicht nur Tausende von Briefen und Besuchern, sondern auch Geschenke von den unterschiedlichsten Menschen. Bereits im November 1927 hatte Augusto Turati die

Parteimitglieder angewiesen, ihrem Führer keine Spenden mehr zu schicken, doch konnte er die vielen Bewunderer außerhalb der Partei kaum davon abhalten. Henrietta Tower, eine der reichsten Frauen der Vereinigten Staaten, die viele Jahre bis zu ihrem Tod in Rom gelebt hatte, hinterließ ihm im Jahr 1933 eine Villa mit einer umfassenden Kunstsammlung. Unter den 3000 Stücken befanden sich Keramiken, Wandteppiche, Tuchwaren und Gemälde. Sie stellte keinesfalls eine Ausnahme dar: Zwischen 1925 und 1939 wurden dem Duce drei Schlösser und sieben große Anwesen vermacht (die er im Namen des Staates annahm). Schriftsteller, Fotografen, Maler und Bildhauer stellten ihre Talente in den Dienst des Duce und sandten ihm ihre Werke, darunter Porträts in Pastellkreide und bestickte Büsten. Manche davon wurden in der Villa Torlonia ausgestellt. Von einfachen Leuten kam eine tägliche Huldigung in Gestalt frischer Lebensmittel, trotz sämtlicher Bemühungen des Staates, sie davon abzubringen. Allein am 2. August 1934 mussten Dutzende Kilos an Früchten, Süßigkeiten, Keksen, Pasta und Tomaten vernichtet werden.[53]

Der große Boulevard vom Kolosseum zum Palazzo Venezia machte Mussolinis Balkon zum symbolischen Zentrum faschistischer Macht. Da die Via dell'Impero – heute heißt sie Via dei Fori Imperiali – in gerader Linie die wichtigsten Ausgrabungsstätten der Stadt durchzog, fungierte die von großen Bronzestatuen römischer Generäle flankierte Prachtstraße obendrein als direkte Verbindung des Duce zum antiken Rom.

Das Symbol des Faschismus, ein Rutenbündel *(fascio)* mit einer Axtklinge, stand nicht nur für Stärke durch Einheit, sondern auch für ein Wiedererstarken der verlorenen Pracht des römischen Reichs. Das Äquivalent des deutschen Hakenkreuzes fand sich an Gebäudemauern, Straßenlaternen, Brunnen, Türschwellen und sogar auf Kanaldeckeln. Die faschistischen Trupps mit ihren Rängen und Formationen waren nach römischem Vorbild organisiert.

Man gebrauchte den römischen Gruß und nach 1935 auch den römischen Paradeschritt. Mussolini hielt sogar einen römischen Wolf, der in einem Käfig im Kapitol zu bestaunen war. Der Tag der Arbeit wurde nicht mehr am 1. Mai begangen, sondern am 21. April, dem Gründungstag Roms. Mussolini erklärte: »Der römische Gruß, die Lieder und Formeln, die Gedenkfeiern und dergleichen sind alle notwendig, um die Flamme der Begeisterung weiter anzufachen, die eine Bewegung aufrechterhält. Im alten Rom war es genau dasselbe.«[54]

Mussolini drückte der Hauptstadt nicht nur seinen Stempel auf, sondern begann auch, das »Rom von Mussolini« zu errichten, eine gewaltige Metropolis, die an die Tage imperialer Größe erinnern sollte. »Rom muss den Völkern der Erde wie ein Wunder erscheinen«, verkündete er 1926, »gewaltig, geordnet, mächtig, wie es zur Zeit von Kaiser Augustus war.«

Die Jahrhunderte, die auf Augustus folgten, betrachtete er als »dekadent«. Ganze mittelalterliche Viertel in der Altstadt sollten abgerissen werden, um Platz für moderne faschistische Bauten zu schaffen, die einer neuen Reichshauptstadt würdig wären. Mussolini wollte sich als »der größte Zerstörer« in die Geschichtsbücher einschreiben, als derjenige, der Rom neu erbaut hatte. Seine Drohung wurde freilich nie ganz wahr gemacht, wenngleich in verschiedenen Teilen der Stadt insgesamt fünfzehn Kirchen und Hunderte von Gebäuden dem Erdboden gleichgemacht wurden.[55]

Mussolinis Rom sollte auf die doppelte Größe anwachsen, um Macht und Ansehen auszustrahlen. Rund 600 Quadratkilometer unzugänglichen Sumpfgebietes südlich der Hauptstadt wurden trockengelegt, in landwirtschaftlich nutzbare Fläche umgewandelt und an die Armen verteilt. Straßen wurden gebaut. Im Jahr 1931 weihte der Duce die Provinzhauptstadt Littoria ein, benannt nach den Liktoren, die in der Antike die *fasces* getragen hatten. Weitere Städte folgten. Entlang der Straßen, die strahlenförmig auf eine Piazza zuliefen, lagen regelmäßig eine Stadthalle, eine Kirche, eine Post und eine Parteizentrale.

Wie in der Zeit des Kaisers Augustus sollte Rom bis ans Meer reichen. Ein *Roma al Mare*, »der neue Ferienort des imperialen Roms«, wurde geplant und mit der Esposizione Universale di Roma verknüpft, die im Jahr 1942 stattfinden sollte. Im Herzen des EUR befand sich das »Quadratische Kolosseum« – ein 68 Meter hohes, neoklassisches Gebäude aus weißem Marmor, benannt in Anlehnung an das römische Wahrzeichen aus der Antike.

Wie aber könnte sich das neue Reich jenseits des Meeres ausdehnen? Freilich verfügte Italien bereits über die Kolonien Libyen, Tripolis und Somaliland, doch waren diese von früheren Regimen erobert worden, die Mussolini als schwach und korrupt abgetan hatte. Als wahrer Imperator müsste der moderne Caesar, der das neue römische Reich gegründet hatte, ebendieses Reich vergrößern. Es gab noch andere Gründe. Wie Adolf Hitler, der 1933 an die Macht gelangte, wollte auch Mussolini es mit Frankreich und Großbritannien aufnehmen, und wie sein deutscher Gegenpart glaubte auch er, dass allein eine Kolonialmacht über genügend Rohstoffe verfügte, um einen Krieg zu führen.

In seinem Prestigestreben hatte Mussolini 1929 in Libyen bereits einen grausamen Krieg gegen Aufständische geführt. In Kyrenaika, einer Küstenregion im Norden der afrikanischen Kolonie, verbreitete das Militär mit chemischen Waffen und Massenexekutionen Angst und Schrecken. Fast ein Viertel der Bevölkerung wurde hingerichtet. Man vertrieb an die 100 000 Beduinen und übereignete ihr Land italienischen Siedlern. Das Grauen des Krieges wurde vor der heimischen Bevölkerung von einer willfährigen Presse vertuscht. Vielmehr priesen die Redaktionen Mussolini dafür, dass er Libyen nach Jahrhunderten der Barbarei in den Schoß der Zivilisation zurückgeholt habe.[56]

Im Jahr 1931 begann Mussolini mit den Kriegsvorbereitungen; seinen Generälen trug er auf, bis 1935 bereit zu sein. Im darauffolgenden Jahr entfernte er den Außenminister Dino Grandi aus dem Amt und übernahm die Kontrolle über das Ministerium. Als Hitler im Oktober 1933 aus dem Völkerbund ausschied, beschleunigte der Duce die Anstrengungen zur Wiederbewaffnung seines Landes. Er entließ Italo Balbo und übernahm zunächst das Kriegsministerium sowie dann die See- und Luftfahrtministerien. Abgesehen vom Finanzministerium lagen die Schalthebel der Regierungsmacht nun allesamt in seinen Händen. Mussolini hatte sich selbst eingeredet, dass er ein von der Vorsehung Gesandter sei, Napoleon und Caesar in einer Person, ein schicksalhafter Führer, dessen Hand die moderne Welt neu gestalten würde. Er glaubte nun selbst an das Motto des Regimes: »Mussolini hat immer recht.« Die Kriecher, die ihn umgaben, bekräftigten ihn in seinem Größenwahn.[57]

Um kriegsbereit zu sein, strebte Mussolini eine autarke Wirtschaft an. Endlose Kampagnen wurden geführt, um die Bevölkerung auf die richtige Spur zu bringen. Es gab einen »Kampf um Korn« zur Reduzierung der Importe, bei dem Fotos von Mussolini an einer Dreschmaschine gezeigt wurden, einen »Kampf um Reis«, einen »Kampf um Boden«, einen »Kampf um Nachwuchs« und einen »Krieg gegen die Fliegen«. Stets stand der Duce dabei an vorderster Front.[58]

Italien verfügte bereits über zwei Kolonien am Horn von Afrika. Die Eroberung Äthiopiens würde die Gebiete von Eritrea und Somalia zusammenführen. Mussolini hatte Visionen eines vereinigten italienischen Ostafrika, in dem Millionen von Siedlern Gold, Diamanten, Kupfer, Eisen, Kohle und Öl gewännen und ihm so ermöglichten, sein Reich zu vergrößern und den Kontinent zu beherrschen. Außerdem wollte er eine alte Niederlage ausbügeln, die dem Ruf des Landes seit Langem wie ein Schandfleck anhaftete. Im Jahr 1896 hatte Kaiser Menelik die italienischen Truppen bei Adwa vernichtend geschlagen. Dieser Fehlschlag nagte noch immer am Nationalstolz.

Vor seiner Kriegsentscheidung beriet sich Mussolini ausschließlich mit dem König. Am 2. Oktober 1935, nach einem Jahr der Grenzscharmützel mit Äthiopien, riefen Kirchenglocken und Sirenen die italienische Bevölkerung auf die Marktplätze, wo die Menschen gebannt lauschten, wie ihr Führer über Lautsprecher den Krieg erklärte. Dieser Massenauflauf war von Starace bis ins Kleinste vorbereitet worden. Einer Schätzung zufolge nahmen am größten inszenierten Ereignis der Geschichte rund 27 Millionen Menschen teil.[59]

Die finanziellen und militärischen Kriegsvorbereitungen indes waren kläglich unzureichend. Die vom Duce verfolgte Strategie, die Generalität kaltzustellen und selbst das Oberkommando zu übernehmen, erwies sich als katastrophal. Doch Mussolini war fest entschlossen. Er bestellte Hunderte Tonnen Senfgas, die auf Kampfgegner und Zivilisten gleichermaßen versprüht wurden. Es war wie eine dunkle Vorahnung der bevorstehenden Gräuel unter Hitler und Stalin: Industrielles Töten ging einher mit Schreckenstaten von Angesicht zu Angesicht. Äthiopier wurden enthauptet oder vor offenen Gräbern stehend exekutiert. Nach einem missglückten Attentat auf General Rudolfo Graziani übten die Besatzer Vergeltung. Innerhalb von nur drei Tagen wurden in der Hauptstadt Addis Abeba rund 20 000 Menschen getötet. Babys wurden zerquetscht, schwangere Frauen ausgeweidet und ganze Familien erschossen, verbrannt, mit Knüppeln erschlagen oder erstochen. Als eine Zeitung den Märtyrer Graziani mit Hannibal verglich, war Mussolini außer sich: Er allein durfte im selben Atemzug mit den großen Häuptern des antiken Rom genannt werden. Vom Jahresende 1935 bis 1938 starben infolge des Krieges in Äthiopien mindestens eine Viertelmillion Menschen.[60]

Man achtete sorgsam darauf, dass die Kriegsgräuel nicht an die Öffentlichkeit gelangten, da die Propagandamaschine den Krieg als Befreiungsschlag für Äthiopien darstellte, der den Opfern eines feudalen Kastensystems Freiheit und Zivilisation bringen sollte.

Heimliche Zuwendungen halfen abermals, diese Version zuhause in Italien und im Ausland zu verbreiten. Dies ging so weit, dass man ausländischen Journalisten hohe Summen dafür zahlte, Addis Abeba zu besuchen und im Sinne des Regimes von ihrer Reise zu berichten.[61]

Das Königreich Italien war nun ein Kaiserreich, und der zierliche König Viktor Emanuel III. wurde zum Kaiser ausgerufen. Mussolini bekam den Titel des Reichsgründers. Wie in römischer Zeit sandte man Kriegsbeute aus den frisch eroberten Gebieten nach Rom. Der riesige, etwa 160 Tonnen schwere und aus dem 4. Jahrhundert stammende Obelisk von Aksum wurde in die italienische Hauptstadt transportiert und am 28. Oktober 1932 in der Nähe des Circus Maximus enthüllt, um an den 15. Jahrestag des Marsches auf Rom zu erinnern. Wie ein römischer Kaiser erhielt Mussolini ein eigenes Forum, das Foro Mussolini, erbaut zur Feier der Eroberung Äthiopiens. Die Mosaikböden stellten Panzer und Kriegsflugzeuge dar. Im ganzen Reich wurden weitere Monumente errichtet. Um »die Gründung des Reiches für künftige Generationen festzuhalten«, wurde hoch über der Furlo-Schlucht in Mittelitalien ein 150 Meter hohes Profil des Duce in den Fels des Berges gehauen.[62]

Als Mussolini am 9. Mai 1936 von seinem Balkon die Annexion Äthiopiens verkündete, gerieten die Massen in Ekstase. Ein nüchterner Beobachter meinte: »Er wusste, dass er, möglicherweise zum ersten Mal, die bedingungslose Bewunderung und Unterstützung des gesamten italienischen Volkes genoss.« Es war sein letzter Tag imperialer Herrlichkeit, denn bald begann sein Stern zu sinken.[63]

In Italien selbst mochte das neue Reichsgebilde populär gewesen sein, doch vergiftete es die Beziehungen zu Frankreich und Großbritannien. Der Völkerbund verurteilte Italien, isolierte Mussolini damit noch mehr und trieb ihn dazu, eine Annäherung an Deutschland zu suchen. Mussolini war Hitler anfangs misstrauisch gegenübergestanden, da er sich durch einen Rivalen bedroht gefühlt hatte. Als der deutsche Reichskanzler im Juni 1934 zu einem ersten Treffen nach Venedig reiste, stahl ihm der Duce die Schau, als er in vollem militärischen Ornat zu einer jubelnden Menge auf der Piazza San Marco sprach. Ein blasser, unsicherer Hitler in weitem gelben Mantel und Lacklederschuhen hatte vom Balkon eines benachbarten Palastes aus zugesehen, fasziniert von der Darbietung eines Mannes, der von seinem Volk so verehrt wurde. Er habe die Begeisterung der Massen für echt gehalten, bemerkte der NSDAP-Parteiideologe Alfred Rosenberg. Es war Hitlers erste Auslandsreise, und er erkannte, dass er keinen guten Eindruck hinterlassen hatte.[64]

Nach einer breiten internationalen Verurteilung des Äthiopienkrieges reiste der Duce im September 1937 nach Berlin. Diesmal beeindruckte ihn der Führer, der keine Kosten gescheut hatte, um seinen Gast mit allen Ehren zu empfangen, die einem geschätzten Verbündeten gebührten. Fast eine Million Zuschauer, die mit Sonderzügen aus allen Teilen des Landes hergebracht worden waren, säumten pflichtgemäß die Straßen der Hauptstadt, um Mussolini zuzujubeln. Zahllose Polizisten in Zivil bewegten sich in der Menge, und im Hintergrund hielt man Hunde an der Leine. Der Duce erlag dem Zauber seines Gastgebers, »offensichtlich berauscht von dem Schauspiel solcher Macht und fasziniert von dem Mann, der fest entschlossen war, diese auszuüben«. Mussolini war nicht länger die energische, lebhafte Figur, die den Führer in Venedig beeindruckt hatte. Wie der Erste Sekretär der britischen Botschaft in Berlin beobachtete, war sein Äußeres derber geworden. »Er war dick und kahl und zeigte das Antlitz eines zügellosen römischen Kaisers, dessen Reich dem Niedergang geweiht war.«[65]

Mussolini und seine Schwarzhemden-Revolution waren ein Quell der Inspiration für Hitler gewesen, doch nun begann der Meister, den Schüler nachzuahmen. Wenige Monate nach seiner Rückkehr aus Berlin schloss sich Mussolini einem Pakt zwischen

Deutschland und Japan zur Bekämpfung des internationalen Kommunismus an, ohne den Großen Rat überhaupt zu fragen. Der Pakt zwang Mussolini dazu, Österreich zu verraten, in das Hitler im März 1938 einmarschierte. Obwohl er allen, auch dem Duce, versichert hatte, dass nicht ein einziger Tscheche ›annektiert‹ werde, schickte Hitler seine Truppen anschließend in die Tschechoslowakei. Dies beschädigte das Ansehen Mussolinis, der seinen Ministern zuversichtlich mitgeteilt hatte, es werde keine Annexion geben. »Jedes Mal, wenn Hitler in ein Land einmarschiert, schickt er mir eine Nachricht«, hatte er geprahlt. Dabei war er sich der zutiefst negativen Reaktion seines eigenen Volkes voll bewusst; er hasste die spöttischen Sticheleien, die ihn als Gauleiter von Italien bezeichneten, als bloßen Handlanger des Führers.[66]

Bald erlangte Mussolini seine Fassung wieder und beschloss, in Albanien einzumarschieren, um mit seinem Verbündeten Schritt zu halten, dessen Reich sich nunmehr bis zur Nordgrenze Italiens erstreckte. Es gelang ihm, auch dies zu verpfuschen, obwohl Albanien lediglich eine Enklave war, die nominell bereits von Italien kontrolliert wurde. In dem Irrglauben, der Erfolg des Führers läge darin begründet, dass dieser selbst – und nicht seine Generäle – die Strategie vorgab, instruierte er den Kommandeur seiner Expeditionsstreitmacht kaum. Statt einem Blitzkrieg nach Hitler'schem Vorbild offenbarte die völlig konfuse Invasion nur, wie schlecht vorbereitet und unzureichend bewaffnet Mussolinis Armee war.[67]

Als beide Mächte in geheimem Einvernehmen mit der Aufrüstung für einen künftigen Krieg in Europa begannen, wurde die Allianz mit Deutschland durch den im Mai 1939 unterzeichneten Stahlpakt erweitert. Hitler hatte zugesichert, drei Jahre lang auf Aggressionen zu verzichten, damit Mussolini ausreichend Zeit bliebe, sich auf die bevorstehenden Schlachten vorzubereiten. Drei Monate später überfiel Hitler Polen. Galeazzo Ciano, mittlerweile Außenminister, gehörte zu den wenigen, die erkannten, dass Mussolini sein Land in den Abgrund riss: »Ich muss bis zum Schluss kämpfen. Andernfalls wird es den Untergang des Landes bedeuten, den Untergang des Faschismus und den Untergang des Duce selbst.«[68]

Mussolini befand sich nun in einer ernsten Notlage. Er hatte versäumt, sein Land auf einen umfassenden Krieg vorzubereiten, gleichzeitig aber mit Hitler gemeinsame Sache gemacht. In Berlin hatte er vor seinem Amtskollegen geprahlt, er verfüge über 150 Divisionen sowie zwölf Millionen Soldaten in Reserve, während tatsächlich nur zehn Divisionen mit veraltetem Gerät kampfbereit waren. Der überraschend unentschlossene Mussolini, der sich sonst hinter einer Fassade grenzenlosen Selbstvertrauens und ungezügelter Willenskraft versteckte, quälte sich, erlitt depressive Schübe, änderte seine Meinung und gestand sogar, dass er insgeheim hoffe, Deutschland werde den Krieg verlieren. Anfang 1940 jedoch gelangte er zu der Überzeugung, Hitler werde siegen. »In letzter Zeit ist er zunehmend vom Führer fasziniert«, notierte Ciano in seinem Tagebuch. »Dessen militärische Erfolge – die einzigen Erfolge, die für Mussolini wirklich zählen und die er selbst ersehnt – sind der Grund dafür.« Am 10. Juni 1940 erklärte der Duce den Alliierten den Krieg.[69]

Fast zwei Jahrzehnte lang hatte Mussolini die Vorstellung propagiert, dass er allein vertrauenswürdig und unfehlbar sei. Er hatte den Führerkult genutzt, um seine Gegenspieler kaltzustellen, und dafür gesorgt, dass jeder potenzielle Rivale innerhalb der Faschistischen Partei aus dem Rampenlicht verschwand. Diejenigen, die dort bleiben durften, einte ihre Loyalität zum Duce. Es waren Kriecher, allesamt emsig bemüht, einander im Lobpreis seines Genies zu überbieten. Sie belogen ihn ebenso, wie er sie belog. Vor allem aber belog Mussolini sich selbst. Sein Weltbild wurde zu einer Falle, die ihn zum »Sklaven seines eigenen Mythos« machte, wie der Biograph Renzo de Felice es ausdrückte. Er wusste, dass die Menschen in seinem Umfeld Schmeichler waren, dass sie ihm

Informationen vorenthielten, die ihn erzürnen könnten. Er vertraute niemandem, hatte keine echten Freunde, keine verlässlichen Gefährten, mit denen er offen sprechen konnte. Im Laufe der Zeit isolierte sich Mussolini immer stärker und wurde schließlich zu einem Gefangenen des Palazzo Venezia.[70]

Mussolini gab sich nicht damit zufrieden, sämtliche wichtigen Entscheidungen selbst zu treffen, sondern versuchte zudem, alles zu kontrollieren – offenbar ohne Sinn für Prioritäten. Wie sein Diener berichtete, weitete er seine Diktatur auch auf »Verbrennungsmotoren, Borax, Fahrradrahmen, Übersetzungen aus dem Lateinischen, Kameras, Spiegel, elektrische Lampen und Mineralwasser« aus. Er mischte sich in alles ein. Mitten im Krieg fand er Zeit, die Farbe des Titelblattes einer Frauenzeitschrift von Violett in Braun zu ändern. Im Januar 1939, als Europa kurz vor dem Zweiten Weltkrieg stand, sah sein Schwiegersohn zu, wie Einheiten vor dem Palazzo Venezia für eine Parade übten. »Häufig verbringt der Duce eine halbe Stunde am Fenster seines Büros, verborgen hinter den blauen Vorhängen, und beobachtet die Formationen der verschiedenen Einheiten. Es war sein Befehl, dass die Trommeln und Trompeten gleichzeitig einsetzen sollten. Er war es, der den Stab des Kapellmeisters auswählte. Höchstpersönlich lehrt er die Bewegungen, die ausgeführt werden sollen, verändert Proportionen und Gestaltung des Stabs. Er glaubt zudem fest daran, dass auch in den Streitkräften die Form die Substanz bestimmt.«[71]

Infolgedessen war Italien erbärmlich schlecht auf einen Krieg vorbereitet. Die Autarkiekampagne, die Mussolini geführt hatte, war ein Erfolg an der Propagandafront, verursachte aber noch vor Kriegsbeginn einen Rückgang der Stahlproduktion, da Italien jedes Jahr Millionen Tonnen Kohle einführen musste. Der Kampf um Korn wiederum erhöhte die Getreideproduktion, machte das Land jedoch abhängiger von importiertem Dünger. Während Starace jedermann militärische Kleidung verordnet hatte, gab es nicht genügend Uniformen für die Soldaten, von denen obendrein viele mit veralteten Waffen ausgerüstet waren. Starace wurde seines Postens enthoben, ebenso wie zahllose andere Sündenböcke, darunter auch ranghohe Armeeangehörige. Auf diese Weise lenkte Mussolini von den eigenen Fehlern ab. Der Duce war zwar unter anderem auch Luftfahrtminister, wusste jedoch nicht, wie viele seiner Flugzeuge technisch überholt waren. Es gab keinen Militärhaushalt und keinen richtigen Planungsstab.[72]

Auf dem Höhepunkt seines Ruhms, Mitte der dreißiger Jahre, schien Mussolini wirklich populär zu sein. Es gab gute Gründe, warum ausländische Reisende – ganz zu schweigen von manchen Historikern später – beeindruckt davon waren, wie er die Bevölkerung scheinbar in seinen Bann gezogen hatte. Der Personenkult verlangte Führertreue und weniger den Glauben an ein bestimmtes politisches Programm. Er war bewusst oberflächlich und versetzte das Regime dadurch in die Lage, die größtmögliche Anzahl Menschen zu erreichen. Von den Leuten wurde verlangt, regelmäßig auf öffentlichen Plätzen zu erscheinen und dem Duce zu applaudieren.[73]

Viele sahen in der Huldigung des Führers eine Möglichkeit, das missbräuchliche Verhalten örtlicher Faschisten anzuprangern. »*Se lo sapesse il Duce!*« (»Wenn das der Duce wüsste!«), lautete eine gängige Redensart. Je größer Frustration und Zorn wurden, welche die Menschen gegenüber der Faschistischen Partei empfanden, desto mehr stellten sie Mussolini als tadellosen Herrscher dar, der von seinen Untergebenen bewusst im Unklaren gelassen oder schlecht beraten wurde.[74]

Der Kult war zudem von Aberglauben und Magie durchtränkt. In Italien, einem zutiefst religiösen Land, projizierten die Menschen Emotionen wie Hingabe und Verehrung, die für christliche Frömmigkeit charakteristisch waren, auf Mussolini. Es existierten heilige Stätten, heilige Bilder, Pilgerfahrten, sogar die Hoffnung auf heilende Berührung durch den Führer. Sein Foto diente bisweilen als Talisman, den man als Glücksbringer mit sich trug. Insgesamt herrschte weniger eine faschistisch-ideologische Überzeugung denn der Glaube an eine von der Vorsehung gesandte Figur.[75]

Vor allen Dingen aber hatten die Menschen keine Wahl. Wie der überzeugte Antifaschist Emilio Lusso 1936 bemerkte, verlangte das Regime Äußerungen allgemeiner Zustimmung, wofür die Schwarzhemden mit dem Knüppel in der Hand sorgten. Wenn der Duce eine Rede hielt, strömten die Menschen auf polizeiliche Anordnung herbei und jubelten auf Kommando, »wie Statisten in einer riesigen Aufführung, damit die Zeitungen Bilder von öffentlichen Plätzen drucken konnten, die randvoll mit frohlockenden Menschen waren«.[76]

Mehr als die äußerliche Loyalität gegenüber dem Führer wurde kaum erwartet, und nach ein paar Jahren beherrschten die meisten Menschen dieses Spiel perfekt. Mussolini war ein hervorragender Schauspieler und seine Untergebenen großartige Darsteller, doch war die Nation insgesamt eine gut einstudierte Aufführung. Wer aus der Rolle fiel, musste mit harten Strafen rechnen. Nach der »Affäre Matteotti« im Jahr 1924 war ein totalitärer Polizeistaat entstanden, der bis Mitte der dreißiger Jahre enorme Machtbefugnisse angehäuft hatte und bei der Überwachung seiner Bürger große Anstrengungen unternahm. Die politische Polizei, genannt PolPol, arbeitete Hand in Hand mit der OVRA, der *Organizzazione per la Vigilanza e la Repressione dell'Antifascismo* (»Organisation zur Überwachung und Bekämpfung des Antifaschismus«), kurz: »Oktopus« (*piovra*), dessen Tentakeln überallhin reichten. Daneben gab es noch die reguläre Staatspolizei und die lokalen Carabinieri, die zur Armee gehörten. Es existierten fünf Sondermilizen, für Eisenbahnen, Straßen, Post, Telegraphie- und Telefondienste sowie Häfen und Wälder. Die Hauptstadt verfügte über eine städtische Miliz mit rund 12 000 Agenten, die in Zivilkleidung ihre Runden drehten. Neidische Nachbarn, eifersüchtige Kollegen und sogar unzufriedene Familienmitglieder meldeten verdächtige Gespräche. Nur wenige

Menschen hätten es gewagt, in Gegenwart von mehr als drei anderen offen zu sprechen. Wie ein Beobachter feststellte, war Italien »ein zur Begeisterung verurteiltes Volk von Gefangenen«.[77]

Trotz des hohen Drucks vonseiten des Polizeistaats ebbte die Begeisterung für den Führer 1939 langsam ab. Die Auflagenhöhe von Untergrundzeitungen wuchs, manche wurden offenbar auf denselben Pressen wie der *Popolo d'Italia* selbst gedruckt. Die Glaubwürdigkeit des Führers geriet unter Beschuss. Ein Anhänger des Faschismus meinte, das Regime repräsentiere höchstens 30 000 Menschen. Niemand glaube noch an die Paraden, versicherte ein Bericht aus Rom; die Menschen seien unzufrieden wegen der leeren Regale in den Geschäften, die eine Folge der vom Völkerbund auferlegten Wirtschaftssanktionen waren. Die obligatorischen Nachrichtenbeiträge im Kino ließen das Publikum nicht länger respektvoll verstummen, sondern sorgten für Buhrufe und ehrfurchtsloses Gelächter, wenn die Zuschauer den Schutz der Dunkelheit nutzten, um ihrem Unwillen Luft zu machen. Der Buchstabe M, der Mussolini zu Ehren überall zu sehen war, stehe für *miseria* (»Elend«), scherzten die Menschen.[78]

Mussolini war sich der wachsenden öffentlichen Ablehnung dank seiner Geheimdienste völlig bewusst; er musste, wie er erkannte, mit einer Reihe rascher Kriegserfolge beweisen, dass sein Stern noch immer hell leuchtete. Schließlich war er stets ein Spieler gewesen, der sich eher auf seinen Instinkt als auf seine Ratio verlassen hatte. Im Juni 1940 war er bereit, sein Glück und das seines Landes auf eine Karte zu setzen, indem er Frankreich und Großbritannien den Krieg erklärte. »Gott helfe Italien«, schrieb sein Schwiegersohn.[79]

In den frühen Morgenstunden des 28. Oktober 1940 überquerte die italienische Armee die albanische Grenze, um in Griechenland einzumarschieren. Da Berlin Mussolini über seine Pläne zu den Invasionen Polens, Frankreichs und der Niederlande und nicht vorab informiert hatte, befand der Duce, es sei diesmal an ihm, Hitler eine Überraschung zu bereiten. Nicht einmal Mussolinis eigener Stab erfuhr etwas. Rodolfo Graziani, inzwischen Stabschef der Armee, hörte im Radio von der Invasion. Statt einen Blitzkrieg zu führen, wurden die italienischen Truppen von schlechtem Wetter aufgehalten und innerhalb weniger Wochen nach Albanien zurückgedrängt. Großbritannien intervenierte auf griechischer Seite und zerstörte die halbe italienische Kriegsflotte.

»Wir werden Griechenland das Kreuz brechen«, verkündete Mussolini am 18. November trotzig unter dem pflichtgemäßen Jubel der Massen vor dem Palazzo Venezia. Die Rede wurde vom Ministerium für Populärkultur weithin verbreitet und in sieben Sprachen im Rundfunk gesendet. Doch viele Italiener glaubten ihrem Führer nicht und schalteten stattdessen einen britischen Sender ein, um herauszufinden, was sich in ihrem eigenen Land ereignete. Während der folgenden drei Jahre wurden etwa 60 Millionen Lire darauf verwandt, geheime Radiosender aus London zu bekämpfen, doch ohne nennenswerten Erfolg.[80]

Mussolini war gezwungen, sich an Hitler zu wenden, der ihm im April 1941 zu Hilfe kam. Innerhalb weniger Wochen durchquerten die Deutschen den Balkan und erreichten die griechische Hauptstadt Athen. Doch das hatte seinen Preis: Militärexperten, Wirtschaftsratgeber und Geheimagenten schwärmten in ganz Italien aus und mischten sich in sämtliche Angelegenheiten des Landes ein. Der eiserne Diktator war nun kaum mehr als ein Vasall. »Wir wurden nie wie Partner behandelt, sondern immer nur wie Sklaven«, vertraute Ciano bitter seinem Tagebuch an.[81]

Wohin der Duce auch seine Soldaten schickte, wurden sie geschlagen. Wenige Monate, nachdem die Zehnte Armee die libysche Wüste durchquert hatte und im September 1940 in Ägypten einmarschiert war, drängten britische Einheiten sie zurück. Im November 1941 kam es in der ehemaligen kaiserlichen Hauptstadt Gondar zum letzten Gefecht der Italiener, die mithilfe irregulärer äthiopischer Truppen von alliierten Streitkräften geschlagen wurden. An der Ostfront, wohin Mussolini ein Armeekorps entsandt hatte, um gemeinsam mit Deutschland gegen die Sowjetunion zu kämpfen, erlitten die Italiener schwere Verluste. Im Juli 1942 war Mussolini ein gebrochener Mann, ein krankes Wrack, isoliert und desillusioniert von seinem sinkenden Stern. Ein enger Mitarbeiter schilderte ihn als »fahl, mit eingefallenen Wangen, sorgenvollen, müden Augen und einem Mund, der große Verbitterung erkennen ließ«.[82]

Der Mann, der am Himmel, auf See und auf der Erde stets präsent gewesen war, begann nun, aus dem Blickfeld zu verschwinden, und scheute die Öffentlichkeit. Sechs Monate lang wurden keine neuen Fotos von Mussolini veröffentlicht, den man einmal als »meistfotografierten Mann der Welt« bezeichnet hatte. Außerdem verstummte er. Am 10. Juni 1941 hatte er anlässlich des ersten Jahrestags des italienischen Kriegseintritts einen kurzen Auftritt absolviert, doch danach blieb er achtzehn lange Monate sprachlos.[83]

Am 2. Dezember 1942 brach Mussolini sein Schweigen und bewies damit, dass er noch am Leben war. Doch das war zu wenig und kam zu spät. Seine Stimme habe sich verändert, munkelte man hinter vorgehaltener Hand. Seine Rede war oberflächlich. Er schien jeden Bezug zur Realität verloren zu haben, was den Eindruck verstärkte, dass hier ein von Selbstüberschätzung getriebener Führer sein Land in den Ruin trieb. Statt mit seiner Rede die Menge gegen den Feind aufzupeitschen, brachte er die Menschen gegen sich auf.[84]

Von Anfang an war Mussolini gezwungen, mit dem König und dem Papst um die Gefolgschaftstreue des italienischen Volkes zu konkurrieren. Mussolinis Bild war zwar allgegenwärtig, doch war es der Kopf des Königs, der auf Briefmarken und Münzen prangte. Mussolini war lediglich Regierungschef, der König hingegen Staatschef. Und so sehr der Faschismus auch versucht hatte, die

Religion zu ersetzen, so war es doch der Papst, der die Loyalität der vielen Millionen Katholiken im Lande genoss.

Zehn Tage nach Mussolinis Kriegserklärung im Jahr 1940 begannen die Alliierten mit der Bombardierung Italiens. Beinahe jede Stadt wurde zum Ziel des Flächenbombardements, erst durch britische, dann durch amerikanische Flieger. Als alliierte Luftangriffe am 9. Juli 1943 erstmals die Hauptstadt trafen, sah man Papst Pius XII., wie er in einem schmutzigen weißen Priestergewand die beschädigten Viertel besuchte; Mussolini hingegen blieb hinter den Mauern seines Palastes versteckt.[85]

Seit Monaten beschuldigte man Mussolini, Elend und Verderben über das Land gebracht zu haben. Der Duce hatte Italien verraten. Er war ein Verbrecher, ein Mörder, ein blutrünstiger Tyrann. Manche verfluchten ihn still, andere wünschten offen seinen Tod.[86]

Der König versetzte ihm den letzten Stoß. Der beißende Rauch hing noch über Rom, da stimmte der Große Faschistische Rat gegen seinen Führer. Einen Tag später, am 25. Juli 1943, stellte Viktor Emanuel Mussolini unter Arrest. Nicht ein einziges Parteimitglied protestierte, trotz des feierlichen Eids, den Duce notfalls mit dem eigenen Leben zu schützen. Wie andere hohe Faschisten versuchte Achille Starace umgehend, sich bei Pietro Badoglio beliebt zu machen, dem ersten Herzog von Addis Abeba und Chef der neuen Regierung.[87]

Der Historiker Emilio Gentile verwies vor Jahrzehnten darauf, dass ein Gott, der sich als fehlbar erwiesen habe, »von seinen Gläubigen mit derselben Leidenschaft entthront und entheiligt wird, mit der man ihn zuvor verehrt hat«. In Teilen Italiens stürmten noch am Tag der Festnahme wütende Menschenmassen die örtlichen Zentralen der Faschistischen Partei und warfen Figuren, Büsten und Porträts des gestürzten Diktators aus den Fenstern.[88]

Ein einziger Freund blieb Mussolini aber noch. Der würdelose Niedergang eines engen Verbündeten war eine Bedrohung für das

Image des unantastbaren und heiligen Führers, also organisierte Hitler eine gewagte Rettungsoperation, bei der Angehörige verschiedener Kommandotrupps Mussolini befreiten und ihn in sicheres Terrain ausflogen. Eine Woche zuvor, am 3. September 1943, hatte Italien einen Waffenstillstand mit den Alliierten unterzeichnet, was die systematische Besetzung des Landes durch deutsche Truppen zur Folge gehabt hatte. Nun, da der Krieg das Land zu zerreißen drohte, installierten die Nazis Mussolini in Salò als Kopf eines neuen Regimes, der Italienischen Sozialrepublik. Mussolinis ›größte Leistung‹ bestand in einer Reihe von Hinrichtungen faschistischer Führer, die bei der letzten Sitzung des Großen Rates gegen ihn gestimmt hatten. Darunter war auch sein eigener Schwiegersohn, Galeazzo Ciano.

In einem Interview im Januar 1945 schien sich Mussolini in sein Schicksal ergeben zu haben, denn er bezeichnete sich selbst als »schon fast tot. Ja, Madame, ich bin am Ende. Mein Stern ist gesunken«. Er fuhr fort: »Ich erwarte das Ende der Tragödie und fühle mich – seltsam entrückt von allem – dabei nicht mehr als Schauspieler. Ich glaube, ich bin der letzte Zuschauer.« Das Ende kam einige Monate später, als er von antifaschistischen Partisanen gefangen genommen wurde. Er und mehrere seiner Gefolgsleute, darunter auch seine Geliebte Clara Petacci, wurden kurzerhand erschossen, auf einen Lieferwagen verfrachtet und nach Mailand gebracht. Dort hängte man sie mit den Füßen an einem Balken auf. Achille Starace, der kurz darauf festgenommen wurde, musste die sterblichen Überreste seines Führers ansehen, dann wurde er selbst hingerichtet und neben dem Mann aufgehängt, den er wie einen Gott gepriesen hatte.[89]

In den nun folgenden Monaten sangen die Menschen mit unverhohlenem Sarkasmus die faschistische Hymne, befreiten Gebäude und Monumente im ganzen Land mit Hammer und Meißel von den Symbolen der vergangenen Diktatur und zertrümmerten die Statuen ihres einstigen Führers. Sie gaben Mussolini die Alleinschuld – eine Sichtweise, die paradoxerweise der Personenkult selbst ermöglichte. »Ein Mann, nur ein Mann allein«, hatte Churchill bekanntlich im Dezember 1940 gesagt und damit alle anderen Faschisten von jeglicher Verantwortung entbunden.[90]

Hitler

»Wer mit ihm durch die Villa Borghese ging«, erzählte Hitler seinen Gästen bei einem Abendessen am 21. Juli 1941, während die Luftwaffe Moskau bombardierte, »und seinen Kopf und die römischen Büsten vor sich hatte, der fühlte: Er ist einer der römischen Caesaren!« Mussolinis Marsch auf Rom sei einer der Wendepunkte der Geschichte gewesen, erläuterte er. »Das Braunhemd wäre vielleicht nicht entstanden ohne das Schwarzhemd.«[1]

Nur zwei Jahrzehnte früher hatte sich die nationalsozialistische Partei mit weniger als 10 000 Mitgliedern noch in ihren Anfängen befunden. Doch Mussolinis Marsch auf Rom hatte sie elektrisiert, Adolf Hitler wurde am 3. November 1922 als »Deutschlands Mussolini« bejubelt. So wie sich Mussolini seinem Volk als Duce präsentierte, begannen Parteimitglieder nun, Hitler als Führer zu bezeichnen.[2]

Drei Jahre zuvor, als Hitler seine erste politische Rede in einem Bierkeller in München hielt, hatten sich nur wenige seinen Aufstieg zur Macht vorstellen können. Als junger Mann hatte er zunächst Künstler in Wien werden wollen, war jedoch zweimal von der Kunstakademie abgelehnt worden. Er führte das Leben eines Bohemiens, las viel und ging seiner Leidenschaft für Architektur und die Oper nach.

Nachdem er für den Dienst in der österreichisch-ungarischen Armee für untauglich befunden worden war, gelang es ihm 1914, in die bayerische Armee aufgenommen zu werden. Er erlebte als

Meldegänger einige der blutigsten Schlachten des Ersten Weltkriegs und war nach einem britischen Senfgasangriff im Oktober 1918 vorübergehend blind. Im Lazarett erfuhr er vom militärischen Zusammenbruch des Deutschen Reichs und reagierte zunächst mit tiefer Verzweiflung, die rasch in Hass umschlug. Wie viele andere Nationalisten glaubte er, die Armee sei »hinterrücks erdolcht« worden, verraten von zivilen Politikern, die in der Novemberrevolution die Hohenzollerndynastie gestürzt hatten, um die Weimarer Republik zu errichten und einen Waffenstillstand zu unterzeichnen.

Nach Kriegsende kehrte Hitler nach München zurück, wo er vor Kriegsausbruch gelebt hatte. Rote Fahnen wehten überall in der Stadt, der sozialistische Ministerpräsident Kurt Eisner hatte dort nach der Abschaffung der Monarchie den Freistaat Bayern ausgerufen. Nach Eisners Ermordung im Februar 1919 kam es zu Streiks und Unruhen unter den bayrischen Arbeitern, die eine bayerische Räterepublik ausriefen. Sie blieb ein kurzlebiges Experiment und wurde von Regierungstruppen und paramilitärischen Freikorps brutal niedergeschlagen. Im Gefolge der gescheiterten Revolution erhielt Hitler die Aufgabe, als Propagandaredner der Reichswehr die von der Front heimgekehrten Soldaten über die Gefahren des Kommunismus aufzuklären. Er blühte auf, als er entdeckte, dass er Talent hatte: »Und was ich früher immer, ohne es zu wissen, aus dem reinen Gefühl heraus einfach angenommen hatte, traf nun ein: ich konnte ›reden‹.«[3]

Durch dieses Redetalent wurde Anton Drexler auf ihn aufmerksam, der Gründer der Deutschen Arbeiterpartei (DAP), einer lose organisierten Gruppe von Konservativen, die Nationalismus mit Antikapitalismus mischte, um ein breiteres Publikum anzusprechen. Hitler trat im September 1919 in die Partei ein und wurde schon bald ihr einflussreichster Redner; die Leute strömten zu den Veranstaltungen, um ihn zu hören. Ein früher Anhänger erinnerte sich an ihn als einen wenig beeindruckenden Mann, der aussah

»wie ein Kellner in einem Bahnhofsrestaurant«, mit schweren Stiefeln, einer Lederweste und einem komischen kleinen Schnauzbart. Doch sobald Hitler zu sprechen begann, elektrisierte er das Publikum. »In seinen frühen Jahren verfügte er über eine Stimmgewalt, über Ausdruck und Wirkung, die so nie wieder erreicht wurden, und an diesem Abend war er in Höchstform.« Er begann mit leiser, zurückhaltender Stimme, kam dann allmählich in Fahrt und verwendete eine einfache Sprache, die normale Bürger verstehen konnten. Nachdem er sich in sein Thema eingefunden hatte, hetzte er gegen Juden, schimpfte auf den Kaiser und polterte gegen Kriegsgewinnler. Er sprach immer schneller, unterstützt von dramatischen Gesten mit der Hand und einem gelegentlich in die Luft stechenden Finger. Er wusste, wie er seine Botschaft auf seine Zuhörer zuschneiden musste, und gab ihrem Hass und ihren Hoffnungen eine Stimme. »Ein Ausbruch jubelnder Begeisterung war die Antwort, das Publikum reagierte mit einer tosenden Jubelorgie.« 1921 konnte Hitler bereits so große Säle wie den Circus Krone in München mit über 6000 Zuhörern füllen.[4]

Im Februar 1920 wurde die Partei in Nationalsozialistische Deutsche Arbeiterpartei (NSDAP) umbenannt. Schon bald kaufte sie eine stark verschuldete Zeitung auf, den *Völkischen Beobachter*, der ursprünglich von der Thule-Gesellschaft herausgegeben wurde, einem politischen Geheimbund von Okkultisten, die das Hakenkreuz als Symbol verwendeten und an einen deutschen Messias glaubten, der die Nation erlösen sollte. Dietrich Eckart, der neue Herausgeber der Zeitung, setzte seine Hoffnungen in einen Journalisten namens Wolfgang Kapp. Im März 1920 unternahmen Kapp und etwa 6000 Anhänger einen Putschversuch gegen die Weimarer Republik in Berlin, scheiterten jedoch am Widerstand der Ministerialverwaltung und einem Generalstreik, an dem sich auch die Beamten beteiligten. Danach wandte sich Eckart Hitler zu, in dem er den »Retter des Vaterlands« sah. Der zwanzig Jahre ältere Eckart wurde Hitlers Mentor, unterstützte ihn beim

Aufbau seines Images und nutzte den *Völkischen Beobachter*, um ihn als kommenden Mann in Deutschland darzustellen.[5]

Im Sommer 1921 begrüßte die Parteiführung einen weiteren »populären und starken Redner« in ihren Reihen, den Anführer einer rivalisierenden Organisation namens Deutsche Werkgemeinschaft. Man schlug eine Fusion vor. Hitler sah dadurch seine eigene Position bedroht, setzte alles auf eine Karte und kündigte in einem Wutanfall seinen Austritt aus der Partei an. Alles hing nun von Eckart ab, der als Vermittler auftrat. Aus Furcht vor dem Verlust ihrer Hauptattraktion gab die Parteiführung nach. Aber Hitler verlangte nun »den Posten des ersten Vorsitzenden mit diktatorischer Machtbefugnis«. Ein paar Monate später schwärmte Eckart im *Völkischen Beobachter*, niemand sei so selbstlos, opferbereit und redlich wie Hitler, der zugunsten der Partei »mit eiserner Faust« durchgegriffen habe.[6]

Kaum hatte Hitler die Macht in der Partei errungen, gründete er eine paramilitärische Organisation: die SA (»Sturmabteilung«). Ernst Röhm, ein loyaler Anhänger, sorgte dafür, dass Andersdenkende, die versuchten, Hitler bei Veranstaltungen niederzubrüllen, zusammengeschlagen wurden. Die SA zog auch durch die Straßen von München, prügelte auf ihre Feinde ein und störte Veranstaltungen der politischen Opposition.

Die NSDAP war nun die Partei des Führers, und Hitler arbeitete unermüdlich an ihrem Aufbau. Er entwarf die grellroten Handzettel, mit denen neue Mitglieder angeworben wurden, und choreographierte die Paraden, die mit Fahnen, Wimpeln, Marschkapellen und Musik noch größere Zuschauermengen anlockten. Hitler war akribisch, geradezu pingelig, und kümmerte sich um jedes Detail. Am 17. September 1921 wurden Anweisungen herausgegeben, welche die genauen Abmessungen und Farben der Hakenkreuzarmbinde festlegten. Das Braunhemd wurde erst 1924 eingeführt.[7]

Wie Mussolini war Hitler sehr auf seine Außenwirkung bedacht. Als ein früher Anhänger vorschlug, er solle sich den Schnauzbart entweder richtig wachsen lassen oder ihn abrasieren, blieb er völlig ungerührt. »Keine Sorge«, sagte er, »ich kreiere eine Mode. Mit der Zeit werden die Leute sie freudig kopieren.« Der Oberlippenbart war ebenso sehr ein Markenzeichen wie das Braunhemd. Hitler war (wiederum wie Mussolini) kurzsichtig, achtete aber sehr darauf, dass man ihn in der Öffentlichkeit nie mit Brille sah. Um nicht so leicht von der Polizei erkannt zu werden, mied er im Gegensatz zu Mussolini Fotografen. Als sein Bekanntheitsgrad wuchs, trugen die Spekulationen über sein Aussehen zu seiner mysteriösen Aura bei. Erst im Herbst 1923 willigte Hitler ein, sich von Heinrich Hoffmann porträtieren zu lassen, der schon bald zum offiziellen Fotografen der Partei aufstieg. Die ersten Aufnahmen, die Hitler mit grimmiger Miene, hochgezogenen Augenbrauen, zusammengepressten Lippen und resolut verschränkten Armen zeigten, vermittelten Entschlossenheit und eine fanatische Willenskraft. Die Fotografien fanden weite Verbreitung in der Presse und wurden als Postkarten und Porträts verkauft.[8]

Mit Hitlers vierunddreißigstem Geburtstag am 20. April 1923 begann der Führerkult. Eine Balkenüberschrift auf der Titelseite des *Völkischen Beobachters* bejubelte ihn als »Deutschlands Führer«. Alfred Rosenberg, ein weiterer früher Verbündeter, feierte Hitler als »Führer des deutschen Volkes« und staunte, wie der »Mann in München« eine »geheimnisvolle Wechselwirkung« zwischen sich und seinen vielen Anhängern erzeugte. Hitler wiederum, der nur allzu gut wusste, dass seine Gegner ihn als Demagogen, Tyrannen und als größenwahnsinnige »Majestät Adolf I.« bezeichneten, behauptete von sich selbst, er sei »nur ein Trommler und ein Sammler«, ein bloßer Apostel, der auf Christus warte.[9]

Doch das war falsche Bescheidenheit. Eckart erzählte Hanfstaengl, einem Unterstützer Hitlers, dieser sei ungeduldig im Hof auf und ab geschritten und habe gerufen, er müsse in Berlin Einzug halten wie Christus im Tempel von Jerusalem und die Geldwechsler vertreiben. Im Bemühen, Mussolini nachzueifern, organisierte Hitler am 8. November 1923 einen Putsch, bei dem er zusammen mit der SA einen Bierkeller in München stürmte und die Bildung einer neuen Regierung mit General Erich von Ludendorff verkündete, dem Leiter der Obersten Heeresleitung während des Ersten Weltkrieges. Doch das Militär schloss sich den Aufständischen nicht an. Die Polizei konnte den Putsch am nächsten Tag ohne große Mühen niederschlagen, Hitler wurde verhaftet.[10]

Der Bürgerbräu-Putsch war gescheitert. Hinter Gittern versank Hitler zunächst in Depressionen, fasste sich jedoch schon bald wieder, als er erkannte, dass ihm seine Haftstrafe die Gelegenheit zum Märtyrertum bot. Das starke Interesse der Presse und die breite Berichterstattung machten ihn im In- und Ausland bekannt. Er erhielt Geschenke aus dem ganzen Land, und selbst einige Wachen grüßten heimlich mit »Heil«, wenn sie die kleine Zimmerflucht betraten, die als seine Zelle fungierte. Die Richter beim Prozess zeigten sich verständnisvoll und erlaubten ihm, den Gerichtssaal als Propagandaplattform zu nutzen. Seine Aussagen wurden in jeder Zeitung abgedruckt. Hitler trat vor Gericht nicht als Angeklagter, sondern als Ankläger auf, der die Politiker der Weimarer Republik als die eigentlichen Verbrecher darstellte. Er übernahm die volle Verantwortung für den Putsch. »Ich trage die Verantwortung ganz allein«, gab er zu. »Wenn ich hier als Revolutionär stehe, so stehe ich hier gegen Revolution und Verbrechen [...]. Ich bekenne mich zur Tat. Schuldig des Hochverrates kann ich mich nicht bekennen; denn es gibt keinen Hochverrat gegen die Landesverräter von 1918.« Nun sprach er verächtlich über die Vorstellung, er sei nur der Trommler einer patriotischen Bewegung. »Was mir vor Augen stand, das war vom ersten Tage an tausendmal mehr [...]. Ich wollte der Zerstörer des Marxismus werden.«[11]

Hitler wurde zu gerade einmal fünf Jahren Festungshaft verurteilt, die auf dreizehn Monate reduziert wurden – ein überraschend mildes Strafmaß für Hochverrat, aber immerhin lange genug, um ihm Zeit zum Verfassen seiner politischen Biographie zu geben. Bei seiner Entlassung kurz vor Weihnachten 1924 war der Großteil des Manuskripts mit dem Titel *Mein Kampf* fertiggestellt. Das Buch erschien im Sommer 1925, wurde jedoch erst 1933 zum Bestseller.

Mein Kampf fasste größtenteils zusammen, was Hitler schon bei seinen Bierkellerreden gesagt hatte. Für jedes Problem im Land, ob es nun das in seinen Augen korrupte parlamentarische System war oder die Bedrohung durch den Kommunismus, gab er den Juden die Schuld. Hitlers Programm war klar: Er wollte den Versailler Vertrag abschaffen, die Juden in die Schranken weisen, Frankreich bestrafen, ein »Großdeutschland« aufbauen und die Sowjetunion überfallen, um »Lebensraum« zu gewinnen. Darüber hinaus enthielt *Mein Kampf* auch die Bausteine für den Führer-Mythos: Hitler sei ein geniales Kind gewesen, ein eifriger Leser, ein geborener Redner, ein verkannter Künstler – von der Vorsehung auserkoren, das Schicksal eines Volkes zu lenken. Ein Mann, der angeblich wie kein anderer von einer Leidenschaft getrieben war, die es ihm ermöglichte, die Worte zu erkennen, welche »Hammerschlägen ähnlich die Tore zum Herzen eines Volkes zu öffnen vermögen«. Er sei ein vom Himmel auserkorener Verkünder eines höheren Willens oder, wie es ein Anhänger formulierte, ein Orakel, ein »Traumlaller«, der im Schlaf prophetische Worte spreche.[12]

Doch das Orakel war zum Schweigen gebracht worden. Nach seiner Entlassung aus der Haft bestand für Hitler ein Rede- und Auftrittsverbot in Bayern. Der *Völkische Beobachter* wurde verboten, ebenso die Partei. Noch 1927, als die Beschränkungen teilweise aufgehoben wurden, zeigten Propagandaplakate Hitler mit zwei Pflastern quer über dem Mund, auf denen »Redeverbot« stand. Hitler selbst stellte sich als verfolgten Patrioten dar.[13]

Kaum war er durch das schmiedeeiserne Tor der Festung Landsberg in die Freiheit getreten, ließ er sich fotografieren. Heinrich Hoffmann wartete draußen, um das Ereignis für die Nachwelt festzuhalten, doch ein Gefängniswächter drohte, die Kamera zu konfiszieren. Hitler posierte stattdessen vor dem alten Landsberger Stadttor neben dem Trittbrett eines Mercedes-Benz. Entschlossen blickte er in die Kamera, den Oberlippenbart sauber gestutzt, die Haare sorgfältig gescheitelt. Das Bild wurde weltweit veröffentlicht.[14]

Auch wenn Hitler nicht mehr öffentlich auftreten durfte, blieb er innerhalb der Partei und weit darüber hinaus präsent. Hoffmann veröffentlichte zwischen 1924 und 1926 drei Bildbände. Die letzte Broschüre mit dem Titel *Deutschlands Erwachen in Bild und Wort* präsentierte den Führer als Heilsbringer: »Ein Mann, aufgestanden mitten aus dem Volk, verkündet das Evangelium der Liebe zum Vaterland.« Es gab auch Plakate, die zeigten, wie eine Menschenmenge erwartungsvoll auf das Erscheinen des vermeintlichen Heilsbringers wartete.[15]

Auf der Rückfahrt nach München fragte Hoffmann Hitler, was er als nächstes vorhabe: »Ich fange wieder von vorn an.« Die Partei wurde wiederbelebt und bekam eine neue Geschäftsstelle in der Schellingstraße. Hitler gestaltete jedes Detail selbst, ebenso wie in der späteren Parteizentrale in der Brienner Straße (dem sogenannten »Braunen Haus«), darunter auch die mit rotem Saffian-Leder bezogenen Stühle, die in Hufeisenform unter einem Hoheitsadler standen, der dem Vorbild der römischen Antike folgend an der Stirnseite des Raumes prangte. Rechts und links vom Eingang an der Brienner Straße war jeweils eine Bronzetafel mit den Namen derjenigen angebracht, die beim Putsch ihr Leben verloren hatten und nun als »Märtyrer der Bewegung« galten.[16]

Doch die Mitgliedszahlen der Partei stagnierten. Erst 1927 lagen sie wieder bei 57000, dem Stand vor dem gescheiterten Putschversuch. Es war eine schwierige Zeit für die Partei; die deutsche Wirtschaft erholte sich, unterstützt von einer neuen Währung, mit der die Inflation in Schach gehalten wurde, und einem steten Kapitalstrom aus den USA. Die Regierung stabilisierte sich. Deutschland kehrte mit der Aufnahme in den Völkerbund 1926 in die internationale Gemeinschaft zurück. Rückblickend bezeichneten Historiker diese Zeit als die »goldenen Jahre« der Weimarer Republik.[17]

Die Unterstützung für die NSDAP war so gering, dass das Redeverbot für Hitler im März 1927 wieder aufgehoben wurde. Trotz aller Theatralik bei seinen Auftritten, der dröhnenden Musik, der geschwenkten Fahnen und gehissten Banner und trotz der Anhänger, die ihren Führer mit ausgestrecktem Arm begrüßten, blieben letztlich viele Sitze leer. Hitlers rhetorische Fähigkeiten waren nach wie vor vorhanden, doch seine Botschaft fand nicht mehr so viel Anklang. Die Bewegung erlebte eine Flaute.

Trotz der nachlassenden Wirkung Hitlers in der Öffentlichkeit verbreitete sich unter seinen Anhängern weiterhin das Bild des gottgleichen Erlösers. Joseph Goebbels, ein ehrgeiziger, intelligenter Mann mit einem deformierten rechten Fuß, der erst vor Kurzem in die Partei eingetreten war, fragte sich im Oktober 1925: »Wer ist dieser Mann? Halb Plebejer, halb Gott! Tatsächlich der Christus, oder nur der Johannes?« Er stand mit dieser Haltung nicht allein. Obwohl die Besucherzahlen beim ersten Parteitag der NSDAP im Sommer 1927 in Nürnberg hinter den Erwartungen zurückblieben, feierten die SA-Mitglieder in ihren Braunhemden begeistert den Führer, der die gesamte Veranstaltung choreographiert hatte. »Der Glaube an den Führer«, verkündete er den versammelten Zuhörern, sei entscheidend, »nicht die Schwäche der Majorität«. Bei den Parteimitgliedern wurde der Gruß »Heil Hitler« zur Pflicht, ein Symbol der persönlichen Bindung an den Führer.[18]

Hitler selbst konnte den Charakter seiner Mitmenschen gut beurteilen. Ein früher Anhänger erinnerte sich, dass er andere auf den ersten Blick einschätzte, »mit einer tierhaft scharfen Witterung«

habe er zwischen denen unterschieden, »die ihm ein rückhaltloses Vertrauen und einen fast religiösen Glauben entgegenbrachten«, und solchen, die ihn mit kritischem Abstand betrachteten. Erstere wurden gegeneinander ausgespielt, Letztere beseitigt, sobald sie ihm nicht mehr länger von Nutzen waren.[19]

Hitlers Feinde spotteten über *Mein Kampf*, doch seine Anhänger sahen darin ihre Bibel. Im Buch wurde wiederholt behauptet, Genies fände man nicht mittels allgemeiner Wahlen: »Eher geht auch ein Kamel durch ein Nadelöhr, ehe ein großer Mensch durch eine Wahl ›entdeckt‹ wird.« Hitlers Anhänger betrachteten sich als Apostel, die etwas sahen, wofür die Ungläubigen blind waren. In einem offenen Brief an Hitler über das Konzept der Führung wiederholte Goebbels 1928 diese Ansicht und wies darauf hin: »Der große Führer wird *nicht* gewählt. Er ist da, wenn er da sein muss.« Ein Führer werde nicht von den Massen ausgewählt, ein Führer befreie die Massen. Der Führer sei in Zeiten großer Zweifel derjenige, der den Weg zum Glauben weise, er sei »dessen erster Diener im Kampf um die Zukunft«, erklärte Goebbels und schlug vor, Hitler solle sich mit einer kleinen Gruppe aufrechter Männer umgeben, die für ihn durchs Land reisten und zu den Verzweifelten predigten. Ein Jahr später, anlässlich Hitlers vierzigstem Geburtstag am 20. April 1929, schrieb er einem idealen Führer vier Grundbedingungen zu: Charakter, Wille, Können und Glück. Hitler weise bereits drei dieser Kennzeichen auf. Sein Glücksstern, so glaubte Goebbels, werde bald aufgehen.[20]

Für die Partei wendete sich das Schicksal noch vor Jahresende. Am 3. Oktober 1929 starb Gustav Stresemann, eine tragende Säule der Weimarer Demokratie. Einige Wochen später kam es zum Börsenkrach an der New Yorker Wall Street, auf den Anleger in aller Welt mit Panikverkäufen reagierten. Die Arbeitslosigkeit in Deutschland schnellte in die Höhe; sie lag nach wenigen Monaten bei über drei Millionen und erreichte 1932 mit sechs Millionen ihren Höhepunkt. Das Vertrauen in die Demokratie schwand, die

Inflation griff immer weiter um sich, und ein Gefühl der Hoffnungslosigkeit und Verzweiflung machte sich breit: Hitler nutzte die Gunst der Stunde.[21]

Die NSDAP startete eine gewaltige Propagandakampagne. Während sich andere Parteien mit einem Werbeschreiben oder einer Zeitungsanzeige zufriedengaben, waren die Nationalsozialisten bei ihrer Großkampagne unermüdlich. Hitler hatte stets die Bedeutung des gesprochenen Wortes betont, und 1930 machten sich 1000 ausgebildete Redner auf, um ihre Botschaft in jedem Dorf zu verkünden. Parteitage wurden veranstaltet, Zusammenkünfte organisiert, Plakate und Handzettel verteilt sowie Hakenkreuze auf Bürgersteige gepinselt.

Die Partei erreichte jedoch nur ihr eigenes Publikum. Weite Teile der Bevölkerung begegneten den Nationalsozialisten mit einer Ablehnung, gegen die ihre Propaganda nichts ausrichten konnte. Die NSDAP bezeichnete sich selbst als »Hitler-Bewegung«, denn die Gestalt des Führers war das wesentliche Element ihrer Propaganda, das bei unzufriedenen Ladeninhabern, protestantischen Bauern und Kriegsveteranen die größte Wirkung zeigte. Doch obwohl die Stimmen für die Nationalsozialisten bei den Wahlen von 2,6 Prozent im Mai 1928 auf 18,3 Prozent im September 1930 stiegen, blieben die Anhänger konkurrierender Parteien, um mit dem Historiker Richard Bessel zu sprechen, »bemerkenswert immun gegen den Einfluss des Kultes, der um Hitler aufgebaut wurde«.[22]

Im September 1931 erschoss sich Hitlers Nichte Geli Raubal, die Tochter seiner Halbschwester Angela, mit seiner Walther-Pistole. Zwei Jahre zuvor war sie zu ihrem Onkel in dessen Münchner Wohnung gezogen. Ihr Suizid im Alter von dreiundzwanzig Jahren ließ sofort Gerüchte über sexuelle Gewalt, womöglich sogar Mord aufkommen. Raubals Tod war für Hitler eine PR-Katastrophe, zumal es sich die Zeitungen nicht nehmen ließen, ihre Leser auch auf die homosexuellen Neigungen des SA-Führers Ernst

Röhm hinzuweisen. Die NSDAP sei alles andere als eine Partei der Familienwerte, erklärten ihre Gegner, sie sei eine Ansammlung sexueller Abweichler.[23]

Ein halbes Jahr später veröffentlichte Heinrich Hoffmann einen Fotobildband unter dem Titel *Hitler wie ihn keiner kennt.* Darin wurde der Führer von seiner menschlichen Seite gezeigt. Reichsjugendführer Baldur von Schirach steuerte das Vorwort bei. Bei Hitler, erklärte er, handle es sich nicht nur um einen mitreißenden Führer, sondern um einen großen und guten Menschen, dessen augenfälligste Eigenschaften Kraft und Güte seien. Nur wenige Leute wüssten, dass er einfache, spartanische Gewohnheiten pflege und unermüdlich für das Allgemeinwohl arbeite: »Seine Arbeitsleistung ist ungeheuer.« Er habe keine Laster. »Es ist fast unbekannt, dass Hitler Antialkoholiker, Nichtraucher und Vegetarier ist.« Seine Leidenschaft seien Geschichte und Architektur. Außerdem sei er ein begeisterter Leser; die größte Freude bereite ihm seine Bibliothek mit etwa 6000 Büchern, »die er alle nicht nur durchblättert, sondern auch gelesen hat«. Hitler sei ein Kinder- und Tierfreund. Auf dem Einband war ein entspannter Führer auf einer Almwiese mit einem Schäferhund an seiner Seite zu sehen. Neben Hoffmanns offiziellen Bildern gab es auch Hunderte Abbildungen aus dem »Privatleben«: Hitler als Baby, Hitler als Künstler, Hitler daheim, Hitler bei der Arbeit, Hitler in der Freizeit, Hitler beim Lesen, beim Plaudern, Wandern und Lächeln.[24]

Das Buch erschien im März 1932, mitten im Wahlkampf um das Amt des Reichspräsidenten. Paul von Hindenburg, der in der Bevölkerung hochangesehene Generalfeldmarschall, hatte sich trotz seiner vierundachtzig Jahre überzeugen lassen, noch einmal anzutreten und gegen Hitler zu kandidieren. Am ersten offiziellen Tag der Stichwahl veröffentlichte Goebbels einen Artikel mit dem Titel »Adolf Hitler als Mensch«, in dem die Themen von Hoffmanns Bildband aufgegriffen und ausgebaut wurden. »Adolf Hitler ist seiner Natur nach ein gütiger Mensch«, erklärte Goebbels. Ein »guter

Kamerad und treuer Freund, ein hilfreicher Förderer jeglicher Fähigkeiten und Talente«. Ein freundlicher und bescheidener Mann, »der nicht nur als Politiker, sondern auch als Mensch bei allen, die ihn kennen, die höchste Liebe und Verehrung genießt«. Emil Ludwig, ein zeitgenössischer Biograph, kommentierte: »Hitlers Jünger Goebbels brachte die Deutschen dazu, in Hitler all das zu sehen, was ihm fehlte.«[25]

Der gütige Mensch präsentierte sich den Massen. Goebbels charterte ein Flugzeug, das Hitler in Dutzende Städte brachte. Die Auftritte machten ihn populär und festigten den Hitler-Kult. »Hitler über Deutschland«, verkündeten die Schlagzeilen reißerisch. Das Publikum brach nach stundenlangem Warten in stürmischen Beifall aus, wenn Hitler endlich mit dem Flugzeug wie ein Messias aus den Wolken zu seinen Anhängern herabschwebte. Mädchen überreichten ihm Blumen, lokale Parteiführer bekundeten ihren Respekt, und SA-Kapellen spielten dazu. Die Menge jubelte.[26]

Ein Wahlplakat, auf dem markig »Hitler« stand, machte ihn allgemein bekannt. Darauf schien sein Gesicht vor einem dunklen Hintergrund im Raum zu schweben. Doch trotz aller Propaganda gelang es Hitler nicht, genügend Wähler für sich zu gewinnen. Hindenburg errang einen überwältigenden Sieg und wurde im April als Reichspräsident bestätigt. Einige Monate später fanden Reichstagswahlen statt. Hitler behielt seinen straffen Terminplan bei, und die anstrengende Wahlkampftour per Flugzeug zahlte sich schließlich aus: Im Juli 1932 wurde die NSDAP mit 37,3 Prozent der Stimmen die stärkste Partei im Reichstag.

Dennoch weigerte sich Hindenburg, Hitler zum Reichskanzler zu ernennen. Anstatt sich kompromissbereit zu zeigen, tobte Hitler und lehnte eine bloße Beteiligung an der Regierung ab. Bei seinen anschließenden Reisen durchs Land verunglimpfte er die »reaktionäre Clique« in Berlin. Doch die Wähler wandten sich von ihm ab – bei den nächsten Wahlen im November 1932 erhielt die NSDAP weniger als ein Drittel aller Stimmen und schien sich im

Niedergang zu befinden. »Der Nimbus ist geschwunden […]. Der Zauber hat versagt«, hieß es in einer Zeitung. »Ein fallender Komet im Novembernebel«, lautete der Kommentar in einer anderen. Die Parteimitglieder waren desillusioniert und kehrten der Partei zu Tausenden den Rücken.[27]

Am 30. Januar 1933 wurde Hitler Reichskanzler. Dahinter stand weniger ein Wahlerfolg als vielmehr eine Reihe taktischer Manöver im Hinterzimmer, bei denen Hindenburg eine wesentliche Rolle spielte. Der betagte Reichspräsident traute Hitler nicht, doch Hitlers Rivalen verachtete er noch mehr. Als Kurt von Schleicher, der letzte Reichskanzler der Weimarer Republik, vorschlug, de facto als Diktator zu regieren, um die Pattsituation im Reichstag zu beenden, ernannte Hindenburg lieber Hitler zum neuen Kanzler.

Wenige Wochen später brannte das Reichstagsgebäude, in dem das Parlament zusammentrat. Hitler nutzte den Vorfall und behauptete, der Brand sei ein Anschlag kommunistischer Verschwörer gewesen. Hindenburg, der sich nicht vorstellen konnte, dass das parlamentarische System einer Bedrohung von links viel entgegenzusetzen hatte, wurde überzeugt, eine Notverordnung zu erlassen, mit der die Grundrechte der Republik außer Kraft gesetzt wurden.

Terror und Propaganda gingen nun Hand in Hand. Hunderttausende Braunhemden machten Jagd auf die politischen Gegner. Hermann Kasten, der Bürgermeister von Staßfurt, ein Sozialdemokrat, wurde am 5. Februar 1933 erschossen. Unzählige andere Führer der Opposition wurden bedroht, zusammengeschlagen oder auf dem Weg ins Gefängnis öffentlich vorgeführt. Dennoch erreichte die NSDAP bei den Wahlen im März mit nur 43,9 Prozent der Stimmen nicht die absolute Mehrheit. Trotzdem wurde im gleichen Monat ein Ermächtigungsgesetz verabschiedet, das Hitler für vier Jahre unbegrenzte Macht zugestand.[28]

Eine noch größere Terrorwelle folgte. Im Mai wurden die Gewerkschaften aufgelöst, im Juni alle politischen Parteien verboten. Die Gewalt richtete sich nicht nur gegen politische Widersacher oder gesellschaftliche Außenseiter, sondern gegen alle Gegner der Nationalsozialisten. Man schätzt, dass allein im Jahr 1933 etwa 100 000 Personen ohne Verfahren im Gefängnis saßen. Hunderte kamen in der Haft ums Leben. Die meisten wurden schon bald wieder freigelassen, doch die Verhaftung erzielte den gewünschten Effekt; die Angst wurde ein fester Bestandteil ihres Lebens.[29]

Kaum war Hitler zum Reichskanzler ernannt worden, verliehen zahlreiche kommunale und städtische Behörden ihrer Begeisterung Ausdruck und benannten Straßen, Plätze, Boulevards, Schulen, Stadien oder Brücken nach dem Führer. Am 31. März 1933 erhielt das Stadtzentrum von Hannover einen Adolf-Hitler-Platz. Drei Tage später wurde eine wichtige Verkehrsverbindung in Stuttgart, die vom Charlottenplatz zum Wilhelmspalais führte, in Adolf-Hitler-Straße umbenannt. Zusätzlich erhielt eine Mittelschule den Namen Adolf-Hitler-Schule. Im Berliner Stadtteil Charlottenburg gaben die Behörden dem Reichskanzlerplatz anlässlich von Hitlers Geburtstag am 20. April 1933 den Namen Adolf-Hitler-Platz. Innerhalb weniger Jahre bekam selbst das kleinste Dorf seine obligatorische Adolf-Hitler-Straße. Viele Orte hatten außerdem einen Adolf-Hitler-Platz.[30]

Auch zahlreiche Bürger baten um Erlaubnis, den Namen des Führers verwenden zu dürfen. Am 18. Februar fragte ein Herr Weber, Inhaber eines Cafés und einer Bäckerei in Sondershausen, bei den Behörden an, ob er sein Lokal »Reichskanzler A. Hitler« nennen dürfe. Der Führer lehnte ab. Drei Tage später schlug ein Rosenzüchter vor, eine neue Sorte »Adolf Hitler« zu taufen, und ein Ingenieur wollte eine Windkraftanlage in Berlin »Adolf-Hitler-Turm« nennen. Ein Bewunderer aus Düsseldorf ließ seine Tochter auf den Namen Hitlerine taufen, auch Adolfine, Hitlerike und Hilerine waren beliebt.[31]

Allerdings gab es keine Statuen. Im Gegensatz zu den meisten anderen Diktatoren bestand Hitler darauf, dass Statuen und Denkmäler den großen historischen Gestalten der Vergangenheit vorbehalten sein sollten. Er wollte ein Führer der Zukunft sein.[32]

Dafür schmückten Porträts des Führers jede Amtsstube, und auch außerhalb staatlicher Behörden schnellte die Nachfrage nach seinem Abbild in die Höhe. Unternehmer baten um die Genehmigung, seinen Namen oder sein Konterfei für ihre Seife, Zigarren oder Süßigkeiten verwenden zu dürfen, um den Verkauf anzukurbeln. Andere hielten sich nicht lange mit einer Genehmigung auf und produzierten Bonbons oder gar Würste in Hakenkreuzform. Zum Schutz der »Heiligkeit und Würde« nationaler Symbole legte Goebbels am 13. Mai 1933 einen Gesetzesentwurf vor, der die Verwendung von Hitler-Abbildungen nur mit ausdrücklicher Genehmigung der Partei erlaubte.[33]

Doch Hitler war nur Kanzler; neben seinem Porträt hing immer auch das Bild des Reichspräsidenten, der sich weiterhin großer Beliebtheit erfreute. Hitler machte das Beste daraus und nutzte Hindenburgs Aura, um eine direkte Verbindung zu den großen deutschen Führungsgestalten herzustellen. Am 30. Januar 1933 waren beide Seite an Seite am Fenster der Reichskanzlei erschienen und hatten die etwa 60 000 SA- und SS-Leute bei ihrem von Goebbels organisierten Fackelzug gegrüßt. Zwei Monate später verneigte sich Hitler bei der feierlichen Eröffnung des Reichstages in Potsdam respektvoll vor Hindenburg und erhielt quasi dessen Segen. Die Feier wurde in sämtlichen Kinos gezeigt.[34]

1934 forderte die SA, die für die NSDAP die schmutzigen Arbeiten verrichtet hatte, immer lautstärker einen Anteil an der Macht und ihre Eingliederung in die Reichswehr. Doch die konservativen Generäle verachteten die SA als Schlägertruppe. Hitler wollte das militärische Establishment auf keinen Fall gegen sich aufbringen. Außerdem fürchtete er, dass SA-Führer Ernst Röhm zu mächtig geworden war. Am 30. Juni kam es in der sogenannten

»Nacht der langen Messer« zu einer Säuberungsaktion, bei der die SS gegen die SA vorging. Röhm wurde verhaftet und erschossen. Auch Dutzende andere Führungskräfte der SA wurden ermordet, Tausende kamen ins Gefängnis. Hindenburg, der als Reichspräsident die Kontrolle über das Militär behalten hatte, gratulierte Hitler.

Der betagte Feldmarschall starb am 2. August 1934. Eine Stunde später wurden das Amt des Reichspräsidenten und das des Reichskanzlers in der Gestalt des Führers vereinigt, der nun auch die Befehlsgewalt über das Militär erhielt. Der traditionelle Eid auf den Reichspräsidenten wurde geändert, von nun an leistete jeder Soldat seinen Eid auf Adolf Hitler.[35]

Nachdem Hitler sein Image als charismatischer Führer so mühsam aufgebaut hatte, wollte er nun durch eine Volksabstimmung bestätigt werden. Am 19. August war die Bevölkerung aufgefordert, über die Zusammenlegung der beiden Ämter abzustimmen. Im Vorfeld gab es ein regelrechtes Propagandasperrfeuer. Überall hingen Hitler-Plakate mit nur einem Wort: »Ja«. Aus Bayern berichtete ein Beobachter: »Hitler an allen Anschlagtafeln, Hitler in allen Schaufenstern, ja Hitler überhaupt an allen Fenstern, die irgendwo zu entdecken wären. Jede Straßenbahn, die Fenster der Eisenbahnwagen, jedes Autofenster: Hitler schaute aus allen Fenstern.« In einigen Orten bot die SA, die nach der Säuberungsaktion nur noch in sehr vermindertem Umfang aktiv war, kostenlose Hitler-Bilder unter der Bedingung an, dass sie gut sichtbar aufgehängt wurden. Wenn den Anordnungen der SA-Mitglieder nicht Folge geleistet wurde, standen sie nach wenigen Stunden wieder vor der Tür. Haushalte in Dresden erhielten Anweisungen zur genauen Zahl der Hakenkreuzfahnen, die sie aufhängen sollten.[36]

Neunzig Prozent der Wähler sprachen sich für die Zusammenlegung aus. Fünf Millionen Menschen hatten den Mut, eine ungültige Stimme abzugeben oder mit Nein zu stimmen. Der jüdische Gelehrte Victor Klemperer schrieb in sein Tagebuch: »Ein Drittel hat aus Angst, eines aus Betrunkenheit, eines aus Angst und Betrunkenheit ja gesagt.«[37]

Auf die Abstimmung folgte der jährliche Reichsparteitag der NSDAP. Er wurde seit 1927 in der Stadt Nürnberg abgehalten, deren Befestigungsanlagen und Bauten bis ins Heilige Römische Reich zurückreichten, das als sogenanntes Erstes Reich galt. Im Laufe der Jahre waren die Parteitage immer größer geworden, doch keiner konnte es mit dem »Reichsparteitag der Einheit und Stärke« aufnehmen, wie die Versammlung mit 700 000 Teilnehmern später genannt wurde. Wie Hitlers Stellvertreter Rudolf Heß bei der Eröffnung verkündete: »Dieser Parteitag ist der erste unter der unumschränkten Herrschaft des Nationalsozialismus. Er steht im Zeichen Adolf Hitlers als oberstem und alleinigem Führer der Deutschen, im Zeichen des ›Führers‹ als staatsrechtlich verankerter Begriff.« Der Parteitag war auf die Glorifizierung des Führers ausgerichtet. Hitlers Lieblingsarchitekt Albert Speer ließ auf dem Zeppelinfeld eine Tribüne errichten und 152 Suchscheinwerfer aufbauen, die senkrecht in die Nacht strahlten und einen Lichtdom um den Führer schufen, während er zu den unzähligen Formationen uniformierter Anhänger sprach, die gebannt an seinen Lippen hingen. Heß fasste zusammen: »Die Partei ist Hitler. Hitler aber ist Deutschland, wie Deutschland Hitler ist!«[38]

In den Jahren nach seiner Haftentlassung 1924 hatte Hitler seinen Aufstieg zur Leitlinie der Partei gemacht. Der Glaube an Adolf Hitler stand im Vordergrund: Seine Intuition, Vision und schiere Willenskraft trieben die NSDAP voran. Der Hitlerismus konzentrierte sich völlig auf Hitler. Wie er schon in *Mein Kampf* geschrieben hatte, zeigte man seine innere Stärke, wenn man ein Genie bewunderte. Lediglich Juden würden die Bewunderung für einen großen Geist als »Personenkult« verunglimpfen. Nun sei die Bevölkerung als Ganzes aufgefordert, sich in der Bewunderung eines einzelnen Mannes zu vereinen.[39]

Der Personenkult um Hitler setzte alle anderen innerhalb der

Partei herab. Zehn Tage nach der Volksabstimmung am 19. August 1934 verlangte ein Rundschreiben der NSDAP, dass alle Porträts von Göring und Goebbels sowie anderer Führungspersönlichkeiten in den Räumen der Partei abgehängt werden sollten. Als sich die Anhänger ein Jahr später beim nächsten Parteitag in Nürnberg versammelten, wurde die von Heß formulierte Parole verkürzt auf »Hitler ist Deutschland, wie Deutschland Hitler ist«.[40]

Über allen anderen zu stehen, hatte viele Vorteile. Die meisten Deutschen verachteten die SA als Schlägertruppe und hatten die Aktion gegen Röhm begrüßt, ohne das Ausmaß des Massakers zu kennen, da Goebbels die Zeitungen kontrollierte. Viele sahen in ihrem Kanzler einen mutigen Mann, der das Wohl des Landes über das Schicksal seiner einstigen Kameraden stellte und blitzschnell gegen die Männer vorging, die zur Gefahr für den Staat geworden waren. Doch die Säuberungsaktion hatte auch gezeigt, dass es innerhalb der nationalsozialistischen Bewegung widerstreitende Kräfte gab. Hitler war der Einzige, der die sehr unterschiedlichen und manchmal antagonistischen Splittergruppen innerhalb der Partei zusammenhalten konnte – eine Position, die durch den Personenkult untermauert wurde. Während er die Rivalitäten zu seinem eigenen Vorteil nutzte, mussten ihm alle in gemeinsamer Unterordnung dienen. An auftretenden Missständen gab die Bevölkerung in der Regel den Untergebenen die Schuld und nur selten dem Führer, der seine Aura der Unfehlbarkeit noch weiter ausbaute.[41]

Zwei Wochen nach dem Reichstagsbrand zog Goebbels ins Ordenspalais in der Wilhelmstraße, ein Gebäude aus dem 18. Jahrhundert direkt gegenüber dem Kanzleramt. Als Reichsminister für Volksaufklärung und Propaganda arbeitete er unermüdlich am Führerkult. Am 19. April 1933, kurz vor Hitlers vierundvierzigstem Geburtstag, sprach Goebbels zur Nation. Viele Bewunderer seien eilig in die Partei eingetreten, erklärte er, doch Millionen, die in gläubigem Vertrauen zu Hitler aufblickten, sähen ihn nur aus der Ferne. Aber auch die wenigen, die ihn gut kannten, seien vom Zauber seiner Persönlichkeit überwältigt. »Je länger man ihn kennt«, fuhr Goebbels fort, »desto mehr lernt man ihn schätzen und lieben, und desto vorbehaltloser ist man bereit, in seiner Sache aufzugehen.« In den folgenden zehn Jahren sollte Goebbels den Führer jedes Jahr am Vorabend seines Geburtstags glorifizieren, und der Geburtstag selbst entwickelte sich zu einem wichtigen Feiertag, der mit Paraden und öffentlichen Feiern begangen wurde.[42]

Der Einparteienstaat kontrollierte jeden Aspekt des Alltags. Bei der sogenannten Gleichschaltung wurde jede Organisation von der Partei übernommen oder durch eine parteieigene Organisation ersetzt, vom Bildungssystem bis zum lokalen Sportverein. Alle bekamen eine einheitliche nationalsozialistische Form übergestülpt. Goebbels beaufsichtigte die Presse, damit jede Zeitung die gleiche Botschaft verbreitete, stets dominiert vom überschwänglichen Lob auf den Führer.

Sein Wort war überall. Die wichtigsten Reden wurden in allen führenden Zeitungen veröffentlicht und millionenfach in separaten Pamphleten verbreitet, die im parteieigenen Verlag erschienen. Ab 1937 wurden jede Woche Hunderttausende Plakate mit einem Zitat gedruckt, die in Parteibüros und öffentlichen Gebäuden aufgehängt werden sollten. Auch die Zeitungen druckten unter einer speziellen Überschrift wöchentliche Leitsprüche ab, bei denen es sich meist, wenn auch nicht immer, um Hitler-Zitate handelte.[43]

Der Absatz von *Mein Kampf* schnellte in die Höhe. Bei der Deutschen Buchwoche im November 1933 in Bremen verkündete Will Vesper, Literaturkritiker und Mitglied der NSDAP, *Mein Kampf* sei »das heilige Buch des Nationalsozialismus und des neuen Deutschland, das jeder Deutsche besitzen muss«. Bis zum Jahresende war eine Million Exemplare verkauft. Vier Jahre später überschritt der Absatz die Vier-Millionen-Marke. »Ein Buch erobert eine Nation!«, jubelte eine Berliner Tageszeitung. Zahlreiche Städte und Gemeinden überreichten Brautpaaren auf dem Standesamt ein Exemplar von *Mein Kampf* als Hochzeitsgeschenk; später wurden außerdem Gratisexemplare an die Soldaten an der Front verteilt.[44]

Es existierten auch Auszüge oder gekürzte Fassungen des »heiligen Textes«. 1934 erschien das Kapitel »Nation und Rasse« als Broschüre und wurde zwei Jahre später an Schulen verteilt. Zitatsammlungen waren sehr populär, etwa *Worte des Führers* oder *Hitlers Worte.* Doch 1939 intervenierte Hitler und schränkte die Veröffentlichung ein, weil seine Worte im Kontext gelesen werden sollten.[45]

Auch Hitlers Stimme war überall zu hören. Bereits einen Tag nach der Ernennung zum Reichskanzler sprach Hitler zum ersten Mal im Radio. Die Ansprache kam jedoch nicht gut an, einige Hörer beklagten sich sogar, sein Ton sei harsch und »undeutsch«. Also arbeitete Hitler an seinen Rundfunkauftritten. Immerhin war er ein geübter Redner. »Das Wort ist wichtiger als das Bild«, erklärte er. »Wir können damit unendlich mehr erreichen.«[46]

Am Vorabend der Reichstagswahlen im März 1933 war er erneut zu hören. Goebbels war in Hochstimmung: »Über den Rundfunk schwingt diese Hymne durch den Äther über ganz Deutschland. Vierzig Millionen Menschen stehen nun auf den Plätzen des Reiches, in den abendlichen Straßen oder sitzen in den Wirtshäusern und Privatwohnungen an den Lautsprechern und werden sich der großen Wende der Zeit bewusst.«[47]

Entsprechend verkündete Goebbels: »Der Rundfunk gehört uns! Niemandem sonst.« Schon bald genehmigte er ein Programm, mit dem Millionen Geräte unter den Herstellungskosten verkauft wurden. »Ganz Deutschland hört den Führer mit dem Volksempfänger!«, lautete der Slogan, und bis 1941 besaßen etwa fünfundsechzig Prozent aller Haushalte ein Empfangsgerät und zahlten Rundfunkgebühren. Doch selbst ohne Radio konnte man der Stimme des Heilsbringers kaum entkommen. In den Städten wurden Lautsprechersäulen aufgestellt, in kleineren Orten gab es mobile Lautsprecheranlagen. Im März 1936 hörte Victor Klemperer zufällig eine Hitler-Rede, als er in der Dresdner Innenstadt unterwegs war: »Ich kam eine Stunde nicht los. Erst am offenen Laden, dann in der Bank, dann wieder am Laden.« Oft wurde man einem Haushalt mit Radio zugewiesen, um sich eine Ansprache anzuhören.[48]

Bevor Hitler Kanzler wurde, war er in den Wochenschauen so gut wie nicht vertreten. Auch hier sah Goebbels eine Möglichkeit, die neue Technik für Propagandazwecke zu nutzen. Am 10. Februar 1933 filmte ein Kamerateam Hitlers dreiunddreißig Minuten dauernde Rede im Berliner Sportpalast, einer großen Veranstaltungshalle im Stadtteil Schöneberg. Doch der Film konnte die Bindung zwischen Redner und Zuhörern nicht vermitteln. Goebbels kamen Zweifel, daher war Hitler zwar regelmäßig in den Wochenschauen der Kinos zu sehen, doch blieben seine Auftritte kurz und abgehackt.[49]

Schließlich griff Hitler selbst ein und beauftragte Leni Riefenstahl mit dem Propagandafilm *Triumph des Willens*, einer Dokumentation über den Parteitag 1934 in Nürnberg. Riefenstahl setzte Kamerafahrten, Luftaufnahmen und synchrone Musikuntermalung ein und schuf so ein Meisterstück der Propaganda, das ein mörderisches Regime (das gerade eine blutige Säuberungsaktion durchgeführt hatte) als eine faszinierende, quasireligiöse Erfahrung zeigte, bei der gläubige Massen durch ein mystisches Band mit ihrem Heilsbringer vereint waren. Der Star des Films war Adolf Hitler, der in der Auftaktszene im Flugzeug wie ein Gott aus den Wolken niederstößt. *Triumph des Willens* gewann Preise in Deutschland, in den USA, Frankreich und anderen Ländern. Weitere Filme Riefenstahls folgten, darunter ein Propagandafilm mit dem Titel *Tag der Freiheit! – Unsere Wehrmacht* und ein Dokumentarfilm über die Olympischen Spiele 1936 in Berlin. Alle wurden in besonderen Vorabaufführungen der Parteielite präsentiert und dann in Kinos im ganzen Land sowie von mobilen Filmvorführern in ländlichen Gebieten gezeigt.[50]

Goebbels versuchte auch, Hoffmann zu engagieren, doch der Leibfotograf des Führers war entschlossen, »bloßer Geschäftsmann« zu bleiben. Sein Unternehmen blühte, er eröffnete in jeder größeren Stadt Filialen. Da die Bilder des Führers gesetzlich geschützt waren, besaß Hoffmann praktisch das Monopol. Er verkaufte seine Fotografien als Porträts, Postkarten, Plakate und Kalender. Sein 1932 erschienenes Buch *Hitler wie ihn keiner kennt* verkaufte sich etwa 400 000 Mal und wurde um weitere erfolgreiche Bildbände ergänzt, darunter *Jugend um Hitler*, *Hitler in Italien*, *Mit Hitler im Westen* und *Das Antlitz des Führers*. Alle erschienen gleich in mehreren Formaten, von großen Bildbänden bis zu Miniaturausgaben, die ein Soldat an der Front bei sich tragen konnte.[51]

Maler, Bildhauer, Fotografen, Druckereien und selbst die Post (für Porträts auf Briefmarken) wurden an Hoffmanns Studio verwiesen. Sein Einfluss erhöhte sich noch, als Hitler ihn 1937 beauftragte, die Exponate für die jährliche Große Deutsche Kunstausstellung auszuwählen. Dort füllten jedes Jahr Dutzende Hitler-Darstellungen, viele davon von Hoffmanns Fotos kopiert, ganze Säle.[52]

Goebbels kontrollierte die Propaganda, aber nicht die Schulen und Universitäten. Zu seiner großen Enttäuschung ging das Kultusministerium, das man ihm versprochen hatte, an Bernhard Rust. Hitler verfuhr gern nach dem Prinzip »teile und herrsche« und förderte die Rivalitäten seiner Untergebenen oder gab ihnen sich überschneidende Aufgabenbereiche, um seine eigene Macht zu festigen. Diese Vorgehensweise machte ihn zum ultimativen Gebieter, während seine Subalternen darauf reduziert wurden, sich gegenseitig auszustechen.

Rust war ein eifriger Nazi und sorgte dafür, dass Kinder vom ersten Schultag an mit dem Führerkult indoktriniert wurden.

Ende 1933 wurde landesweit der Hitlergruß eingeführt. Hitlers Bild hing in jedem Klassenzimmer. Alte Schulbücher wurden entfernt und gelegentlich sogar in gigantischen Scheiterhaufen verbrannt. Die neuen Bücher hämmerten den Kindern immer wieder die gleiche Botschaft ein: Liebe den Führer und folge der Partei. Anstatt Goethe zu lesen, sagten die Schüler das Gedicht »Mein Führer« von Hans H. Seitz auf: »Nun hab ich dich gesehen und trag dein Bild in mir. Was immer mag geschehen, ich werde zu dir stehen.«[53]

Gekürzte Biographien präsentierten den Kindern die Geschichte eines Mannes, der aus dem Nichts aufgestiegen war, um das Volk zu retten. In *Die Geschichte von Adolf Hitler – den deutschen Kindern erzählt* von Annemarie Stiehler, heißt es: »So lange Deutsche über die Erde schreiten, so lange werden sie voller Dankbarkeit an Adolf Hitler denken, der seinen Weg ging und vom unbekannten Soldaten im Weltkrieg zum Führer aufstieg und Deutschland aus großer Not rettete.« In einigen Schulen beteten Kinder jeden Tag für den Führer: »Lieber Gott, ich bitte dich: Ein braves Kind lass werden mich […] Schütze Adolf Hitler jeden Tag, Dass ihn kein Unfall treffen mag. Er hat geholfen in der Not; Erhalt uns ihn, oh lieber Gott.«[54]

In *Unser Hitler: Ein Jugend- und Volksbuch* von Paul Jennrich wurden die jungen Leser aufgefordert, zu »erwachen« und dem Führer zu folgen. Kinder und Jugendliche traten in die Hitler-Jugend ein, die Baldur von Schirach unterstand. Da keine andere Jugendorganisation mehr existierte, schnellten die Mitgliederzahlen ab 1934 in die Höhe; drei Jahre später wurde die Mitgliedschaft für alle Arier Pflicht. Die Jugendlichen gelobten dem Führer Liebe und Treue. Sie sangen, marschierten und beteten in seinem Namen: »Adolf Hitler, du bist unser Führer. Dein Name lässt die Feinde zittern.«[55]

Erwachsenen wie Kindern wurde eingebläut: »Der Führer hat immer recht.« Robert Ley, Leiter der Deutschen Arbeitsfront und unerschütterlicher Anhänger des Führers, verwendete den Leitspruch beim Reichsparteitag 1936 in Nürnberg. Er erschien im ganzen Land, wurde auf Bannern, Plakaten und in den Zeitungen verbreitet.[56]

Goebbels, Riefenstahl, Hoffmann, Rust, von Schirach und Ley arbeiteten alle unermüdlich am Führermythos. Doch der größte Architekt des Kultes blieb Hitler selbst, der als Schauspieler, Inspizient, Redner und Publizist in Personalunion fungierte. Er feilte ständig an seinem Image. Ab 1932 präsentierte er sich als ein Führer in engem Kontakt mit seinem Volk, der bei Paraden und Parteiveranstaltungen die Millionen grüßte. Doch er war auch sehr darauf bedacht, sich als großen Staatsmann und wichtigen Akteur auf der Weltbühne darzustellen.

Kaum war er in die Reichskanzlei eingezogen, beauftragte er Innenarchitekten mit der Umgestaltung. Hitler verabscheute das alte Gebäude und betrachtete dessen überkommene Pracht als Parabel für den politischen Verfall der Nation. Licht und Luft hielten Einzug in den Räumen, alte Abtrennungen wurden entfernt, Bodendielen herausgerissen und klare, gerade Linien eingeführt. Im Rahmen der Umgestaltung und Erweiterung baute man eine neue Empfangshalle, mit Hakenkreuzmosaiken in der Decke und Bronzeleuchtern an den Wänden. Gott brachte sein Haus in Ordnung.[57]

Einige Jahre später erhielt Hitlers Lieblingsarchitekt Albert Speer freie Hand für den Bau einer neuen Reichskanzlei: ein massives Gebäude, das die gesamte Nordseite der Voßstraße in Beschlag nahm. Hitler liebte den polierten Marmor der Marmorgalerie, die mehr als doppelt so lang war wie der Spiegelsaal von Versailles. »Die werden auf dem langen Weg vom Eingang bis zum Empfangssaal schon etwas abbekommen von der Macht und Größe des Deutschen Reiches!« Sein Arbeitszimmer maß 400 Quadratmeter, und es bereitete ihm große Freude, wenn ein Besucher die weite Strecke zu seinem Schreibtisch zurücklegen musste.[58]

Auch Hitlers Wohnung in München wurde neu ausgestattet, wobei auf die Gestaltung jedes noch so kleinen Details bis hin zu den Türgriffen großer Wert gelegt wurde. Hitlers Innenarchitektin Gerdy Troost schuf eine Atmosphäre des gemäßigten bürgerlichen Luxus, in der Bücher und Kunstwerke deutlich sichtbar präsentiert wurden. »Man hätte auch in Park Terrace in Glasgow sein können«, meinte ein Besucher. All dies sollte eine beruhigende Vertrautheit und Stabilität ausstrahlen.[59]

Doch die wichtigste Bühne für Hitlers Selbstinszenierung als kultivierter und vertrauenswürdiger Staatsmann befand sich weder in Berlin noch in München. 1933 kaufte Hitler ein kleines Landhaus am Obersalzberg bei Berchtesgaden und taufte es in Berghof um. Er ließ sein neues Domizil umbauen, und schon bald kamen weitere Gebäude hinzu. Gerdy Troost, die bereits seine Wohnung und die Reichskanzlei eingerichtet hatte, stattete die großzügig geschnittenen Räume und Zimmer mit üppigen Stoffen, luxuriösen Wandteppichen und modernen Möbeln aus. Den Mittelpunkt des Berghofs bildete die Große Halle, ein weitläufiger Empfangsraum von der Größe einer kleinen Turnhalle mit einem riesigen Panoramafenster, das sich elektrisch absenken ließ und einen beeindruckenden Blick auf die schneebedeckten Gipfel bot. Dort hielt Hitler Hof. Alles war bis ins kleinste Detail gestaltet und darauf ausgerichtet, die Besucher zu beeindrucken. Sie waren von der schieren Größe der Halle geblendet und staunten über die Ausmaße des Panoramafensters, der größten Glasscheibe, die bis zu diesem Zeitpunkt jemals gefertigt worden war. Nichts stand zwischen ihnen und den Berggipfeln. Die Möbel waren am Rand gruppiert, die Mitte der Halle blieb frei. Die übergroßen Sofas hatten tiefe Sitzflächen, sodass Besucher zu einer fast liegenden Haltung gezwungen wurden oder auf der Kante kauern mussten. Hitler selbst saß indessen aufrecht auf einem Stuhl und dominierte auf diese Weise alle anderen.[60]

Auf der Terrasse posierte Hitler für Heinrich Hoffmann, fütterte die Rehe für die Kamera, spielte mit seinem Hund und plauderte mit Kindern. Schon bald reisten Tausende Sympathisanten und Touristen in der Hoffnung an, einen Blick auf den Führer zu erhaschen. Es sei wie ein wundervoller Traum, dem Führer so nah zu sein, erinnerte sich eine Frau aus Frankfurt. Ab 1936 wurde die Umgebung zum Sperrgebiet, führende Persönlichkeiten kamen jedoch weiterhin unangekündigt zu Besuch. Zwei Jahre später wurde auch ihnen der Zutritt verwehrt.[61]

Auf dem Berghof empfing Hitler einen steten Strom von Würdenträgern, von Königen und Botschaftern bis zu Religionsführern und Staatssekretären. Bei vielen handelte es sich um sorgsam ausgewählte Sympathisanten, und die meisten zeigten sich angemessen beeindruckt. Der ehemalige britische Premierminister Lloyd George, der den Berghof 1936 besuchte, erklärte bei seiner Rückkehr nach England, Hitler sei der »George Washington Deutschlands« und ein »geborener Anführer«. Auch der Herzog und die Herzogin von Windsor kamen zu Besuch und posierten für die Kamera.[62]

Der Berghof bot jedoch auch die ideale Bühne, um potenzielle Gegner einzuschüchtern. Als der österreichische Bundeskanzler Kurt Schuschnigg zu Verhandlungen über das Schicksal seines Landes auf den Obersalzberg kam, sorgte Hitler dafür, dass besonders brutal aussehende Generäle im Hintergrund saßen, die den Kanzler drohend ansahen, während Hitler geschlagene zwei Stunden lang redete und tobte.[63]

Trotzdem war Hitler kein Mussolini, kein Diktator, der die bedeutendsten Staatsmänner für sich einnahm. Seine Taktik bestand eher darin, seine Gesprächspartner zu entwaffnen, anstatt sie zu bezaubern; er wiegte sie in einem trügerischen Gefühl der Sicherheit. Hitler war ein Meister der Täuschung, der seine Persönlichkeit hinter dem sorgsam aufgebauten Bild eines bescheidenen, freundlichen und einfachen Mannes verbarg. Er wusste, wie man die Emotionen der Massen absorbierte und ihnen Ausdruck verlieh, doch ebenso gut verstand er sich darauf, seine Besucher einzuschätzen und sich ihrem Ton und Verhalten anzupassen, um seine eigenen Absichten zu verbergen und die von ihm ausgehende Bedrohung zu verschleiern. Als die amerikanische Journalistin Dorothy Thompson 1932 *I saw Hitler* veröffentlichte und ihn nach einem längeren Interview als »formlos und gesichtslos« beschrieb, als »den Prototypen des kleinen Mannes«, der nur »die schwächsten seiner Feinde« schlagen könne, zeigte sich Hitler amüsiert. Thompson war eine von vielen, die unterschätzte, wozu der »kleine Mann« in der Lage war.[64]

Von der Reichskanzlei und vom Berghof aus, den beiden Machtzentren des Dritten Reichs, machte sich Hitler daran, die in *Mein Kampf* dargelegte Vision in die Tat umzusetzen; allerdings folgte er dabei weniger einem festen Programm als vielmehr seiner Intuition und nutzte Gelegenheiten, wenn sie sich ihm boten. Im Oktober 1933 trat Deutschland aus dem Völkerbund aus. Im März 1935 führte es die Wehrpflicht wieder ein – ein klarer Verstoß gegen den Versailler Vertrag. Die Streitkräfte wurden um das Sechsfache der erlaubten Stärke erhöht. Obwohl Hitler Frieden versprach, bereitete er sein Land auf einen Krieg vor. Im März 1936 wagte er sein erstes internationales Abenteuer und besetzte die entmilitarisierte Zone im Rheinland. Seine eigenen militärischen Berater hatten ihn vor den Risiken gewarnt, außerdem hatten die Truppen die strikte Anweisung, sich zurückzuziehen, sobald die Franzosen militärische Maßnahmen ergriffen. Doch nichts passierte; selbst der Völkerbund erhob nur schwachen Protest. »Ich gehe mit der Sicherheit eines Schlafwandlers entlang des Pfades, den mir die Vorsehung geebnet hat«, verkündete Hitler triumphierend. Er begann, selbst an seine eigene Unfehlbarkeit zu glauben.[65]

Mit dem Coup im Rheinland waren Hitlers Gegner ausgeschaltet. Sie wurden zusätzlich isoliert durch die sorgfältig orchestrierte Einheit zwischen Führer und Volk, die zwei Wochen später unter dem Vorwand einer Volksabstimmung zur Rheinlandbesetzung demonstriert wurde. Eine Terrorwelle hatte die Reihen der Kritiker innerhalb der Partei bereits ausgedünnt, schon beim kleinsten Vergehen landete man im Gefängnis. Ein Bürger namens Robert Sauter hatte die Glaubwürdigkeit der Zeitungen infrage gestellt und kam für fünf Monate in Haft. Paul Glowania, ein Einwohner Ludwigshafens, hatte zuhause privat Zweifel am Regime geäußert, wurde denunziert und zu einem Jahr Haft verurteilt. »Deutschland schweigt, ist nervös und unterdrückt; man spricht im Flüsterton; es gibt keine öffentliche Meinung, keine Opposition, keine Diskussion über irgendetwas«, stellte der afroamerikanische Bürgerrechtler W. E. B. DuBois fest, der 1936 mehrere Monate durch Deutschland reiste.[66]

Eine Mischung aus massiver Propaganda und Terror brachte viele Menschen dazu, bei der Volksabstimmung mit Ja zu stimmen. Selbst in einer kleinen Ortschaft mit 1500 Einwohnern hingen überall Plakate, sogar an den Zäunen und Hauswänden, darunter gigantische Hitler-Porträts. In Breslau musste in jedem Schaufenster eine eigene Hitler-Ecke eingerichtet werden. Ladeninhabern, die sich weigerten, wurde ein Tag im Konzentrationslager angedroht. In anderen Orten gingen Braunhemden von Tür zu Tür und sagten den Bewohnern, wie viele Plakate sie aufhängen mussten. Trotzdem gab es gelegentlich Akte des Widerstands, etwa wenn Hitler-Bilder mit Farbe übermalt oder nachts heruntergerissen wurden. Doch jeder wusste, dass die Behörden mindestens dreiundneunzig Prozent Zustimmung erwarteten. Am Ende stimmten neunundneunzig Prozent mit Ja. »Das ist das Wunder unserer Zeit, dass ihr mich gefunden habt unter so vielen Millionen«, rief Hitler seinen ekstatischen Anhängern beim Parteitag im September 1936 zu, »und dass ich euch gefunden habe, das ist Deutschlands Glück.«[67]

Hitler hatte nun die breite Unterstützung der Bevölkerung, die er für die Expansion des Dritten Reichs benötigte. Doch für einen Krieg musste die Wirtschaft seiner Meinung nach autark sein. Bereits 1933 waren die Exporte eingeschränkt worden, Preiskontrollen wurden eingeführt, Getreidespeicher gebaut und der Konsum rationiert. 1936 wurde Hermann Göring Beauftragter für den Vierjahresplan und kurbelte die Bemühungen an, bis 1940 wirtschaftlich autark zu werden. Infolgedessen kam es in vielen Bereichen zu Verknappungen. Der amerikanische Journalist William Shirer berichtete von langen Schlangen in Berlin, wo die Leute mit unzufriedenen Mienen vor den Lebensmittelgeschäften anstanden, weil es nicht genügend Fleisch, Butter, Obst und Fett gab. Aufgrund der Importbeschränkungen wurde Kleidung zunehmend aus Zellstoff hergestellt, Benzin aus Kohle und Gummi aus Kohle und Kalk. Kostenbewusste Menschen fragten sich, wie viel Geld für Propaganda ausgegeben wurde, ganz zu schweigen von den Millionen, die der Rückzugsort in den Bergen für den »einfachen Arbeiter seines Volkes« kostete.[68]

Panem et circenses, Brot und Spiele, war ein uraltes Prinzip, das moderne Diktatoren nur allzu gut verstanden, doch auch die Unterhaltung ließ unter dem neuen Regime zu wünschen übrig: Die Paraden und Aufmärsche sahen immer gleich aus, die Reden klangen ähnlich. »Es ist vorbei mit dem Glauben an die Wunderkraft Hitlers«, mutmaßte ein Kommentator. Dennoch hielten viele Hitler weiterhin zugute, dass er sie von den Fesseln des Versailler Vertrags befreit habe. Er habe ihrem Land wieder seine angemessene Stellung in der Welt verschafft und den Streitkräften ihre einstige Größe wiedergegeben.[69]

Vor allem aber schützte der Führerkult vor einer Desillusionierung durch das System. Die Menschen gaben der Partei die Schuld, nicht aber dem Führer. Je enttäuschter sie waren, desto mehr sahen sie in Hitler einen Mann, den seine Untergebenen absichtlich in Unkenntnis ließen. Er selbst wollte nur das Beste für sein Volk. »Wenn das der Führer wüsste!«, wurde zu einer gängigen Redensart.[70]

Da sich Hitler als von der Vorsehung geleiteter »Schlafwandler«

präsentierte, musste er nun zeigen, dass sein Stern immer noch im Aufstieg begriffen war. Im März 1938 setzte er erneut alles auf eine Karte. Bereits vor dem Zusammenbruch des Habsburgerreichs 1918 hatte es Forderungen nach einer Vereinigung von Österreich und Deutschland zu einem großdeutschen Reich gegeben. Der Versailler Vertrag hatte den Zusammenschluss verboten; zudem war im Vertrag von Saint Germain das deutschsprachige Sudetenland der Tschechoslowakei zugeschlagen worden. Im Februar 1938 hatte Hitler den österreichischen Bundeskanzler unter Druck gesetzt und erreicht, dass Schlüsselpositionen in Wien mit nationalsozialistischen Sympathisanten besetzt wurden. Nach der Rückkehr vom Obersalzberg setzte Schuschnigg eine Volksbefragung über die Unabhängigkeit Österreichs an. Hitler tobte, sandte ein Ultimatum und ließ am 12. März die Wehrmacht einmarschieren. Er selbst überquerte am selben Tag in einer Fahrzeugkolonne die Grenze und wurde von jubelnden Menschenmengen begrüßt. Österreich wurde als »Ostmark« Teil des Reichs.

Die internationale Reaktion fiel verhalten aus, wodurch sich Hitler ermutigt fühlte, das Sudetenland ins Visier zu nehmen. Doch wie viele Hasardeure schwankte er, hin- und hergerissen zwischen Selbstvertrauen und Selbstzweifeln. Im September 1938 drohte er beim jährlichen Reichsparteitag lauthals mit Krieg. Wenige Tage später reiste der britische Premierminister Neville Chamberlain zum Obersalzberg, wo ihn sein Gastgeber Hitler auf den Eingangsstufen des Berghofs empfing. Nach etwa der Hälfte des dreistündigen Gesprächs wechselte Hitler plötzlich die Rollen und verwandelte sich von einem unberechenbaren Größenwahnsinnigen, der mit Krieg drohte, in einen vollkommen vernünftigen Verhandlungspartner. Hitler versprach, keine Gewalt gegen die Tschechoslowakei anzuwenden. Chamberlain erklärte sich mit der Abtretung des Sudetenlandes einverstanden und unterzeichnete zwei Wochen später das Münchner Abkommen. »Er wirkt völlig ununterscheidbar«, erzählte der Premierminister seiner Schwester, in einer Menschenmenge würde man ihn nie erkennen, doch Hitler sei ein Mann, »auf dessen Wort man sich verlassen kann«. Hitler klatschte vor Freude in die Hände, nachdem Chamberlain den Berghof verlassen hatte. Das Sudetenland wurde besetzt, ohne dass ein Schuss abgefeuert worden war.[71]

Am 20. April 1939 wurde Adolf Hitler fünfzig. »Der Schöpfer Großdeutschlands fünfzig Jahre. Zwei Tage Fahnen, Prunk- und Sonderausgaben der Zeitungen, Vergottung sich überschlagend«, notierte Victor Klemperer. Die Feiern waren wochenlang von Goebbels vorbereitet worden, der sich am 19. April in einer Radioansprache an die Nation wandte und die Deutschen aufforderte, sich ihm im Gebet an den allmächtigen Gott anzuschließen: »Er erfülle dem deutschen Volke seine innigste Bitte und erhalte ihm den Führer in Kraft und Gesundheit noch auf viele Jahre und Jahrzehnte.« Wenig später kamen die Parteioberen in die Reichskanzlei, um zu gratulieren. Um neun Uhr abends zeigte sich der Führer der Bevölkerung. Hunderttausende bildeten eine Ehrenwache, die von der Wilhelmstraße bis zum Adolf-Hitler-Platz in Charlottenburg führte, wo Hitler einen ersten Abschnitt der neuen Ost-West-Achse einweihte, die auch Via Triumphalis genannt wurde. Die zehnspurige Straße erstrahlte im Lichterglanz, starke Scheinwerfer beleuchteten vergoldete Hakenkreuze und Reichsadler, die im Abstand von zwanzig Metern auf Säulen montiert waren und sich scharf gegen den dunklen Himmel abzeichneten.[72]

Gegen Mitternacht wurden die Geburtstagsgeschenke ausgepackt, die sich in mehreren Räumen der Reichskanzlei türmten. Auch Hitlers Entourage überreichte ihm Geschenke. Albert Speer, der Architekt des Führers, der auch die Via Triumphalis baute, nutzte einen der Salons für ein vier Meter hohes Modell des gigantischen Triumphbogens, der in Berlin errichtet werden sollte. Auf langen Tischen stapelten sich kleine Bronzeabgüsse, nackte Figuren aus weißem Marmor und alte Gemälde. Auch vom Volk gab es

Geschenke. Bauern schickten ihre Erzeugnisse. Eine Frauengruppe aus Westfalen hatte 6000 Paar Socken für die Soldaten des Führers gestrickt. Andere hatten einen zwei Meter langen Geburtstagskuchen gebacken.[73]

Die eigentlichen Festivitäten fanden am nächsten Tag statt, an dem der ehemalige Gefreite wie ein Kaiser auftrat und vor der staunenden Welt seine gewaltige Kriegsmaschinerie inspizierte. Er trug die übliche braune Uniform, saß dabei aber auf einem thronähnlichen Stuhl, der wiederum auf einem mit rotem Plüsch bedeckten Podium stand. Über ihm spannte sich ein gigantischer Baldachin, der mit Adlern und Eisernen Kreuzen dekoriert war. Panzer, Artillerie, gepanzerte Fahrzeuge und Zehntausende Soldaten in voller Kampfmontur defilierten über die Via Triumphalis und grüßten den Führer, während 162 Kampfflugzeuge in enger Formation über sie hinwegdonnerten.[74]

Die Via Triumphalis führte mitten durchs Zentrum der Hauptstadt, sollte aber zugleich eine Verbindung von Hitlers neuem Regime zur kaiserlichen Vergangenheit des Reiches darstellen. Albert Speer hatte den Prachtboulevard als Verlängerung der Straße Unter den Linden geplant, die nach dem Sieg Preußens über Napoleon angelegt worden war. Die Achse war Teil eines gigantischen Plans zur Umgestaltung Berlins in Germania, die Hauptstadt des Tausendjährigen Reichs, die es mit Ägypten, Babylon und dem alten Rom aufnehmen sollte. Der Plan, für den der Führer höchstpersönlich Skizzen angefertigt hatte, umfasste eine gigantische Große Halle, die 180 000 Besuchern Platz bieten sollte. Der Triumphbogen wiederum sollte 117 Meter hoch über der Straße aufragen. Speer erklärte dazu später, Hitlers »Anspruch auf Übergröße« habe schon früh seine wahren Absichten offenbart: »Das Größte sollte sein Werk verherrlichen, sein eigenes Selbstbewusstsein erhöhen.«[75]

»Der Führer wird vom Volk gefeiert, wie nie sonst ein sterblicher Mensch gefeiert worden ist«, schrieb Goebbels überschwänglich in sein Tagebuch. Hitler schien auf wundersame Weise eine Nation vereint zu haben, die nur sechs Jahre zuvor zutiefst gespalten gewesen war. Der Journalist und Historiker Sebastian Haffner kam zu dem bedeutsamen Schluss, dass über neunzig Prozent der Bevölkerung Anhänger des Führers waren.[76]

Victor Klemperer war zurückhaltender: »Wer kann Volksstimmung beurteilen, bei 80 Millionen, Unterbindung der Presse und allgemeiner Angst vor dem Mundauftun?« Als Hitler in München auf der Theresienwiese sprach, seinem alten Tummelplatz, wo das Münchner Oktoberfest stattfindet, rechnete man mit 500 000 Anhängern, doch es kamen nur 200 000. »Die Masse stand, als ob sie diese ganze Rede nichts anging«, berichtete ein Beobachter. Die meisten waren von umliegenden Unternehmen und Fabriken abgeordnet worden. Speer selbst erinnerte sich, dass die jubelnden Massen 1939 komplett inszeniert gewesen seien, allerdings erschien ihm der Beifall der Teilnehmer durchaus echt.[77]

»Der fünfzigste Geburtstag Hitlers wurde mit einem Aufwand gefeiert, dass man tatsächlich den Eindruck gewinnen könnte, die Beliebtheit Hitlers übersteige alles. Wer aber das Volk wirklich kennt, der weiß, dass wenn nicht alles, so doch vieles davon bloßer Schein ist«, schrieb ein weiterer Zeitgenosse. Vor der Feier war die Bevölkerung zwei Wochen lang mit Ermahnungen bombardiert worden, ihr Heim zu schmücken, und wehe dem, der sich nicht daranhielt. Selbst die Kirchen erhielten vom Propagandaministerium spezielle Anweisungen, wie sie die Glocken an jenem großen Tag zu läuten hatten.[78]

Ob die Menschen den Führer nun tatsächlich so bewunderten, wie Goebbels glaubte, oder nicht: Sie lebten auf jeden Fall in Angst vor einem Krieg. Selbst fanatische Anhänger seufzten erleichtert auf, als Österreich dem Deutschen Reich ohne einen einzigen Schuss angegliedert wurde, auch wenn viele dem Münchner Abkommen nicht trauten. Chamberlain war nach seiner Rückkehr aus Deutschland begeistert gefeiert worden, obwohl er nur ein dürftiges Stück Papier vorweisen konnte, das er in die Höhe hielt. »Peace for our time« (»Frieden auf absehbare Zeit«), hatte er zuversichtlich erklärt. Auch in anderen Teilen Europas jubelten die Menschen, jedoch nicht in Deutschland. Die Menschen hielten das Abkommen für einen Bluff. »Die verstehen Hitler nicht«, flüsterten sie.[79]

Chamberlain war überzeugt, dass Hitler nur auf das Sudetenland aus war, obwohl der Führer in Wirklichkeit vorhatte, die gesamte Tschechoslowakei zu eliminieren. Das tat er dann auch: Am 15. März 1939 marschierte die Wehrmacht ein und teilte das Land zwischen dem Deutschen Reich, Ungarn und Polen auf. Eine Woche später sandte der amerikanische Präsident Franklin D. Roosevelt eine diplomatische Note, in der er Hitler aufforderte, nicht noch weitere Länder in Europa anzugreifen. Chamberlain verkündete, dass die Briten intervenieren würden, sollte die polnische Unabhängigkeit bedroht sein. Trotz des äußeren Anscheins von Stärke und Einigkeit überschatteten dunkle Wolken der Angst die Geburtstagsfeierlichkeiten.[80]

Einige Monate später, als ein Krieg immer näher zu rücken schien, verblüffte Hitler die Welt, indem er einen Nichtangriffspakt mit Stalin unterzeichnete. Die beiden Erzfeinde waren nun Verbündete, wodurch ein Zweifrontenkrieg ausgeschlossen war. Doch Hitler erlag einer fatalen Fehleinschätzung. Er dachte, Frankreich und Großbritannien würden nicht wagen, in Polen einzugreifen, wenn Deutschland die Sowjetunion auf seiner Seite hatte. Er ließ sich auf ein Vabanquespiel ein und vertraute auf seine Intuition, die ihn bisher nicht im Stich gelassen hatte. Er hatte sich der Bevölkerung als vom Schicksal gesandter Mann präsentiert und glaubte mittlerweile selbst daran. Für abweichende Meinungen war er nicht zugänglich, selbst wenn sie von seinen Generälen kamen. Als Hermann Göring vorschlug, man müsse ja nicht alles aufs Spiel setzen, antwortete Hitler: »Ich habe in meinem ganzen Leben immer va banque gespielt.« Deutschland überfiel Polen am

1. September von Westen her, die Sowjetunion marschierte am 17. September in den Osten des Landes ein.[81]

Am 3. September erklärten England und Frankreich Deutschland den Krieg. Die Menschen waren schockiert. Statt der ungestümen Kriegsbegeisterung von 1914 löste die Kriegserklärung, wie Heinrich Hoffmann konstatierte, »tiefste Niedergeschlagenheit« aus. »Heute: keine Begeisterung, kein Hurrageschrei, keine Hochrufe, kein Blumenstreuen, kein Kriegsfieber, keine Kriegshysterie«, bemerkte auch William Shirer, der sich in Berlin aufhielt. »Nicht einmal Hass auf Franzosen und Briten.«[82]

Auch Hitler war bestürzt. Hoffmann fand ihn »zusammengesunken auf seinem Stuhl, tief in Gedanken versunken, einen Ausdruck von Unglauben und verblüfftem Kummer im Gesicht«. Doch er erholte sich rasch, als Berichte über das schnelle militärische Vordringen der Wehrmacht in Polen eintrafen.[83]

Die Invasionstruppen erreichten Warschau innerhalb einer Woche, doch in den Straßen Berlins herrschte kein Jubel. »Auf meinem Weg zum Rundfunk hörte ich heute in der U-Bahn ziemliche Unmutsäußerungen über den Krieg. […] Andererseits jedoch: auf der Rückfahrt […] schienen viele völlig vergessen zu haben, dass da ein Krieg im Gange war«, vermerkte Shirer in seinem Tagebuch. Mit der zunehmenden Rationierung wuchs die Resignation. Die Seeblockade durch französische und britische Schiffe wirkte sich auf nahezu jeden Bereich des Alltags aus, die Importe von Baumwolle, Zinn, Öl und Kautschuk halbierten sich. In vielen Geschäften – Süßwarenhandlungen, Fischhändlern, Lebensmittelläden – ersetzte das Bild des Führers mit Fahnentuch und Siegesgrün die rationierten Waren im Schaufenster. Die Einkommenssteuer erhöhte sich um eine gewaltige Zusatzsteuer von fünfzig Prozent zur Finanzierung der Kriegsanstrengungen.[84]

Im Oktober waren sogar Gummiüberschuhe nur noch für fünf Prozent der Bevölkerung erhältlich. Im Winter fielen die Temperaturen auf unter null Grad. Die Hälfte der Bevölkerung hatte keine Kohle und musste frieren. Robert Ley verlas im Radio eine Weihnachtsbotschaft: »Der Führer hat immer recht. Gehorcht dem Führer!«[85]

Als Hitler am 20. April 1940 seinen Geburtstag feierte, läuteten keine Kirchenglocken, weil die meisten eingeschmolzen waren, um daraus Kugeln herzustellen. Trotz der Siege in Dänemark und Norwegen, wo Deutschland wenige Wochen zuvor eingefallen war, hatten sich gerade einmal fünfundsiebzig Gratulanten vor der Reichskanzlei in der Hoffnung versammelt, einen Blick auf den Führer zu erhaschen.[86]

Hitler erkannte, dass er die wirtschaftliche Blockade nicht brechen konnte. Wieder setzte er alles auf eine Karte und griff an, solange seine Truppen noch ausreichend ausgerüstet waren. Am 10. Mai 1940 marschierte die Wehrmacht in den Niederlanden, Belgien und Frankreich ein. Der Angriff war ein ›durchschlagender Erfolg‹, die deutschen Panzer umgingen die französischen Befestigungen und erreichten am 14. Juni Paris. Vier Tage später wurde ein Waffenstillstand in genau dem Waggon der Compagnie des Wagons-Lits unterzeichnet, in dem der französische Marschall Ferdinand Foch der deutschen Delegation am 11. November 1918 seine Bedingungen diktiert hatte.

Als der Angriff auf Frankreich sechs Wochen zuvor verkündet worden war, hatten viele Deutsche apathisch reagiert. William Shirer berichtete in seinem Tagebuch von der Fassungslosigkeit der Menschen: »In den Gesichtern Erstaunen, Depression«, die meisten Deutschen seien durch die Nachrichten »tief deprimiert« gewesen. Doch nun feierten sie Hitler, der in der Heimat als »Schöpfer eines neuen Europas« begrüßt wurde. Hitler hatte selbst an der Choreographie der Siegesparade mitgewirkt und dabei betont, dass sie den »historischen Sieg« widerspiegeln müsse, den seine Truppen errungen hätten. Als sein Zug langsam in den Bahnhof einfuhr, brach die Menge, die stundenlang gewartet hatte, in Jubelrufe aus. Hitler standen Tränen in den Augen; er war sichtlich von Emotionen überwältigt. Auf dem Weg zur Reichskanzlei drängten sich die Menschen. »Ein einziges Menschenmeer. Die Straßen sind ganz mit Blumen bestreut und gleichen einem bunten Teppich«, schrieb Goebbels. »Eine unvorstellbare Begeisterung erfüllt die Stadt. Die Menschen rasen.«[87]

Im ganzen Land kam es anlässlich des Waffenstillstands zu spontanen Freudenbekundungen. Die Menschen waren nach der Angst vor einem Krieg erleichtert, viele waren aber auch euphorisch angesichts der Leichtigkeit, mit der Hitler seine Ziele erreicht hatte. Wieder, so schien es, hatte ihn die Hand der Vorsehung zum Sieg geführt.[88]

In einer durchaus eloquenten Rede vor dem Reichstag bot Hitler Großbritannien Frieden an. Es war eine seiner ›besten‹ Darbietungen, die darauf abzielte, die Bevölkerung, die sich nach Frieden sehnte, beim unvermeidlichen Kampf gegen die Briten hinter sich zu bringen. Seine Körperhaltung, Stimmlage und Wortwahl, sein Blick, das ironische Neigen des Kopfes, die markante Gestik, die sorgfältig kalkulierte Mischung aus dem Selbstvertrauen eines Eroberers und der Bescheidenheit eines wahrhaft volksnahen Mannes – all das erweckte den Eindruck, er sei ein aufrichtiger Freund des Friedens. »Er [gibt] mit ungerührtem Gesicht Lügen von sich«, bemerkte ein amerikanischer Journalist. Die Show war auch für seine Generäle bestimmt, die sich auf der Galerie drängten: Mit gebieterischer Geste beförderte er zwölf Generäle in den Rang eines Feldmarschalls. Hermann Göring wurde zum Reichsmarschall ernannt.[89]

Großbritannien lehnte es ab, um Frieden zu bitten. Bekümmert mussten viele Deutsche feststellen, dass der Krieg nicht so schnell enden würde. Es folgte die Schlacht um England, doch gelang es Reichsmarschall Göring trotz massiver Bombardierungen nicht, den Gegner in die Knie zu zwingen. Hitler verlegte sich daher auf ein anderes Ziel, das ihm schon bei der Abfassung von *Mein Kampf* am Herzen gelegen hatte: die Eroberung Russlands. Das Deutsche

Reich war auf Stalins Öl- und Getreidelieferungen angewiesen. Die Sowjetunion schien schwach, die sowjetischen Streitkräfte hatten bei einem gescheiterten Versuch zur Eroberung Finnlands im Winter 1939/40 massive Verluste erlitten. Hitler war überzeugt, er könne einen leichten Sieg erringen. Wieder setzte er alles auf eine Karte und übte Verrat an seinem Verbündeten: Im Juni 1941 schickte er drei Millionen Soldaten über die russische Grenze.

Die deutschen Truppen fanden sich jedoch schon bald in einem verlustreichen Zermürbungskrieg wieder. Nach dem japanischen Überfall auf die amerikanische Flotte am 7. Dezember in Pearl Harbor erklärte Hitler auch den USA den Krieg, obwohl das Land in seinem Denken nie eine große Rolle gespielt hatte. Ganz offensichtlich unterschätzte er das Vermögen der USA, Weizen, Kohle und Stahl zu produzieren und Soldaten zu mobilisieren. Der von allen gefürchtete Zweifrontenkrieg wurde nun Realität. Eine Niederlage folgte auf die andere, weil der Führer, überzeugt von seinem Genie, das Oberkommando der Wehrmacht ignorierte und sich in jeden Aspekt des Krieges einmischte. Er weigerte sich wiederholt, die Truppen aus Stalingrad abzuziehen, der Stadt, die nach seiner Nemesis benannt war. Nachdem Hunderttausende deutsche Soldaten in einer der blutigsten Schlachten in der Geschichte der Kriegführung ihr Leben gelassen hatten, ergaben sich die im Kessel verbliebenen deutschen Truppen im Februar 1943.[90]

Jahrelang war den Deutschen gesagt worden, Hitler sei ein Meister des schnellen Angriffs, des Blitzkriegs, der weit entfernt vom eigenen Land ausgetragen wurde. Doch nun, am 18. Februar 1943, verkündete Goebbels der Bevölkerung in einer Rede im Berliner Sportpalast, die im Radio übertragen und in jeder Zeitung abgedruckt wurde, der totale Krieg sei unvermeidlich.[91]

Hitler verschwand von der Bildfläche. Um Gerüchten über gesundheitliche Probleme entgegenzutreten, hielt er am 21. März 1943 eine kurze Rede. Es war ein trostloser Auftritt, der so hastig absolviert wurde, dass einige Zuhörer vermuteten, es handle sich um einen Doppelgänger. Er litt unter einem Handtremor, der sich im Lauf der Zeit verschlimmerte; das war zweifellos auch der Grund für seine Abneigung gegen öffentliche Auftritte. Seine Sekretärin stellte fest, er habe geglaubt, dass ein eiserner Wille alles vermöge, doch nun sei er nicht einmal mehr Herr über seine eigene Hand.[92]

Am Vorabend von Hitlers Geburtstag im April 1943 erklärte Goebbels in seiner jährlichen Ansprache, Männer von großem Kaliber müssten sich nicht persönlich im vollen Scheinwerferlicht der Weltbühnen zeigen. An endlosen Tagen und in »zersorgten Nächten« arbeite Hitler hart für das Wohl der Nation und trage die schwerste Bürde; vor ihm würden sich das Leid und der Schmerz des ganzen Volkes bergehoch auftürmen.[93]

Manche machten sich über Goebbels lustig. Andere waren tief beunruhigt. Viele erkannten, dass Stalingrad ein Wendepunkt gewesen war und Deutschland dabei war, den Krieg zu verlieren. Für das Regime gab es harsche Worte, allerdings wussten die Menschen sich auszudrücken, ohne Konsequenzen fürchten zu müssen. Allen war bewusst: Wenn größere strategische Fehler gemacht worden waren, dann konnte nur ein Mann dafür verantwortlich sein, ein Mann, der nicht ruhen würde, bis alles zerstört war.[94]

Nach Mussolinis Sturz im Sommer 1943 wurde die Kritik am Regime lauter. Die Deutschen hörten ausländische Radiosender, um sich über das Vorrücken der feindlichen Truppen zu informieren. Der Hitlergruß war deutlich seltener zu sehen. Es sei festzustellen, dass »viele Parteigenossen das Parteiabzeichen nicht mehr trügen«, hieß es in einem Bericht des Sicherheitsdienstes des Reichsführers SS. Der Wunsch »hoffentlich sind die Engländer eher in Berlin als die Russen« wurde immer häufiger geäußert, wie der Diplomat Ulrich von Hassell vermerkte, der sich dem Regime entfremdet hatte.[95]

Mit dem totalen Krieg ging eine noch drastischere Rationierung einher; die Bevölkerung erhielt nur noch eine Mindestmenge an Lebensmitteln. Dennoch ging es ihr deutlich besser als vielen anderen. Mit dem Einmarsch in Polen begann die systematische Vernichtung der Juden und anderer in den Augen des Regimes unerwünschter Gruppen. Im besetzten Polen richtete man 1941 Vernichtungslager ein, und bald darauf wurden Millionen Juden aus ganz Europa in plombierten Güterwaggons in die Vernichtungslager gebracht und in den Gaskammern ermordet. Ihre Habseligkeiten wurden beschlagnahmt, katalogisiert, gekennzeichnet und nach Deutschland geschickt, um die Kriegsanstrengungen zu unterstützen.

Auch Papier und Karton waren rationiert, allerdings nicht für Heinrich Hoffmann, da Bilder des Führers als »strategisch wichtig« eingestuft wurden. Jeden Monat wurden seinem Unternehmen etwa vier Tonnen Papier zugeteilt.[96]

Am 6. Juni 1944 landeten die Alliierten in der Normandie. Der Albtraum einer Einkreisung wurde nun Realität. Zwei starke Armeen nahmen das Deutsche Reich in die Zange und marschierten auf Deutschland zu. Hitler, der sich seines Genies immer noch sicher war, drangsalierte seine Generäle und beugte sich obsessiv über Landkarten, doch als sich kein Sieg einstellen wollte, betrachtete er sein Umfeld mit zunehmendem Misstrauen. Am 20. Juli 1944 versuchten mehrere hochrangige Militärführer, Hitler bei einem Attentat zu töten, indem sie eine Bombe in einer Aktentasche in die Wolfsschanze, das Führerhauptquartier in Ostpreußen, schmuggelten. Doch der Anschlag scheiterte, Hitler überlebte mit nur ein paar Kratzern. Dadurch wurde er in seinem Glauben bestätigt, er sei vom Schicksal auserwählt, und er hielt weiter an den Kriegsanstrengungen fest – in der Hoffnung, dass eine Wunderwaffe oder eine plötzliche Wendung des Schicksals ihn und sein Volk in letzter Minute retten würde.

Seine Persönlichkeit hatte sich deutlich verändert. Heinrich Hoffmann beschrieb ihn als »zitternden Schatten seines früheren

Selbst, ein gebeugter Koloss, aus dem alles Leben, das Feuer und die Flamme längst gewichen waren«. Sein Haar war grau, der Rücken gebeugt, der Gang schleppend. In seinem Gefolge ließ die Disziplin nach, wie Albert Speer bemerkte. Selbst seine ergebensten Anhänger blieben sitzen, wenn er den Raum betrat, Gespräche wurden fortgesetzt, manche schliefen auf den Stühlen ein, andere redeten scheinbar ohne Hemmung lautstark weiter.[97]

Am 24. Februar 1945, als die Rote Armee bereits bis zur Oder vorgerückt war, wurde eine Proklamation des Führers im Radio verlesen. Hitler prophezeite eine Wende im Krieg. Er wurde verspottet, selbst von Parteimitgliedern: »Der Führer prophezeit mal wieder«, spottete ein NS-Funktionär. Soldaten sprachen offen von »Größenwahn«. Als in der Ferne bereits die Front zu hören war, begannen die Deutschen, Hakenkreuze von öffentlichen Gebäuden zu entfernen, aus Wut über das Versäumnis der Führung, sich zu ergeben. Andere hängten Hitlers Porträt im Wohnzimmer ab. »Ich habe ihn verbrannt«, sagte eine alte Frau.[98]

In den letzten beiden Kriegsmonaten zog sich Hitler in seinen Bunker zurück, der unter der neuen Reichskanzlei gebaut worden war. Es war »die letzte Station seiner Flucht vor der Wirklichkeit«, wie Speer schrieb. Dennoch befahl Hitler, den Kampf fortzusetzen, entschlossen, Tod und Vernichtung über eine Nation zu bringen, die seiner nicht würdig war.[99]

Am 20. April 1945, Hitlers sechsundfünfzigstem Geburtstag, wurde Berlin erstmals von der Roten Armee unter direkten Artilleriebeschuss genommen. Die Bombardierung war gnadenlos. Zwei Tage später war vom Propagandaministerium nur noch die weiße Fassade übrig, die sich aus dem Schutt erhob. Alte Kameraden verließen das sinkende Schiff, darunter auch Heinrich Himmler und Hermann Göring. Hitler erschoss sich am 30. April. Er hatte von Mussolinis ruhmlosem Ende erfahren und befohlen, dass sein Leichnam verbrannt werden sollte, um eine Schändung zu verhindern. Seine Leiche wurde zusammen mit der Eva Brauns, seiner langjährigen Geliebten, aus dem Bunker getragen, mit Benzin übergossen und angezündet.

Es folgte eine Suizidwelle unter den besonders eifrigen Nazis, darunter die gesamte Familie Goebbels, Heinrich Himmler, Bernhard Rust und Robert Ley. Auch Tausende ganz normale Deutsche begingen Selbstmord. Ein protestantischer Geistlicher berichtete anlässlich des Vorrückens der Roten Armee, »ganze, gut kirchliche Familien hatten sich das Leben genommen, waren ins Wasser gegangen, hatten sich zusammen erhängt, die Pulsadern aufgeschnitten oder sich in ihren Häusern verbrennen lassen«. Der Tod des Führers löste keine spontanen öffentlichen Trauerbekundungen aus, keine Klagen verzweifelter Anhänger. »Seltsam«, berichtete eine junge Frau aus Hamburg, nachdem Hitlers Tod im Radio bekannt gegeben worden war, »kein Mensch weinte oder sah auch nur traurig aus.« Ein junger Mann, der sich lange gefragt hatte, wie seine Landsleute auf den Tod ihres Führers reagieren würden, war erstaunt über die »monumentale, gähnende Gleichgültigkeit« nach der Bekanntgabe im Rundfunk. Das Dritte Reich war, wie Victor Klemperer feststellte, schon so gut wie vergessen.[100]

Mit Hitlers Tod brach jeder Widerstand zusammen. Die Offiziere der Roten Armee, die einen ähnlich erbitterten Partisanenkrieg wie in ihrem eigenen Land erwartet hatten, waren verblüfft über die Fügsamkeit der Bevölkerung. Sie waren auch überrascht über die Zahl derer, die aus den roten NS-Fahnen kommunistische Flaggen schneiderten, indem sie die Hakenkreuze in der Mitte herausschnitten. In Berlin wurde diese Kehrtwende als »Heil Stalin!« bezeichnet.[101]

Stalin

»In Moskau sieht man überall nichts als Lenin«, stellte der französische Journalist Henri Béraud 1924 fest, wenige Monate nach dem Tod des kommunistischen Revolutionärs und Staatschefs. »Lenin-Plakate, Lenin-Zeichnungen, Lenin-Mosaike, Lenin-Brandmalereien, Lenin in Linoleum, Lenin-Tintenfässchen, Lenin-Schreibunterlagen. Ganze Ladengeschäfte führen ausschließlich seine Büste: in jeder Größe, aus jedem Material und in jeder Preisklasse, von Bronze, Marmor, Stein, Porzellan und Alabaster bis hin zu Gips. Ganz zu schweigen von den Lenin-Bildern, die von ernsten Porträts über lebhafte Schnappschüsse bis hin zu Wochenschaufilmen reichen.« Lenin, behauptete Béraud, sei der meistfotografierte Staatschef – nach Mussolini.[1]

Noch vor Lenins Tod hatten seine Genossen damit begonnen, ihn zu verherrlichen. Im August 1918 näherte sich ihm eine desillusionierte Revolutionärin namens Fanny Kaplan, als er gerade die Fabrik »Hammer und Sichel« in Moskau verließ. Sie feuerte mehrere Schüsse auf ihn ab. Eine Kugel traf ihn am Hals, eine andere durchdrang seine linke Schulter. Trotz dieser schweren Verletzungen überlebte Lenin. »Nur die vom Schicksal Auserkorenen können dem Tod durch eine derartige Wunde entrinnen«, bemerkte sein Leibarzt. Es folgten Lobreden auf den großen Führer, die hunderttausendfach gedruckt und verbreitet wurden. Leo Trotzki, Gründer und Kommandeur der Roten Armee, pries Lenin als »Meisterwerk der Natur«, geschaffen für eine »neue Ära der

Menschheitsgeschichte«, die »Verkörperung des revolutionären Denkens«. Nikolai Bucharin, Herausgeber des Parteiorgans *Prawda*, schrieb über »den genialen Anführer der Weltrevolution«, den Mann mit einer »beinahe prophetischen Gabe der Vorsehung«.[2]

Lenin erholte sich und setzte solchen Ergüssen ein Ende, doch als er infolge seiner schlechten Gesundheit 1922 schließlich gezwungen war, sich aus der Öffentlichkeit zurückzuziehen, erwachte der Kult um ihn zu neuem Leben. Wie die Faschisten und die Nazis waren auch die Bolschewiken eine Partei, die weniger durch ein Programm oder eine Plattform als vielmehr durch einen gewählten Führer zusammengehalten wurde. Es waren Lenins Wille und vor allem Lenins Vision, welche die Revolution gelenkt hatten, und nicht so sehr die von Karl Marx ein halbes Jahrhundert zuvor aufgestellten kommunistischen Prinzipien. Lenin verkörperte die Revolution. Wenn er sie nicht länger anführen konnte, mussten seine Anhänger eben seinen Namen anrufen oder eine direkte Inspiration durch seinen revolutionären Geist behaupten.[3]

Die Vergötterung Lenins diente auch als Ersatz für ein öffentliches Mandat. Selbst auf der Höhe ihrer Popularität im November 1917 gewannen die Bolschewiken weniger als ein Viertel der Stimmen. Sie rissen die Macht gewaltsam an sich, und je mehr Macht sie erlangten, desto brutaler wurde die Gewalt. Auf Fanny Kaplans Attentatsversuch folgte der »Rote Terror«, bei dem das Regime systematisch ganze Personengruppen ins Visier nahm, von streikenden Fabrikarbeitern bis hin zu Bauern, die aus der Roten Armee desertiert waren. Tausende Priester und Nonnen, die man nach der Revolution zu Klassenfeinden erklärt hatte, wurden getötet. Manche von ihnen wurden gekreuzigt, andere kastriert, lebendig begraben oder in Kessel mit kochendem Teer geworfen. Die gesamte Zarenfamilie wurde erschossen oder erstochen, die Leichen geschändet, verbrannt und in eine Grube geworfen. Viele gewöhnliche Menschen, die solche Gewalt abstieß, ließen sich mit den abstrakten Begriffen eines »Klassenkampfes« oder der »Diktatur des Proletariats« nicht gewinnen – waren es doch fremde Worte, welche die großteils analphabetischen Dorfbewohner auf dem Land kaum aussprechen konnten. Den Führer wie einen Heiligen zu verehren war insofern weitaus erfolgreicher, als es zumindest die Illusion eines Bundes zwischen dem Staat und seinen 70 Millionen Bürgern schuf.[4]

Lenin benannte keinen Nachfolger, doch wählte er Stalin 1922 für den neuen Posten des Generalsekretärs aus. So sollte Trotzki im Zaum gehalten werden, der gegen die von Lenin angeführte Neue Ökonomische Politik kämpfte. Diese Politik revidierte die nach der Revolution eingeführte Zwangskollektivierung, in deren Zuge die Produktion staatlich diktiert und die Güter beschlagnahmt worden waren. Unter dem Begriff des Kriegskommunismus hatte dieses System die Wirtschaft ruiniert. Die Neue Ökonomische Politik wandte sich nun teilweise wieder marktwirtschaftlichen Prinzipien zu und gestattete etwa Einzelnen, kleine Unternehmen zu betreiben. Getreide wurde nun nicht mehr beschlagnahmt; dafür wurde allerdings eine Steuer auf landwirtschaftliche Produkte erhoben. Trotzki sah in der Neuen Ökonomischen Politik bald ein Zugeständnis an Kapitalisten und reiche Bauern und forderte an ihrer statt deshalb eine noch stärkere Rolle des Staates innerhalb der Wirtschaft.

Als Generalsekretär häufte Stalin gewaltige Machtbefugnisse an, trotz offenkundiger Defizite. Er war kein großer Redner, sprach mit einem starken georgischen Akzent und einer eher flachen Stimme. Er besaß keinerlei Gefühl für das richtige Zeitmaß und sprach fast ohne begleitende Gestik. Wie vielen seiner Kollegen fehlte ihm außerdem die Aura eines Revolutionärs, der jahrelang im ausländischen Exil verbracht hatte. Er konnte flüssig schreiben, war jedoch kein herausragender Theoretiker, der fähig war, lang und breit über die kommunistische Lehre zu philosophieren. Stalin machte das Beste aus seinen Unzulänglichkeiten und präsentierte sich als bescheidener Diener im Dienste einer übergeordneten Sache, während andere unablässig das Rampenlicht suchten.

Er bezeichnete sich als *praktik*, als praktischen Mann des Handelns und weniger als Vertreter der Revolution. Allen Berichten nach verfügte er über ein ausgezeichnetes Organisationstalent, eine hohe Arbeitsmoral und große Willensstärke. Seine Rivalen taten ihn oft als bloßen Verwalter ab, als »das herausragende Mittelmaß unserer Partei«, wie Trotzki es formulierte. Doch Stalin war ein verschlagener, skrupelloser, raffinierter Mensch, der anderer Leute Schwächen ausnutzte, um sie zu willfährigen Komplizen zu machen. Zudem war er ein begabter Stratege mit echten politischen Ambitionen. Wie Hitler zeigte er Interesse an den Menschen, die ihn umgaben, ungeachtet ihres hierarchischen Status. Er erinnerte sich an Namen und zurückliegende Gespräche. Nicht zuletzt war er in der Lage zu warten, bis der rechte Augenblick gekommen war.[5]

Während Lenin genas, wurde Stalin zu seinem Vermittler und nutzte seine neuen Machtbefugnisse, um näher an den Führer heranzurücken. Die Beziehung verlief jedoch wechselvoll, und im Jahr 1923 zerstritten sich die beiden. Der kranke Führer diktierte eine Reihe von Notizen, die man später Lenins Testament nannte – ein Dokument, in dem es hieß, Stalin habe einen ungehobelten Charakter und solle als Generalsekretär abgesetzt werden.

Lebendig war Lenin eine Bedrohung, tot hingegen ein Gewinn. In dem Augenblick, da Lenin verstarb, am 21. Januar 1924, beschloss Stalin, fortan als dessen treuester Schüler aufzutreten. Er war unter den ersten Mitgliedern des engsten Kreises, die das Schlafzimmer seines Herrn betraten. Theatralisch nahm er den Kopf des toten Mannes in beide Hände, zog ihn an seine Brust und küsste den Verblichenen fest auf Wangen und Lippen.[6]

Einige Wochen lang war Lenins einbalsamierter Leichnam in einem gläsernen Katafalk auf dem Roten Platz zur Schau gestellt, zusätzlich konserviert durch die Kälte des russischen Winters. Die Partei war uneins darüber, was als nächstes zu tun sei. Russland blickte auf eine lange Tradition zurück, seine heiligen Männer zu mumifizieren. Im Höhlenkloster von Kiew, dessen Mönche vor der Revolution ein zurückgezogenes Leben in Andacht geführt hatten, waren die Katakomben gesäumt von Heiligen mit schwarzen Gesichtern, deren ausgezehrte Hände auf zerlumpten, staubigen Gewändern ruhten. Eine vergleichbare Behandlung des verblichenen Revolutionsführers besaß religiöse Untertöne, die dem atheistischen Weltbild mehrerer kommunistischer Führer widersprachen, darunter auch dem von Lenins Frau. Felix Dserschinski, Vorsitzender der Begräbniskommission, setzte sich mit Unterstützung des Generalsekretärs schließlich durch. Im Leben wie im Tod sollte Lenin der Sache der Arbeiterklasse dienen, da Millionen kommen würden, um ihm am Sarg Respekt zu erweisen.[7]

Als wenige Monate später der Frühling einsetzte, schaffte ein Team von Wissenschaftlern Lenins Leiche fort und begann, mit Chemikalien zu experimentieren, um den Zerfall der Leiche aufzuhalten. Im August 1924 war Lenin wieder da: Sein weißer, marmorartiger Leichnam war nun dauerhaft in einem Mausoleum zu sehen. Davor bildeten sich lange Schlangen von Verehrern, geduldig, arm, geheimnisvoll, dieselbe Masse, die »vor vergoldeten Ikonen und Kerzen mit gelber Flamme ihre Gebete murmelte«, wie Henri Béraud bemerkte.[8]

Nachdem er sich Lenins Leichnam zu eigen gemacht hatte, begann Stalin damit, auch dessen Worte in seinen Besitz zu bringen. Er nahm das Lenin-Institut unter seine Fittiche und überwachte die Veröffentlichung aller bedeutenden Lenin-Dokumente. Doch aus Lenins gesammelten Schriften ergab sich keine einheitliche Doktrin. Mittels einer Vorlesungsreihe über den Leninismus, die in der *Prawda* unter dem Titel »Die Grundlagen des Leninismus« veröffentlicht wurde, stellte sich Stalin als Hüter des Vermächtnisses seines Herrn dar. Der Leninismus, so schrieb er, sei der Marxismus des imperialen Zeitalters und Lenin der einzige große Erbe von Marx und Engels.[9]

Als Delegierte der Partei im Mai 1924 zur Verlesung von Lenins Testament in Moskau zusammenkamen, erlebte Stalin jedoch einen Rückschlag. Nachdem sich Grigori Sinowjew und Lew Kamenjew, zwei wegen Trotzkis Ambitionen beunruhigte Parteiveteranen, in Stalins Sinne ausgesprochen hatten, beschloss das Zentralkomitee, das Dokument lediglich vor einer Auswahl Delegierter zu verlesen anstatt vor dem versammelten Parteitag. Trotzki, der aufgrund seiner eigenen Machtbestrebungen nicht polarisieren wollte, wandte nichts dagegen ein. Stalin, leichenblass, bat demütig darum, ihn von seinen Ämtern zu entheben, hoffte dabei aber freilich, dass die auf diese Weise demonstrierte Reue das Zentralkomitee dazu bewegen würde, seine Bitte abzulehnen. Der Schachzug gelang, aber innerlich kochte er vor Zorn. Er war der Schüler eines Mannes, der offenbar seine Absetzung gefordert hatte.[10]

Als er die Fassung wiedererlangt hatte, machte sich Stalin daran, sich mit verlässlichen, loyalen Anhängern zu umgeben, darunter Wjatscheslaw Molotow, Lasar Kaganowitsch und Sergo Ordschonikidse. Er nutzte seine Stellung als Generalsekretär, um Anhänger seiner sämtlichen Gegenspieler durch eigene Gefolgsleute zu ersetzen. Er stellte persönliche Assistenten ein, die für ihn Informationen sammelten und undurchsichtigere Aufgaben erledigten. Lew Mechlis, Stalins persönlicher Sekretär, begann nun, jeden Aspekt von Stalins öffentlichem Image zu überwachen, und überprüfte alle Fotos, die in der Presse erschienen.[11]

Im November 1924 trieb Stalin Trotzki in die Enge. Hatte sich Stalin taktisch klug als Schüler Lenins ausgegeben, so hatte Trotzki demgegenüber den Fehler begangen, durch die Veröffentlichung seiner eigenen gesammelten Schriften als Lenin ebenbürtig aufzutreten. Trotzki erschien damit nicht nur eitel, sondern lieferte mit diesen Texten auch handfeste Beweise dafür, dass er in vielen

Punkten nicht mit Lenin übereinstimmte. Stalin veröffentlichte einen boshaften Artikel mit der Überschrift »Trotzkismus oder Leninismus?«, in dem er seinen Rivalen als Befürworter einer permanenten Revolution anprangerte, was ihn in Konflikt mit den Grundprinzipien des Leninismus brachte. Aufmerksame Leser begriffen freilich, dass der Titel eigentlich eher »Trotzki oder Stalin?« hätte lauten müssen.

Daneben nahm Stalin Trotzkis Kritik an der Neuen Ökonomischen Politik aufs Korn. Anderen Bolschewiken – unter ihnen Sinowjew und Kamenjew, die beiden mächtigen Mitglieder des Zentralkomitees, ohne die Stalin Lenins Testament wohl kaum überlebt hätte – missfiel die Hinwendung zum Markt. Stalin stutzte sie zurecht, indem er sie als doktrinäre Linke darstellte, deren Ideen die Sowjetunion ins Verderben führen würden. Nikolai Bucharin, ein unermüdlicher Verfechter der Mischwirtschaft, stand ihm bei. Im Jahr 1925 wandte sich Stalin selbst an die Vertreter der Bauernschaft, die sich weigerten, die Saat auszubringen, solange man ihnen kein Pachtland zusicherte. Ohne lange zu zögern, versprach Stalin Landpachten von zwanzig oder vierzig Jahren, vielleicht sogar für die Ewigkeit. Auf die Frage, ob dies nicht faktisch eine Rückkehr zum privaten Grundbesitz darstelle, entgegnete er: »Wir haben die Verfassung geschrieben. Wir können sie auch ändern.« Berichte über das Treffen gingen um die ganze Welt. Stalin erschien als gerechter, pragmatischer Parteichef, als Führer, der ein offenes Ohr für die Menschen hatte.[12]

1926 sahen sich Trotzki, Sinowjew and Kamenjew gezwungen, die sogenannte Vereinigte Opposition gegen Stalin aus der Taufe zu heben, der sie prompt angriff und beschuldigte, die Partei durch Bildung einer Fraktion zu destabilisieren. Da eine Fraktionsbildung bereits seit mehreren Jahren verboten war, wurde Trotzki aus dem Politbüro ausgeschlossen. Bald hatte er nur noch wenige Anhänger. Bei einer Sitzung des gesamten Zentralkomitees im Oktober 1927 versuchte Trotzki noch einmal, Lenins Testament zur Sprache zu bringen. Mittlerweile aber betrachteten viele Parteimitglieder Stalin als zurückhaltenden, effizienten und hart arbeitenden Verfechter Lenins. Der an den Rand gedrängte Trotzki hingegen wirkte herablassend, laut und von sich eingenommen. Stalin setzte dagegen, die Partei habe drei Jahre zuvor das Dokument geprüft und ihm den Rücktritt verweigert. Unter den Delegierten brach ein Sturm des Applauses aus. Innerhalb eines Monats schloss die Partei Trotzki selbst und Dutzende seiner Anhänger aus. Im Januar 1928 schickte man Trotzki ins Exil nach Kasachstan. Ein Jahr später sollte er aus der Sowjetunion deportiert werden.[13]

Sobald sein Hauptrivale beseitigt war, begann Stalin mit der Umsetzung von Trotzkis Politik. Dieser hatte vor einer »neuen kapitalistischen Klasse« auf dem Lande gewarnt. Als die Getreideversorgung Ende 1927 um ein Drittel zurückging und in Moskau und Leningrad eine Hungersnot drohte, entsandte Stalin Beschaffungstrupps in die Dörfer. Diese hatten den Befehl, mit vorgehaltener Waffe so viel Naturalien (Getreide, Kartoffeln usw.) oder überhaupt Lebensmittel (Fleisch, Gemüse, Obst usw.) wie irgend möglich zu beschlagnahmen. Wer sich widersetzte, wurde gewaltsam gezwungen und als *kulak* verfolgt. Der Begriff sollte »reiche« Bauern verunglimpfen, fand jedoch Anwendung auf alle, die gegen die Kollektivierung waren. Es war die Eröffnungsschlacht in einem Krieg gegen die Landbevölkerung, der wenige Jahre später zu einer Hungersnot führte.

Wer innerhalb der Partei noch Stalins früherer Sicht anhing, wie beispielsweise Bucharin, wurde als Rechter verunglimpft. Eine lähmende Angst lastete auf der Partei, deren Mitglieder nun denunziert und kurzerhand als »linke Oppositionelle« oder »rechte Abweichler« verhaftet wurden. Eigenheime wurden durchsucht und Verwandte mitgenommen. Menschen verschwanden über Nacht. Stalin ging zudem gegen Fabrikleiter, Ingenieure und Planer vor, darunter Ausländer, die er der Sabotage bezichtigte.[14]

Inmitten einer parteiinternen Säuberung wurde für den 1. Mai 1928 eine riesige Parade organisiert. Seit die Chicagoer Polizei 1886 auf Streikende geschossen hatte, die einen Achtstundentag gefordert hatten, feierten Sozialisten weltweit den 1. Mai. Märsche von Arbeitern mit ausgebreiteten Spruchbändern und roten Fahnen waren in vielen Städten der Welt gewohnte Ereignisse, die bisweilen in Straßenkämpfe mit der Polizei ausarteten. Früh in seiner Karriere hatte Lenin das Potenzial dieser Feierlichkeiten erkannt und geschrieben, diese könnten zu »großen politischen Demonstrationen« gesteigert werden. Stalin selbst war um den 1. Mai 1901 an blutigen Unruhen in Tiflis beteiligt gewesen, der Hauptstadt seiner Heimat Georgien.[15]

Im Jahr 1918 erklärte Lenin den 1. Mai zum offiziellen Feiertag. Ein Jahrzehnt später änderte Stalin das Arbeitsgesetzbuch, sodass auch der 2. Mai zum Feiertag wurde. Die Vorbereitungen für diese medienwirksamen Großereignisse begannen bereits Wochen im Voraus. An den Hauptkreuzungen Moskaus wurden riesige Aufbauten errichtet, die Arbeiter, Bauern und Soldaten auf ihrem Marsch in die Zukunft zeigten. Am 1. Mai erschienen Stalin und seine obersten Stellvertreter auf dem hölzernen Schutzwall des Lenin-Mausoleums und begrüßten die Menschenmasse, die unter Bannern und zwischen Umzugswagen sang und jubelte. Dann folgte eine gewaltige Parade mit rumpelnden Panzern, weiteren gepanzerten Fahrzeugen, Maschinengewehren und Suchscheinwerfern, während über den Köpfen Flugzeuge brummten. Es war eine riesige, bis ins Kleinste von oben geplante Zurschaustellung organisatorischer Stärke, bei der jedes Wort vorab festgelegt und jeder Slogan zuvor per Erlass genehmigt worden war. Hunderttausende warteten stundenlang geduldig, bis sie an der Reihe waren, den Roten Platz zu überqueren und einen Blick auf ihren Führer zu erhaschen.[16]

Im Jahr 1929 war Stalin bereit, der Sowjetunion seinen Stempel aufzudrücken. Lenin hatte Russland bereits zum ersten Einparteienstaat der Welt gemacht und damit erreicht, was Hitler unter dem Schlagwort der Gleichschaltung nach 1933 versuchte: die systematische Abschaffung sämtlicher Organisationen außerhalb der Partei. Alternative politische Parteien, Gewerkschaften, Medien, Kirchen, Gilden und Gesellschaften gelangten unter staatliche Kontrolle. Der November 1917 hatte das Ende freier Wahlen eingeläutet, und auch das Rechtsstaatsprinzip wurde aufgegeben. An dessen Stelle traten eine revolutionäre Gerichtsbarkeit und ein weitläufiges Gulag-System.

Stalin wollte sogar noch weitergehen, die Wirtschaft des Landes dauerhaft verändern und ein rückständiges, bäuerlich geprägtes Land innerhalb von nur fünf Jahren in eine Industriemacht verwandeln. Riesige Industriestädte wurden aus dem Boden gestampft, ganze Fabriken schlüsselfertig aus dem Ausland importiert, Maschinenbaubetriebe vergrößert und neue Minen erschlossen, um die Nachfrage nach Kohle, Eisen und Stahl in Windeseile zu decken. In der Sowjetunion existierte kein Achtstundentag, und die Fabrikarbeiter schufteten sieben Tage die Woche. Der Schlüssel zur industriellen Expansion lag auf dem Land: Das in den Dörfern erzeugte Getreide ließ sich auf dem internationalen Markt devisenbringend verkaufen. Um mehr Getreide zu gewinnen, wurde die Landwirtschaft kollektiviert. Dorfbewohner wurden in staatlichen Betrieben zusammengepfercht, von denen die Kulaken ausgeschlossen blieben. Stalin betrachtete die Kollektivierung als einzigartige Gelegenheit, die gesamte Klasse der Kulaken zu eliminieren. Rund 320 000 Haushalte wurden aufgelöst, die Mitglieder in Konzentrationslagern inhaftiert, zur Zwangsarbeit in Minen geschickt oder in entlegene Regionen des Reiches verbannt.[17]

Unter Stalins Führung war die Partei nun unantastbar; die Parteilinie wurde als mystischer Wille, der nicht infrage gestellt werden durfte, präsentiert. Stalin wurde zur Personifizierung dieser Unantastbarkeit, zum *woschd* (Führer) – ein Titel, der bislang allein Lenin zugestanden hatte. Am 1. Mai 1929 rückte Marx in den Hintergrund, während Stalin denselben Status wie Lenin für sich beanspruchte. »Auf dem Roten Platz, an den Gebäuden gegenüber den Kreml-Mauern prangten riesige Gesichter von Lenin und Stalin. Ihre gewaltigen, auf Holzgerüste montierten Ganzkörperporträts ragten auf dem Theaterplatz in die Höhe, das Hotel Metropol auf der einen und das Grandhotel auf der anderen Seite.«[18]

Im Dezember 1929 beging der große Führer seinen fünfzigsten Geburtstag. Aus diesem Anlass seien »zahllose Telegramme« eingetroffen, wie das Parteiorgan *Prawda* wissen ließ, da Arbeiter aus der ganzen Welt Stalin gratuliert hätten. Sogar aus Haftanstalten in Polen, Ungarn oder Italien seien schriftliche Glückwünsche herausgeschmuggelt worden. Dies sei keine Heldenverehrung, stellte die Propagandamaschine klar, sondern Ausdruck dessen, dass in allen Teilen der Welt Millionen von Arbeitern hinter dem Gedanken der proletarischen Revolution stünden. Stalin war die Partei, die Verkörperung der besten Eigenschaften der Arbeiterklasse: »glühender Eifer, im Zaum gehalten von einem eisernen Willen, ein unerschütterlicher Glaube an den Sieg auf Grundlage nüchterner, revolutionärer, Marx'scher Analyse und eine proletarische Todesverachtung an den Bürgerkriegsfronten«, die Umsicht eines Führers, dessen Geist »die Zukunft wie ein Suchscheinwerfer erhellte«.[19]

Schmeicheleien aller Art gab es im Überfluss. Stalins Untergebene komponierten Lobgesänge auf ihren Führer, in denen sie sich beflissen selbst erniedrigten. Lasar Kaganowitsch, ein untersetzter Parteisekretär mit dickem Schnauzer, pries ihn als »den engsten, aktivsten, treuesten Helfer Lenins«. Stalins treuer Gefolgsmann Sergo Ordschonikidse beschrieb seinen Herrn als Lenins aufrechten und unbeugsamen Nachfolger, ausgestattet mit dem eisernen Willen, die Partei zum endgültigen Sieg der proletarischen Weltrevolution zu führen.[20]

Wenige Menschen indes hatten Stalin je gesehen, außer aus der

Ferne, wenn er zweimal im Jahr ein Podium auf dem Roten Platz bestieg, um den 1. Mai und den Jahrestag der Oktoberrevolution zu begehen. Selbst dann wirkte er wie eine Skulptur, eine kräftige Gestalt in Militärmantel und Schildmütze, die eine schwerfällige, ruhige Pose einnahm. Nur selten tauchte er in Wochenschaufilmen auf und sprach niemals in der Öffentlichkeit. Nicht ein einziges Mal war seine Stimme im Radio zu hören. Seine Fotografien, strengstens überwacht von seinem persönlichen Sekretär, waren allesamt standardisiert. Selbst auf Plakaten schien Stalin kühl und distanziert, die Verkörperung eines entschlossenen Willens, die Revolution durchzusetzen.[21]

Im Laufe eines Jahrzehnts hatte sich Stalin vom unscheinbaren Politkommissar zum unbestrittenen Führer der Partei entwickelt. Dabei war er jedoch wiederholt gezwungen, gegen einflussreiche Kräfte anzukämpfen, die sich ihm in den Weg gestellt hatten. In dem Testament, welches Stalin zeit seines Lebens verfolgen sollte, hatte Lenin, nachdem er ihm die oberste Gewalt übertragen hatte, noch einmal alles überdacht und Stalins Absetzung gefordert. Immer wieder hatte Trotzki, ein begnadeter Redner, begabter Polemiker und angesehener Führer der Roten Armee, ihn angegriffen. Schiere Rachsucht und eiskaltes Kalkül hatten Stalin stets weiter vorangetrieben, doch im Laufe der Jahre hatte er einen gewissen Groll entwickelt, weil er sich in einer Art Opferrolle sah. Als »grollender Sieger« war er seinem nächsten Umfeld gegenüber stets misstrauisch.[22]

Das Profil eines strengen, distanzierten Führers, der über alle potenziellen Kritiker erhaben ist, sagte ihm sehr zu, doch bald begann Stalin auch damit, sich ein menschlicheres Image zu verleihen. Trotzki machte im inneren Exil in Kasachstan unterdessen eine dramatische Figur und ließ Stalin dabei wie den Wärter eines eingesperrten Löwen aussehen. Im Februar 1929 wurde Trotzki schließlich aus der Sowjetunion ausgewiesen. Sobald er die Grenze überschritten hatte, versuchte er, noch leninistischer zu wirken als Stalin. Er veröffentlichte ein *Bulletin der Opposition* und nutzte sein detailliertes Wissen über politische Unter-der-Hand-Absprachen, um Kontroversen innerhalb der Parteiführung aufzudecken. Seine Autobiographie, die 1930 in russischer und unter dem Titel *My Life* in englischer Sprache erschien, zeichnete Stalin als mittelmäßigen, eifersüchtigen und doppelzüngigen Charakter, dessen geheime Machenschaften zu einem Verrat an der Revolution geführt hatten. Trotzki wiederholte Lenins Testament: »Stalin ist ungehobelt, illoyal und des Missbrauchs jener Macht fähig, die er vom Parteiapparat ableitet. Stalin sollte abgesetzt werden, um eine Spaltung zu vermeiden.« Stalin hatte den Begriff des Trotzkismus geprägt, und nun popularisierte Trotzki den des Stalinismus.[23]

Anlässlich des fünfzigsten Geburtstags seines Führers hatte Stalins georgischer Verwandter Abel Jenukidse den Stalin-Mythos ein Jahr zuvor – als er dessen Versatzstücke zusammentrug – um einige menschliche Züge erweitert. Stalin war der Sohn eines Schuhmachers, ein frühreifer und begabter Schüler, aber auch ein aufsässiger junger Mann, den man aus dem theologischen Seminar geworfen hatte. Ihm war jegliche Eitelkeit fremd. Er war ein Mann des Volkes, dem es gelang, auch komplexe Sachverhalte mit einfachen Worten zu erklären, sodass er von den Arbeitern liebevoll »Soso« genannt wurde. Er wurde niemals müde, den Bolschewismus zu verteidigen, und widmete sich mit aller Kraft dem revolutionären Wirken. »Stalin wird bis zum Ende seines Lebens derselbe bleiben«, verkündete Jenukidse.[24]

Stalin war nicht nur Parteiführer. De facto war er zudem Kopf der Kommunistischen Internationalen bzw. der Komintern, eine Position, in der er den Weg zu einer weltweiten proletarischen Revolution wies. Doch sowohl in der Heimat als auch im Ausland blieb er, im Gegensatz zu Trotzki, eine mysteriöse, entrückte Gestalt. Im November 1930 lud Stalin den United-Press-Korrespondenten Eugene Lyons zu einem persönlichen Treffen in sein Büro ein. Lyons, ein politischer Mitläufer, der im New Yorker Büro der offiziellen sowjetrussischen Nachrichtenagentur TASS gearbeitet hatte, war aus Dutzenden von Reportern in Moskau mit Bedacht ausgewählt worden. Stalin empfing ihn an der Tür. Er lächelte, doch spürte der Korrespondent eine Schüchternheit, die ihn sofort entwaffnete. Stalins struppiger Schnauzbart habe dem dunklen Gesicht einen freundlichen und beinahe milden Charakter verliehen, berichtete Lyons. Alles habe von Einfachheit gezeugt: Stalins entspannte Art, seine schlichte Kleidung und die spartanische Einrichtung seines Büros sowie die stillen, ordentlichen Flure im Hauptquartier des Zentralkomitees. Stalin habe zugehört und sei aufmerksam gewesen. »Sind Sie ein Diktator?«, fragte Lyons schließlich. »Nein, das bin ich nicht«, erwiderte Stalin sanft und erklärte, dass sämtliche Entscheidungen in der Partei kollektiv getroffen und nicht von einem Einzelnen diktiert würden. »Ich mag den Mann«, freute sich Lyons auf dem Weg nach draußen. »Stalin lacht!«, ein schmeichlerischer, von Stalin selbst redigierter Artikel, erschien weltweit auf den Zeitungstitelseiten und »zerriss den Mantel des Geheimnisvollen«, der die Abgeschiedenheit des Kreml umgab.[25]

Stalin hatte einen privaten Abschnitt über sein häusliches Leben in das Interview eingefügt, in dem er über seine Frau und seine drei Kinder sprach. Eine Woche darauf interviewte Hubert Knickerbocker Stalins Mutter, eine einfache Frau in einem gewöhnlichen Kleid aus grauer Wolle. »Soso war immer ein guter Junge!«, lobte sie ihren Sohn, glücklich, über ihr Lieblingsthema sprechen zu dürfen.[26]

Angesehenere Intellektuelle folgten, festigten und verbreiteten das Image eines freundlichen, einfachen, bescheidenen Mannes, der trotz seiner gewaltigen Machtfülle keinesfalls ein Diktator war. Ein Jahr später empfing man den sozialistischen Schriftsteller George Bernard Shaw in Moskau mit militärischen Ehren und richtete anlässlich seines fünfundsiebzigsten Geburtstags ein Festbankett aus. Er reiste im Land umher, besuchte Musterschulen, -gefängnisse und -bauernhöfe und begegnete Arbeitern, die darauf gedrillt waren, die Partei und ihren Führer in den höchsten Tönen zu loben. Nach einer zweistündigen, von Stalin meisterhaft inszenierten Privataudienz beurteilte der Dramatiker den Diktator als »reizenden, gutgelaunten Burschen« und verkündete: »Ich fand nichts Bösartiges an ihm, aber auch keine Leichtgläubigkeit.« Shaw wurde niemals müde, den Despoten zu unterstützen, und starb mit einem Porträt seines Idols auf dem Kaminsims.[27]

Emil Ludwig, ein bekannter Biograph von Napoleon und Bismarck, traf sich im Dezember 1931 ebenfalls mit Stalin und war verblüfft von der Einfachheit eines Mannes, der über solch große Macht verfüge, sich an ihrem Besitz jedoch nicht ergötze. Das Image des einfachen Mannes, der die Verehrung von Millionen nur widerstrebend hinnahm, wurde jedoch vor allem durch die Biographie des französischen Schriftstellers Henri Barbusse verbreitet, der 1918 nach Moskau gezogen war und sich der Bolschewistischen Partei angeschlossen hatte. Als sich die beiden 1927 erstmals begegneten, war Barbusse völlig von Stalin eingenommen. Seine lobenden Artikel wurden übersetzt und in der *Prawda* veröffentlicht. Nach einer weiteren Begegnung im Jahr 1932 wurde Barbusse von der Abteilung für Kultur und Propaganda des Zentralkomitees aufs Genaueste überprüft, da er zudem das Weltkomitee gegen Krieg und Faschismus in Paris organisierte. Im Oktober 1933 erhielt Barbusse 385 000 Francs, die Stalin nach Paris geschickt hatte (diese Summe entspräche einem heutigen Gegenwert von rund 330 000 US-Dollar). In den Worten des französischen Schriftstellers André Gide, der zunächst ebenfalls ein Befürworter des Stalin-Regimes war, konnte man gewaltige finanzielle Vorteile erwarten, wenn man »in die richtige Richtung« schrieb.[28]

Stalin ließ seinem Biographen alle erforderlichen Unterlagen zukommen, doch wurde jedes Detail von seinen Untergebenen innerhalb der Propagandamaschine überwacht. In seinem 1935 veröffentlichten Buch *Stalin. Eine Neue Welt* ließ Barbusse Stalin als neuen Messias in Erscheinung treten, als Übermenschen, dessen Name bei jeder Parade auf dem Roten Platz von Millionen Menschen beschworen wurde. Doch obwohl er derart verehrt wurde, gab er sich bescheiden und schrieb jeden Sieg seinem Lehrmeister Lenin zu. Sein Gehalt betrug magere 500 Rubel, sein Heim hatte lediglich drei Fenster. Sein ältester Sohn schlief auf einem Sofa im Esszimmer, der jüngere in einer Nische. Er hatte einen Sekretär, im Gegensatz zum früheren britischen Premierminister Lloyd George, der 32 beschäftigte. Selbst in seinem Privatleben blieb dieser »ehrliche und brillante Mensch [...] ein einfacher Mann«.[29]

Von Henri Barbusse bis George Bernard Shaw halfen Prominente Stalin dabei, ein Paradoxon zu überwinden, das durch den Kult unweigerlich entstand: Die Sowjetunion war vorgeblich eine Diktatur des Proletariats, keine Diktatur eines einzelnen Individuums. Nach kommunistischer Polemik proklamierten nur faschistische Diktatoren wie Mussolini und Hitler, dass ihr Wort über dem Gesetz stehe und sie ihr gehorsames Volk nach ihrem Willen formen müssten. Deshalb wurde allein der Gedanke, Stalin könnte ein Diktator sein, zu einem Tabu – selbst dann, als der Kult um ihn sämtliche Facetten des täglichen Lebens durchdrang. Angeblich glorifizierten ihn die Menschen gegen seinen eigenen Willen, und sie waren es, die ihn sehen wollten, wenn er sich bei den Paraden auf dem Roten Platz widerstrebend den Massen zeigte.[30]

Stalins gesamtes Image stand im Kontrast zum Auftreten seiner Amtskollegen. Hitler und Mussolini ereiferten sich vor ihren Anhängern; Stalin, der zurückhaltende Generalsekretär des Zentralkomitees der KPdSU, hingegen saß bei Parteiversammlungen aufmerksam und schweigend in der hintersten Reihe einer vollbesetzten Plattform. Hitler und Mussolini sprachen zu den Menschen, er hörte ihnen zu. Sie waren von Emotionen beherrscht, er stand für Vernunft und galt als jemand, der jedes Wort sorgfältig abwog. Emil Ludwig zufolge war selbst sein Schweigen ein Zeichen von Macht, da in dieser »gefährlichen Last« stets etwas Bedrohliches lag.[31]

Wie Henri Barbusse behauptete, mochte Stalin zwar nur einen Sekretär gehabt haben, doch nach seinem fünfzigsten Geburtstag im Jahr 1929 nutzte er die Parteimaschine, um seinen Personenkult weiter zu zementieren. Plakate, Porträts, Bücher und Büsten wurden allgegenwärtig. Der XVI. Parteitag der Kommunistischen Partei im Sommer 1930 geriet zu einer Demonstration der Gefolgschaftstreue für Stalin, der sieben Stunden lang sprach. Beim Parteitag selbst, in den Zeitungen und im Radio wurde er dafür hochgelobt, wie es inzwischen obligatorisch war.[32]

Auf dem Lande, wo die Zwangskollektivierung gnadenlos durchgesetzt wurde, waren auf dem Höhepunkt der Hungersnot im Jahr 1932 überall Statuen von Lenin und Stalin zu sehen. In der Ukraine, am Ural, an der Wolga, in Kasachstan und in Teilen Sibiriens verhungerten Schätzungen zufolge rund sechs Millionen Menschen, weil riesige Getreidevorräte sowie Milch, Eier und Fleisch auf den internationalen Märkten verkauft wurden, damit der Fünfjahresplan erfüllt werden konnte. Selbst dann noch, als die Dorfbewohner in ihrer Not Gras und Baumrinde aßen, mussten sie ihrem Führer huldigen.[33]

Beim XVI. Parteitag im Jahr 1930 hatte es »stürmischen, langanhaltenden Applaus« gegeben, der »in ausgedehnte Ovationen überging«. 1934, vier Jahre später, beim XVII. Parteitag, befand man dies nicht mehr für adäquat. In den Stenogrammen ist von »gewaltigen Ovationen« und Rufen »Lang lebe unser Stalin!« zu lesen. Die Versammlung wurde als »Parteitag der Sieger«, als der Parteitag der Kommunistischen Partei, bejubelt, da die Delegierten die Erfolge der landwirtschaftlichen Kollektivierung und der raschen Industrialisierung feierten. Hinter den Kulissen jedoch murrten Parteimitglieder über Stalins Methoden. Wenngleich sie ihm öffentlich applaudierten, fürchteten doch manche seinen Ehrgeiz. Gerüchten zufolge hatte er so viele negative Stimmen erhalten, dass etliche Stimmzettel vernichtet werden mussten.[34]

Stalin tat nichts. Er wusste um die Tugend der Geduld und legte trotz aller Widrigkeiten eine nervenstarke, kalkulierte Zurückhaltung an den Tag. Als es Ende 1934 jedoch zu einem Attentat auf Sergei Kirow kam, den Ersten Sekretär der Leningrader Parteiorganisation, ergriff Stalin drastische Maßnahmen. Es war der Beginn des »Großen Terrors«. Parteimitglieder, die irgendwann einmal gegen Stalin opponiert hatten, wurden verhaftet. Im August 1936 wurden Sinowjew und Kamenjew, die Ersten, die einen Schauprozess über sich ergehen lassen mussten, schuldig gesprochen und exekutiert. Andere folgten, darunter Bucharin und zwanzig weitere Beklagte, denen man vorwarf, Teil eines »Blocks von Rechten und Trotzkisten« zu sein. Mehr als anderthalb Millionen gewöhnlicher Menschen wurden von der Geheimpolizei festgenommen, verhört, gefoltert und in vielen Fällen schließlich hingerichtet. Auf dem Höhepunkt des Roten Terrors in den Jahren 1937 und 1938 fanden durchschnittlich tausend Hinrichtungen pro Tag statt. Die Opfer waren Menschen, die man als Klassenfeinde, Saboteure, Oppositionelle oder Spekulanten anklagte. Manche wurden von ihren eigenen Nachbarn oder Verwandten denunziert.[35]

Selbst in Zeiten der Schreckensherrschaft blühte der Personenkult. Im Jahr 1934 war Stalin nicht der Einzige, der von seinen Untergebenen verherrlicht wurde. Ende der zwanziger Jahre ließ sich im Grunde nahezu jede Führungspersönlichkeit – bis hin zu den Direktoren örtlicher Unternehmen – an Feiertagen von Arbeitern mit hochgehaltenen Porträts im Triumph huldigen. Manche Führer wurden zu kleinen Stalins, indem sie ihren Herrn innerhalb ihres kleinen Machtbereichs imitierten, sich in Porträts und Statuen verewigen ließen und sich außerdem mit Schmeichlern umgaben, die unentwegt Loblieder auf sie sangen. Einer davon war

Iwan Rumiantsew, selbst ein Trittbrettfahrer, der Stalin 1934 als »Genie« gepriesen hatte. Er betrachtete sich als Stalin der Westgebiete und erzwang, dass 134 landwirtschaftliche Kollektive nach ihm benannt wurden. Im Frühjahr 1937 wurde er als Spion denunziert und erschossen.[36]

Bisweilen ließen Mitglieder des Politbüros ganze Städte zu ihren Ehren umbenennen. Stalingrad gab es bereits, Molotow und Ordschonikidse folgten. Wenn ein Führer in Ungnade fiel, wurden die Namen ohne viel Federlesens wieder geändert, wie im Falle der unglückseligen Städte Trotzk und Sinowjewsk. Im Jahr 1938 aber durfte nur noch ein Name auf derselben Stufe wie der Stalins stehen, und zwar der von Michail Kalinin, von 1919 bis 1946 nominell Präsident Sowjetrusslands und später der Sozialistischen Sowjetrepubliken. Seine Rolle hatte rein symbolischen Charakter, doch füllte er sie bewundernswert aus und unterzeichnete pflichtschuldig sämtliche von Stalin erlassenen Dekrete. Als seine Frau verhaftet wurde, weil diese Stalin angeblich einen »Tyrannen und Sadisten« genannt hatte, rührte Kalinin keinen Finger.[37]

Im Juni 1934, drei Monate nach dem »Parteitag der Sieger«, dem Parteitag der Kommunistischen Partei, begann Stalin mit einer allumfassenden Überwachung der staatlichen Propagandamaschine. Sein Bildnis wurde noch omnipräsenter: mit riesigen Porträts »an den Bauzäunen rund um die Ausschachtungen für die neue Moskauer Untergrundbahn, an den Fassaden öffentlicher Gebäude in Kasan, in den Roten Ecken von Geschäften, an den Wänden von Wachräumen und Haftanstalten, in Kaufläden, im Kreml, in Kathedralen, in Kinos, überall«.[38]

Wenn Stalin nicht gerade Todesurteile unterzeichnete oder Schauprozesse führte, traf er sich mit Schriftstellern, Malern, Bildhauern und Dramaturgen. Das individuelle Element in allen Kunstformen verschwand, als Stalin einen Stil zwangsverordnete, der als »Sozialistischer Realismus« bekannt wurde. Kunst hatte einzig die Revolution zu verherrlichen. Während Märchen als unproletarisch verboten wurden, sollten die Kinder nun von Büchern über Traktoren und Kohleminen in den Bann gezogen werden. Bei einem Phänomen, das ein Historiker einmal als »Spiegelsaal« charakterisierte, wurden dieselben Motive endlos wiederholt, weil Texte und Bilder von entsprechenden Komitees überprüft wurden. Als fleischgewordene Verkörperung der Revolution war Stalin das prominenteste dieser Motive: »Es war keine Seltenheit, dass Arbeiter während eines Treffens im Stalin-Kulturhaus der Stalin-Fabrik auf dem Stalin-Platz in der Stadt Stalinsk einen Brief an Stalin verfassten.«[39]

Stalinsk war nur eine von fünf Städten, die den Namen des großen Führers trugen. Darüber hinaus gab es Stalingrad, Stalinabad, Stalino und Stalinagorsk. Große Parks, Fabriken, Eisenbahnstrecken und Kanäle wurden nach ihm benannt. Der Stalin-Kanal – mithilfe von Zwangsarbeitern vom Weißen Meer bis nach Leningrad an der Ostsee gegraben – wurde 1933 eröffnet. Für den besten Stahl ersann man sogar eigens die Bezeichnung Stalinit. »Sein Name wird einem förmlich entgegengeschrien, von jeder Litfaßsäule, jeder Werbetafel, aus jedem Radio«, bemerkte Eugene Lyons. »Sein Bildnis ist allgegenwärtig, ob nun als Blumenpflanzung auf öffentlichen Rasenflächen, als Leuchtreklame oder auf Briefmarken; in fast allen Geschäften ist es als Stuck- oder Bronzebüste erhältlich, als krude Malerei auf Teetassen, als Lithographie und Bildpostkarte.«[40]

Die Anzahl verschiedener Propagandaplakate sank von 240 im Jahr 1934 auf 70 im Jahr 1937, doch stiegen die Auflagen, als sich der Fokus auf den Führer selbst richtete. Wenn gewöhnliche Bürger doch einmal flüchtig in Erscheinung traten, dann stets in Bezug auf ihn: Sie blickten zu ihm auf, hielten bei Paraden sein Porträt empor, studierten seine Schriften, grüßten ihn, sangen Lieder über ihn und folgten ihm in eine utopische Zukunft.[41]

Der nunmehr allgegenwärtige Stalin lächelte milde. Der XVII. Parteitag der Kommunistischen Partei der Sowjetunion, der sogenannte »Parteitag der Sieger«, hatte schließlich 1934 erklärt, dass der Sozialismus erreicht worden sei, und Stalin selbst verkündete im Jahr darauf, das Leben sei »freudvoller« geworden. Man sah einen lächelnden Stalin inmitten ergebener Massen, einen lächelnden Stalin mit fröhlichen Kindern, die ihm Blumen brachten. Ein millionenfach verbreitetes Bild zeigte ihn bei einem Empfang im Kreml im Jahr 1936, als er gerade Blumen von einem kleinen Mädchen im Matrosenanzug entgegennahm. Sie hieß Gelia Markisowa (ihr Vater sollte später als Feind des Volkes erschossen werden). Stalin war Väterchen Frost, der russische Weihnachtsmann, der wohlwollend strahlte, wenn Kinder das Neujahrsfest feierten. Scheinbar war alles ein Geschenk Stalins: Busse, Traktoren, Schulen, Wohnungen, landwirtschaftliche Kollektive – all das hatte man ihm zu verdanken, dem großzügigsten Stifter von Wohlstand. Sogar die Erwachsenen, so schien es, waren Kinder, Stalin ihr Vater oder vielmehr das »Väterchen« oder *batjuschka* – einst ein Kosename für Zaren, die sich um das Wohlergehen ihrer Untertanen sorgten. Die auf dem Höhepunkt der Schauprozesse im Dezember 1936 verabschiedete Verfassung war Stalins Verfassung.[42]

Jede öffentliche Äußerung wurde von oben gesteuert. Als der junge Autor Alexander Awdeenko 1935 eine Rede mit einer Dankesbekundung an die Sowjetunion schloss, wandte sich Stalins persönlicher Sekretär Lew Mechlis an ihn und bemängelte, dass er nicht stattdessen Stalin gedankt habe. Einige Monate später wurde Awdeenkos Rede beim Schriftsteller-Weltkongress in Paris im Rundfunk der Sowjetunion ausgestrahlt. Jeder Satz endete mit einem rituellen »danke, Stalin!« oder einem »[…] denn ich bin froh, danke Stalin!«. Seine Karriere nahm daraufhin rasch Fahrt auf, und er erhielt dreimal den Stalin-Preis.[43]

Weniger glückliche Schriftsteller wurden in den Gulag gesteckt – ein wachsendes, landesweites System von Konzentrationslagern. Osip Mandelstam, einer der wichtigsten russischen Dichter, wurde verhaftet, weil er 1934 im engsten Freundeskreis ein sarkastisches, stalinkritisches Gedicht vorgetragen hatte, und starb wenige Jahre später in einem Durchgangslager. Andere – Dichter, Philosophen oder Dramaturgen – wurden einfach erschossen.

Da der Kult angeblich die Verehrung des Volkes widerspiegelte, fanden von den werktätigen Massen verfasste Gedichte und Lieder weite Verbreitung. Von einer Frau aus der Sowjetrepublik Dagestan stammten folgende Zeilen der Verehrung: »Über dem Tal der Berggipfel; über dem Gipfel der Himmel. Doch Stalin, die Himmel sind nicht hoch genug, um dir gleichzukommen, und nur deine Gedanken ragen noch höher auf. Die Sterne, der Mond, blass im Antlitz der Sonne, die ihrerseits vor deinem strahlenden Geiste verblasst.« Seidik Kwarkja, Bauer in einem Kollektiv, komponierte *Stalins Lied*: »Der Mann, der vor allen Kämpfern kämpfte, der Waisen, Witwen und Alten hilft, vor dem alle Feinde erzittern.«[44]

Trotz des sorgfältig erweckten Eindrucks der Spontaneität wurde 1939 ein strenger Kanon vorgeschrieben. Offizielle Zeitungen, Redner und Dichter sangen alle dieselbe Hymne, priesen das »unerreichte Genie« des »großen und geliebten Stalin«, den »Führer und Inspirator der weltweiten Arbeiterklasse«, den »großen und glorreichen Stalin, Führer und brillanter Theoretiker der Weltrevolution«. Die Menschen wussten, wann sie bei öffentlichen Zusammenkünften zu applaudieren und wann sie bei offiziellen Anlässen seinen Namen zu nennen hatten. Wiederholung, nicht Erneuerung, war der Schlüssel, wenngleich exzessive Schmeichelei ebenfalls gefährlich sein konnte. Stalin, so meinte Nadeschda Mandelstam, die Ehefrau des ermordeten Dichters, benötige keinerlei Zeloten: Er wolle, dass die Menschen ergebene Instrumente seines Willens seien, ohne eigene Überzeugung. Die Parteimaschine – nicht selten in Gestalt des Leiters von Stalins Privatkanzlei, Alexander Poskrjobyschew – gab jedes Wort, jede Anmerkung, jedes Bild vor. Doch auch Stalin selbst war ein zwanghafter Redakteur, der über Leitartikeln brütete, Reden redigierte und Artikel zensierte. Im Jahr 1937 entfernte er fein säuberlich den Ausdruck »größter Mann unserer Zeit« aus einem Bericht der Agentur TASS über die Parade zum 1. Mai. Stalin war gewissermaßen ein Gärtner, der seinen eigenen Personenkult hegte und pflegte, ihn hier und dort etwas zurückschnitt, damit er bei gutem Wetter umso üppiger würde erblühen können.[45]

Der Begriff des Stalinismus fand Eingang ins Vokabular, als Stalin befand, dass die Zeit reif dafür sei. Lasar Kaganowitsch, der erste wahre Stalinist, soll bei einem gemeinsamen Abendessen mit Stalin Anfang der dreißiger Jahre vorgeschlagen haben, »Lang lebe der Leninismus« durch »Lang lebe der Stalinismus« zu ersetzen. Vermeintlich bescheiden lehnte Stalin zwar ab, doch mit Verabschiedung der Verfassung am 5. Dezember 1936 tauchte der Begriff immer häufiger auf: »Unsere Verfassung ist marxistisch-leninistisch-stalinistisch.« Einige Wochen später, an Silvester, gebrauchte Sergo Ordschonikidse den Begriff in einer Rede mit dem Titel »Unser Land ist unverwundbar«, in der er verkündete, dass Stalin eine Armee von 170 Millionen Menschen ansporne, die bewaffnet sei mit »Marxismus-Leninismus-Stalinismus«. Er erntete großen Applaus.[46]

Stalins Vorlesungen aus dem Jahre 1924, veröffentlicht unter dem Titel *Grundlagen des Leninismus*, verkauften sich nach 1929 rasch, und bis 1934 waren mehr als sechzehn Millionen Exemplare der verschiedenen Werke des Führers im Umlauf. Doch Leninismus war nicht gleich Stalinismus. Ein Gründungstext in der Art von *Mein Kampf* war erforderlich. Dies war insofern umso dringlicher, als keine offizielle Biographie Stalins existierte. Potenzielle Hagiographen schreckten vor der Aufgabe zurück, weil sich die Vergangenheit fortwährend zu ändern schien. Es war eine Sache, einen toten Kommissar auf einem Foto zu retuschieren, aber noch einmal eine ganz andere, eine vollständige Biographie zu ändern. Selbst Henri Barbusses Buch fiel nach seinem Erscheinen im Jahr 1935 in Ungnade, weil darin Parteiführer erwähnt wurden, die man verhaftet hatte.[47]

Die Lösung dieser Problematik lag in dem *Kurzen Lehrgang der Geschichte der KPdSU.* Das Buch zog eine direkte Linie von Marx und Engels hin zu Lenin und Stalin. Jede Episode der Parteigeschichte wurde abgedeckt. In leicht verständlichen Worten erfuhr die Leserschaft, dass es immer wieder abweichlerische Anti-Partei-Cliquen gegeben habe, die sich der korrekten Parteilinie, für welche Lenin und Stalin stünden, widersetzt hätten, es auf dem Weg zum Sozialismus jedoch gelungen sei, diese Elemente zu beseitigen.

Der *Kurze Lehrgang* wurde 1935 von Stalin in Auftrag gegeben, der mehrere Revisionen verlangte und den gesamten Text selbst fünfmal redigierte, bis er seine Veröffentlichung genehmigte, welche im September 1938 unter großem Getöse erfolgte. Das Buch wurde zu einem kanonischen Text, der Stalin als lebendigen Quell der Weisheit vergöttlichte, sich allein in der Sowjetunion über 42 Millionen Mal verkaufte und in 67 Sprachen übersetzt wurde.[48]

Am 21. Dezember 1939 feierte Stalin seinen sechzigsten Geburtstag. Acht Monate zuvor waren die Parteiführer vor der Berliner Reichskanzlei Schlange gestanden, um Hitler ihre besten Wünsche zu überbringen. In Moskau waren die Gratulationen geradezu eine Übung in Selbsterniedrigung. In einer zwölfseitigen Sonderausgabe der *Prawda* veröffentlichten die Parteioberen langatmige Lobeshymnen. »Der größte Mann unserer Zeit«, jubelte Lawrenti Beria, der neue Kopf des Innenministeriums. »Stalin, der große Lokomotivführer der Geschichte«, nannte Lasar Kaganowitsch den Diktator. »Stalin ist der Lenin von heute«, verkündete das Politbüromitglied Anastas Mikojan. Stalin, so schrieb das gesamte Präsidium des Obersten Sowjets der UdSSR, sei »der meistverehrte und geliebteste Mann unseres Landes und der arbeitenden Menschen in aller Welt«. Dem »großen Fortführer von Lenins Werk – dem Genossen Stalin« – verliehen sie den Orden eines »Helden der sozialistischen Arbeit«.[49]

Stalin forderte Selbsterniedrigung von seinem Gefolge und endlose Begeisterung von den Massen, deren Präsente aus allen Winkeln der Sowjetunion eintrafen. Es war ihre langersehnte Chance, sich Stalin, dem fürsorglichen Landesvater, gegenüber mit einem Zeichen ihrer unendlichen Dankbarkeit erkenntlich zu zeigen. Unter den Einsendungen waren Kinderzeichnungen, Fotos von Fabriken, Gemälde und Büsten von Amateuren, Telegramme von Bewunderern, eine wahre Flut von Geschenken, für die einen ganzen Monat lang Danksagungen in der *Prawda* erschienen. Ausgewählte Stücke wurden sogar als Zeichen der Ergebenheit des Volkes im Museum der Revolution ausgestellt.[50]

Unter den vielen ausländischen Gratulanten war auch Adolf Hitler. »Zu Ihrem sechzigsten Geburtstag bitte ich Sie, meine aufrichtigen Glückwünsche entgegenzunehmen. Ich verbinde hiermit meine besten Wünsche für Ihr persönliches Wohlergehen sowie für eine glückliche Zukunft der Völker der befreundeten Sowjetunion.«[51]

Beinahe ein Jahrzehnt hatten Stalin und Hitler einander mit einer Mischung aus wachsendem Misstrauen und zähneknirschender Bewunderung beäugt. Nach der Nacht der Langen Messer (dem Beginn des sogenannten Röhm-Putsches) nannte Stalin Hitler einen »Prachtkerl«. Hitler seinerseits war zutiefst beeindruckt vom Großen Terror. Doch Stalin hatte *Mein Kampf* aufmerksam gelesen, einschließlich der Passagen, in denen der Autor versprach, Russland von der Landkarte zu tilgen. Dort hieß es unter anderem: »Man vergesse doch nie, dass die Regenten des heutigen Russlands blutbefleckte, gemeine Verbrecher sind, dass es sich hier um einen Abschaum der Menschheit handelt.«[52]

Nach dem Münchner Abkommen im September 1938 gebot Stalin dem Großen Terror ein Ende. Dessen oberster Vollstrecker, Nikolai Jeschow, wurde abgesetzt und durch Beria ersetzt. Stalin war inzwischen nur noch von Speichelleckern umgeben. Jeder potenzielle Opponent war den Säuberungen zum Opfer gefallen.

Da ungenügender Eifer bei der Unterstützung der Partei als Illoyalität ausgelegt werden konnte, hatte der Geheimdienst selbst diejenigen ins Visier genommen, die schwiegen. Stalin hatte keine Freunde, nur Untergebene; keine Mitstreiter, nur Schmeichler. Infolgedessen fällte er sämtliche wichtigen Entscheidungen allein.

Am 23. August 1939 verblüffte Stalin die Welt mit der Unterzeichnung eines Nichtangriffspaktes mit Hitler – ein brillanter, wenngleich höchst riskanter Schachzug in einem skrupellosen Mächtespiel. Für Deutschland entfiel damit die Notwendigkeit eines Zweifrontenkriegs, die Sowjetunion wiederum konnte sich entspannt zurücklehnen und zusehen, wie sich die kapitalistischen Länder gegenseitig vernichteten. Innerhalb weniger Wochen stellte sich heraus, dass der Pakt noch einige Geheimklauseln umfasste, als die Sowjetunion die Hälfte Polens besetzte.

Daneben gab Hitler Stalin freie Hand in Finnland. Im November 1939 griff die Sowjetunion ihren winzigen Nachbarn an. Was ein leichter Sieg hätte sein sollen, wurde zu einem blutigen Stellungskrieg, in dessen Verlauf mehr als 120 000 sowjetische Soldaten ihr Leben verloren. Der Große Terror hatte die Rote Armee geschwächt, da etwa 30 000 Offiziere den Säuberungen Stalins zum Opfer gefallen waren. Drei der fünf Marschälle der Armee hatte man hingerichtet. Im März 1940 wurde ein Friedensvertrag unterzeichnet, doch die Kriegserfahrung wirkte im Kreml weiter wie ein Schock. Finnland offenbarte die militärische Schwäche der Sowjetunion.[53]

Auch die sorgsam gehegte Reputation des Landes als friedliebende Nation war dahin. Der Völkerbund schloss die Sowjetunion aus. Im Ausland betrachteten einige von denjenigen, die zuvor mit den Idealen des Sozialismus sympathisiert hatten, Josef Stalin nun als Pendant Adolf Hitlers.

Stalin hatte sich schwer verrechnet. Um eine Verteidigungslinie gegen Deutschland zu schaffen, marschierte er in den baltischen Staaten Estland, Lettland und Litauen ein und machte sie zu sowjetischen Protektoraten. Allerdings war auch dieser Plan kurzsichtig, gründete er doch auf der Annahme, Hitler würde in Frankreich steckenbleiben. Doch die deutschen Truppen erreichten Paris in weniger als fünf Wochen. Es schien nun, als gelänge es Hitler wesentlich früher denn erwartet, eine von Deutschlands Flanken zu sichern und seine Panzer gegen die Sowjetunion zu richten. Im Mai 1941 deutete eine wachsende Hinweisflut von Stalins Nachrichtendiensten auf gewaltige deutsche Truppenkonzentrationen entlang der Grenze hin. Stalin indes, der sich auf Erfahrung und Intuition verließ, tat dies als reine Provokation ab. Dem Historiker Robert Service zufolge hatte Stalin in seiner unerschütterlichen Zuversicht unwissentlich »die Bedingungen für die größte militärische Katastrophe des 20. Jahrhunderts« geschaffen.[54]

Stalin lag im Bett seiner Datscha, etwa 200 Kilometer von Moskau entfernt, als ein Heer von mehr als drei Millionen deutschen Soldaten die Grenze überschritt. Generalstabschef Georgi Schukow, der wiederholt vor einer drohenden Invasion gewarnt hatte, rief seinen Chef an, der eilig in den Kreml zurückkehrte. Er glaubte immer noch an eine Verschwörung, bis wenige Stunden später der deutsche Botschafter die Situation klärte: Deutschland befand sich im Krieg mit der Sowjetunion. Stalin war bestürzt, erholte sich jedoch rasch und richtete ein Oberkommando ein, das er mit seinen Politkommissaren besetzte. Dann verließ er den Kreml wieder, zog sich in seine Datscha zurück und schmollte ein paar Tage.

Deutsche Panzer rollten über die weiten Ebenen Westrusslands. Verschiedene Formationen bahnten sich ihren Weg bis nach Leningrad im Norden und nach Kiew im Süden. Unterwegs begrüßten viele Sowjets die deutschen Truppen als Befreier, insbesondere in der Ukraine, wo während der Hungersnot Millionen von Menschen gestorben waren. Hitler indes betrachtete sie allesamt als Untermenschen, die für ein Leben in Knechtschaft bestimmt waren.

Am 3. Juli 1941 sprach Stalin im Radio und bereitete das sowjetische Volk auf den Krieg vor, indem er weniger an den Kommunismus als vielmehr an den Patriotismus appellierte. Auf den Plätzen der Städte kamen Menschenmassen zusammen, um der Übertragung zu lauschen. Sie »hielten den Atem an, und es war so still, dass man jede Nuance in Stalins Stimme deutlich vernahm«. Diese Stille dauerte noch mehrere Minuten nach dem Ende seiner Ansprache fort. Zuhause und im Ausland wurde er nun über Nacht zum Verteidiger der Freiheit. Alexander Werth, ein in Moskau tätiger Journalist, erinnerte sich, dass »das sowjetische Volk nun einen Führer hatte, auf den es bauen konnte«.[55]

Stalin, wieder ganz Herr der Lage, befahl gegen den Rat seiner Generäle, jede Stadt bis zum Letzten zu verteidigen. Statt einen strategischen Rückzug aus Kiew anzuordnen, ließ er zu, dass die ukrainische Hauptstadt eingekesselt und für eine halbe Million Soldaten zur Falle wurde. Doch der Wintereinbruch einen Monat später, gepaart mit dem erbitterten Widerstand der russischen Truppen, brachte den deutschen Vorstoß auf Moskau zum Erliegen. Im Dezember 1941 traten die Vereinigten Staaten in den Krieg ein, was das Gleichgewicht zugunsten der Sowjetunion verlagerte. Bis zu diesem Zeitpunkt waren mehr als zwei Millionen russische Rotarmisten gefallen und weitere dreieinhalb Millionen gefangen genommen worden.

Stalin verschwand nach seiner Radioansprache zwar nicht völlig aus dem Blickfeld, trat während der ersten Kriegsjahre aber nur noch flüchtig in Erscheinung. Er schrieb nichts für die Zeitungen und sprach selten im Radio, wodurch er sämtliche Gelegenheiten verstreichen ließ, sein Volk anzuspornen und zu motivieren. Die *Prawda* brachte gelegentlich ein Foto, das ihn als Armeekommandeur mit Militärmütze und rotem Stern zeigte. Seine Uniform schmückten beeindruckende Epauletten. Doch wirkte er eher wie ein körperloses Symbol der Kriegsanstrengungen und nicht wie ein Oberkommandeur, der sein Volk im Großen Vaterländischen

Krieg anführte. Über seine privaten Aktivitäten oder sein Familienleben drang nichts mehr an die Öffentlichkeit. Seine Zurückgezogenheit habe den Vorteil, so bemerkte ein ausländischer Journalist, dass es keine Diskrepanz zwischen Image und Realität gab, da die Öffentlichkeit kaum etwas über ihren Führer wusste.[56]

Erst als sich nach der Schlacht um Stalingrad im Februar 1943 das Kriegsglück gewandelt hatte und keine Bedrohung für die Ölfelder im Kaukasus mehr bestand, kehrte Stalin ins Rampenlicht zurück. Er beförderte viele seiner Offiziere und gönnte sich selbst den Titel eines Marschalls der Sowjetunion. Zeitungen wurden mit neuen Begriffen gespickt, die von »stalinistischer Strategie« und »stalinistischer Militärdenkschule« bis hin zum »militärischen Genie Stalins« reichten. Stalins Proklamationen jedes einzelnen Sieges wurden feierlich im Radio verlesen, gefolgt von Salutschüssen aus Gewehren. Das Jahr 1944 wurde als das Jahr der »zehn Schläge Stalins« gefeiert.[57]

Auch auf der Weltbühne präsentierte sich Stalin als Schlüsselfigur, als großer und würdevoller Staatsmann mit grauem Schnurrbart und silbernem Haar. Er war im Kreise ausländischer Würdenträger in einem holzgetäfelten Raum im Kreml zu sehen, wo er etwas im Hintergrund stand, während seine Untergebenen Abkommen unterzeichneten. Bei Gipfeltreffen in Teheran, Jalta und Potsdam erschien er als Planer der Nachkriegswelt neben dem britischen Premierminister Winston Churchill und US-Präsident Franklin D. Roosevelt. Sein Lächeln kehrte zurück, wenn er als einer der größten Staatsmänner der Welt majestätisch in seinem Marschallwintermantel posierte.[58]

Die Großen dieser Welt, die sich die Klinke zu Stalins Büro in die Hand gaben, fanden lobende Worte für ihn. »Je öfter ich ihn treffe, desto mehr mag ich ihn«, verkündete Churchill, nicht wissend, wie sehr Stalin ihn verachtete und verspottete. Der gutgläubige Roosevelt sah in Stalin mehr als nur einen Revolutionär; er hielt ihn für einen »christlichen Ehrenmann«. Truman, der Roosevelt nach dessen Tod im Amt nachfolgte, vertraute seinem Tagebuch an: »Ich komme mit Stalin aus. Er ist ehrlich – aber gerissen.« Sein Außenminister James Byrnes fand, dass Stalin in Wahrheit »ein sehr sympathischer Mensch« sei. Stalin bezirzte auch ausländische Journalisten, die ihn regelmäßig »Uncle Joe« nannten.[59]

Selbst einige seiner eigenen Untertanen vermochte Stalin für sich einzunehmen und zu gewinnen. Und dies obwohl Terror und Propaganda während der gesamten dreißiger Jahre stetig zugenommen hatten. Millionen waren verhungert, inhaftiert oder hingerichtet worden. Nur der naivste ausländische Bewunderer konnte wirklich glauben, dass der Verursacher derartigen menschlichen Elends von seinen eigenen Opfern aufrichtig verehrt wurde. Als Nadeschda Mandelstam gezwungen wurde, in einer Textilfabrik in Strunino zu arbeiten, einer Kleinstadt vor den Toren Moskaus, stellte sie fest, dass die Menschen dort während des Großen Terrors so verbittert wurden, dass sie Stalin regelmäßig als »den pockennarbigen Kerl« bezeichneten. Doch so gut wie alle waren durch einen Krieg traumatisiert, der mit beispielloser Grausamkeit geführt wurde und weit über die Kampfhandlungen hinausging, da die Eindringlinge folterten, mordeten und versklavten, fest entschlossen, die von ihnen als rassisch minderwertig eingestuften Menschen zu vernichten.[60]

Ganze Städte wurden bis zur Unterwerfung ausgehungert. Allein die 28 Monate währende Belagerung Leningrads forderte eine Million Menschenleben. In den besetzten Gebieten wurden mehr als sieben Millionen Zivilisten getötet, nicht eingerechnet die weiteren vier Millionen, die an Hunger oder Krankheiten starben. Rund 25 Millionen Menschen verloren ihr Zuhause, 70 000 Dörfer wurden dem Erdboden gleichgemacht. Daher war es vielleicht verständlich, dass manche Menschen zu Stalin aufblickten, weil sie jemanden brauchten, an den sie glauben konnten. Die Propagandamaschine verschmolz Stalin und das Vaterland zu ein und demselben. Er war der Führer in einem gerechten Krieg, der Oberkommandeur der Roten Armee, die nicht nur das Vaterland befreien, sondern auch Rache üben würde.[61]

Doch obwohl der Krieg wahre Wunder hinsichtlich der Verbesserung von Stalins Ruf wirkte, blieben große Teile der Bevölkerung offenbar gleichgültig. Unablässig verbreitete die Propaganda das Bild eines mächtigen und weisen Führers, der die Massen gegen einen gemeinsamen Feind führte, doch als ein britischer Journalist innerhalb einer Woche mit dem Zug von Murmansk nach Moskau reiste und dabei mit Dutzenden Soldaten, Eisenbahnarbeitern und Zivilisten aus allen Bevölkerungsschichten sprach, fiel der Name Stalin nicht ein einziges Mal.[62]

Auf dem Land, wo junge Männer zur Armee eingezogen wurden, herrschte ein weitverbreitetes Misstrauen gegenüber dem Einparteiensystem. Viele neue Rekruten waren tiefgläubige Dörfler, deren Briefe in die Heimat mit den Worten »Lang lebe Jesus Christus« endeten. Im Jahr 1939 verwendeten einige von ihnen sogar Büsten von Lenin und Stalin als Zielobjekte bei Schießübungen, was die Politoffiziere zur schieren Verzweiflung trieb. Es waren die Propagandisten in der Armee, die Stalin am meisten verehrten. Solche Haltungen änderten sich jedoch rasch, als von 1941 an eiserne Disziplin erzwungen wurde. Im Juli 1942 gab Stalin den Befehl Nummer 227 heraus, »Nicht einen Schritt zurück!«, der Ungehorsam oder Rückzug einem Verrat gleichsetzte. Hinter der Front wurden Sondereinheiten stationiert, um vermeintliche Bummelanten zu erschießen, was bei den regulären Truppen keinerlei Zweifel daran aufkommen ließ, vor wem sie sich mehr zu fürchten hatten: Stalin oder Hitler? Das Leben eines Soldaten zählte für das Regime im Allgemeinen nicht viel. Die in der Schlacht Verletzten oder Verstümmelten behandelte man äußerst herzlos. Viele wurden zusammengetrieben und deportiert.[63]

Die Rote Armee wurde mindestens zweimal vernichtet und erneuert, doch Stalin konnte es sich leisten, mehr Menschenleben und mehr Panzer zu verlieren als Hitler. Auf ihrem Weg nach Berlin plünderten, brandschatzten und vergewaltigten die sowjetischen Truppen erbarmungslos, nicht selten mit der Zustimmung ihrer Kommandanten, darunter auch Stalin.[64]

Stalin führte den Krieg, wie er alles andere betrieb – in Eigenregie. In den Worten von Isaac Deutscher, einem seiner ersten Biographen, »war er praktisch sein eigener Oberkommandeur, sein eigener Verteidigungsminister, sein eigener Quartiermeister, sein eigener Minister für Versorgung, sein eigener Außenminister und sogar sein eigener Protokollchef«. Als die Rote Flagge über Berlin gehisst wurde, war er der große Sieger. Doch Stalin, paranoider denn je, misstraute der Armee. Der eigentliche Held war der Generalstabschef und stellvertretende Oberkommandeur Georgi Schukow, der den Marsch in Richtung Westen auf den Führerbunker geleitet hatte. In Moskau nannte man ihn nach dem Schutzheiligen der Hauptstadt »unseren heiligen Georg«. Schukow führte am 24. Juni 1945 die Siegesparade auf dem Roten Platz an, kannte seinen Herrn jedoch gut genug, um ihm als »genialen Feldherrn« zu huldigen. Die Parteilinie pries unablässig »unser großes Genie, den Führer unserer Truppen, den Genossen Stalin, dem wir unseren historischen Sieg verdanken«. Noch im gleichen Monat schlug Stalin sich selbst zum Ritter und verlieh sich offiziell den Titel des Oberbefehlshabers.[65]

Ein Jahr darauf, nachdem man von seinen Kollegen unter Folter belastendes Beweismaterial erzwungen hatte, wurde Schukow ins innere Exil in der Provinz verbannt. Sein Name durfte nicht mehr genannt werden. Siegesfeiern fanden nach 1946 nicht mehr statt, Memoiren von Soldaten, Offizieren und Generälen wurden verboten. In den offiziellen Kriegserinnerungen traten alle außer Stalin in den Hintergrund, sodass dieser ganz allein erstrahlen konnte. 1947 erschien die an ein breites Publikum gerichtete *Kurze Lebensbeschreibung* von Stalin, die mit großem Brimborium veröffentlicht wurde. Das der Hagiographie von Henri Barbusse aus dem

Jahr 1935 auffallend ähnliche Werk verkaufte sich bis 1953 rund 18 Millionen Mal. Im Kapitel über den Großen Vaterländischen Krieg war Stalin zum Architekten des Sieges erhoben worden; seine Generäle indes erwähnte man nicht, schon gar nicht Schukow.[66]

Während des Krieges hatte Stalin Gerüchten Raum gegeben, dass es in Zukunft größere Freiheiten geben werde, doch diese Hoffnungen wurden mit dem Ende der Kampfhandlungen beerdigt. Millionen von Russen, die unfreiwillig in deutsche Gefangenschaft geraten waren, galten als besudelt und potenziell verräterisch. Da man sie als Überläufer betrachtete, wurden viele in Lager gesteckt, andere erschossen. Stalin fürchtete zudem, dass der Rest der Bevölkerung mit ausländischem Gedankengut »verseucht« worden sei.

Als sich die Spannungen zwischen den drei alliierten Kriegsmächten 1947 zu einem Kalten Krieg entwickelten, wurden die Repressionen noch massiver. Andrei Schdanow verordnete – in einer von Stalin sorgsam überwachten Kampagne – ideologische Orthodoxie. Alles Fremde wurde verdammt, alles Lokale gepriesen, von Literatur, Linguistik, Wirtschaft und Biologie bis hin zur Medizin. Stalin mischte sich auch selbst in mehrere wissenschaftliche Debatten ein, in denen er als Vermittler im Interesse des Marxismus auftrat. In einem 1000 Worte umfassenden Essay in der *Prawda* behauptete er, Russisch sei die Sprache der Zukunft, und tat einen führenden Linguisten dabei als antimarxistisch ab. Im Jahr 1948 wetterte er gegen die Genetik als fremde und bourgeoise Wissenschaft und setzte der Forschung in der Biologie ein Ende. Mehr als ein Jahrzehnt lang hatte Stalin über einen furchtsamen und unterwürfigen Hof geherrscht. Nun unterwarf er ganze Wissenschaftsbereiche seinem Willen, förderte Schmeichler, die sein Genie rühmten, und schickte andersdenkende Professoren in den Gulag. Nur ein Zweig blieb ungeschoren, nämlich die Atomforschung, der unbegrenzte Mittel zur Verfügung gestellt wurden.[67]

Der Stalin-Kult begann, industrielle Ausmaße anzunehmen. Stalin hatte nicht nur die Sowjetunion befreit, sondern auch halb Europa besetzt. Von Polen im Norden bis nach Bulgarien im Süden nahm die Rote Armee große Gebiete ein, die Schritt für Schritt zu Satellitenstaaten gemacht wurden. Künftige Führer, die man gern als »kleine Stalins« bezeichnete, wurden aus Moskau eingeflogen, um die Kolonisierung ihrer jeweiligen Länder zu überwachen – Walter Ulbricht in Ostdeutschland, der Sowjetischen Besatzungszone (SBZ), Bolesław Bierut in Polen, Mátyás Rákosi in Ungarn. Anfangs ging das Ganze nur schleppend voran, da Stalin angeordnet hatte, mit Bedacht vorzugehen, doch bereits 1947 wurden überall wahre und imaginäre Feinde von der Geheimpolizei verhaftet oder in Lager gesteckt. Daneben begannen die Kommunisten, die Schulen zu verstaatlichen, unabhängige Organisationen zu zerschlagen und die Kirche zu untergraben. Die Nachfrage nach Plakaten, Porträts, Büsten und Statuen von Stalin schoss in die Höhe, da man von neuen Anhängern forderte, ihrem fernen Herrn im Kreml zu huldigen, der in Warschau als »Polens unbeugsamer Freund«, in Ost-Berlin als »bester Freund des deutschen Volkes« gefeiert wurde.[68]

Auch zuhause tauchten immer mehr Statuen und Denkmäler Stalin zu Ehren auf, obwohl er selbst sich, zunehmend geschwächt und erschöpft, aus dem öffentlichen Leben zurückzog. Als im Jahr 1949 sein siebzigster Geburtstag gefeiert wurde, erreichte der Kult um seine Person seinen Höhepunkt. Während des Festaktes im Bolschoi-Theater wurden Suchscheinwerfer auf eine riesige Stalin-Figur in voller Militäruniform gerichtet, die von Ballons hoch oben über dem Roten Platz gehalten wurde. Millionen kleiner roter Fahnen flatterten am Tag darauf über Moskau, die alle dieselbe Botschaft verkündeten: »Ehre dem großen Stalin!« Die Behörden verteilten an die zwei Millionen Plakate, dazu Tausende von Porträts, von denen viele nachts beleuchtet wurden. Auf 38 Berggipfeln Zentralasiens seien bis dato monumentale Büsten errichtet worden, verkündete die *Prawda* stolz, die ersten 1937, als Bergsteiger eine Statue auf den höchsten Berg der Sowjetunion getragen hätten, den Pik Stalin.[69]

Mit roten Fahnen geschmückte Sonderzüge brachten Geschenke nach Moskau. Im Gegensatz zu früheren Anlässen war Stalins Geburtstag mittlerweile jedoch ein globales Ereignis. Menschen aus dem gesamten sozialistischen Lager wetteiferten miteinander, um dem Führer im Kreml, dem Kopf der internationalen kommunistischen Bewegung, ihre Zuneigung zu demonstrieren. Aus allen Ecken der Welt trafen über eine Million Briefe und Telegramme ein. Erst im Sommer 1951 verebbte die Flut an Glückwünschen, von denen täglich mehrere in der *Prawda* abgedruckt wurden. Auch ganz gewöhnliche Menschen mussten gratulieren: In der Tschechoslowakei trugen rund neun Millionen ihre Namen in ein 356 Bände umfassendes Glückwunschschreiben ein. Nordkorea übertrumpfte sie mit exakt 16767680 Unterschriften in sage und schreibe 400 dicken Wälzern.[70]

Berge von Geschenken trafen ein. Arbeiter aus Osteuropa schickten ein Flugzeug, mehrere Automobile, eine Eisenbahnlokomotive und ein Motorrad. Aus China sendete man eine prächtige Statue von Hua Mulan, einer legendären Kriegerin aus dem 6. Jahrhundert, und ein in ein Reiskorn graviertes Porträt Stalins. Viele der penibel inventarisierten Präsente wurden im Puschkin-Museum ausgestellt, darunter etwa 250 Statuen und 500 Büsten. Es gab viele spektakuläre Stücke, doch war vielleicht keines so ›beeindruckend‹ wie ein siebzig Quadratmeter großer Teppich, auf dem Stalin in seinem Büro zu sehen war.[71]

An seinem Geburtstag erschien Stalin in Begleitung osteuropäischer Staatschefs und Mao Zedongs, der im Oktober im Triumph die Volksrepublik China ausgerufen hatte. Einige Monate zuvor war der erste sowjetische Atombombentest erfolgreich verlaufen, was Stalin zum Führer einer atomaren Supermacht machte. Es war eine Demonstration der Stärke und ein Wendepunkt im Kalten

Krieg. Von nun an zog sich das sozialistische Lager hinter dem Eisernen Vorhang zurück.

Bis zum bitteren Ende führte Stalin Säuberungsaktionen durch. Paranoia lässt sich schwer diagnostizieren, doch im Alter schien Stalin noch erbarmungsloser zu werden. Selbst Familienmitglieder wurden zu Opfern, da Stalin gottgleich über allen anderen schweben wollte, seinem eigenen Leben entrückt, das seine Verwandtschaft freilich nur allzu genau kannte. Im Jahr 1948 wurde seine Schwägerin Anna Allilujewa für zehn Jahre in die Verbannung geschickt, weil sie eine Denkschrift veröffentlicht hatte, die scheinbar harmlose Einblicke in sein früheres Leben bot. Keiner seiner Verwandten war sicher, ausgenommen seine eigenen Kinder aus zweiter Ehe. Sein Hof erstarrte in Angst und war nur noch damit beschäftigt, seine Weisheit zu preisen und um seine Gunst zu wetteifern, wenngleich er seine Untergebenen köderte und demütigte, ihre Angst ausnutzte oder sie gegeneinander ausspielte. Unweigerlich und regelmäßig kam es zu neuen Säuberungen, sodass sich die Bevölkerung im Gulag zwischen 1944 und 1950 auf über 2,5 Millionen Menschen verdoppelte. Neben den Säuberungen ließ Stalin außerdem immer extravagantere Monumente zu seinen Ehren aufstellen. Am 2. Juli 1951 gab er eine Statue in Auftrag, die am Wolga-Don-Kanal stehen sollte. Für das Projekt wurden 33 Tonnen Bronze verarbeitet. Als er spürte, dass sein Ende nahte, begann Stalin, sich selbst zu einem Gott zu erheben.[72]

Am 1. März 1953 fand man Stalin in seinem eigenen Urin auf dem Fußboden liegend. In seinem Gehirn war ein Blutgefäß geplatzt, doch hatte es niemand gewagt, ihn in seinem Schlafgemach zu stören. Auch medizinische Hilfe kam zu spät, da das Gefolge des Führers wie gelähmt vor Angst war, den falschen Telefonanruf zu tätigen. Drei Tage später starb Stalin. Sein Körper wurde einbalsamiert und öffentlich zur Schau gestellt, doch gerieten die Menschenmassen, die wenigstens einen letzten Blick auf ihren Führer erhaschen wollten, außer Kontrolle. Es kam zu einer Panik, bei der

Hunderte zu Tode getrampelt wurden. Nach einem pompösen Staatsbegräbnis am 9. März wurde Stalin neben Lenin beigesetzt. Glocken wurden geläutet und Salutschüsse abgefeuert. Alle Züge, Busse, Straßenbahnen, Lastwagen und Autos im Lande hielten. Totenstille legte sich über den Roten Platz. »Nur ein Spatz flog über das Mausoleum«, beobachtete ein ausländischer Korrespondent. Eine offizielle Ansprache wurde gehalten, dann zog man die Flagge langsam wieder auf Vollmast. Profiteure des Regimes hielten Grabreden, von denen keine eloquenter waren als die von Boris Polewoi und Nikolai Tichonow, Trägern des Stalin-Preises. Angeblich trauerten Millionen. Einen Monat nach der pompösen Totenfeier war Stalins Name jedoch aus allen Zeitungen verschwunden.[73]

Mao Zedong

Als sich Stalin bei der Gala zu seinem siebzigsten Geburtstag im Bolschoi-Theater den Kameras präsentierte, stand er zwischen Mao Zedong und Nikita Chruschtschow. Mao wirkte mürrisch; er war einerseits tief beeindruckt von seinem Genossen im Kreml, andererseits verärgert darüber, wie man ihn behandelte. Er hatte erwartet, als Anführer einer großen Revolution begrüßt zu werden, die ein Viertel der Menschheit unter den Einfluss des Kommunismus gebracht hatte, doch stattdessen hatten ihn nur zwei Untergebene Stalins am Jaroslawler Bahnhof abgeholt und ihn nicht einmal zu seinem Quartier begleitet. Stalin hatte Mao ein kurzes Gespräch gewährt und ihn für seinen Erfolg in Asien gelobt, doch zuvor hatte Moskau mehrere Monate lang den Mantel des Schweigens über den Sieg der Kommunistischen Partei in China gebreitet.

Nach den Geburtstagsfeierlichkeiten wurde Mao eilig zu einer Datscha außerhalb der Hauptstadt gebracht, wo er mehrere Wochen auf eine offizielle Audienz bei Stalin warten musste. Treffen wurden wieder abgesagt, Telefonanrufe nie erwidert. Mao verlor die Geduld und schimpfte, er habe in Moskau mehr vor, als nur »zu essen und zu scheißen«. Mit jedem Tag, der verstrich, wurde ihm sein Platz in der Hierarchie vor Augen geführt. Er war zwar Teil der kommunistischen Gemeinschaft, doch diese war völlig auf Stalin ausgerichtet.[1]

In den vorangegangenen achtundzwanzig Jahren war die Kommunistische Partei Chinas auf finanzielle Hilfe aus Moskau angewiesen gewesen. 1921 hatte Mao, ein großgewachsener, schlanker und gutaussehender junger Mann von siebenundzwanzig Jahren, von einem Agenten der Komintern seine erste Barzahlung in Höhe von 200 Yuan erhalten, damit er zur Gründungsversammlung der Partei in Shanghai reisen konnte. Doch an das Geld waren auch Bedingungen geknüpft. Lenin war bewusst, dass die Prinzipien des Bolschewismus außerhalb Europas wenig Anklang in der breiten Bevölkerung finden würden, und er verlangte daher, dass die kommunistischen Parteien mit ihren nationalistischen Gegenspielern eine gemeinsame Front bildeten, um die Vorherrschaft ausländischer Mächte zu beenden. Er hatte nicht ganz unrecht. Noch mehrere Jahre nach der Parteigründung lag die Mitgliederzahl der Kommunistischen Partei Chinas im niedrigen dreistelligen Bereich, und das in einem Land mit über 480 Millionen Einwohnern.

1924 tat sich die Kommunistische Partei Chinas mit der nationalistischen Kuomintang zusammen, die ebenfalls militärische Unterstützung aus Moskau erhielt. Das Bündnis war problematisch; zwei Jahre später starteten die Nationalisten unter Führung Chiang Kai-sheks eine Militärkampagne von ihrer Hochburg im Süden aus und versuchten, die Vorherrschaft der lokalen Warlords zu brechen und die nationale Einheit Chinas herbeizuführen. In Maos Heimatprovinz Hunan setzten sie die Anweisungen russischer Berater um und gründeten bäuerliche Genossenschaften in der Hoffnung, die Revolution voranzubringen. Auf dem Land löste sich die gesellschaftliche Ordnung auf, als arme Dorfbewohner die Gelegenheit nutzten, die Verhältnisse auf den Kopf zu stellen. Als neue Herren errichteten sie mit ihren Angriffen auf die Reichen und Mächtigen eine Schreckensherrschaft. Manche Opfer wurden mit Messern erstochen, einige sogar geköpft. Örtliche Priester wurden als »Kettenhunde des Imperialismus« durch die Straßen geführt, die Hände auf dem Rücken gefesselt, um den Hals eine Schlinge. Kirchen wurden geplündert.[2]

Für Mao war diese Entwicklung eine Offenbarung, er war fasziniert von der Gewalt. »Sie werfen die Oberschicht zu Boden«, schrieb er bewundernd in seinem Bericht über den Bauernaufstand. Kühn prophezeite er: »Mehrere hundert Millionen Bauern werden sich wie ein gewaltiger Sturm erheben [...]. Sie werden all die Fesseln zerstören, die sie binden, und auf der Straße zur Befreiung voranstürmen. Sie werden die Imperialisten, Warlords, korrupten Beamten, lokalen Tyrannen und bösen Großgrundbesitzer zerschmettern und ins Grab bringen.«[3]

Jahrelang hatte Mao versucht, seinen Weg zu finden. Als junger Mann war er ein eifriger Leser und hatte sich als Intellektuellen betrachtet, der nationalistische Aufsätze verfasste. Er war als Bibliothekar, Lehrer, Publizist und Gewerkschaftsfunktionär tätig gewesen. Auf dem Land entdeckte er schließlich seine Berufung: Obwohl er damals in der Partei nur eine untergeordnete Rolle spielte, sollte er derjenige sein, der die Bauern zur Befreiung führte.

Die Gewalt auf dem Land stieß die Nationalisten ab, die sich bald vom sowjetischen Vorbild abwandten. Nach der Eroberung Shanghais durch nationalistische Truppen im April 1927 ordnete Chiang Kai-shek eine blutige Säuberung an, bei der Hunderte Kommunisten hingerichtet wurden. Die Kommunistische Partei Chinas ging in den Untergrund. Auf der Suche nach Bauern, die ihn an die Macht bringen sollten, führte Mao eine bunt zusammengewürfelte Truppe von etwa 1300 Mann in die Berge.

Mao stellte die Ideologie auf den Kopf und stützte sich nicht auf die städtischen Arbeiter, sondern auf ebenjene Bauern, die von orthodoxen Marxisten verachtet wurden. In abgelegene Bergregionen zurückgedrängt, lernten Mao und seine Anhänger in den nächsten Jahren, wie man die rohe Gewalt armer Bauern mobilisierte, um Regierungsposten zu stürzen, lokale Ressourcen zu plündern und immer weitere Teile des Landes unter Kontrolle zu bringen. Sie wurden zu Experten der Guerillataktik und drangsalierten ihren Erzfeind, die Nationalisten, deren Truppen weniger mobil waren, mit Hinterhalten und Überfällen.

Dabei kam es auch immer wieder zu ideologischen Auseinandersetzungen mit dem Zentralkomitee, das in Shanghai, nahe bei den Fabrikarbeitern, geblieben und weiterhin im Untergrund tätig war. Es gab so einige, die von Maos unorthodoxen Taktiken nicht sonderlich erbaut waren. Zhou Enlai, ein weltgewandter, gebildeter junger Mann, der für die militärischen Angelegenheiten der Partei zuständig war, beschrieb Maos Truppen als »Banditen, die mal hier und mal dort ihr Unwesen treiben«. Doch 1930 wurde Stalin auf Mao aufmerksam. Mao wusste, wie man mit dem »Kulakenabschaum« auf dem Land umging, und er wusste auch, wie man unliebsame Rivalen ausschaltete. In seinem Machtstreben war er unbeirrbar, getrieben von einem brutalen Ehrgeiz, der im Zusammenspiel mit seiner manipulativen Persönlichkeit und seinem großen politischen Geschick eine unschlagbare Kombination ergab. Rücksichtslos verfolgte er seine Ambitionen. Es gibt Berichte über einen Vorfall in der Stadt Futian, bei dem man vermeintlich aufständische Genossen nackt in Bambuskäfige sperrte und folterte; viele wurden schließlich mit Bajonetten getötet.[4]

Am 7. November 1931, dem Jahrestag der Oktoberrevolution, rief Mao in einer bergigen Region der Provinz Jiangxi eine Sowjetrepublik aus, die von Moskau finanziert wurde. Es war ein Staat im Staat, der seine eigenen Münzen und Geldscheine sowie Briefmarken ausgab. An der Spitze stand Mao und herrschte über drei Millionen Untertanen. Doch schon bald kamen Mitglieder des Zentralkomitees aus Shanghai nach Jiangxi, die seinen Guerillakampf kritisch sahen. Sie enthoben Mao seiner Positionen und übertrugen das Kommando an der Front Zhou Enlai. Die Folgen waren katastrophal: Chiang Kai-shek fügte der Roten Armee vernichtende Niederlagen zu und zwang die Kommunisten im Oktober 1934 zur Flucht. Der später als Langer Marsch bezeichnete

Rückzug war ein beschwerlicher Treck über 9000 Kilometer durch einige der unwegsamsten Regionen Chinas.

Mao nutzte den Langen Marsch zur Rückeroberung seiner Macht. Auf dem Weg nach Yan'an, einer abgelegenen und isolierten Gebirgsregion auf einem Lössplateau in der Provinz Shaanxi, konnte er unter Berufung auf die Niederlage des Jiangxi-Sowjets seine Rivalen isolieren und Zhou Enlai das Kommando über die Rote Armee entziehen.

Die Teilnehmer des Marsches kamen im Oktober 1935 in Yan'an an. Von den ursprünglich 86 000, die sich auf den Weg gemacht hatten, waren nur noch 8000 übrig, doch diese waren umso loyaler und hingebungsvoller. Mao, stets der Demagoge, machte aus dem Langen Marsch ein Manifest: »Der Lange Marsch hat 200 Millionen Menschen in elf Provinzen verkündet, dass der Weg der Roten Armee der einzige Weg zur Befreiung ist.«[5]

Das lag jedoch nicht unbedingt an seiner eigenen Leistung. Mao setzte auf einen Weltkrieg, weil er hoffte, dieser würde eine Weltrevolution auslösen. Und er wusste, dass er Stalins Aufmerksamkeit geweckt hatte. Einige Monate zuvor hatte die Sowjetunion ihre Außenpolitik aufgrund der zunehmenden Sorge vor einem deutschen oder japanischen Angriff korrigiert. 1931 hatte Japan die Mandschurei besetzt, ein ausgedehntes Gebiet mit reichen Vorkommen an Bodenschätzen, das sich von der Chinesischen Mauer nördlich von Peking bis nach Sibirien erstreckte. In der Folge kam es immer wieder zu Grenzstreitigkeiten mit der Sowjetunion, darunter auch zu Luftangriffen. Im Juli 1935 bezeichnete die Komintern Tokio offen als »faschistischen Feind«.[6]

Wie sein Lehrmeister Lenin ein gutes Jahrzehnt zuvor ermutigte auch Stalin die Kommunisten im Ausland, eine geeinte Front mit den Machthabenden zu bilden, anstatt deren Sturz herbeizuführen. Doch diese Strategie verlangte eine stärkere Autorität der kommunistischen Parteiführer. Und so begann eine umfangreiche Kampagne, um Mao als Führungsfigur aufzubauen. Die

Komintern rühmte ihn als einen der »Standartenträger« der weltweiten kommunistischen Bewegung. Etwas später veröffentlichte die *Prawda* eine lange Lobeshymne unter dem Titel »Mao Zedong: Führer der chinesischen Werktätigen«, gefolgt von einem Pamphlet mit der Überschrift »Führer und Helden des chinesischen Volkes«. Mao war der *woschd*, der große Führer, ein Titel, der eigentlich Lenin und Stalin vorbehalten war.[7]

Mao verstand den Hinweis. Einige Monate später lud er nach gründlicher Überprüfung Edgar Snow, einen jungen, idealistischen Reporter aus Missouri, nach Yan'an ein. Der Umgang mit dem Journalisten wurde bis ins kleinste Detail festgelegt: »Sicherheit, Geheimhaltung, Wärme und roter Teppich.« Snow verbrachte mehrere Monate auf dem kommunistischen Stützpunkt, in denen ihm Mao eine eigene mythische Version seines Lebens erzählte, mit Berichten über seine Kindheit, seine Jugend und seine Karriere als Revolutionär. Mao überprüfte und überarbeitete alles, was Snow in dieser Zeit verfasste.[8]

Snows Buch *Red Star over China*, das 1937 erschien (die deutsche Ausgabe *Roter Stern über China* wurde erst 1969 veröffentlicht), war auf Anhieb ein Erfolg. Darin wurde der mysteriöse Führer der chinesischen Kommunisten der restlichen Welt vorgestellt und unter anderem beschrieben als Mann »von umfassender klassischer Bildung, ein allesverschlingender Leser, ein Kenner der Philosophie und Geschichte, ein guter Redner, ein Mann mit ungewöhnlichem Gedächtnis und außerordentlicher Konzentrationsfähigkeit, ein fähiger Schriftsteller, sorglos in seinen persönlichen Angewohnheiten und in seiner Erscheinung, aber peinlich genau in der Erfüllung seiner Pflichten, von unermüdlicher Energie und ein militärischer und politischer Stratege von bemerkenswertem Genie«.[9]

Mao war laut Snow der arme Junge vom Land, der sich durch bloße Willenskraft und Stolz emporgearbeitet hatte, voller Entschlossenheit, für seine geknechteten Landsleute zu kämpfen. Er sei ein Mann mit einfachen Gewohnheiten, der in einer Höhle im Löss lebe und seinen eigenen Tabak anbaue; ein bodenständiger Mensch, ein Rebell mit einem lebhaften, rustikalen Sinn für Humor. Mao arbeite unermüdlich, sei ein Dichter, Philosoph und großer Stratege. Doch vor allem sei er ein Mann des Schicksals, von tiefgründigen historischen Kräften auserkoren, das Land zu führen. »Er könnte sehr gut ein sehr großer Mann werden«, verkündete Snow.[10]

Red Star over China war eine Sensation und verkaufte sich im ersten Monat nach der Veröffentlichung in den USA 12 000 Mal. Das Buch wurde sofort ins Chinesische übersetzt, was Mao allgemeine Bekanntheit einbrachte. Das Foto auf dem Umschlag, das Mao mit einer Militärmütze mit einem roten Stern darauf zeigt, erlangte Kultstatus.[11]

Stalin hatte eine Allianz zwischen den Kommunisten und Nationalisten verlangt. Mao wusste nur zu gut, dass Chiang Kai-shek nicht die Absicht hatte, mit ihm zusammenzuarbeiten, und erklärte sich daher gerne bereit, eine »breite revolutionäre nationale Einheitsfront« gegen Japan zu bilden. Außerdem bat er Stalin um zusätzliche Militärhilfe in Höhe von zwei Millionen Rubeln.[12]

Durch dieses Angebot wirkte Mao wie ein Anführer, der sich um das Schicksal der Nation sorgte, schließlich schien ein Krieg mit Japan immer wahrscheinlicher. Am 12. Dezember 1936 wurde Chiang von Mitgliedern seines eigenen Bündnisses entführt und war dadurch gezwungen, sämtliche Feindseligkeiten gegen die Kommunisten einzustellen. Der Waffenstillstand war für Mao ein Segen, denn er gab ihm Zeit, im Rahmen einer neuen geeinten Front seine Kräfte aufzubauen.

Das Schicksal meinte es noch besser mit Mao, als die Japaner im Juli 1937 die Grenze der Mandschurei überschritten und nach wenigen Wochen Peking einnahmen. In den folgenden Jahren gelang den Japanern, was die Kommunisten nie erreicht hätten: Sie griffen die nationalistischen Truppen an und besiegten oder vertrieben sie aus allen größeren Städten entlang der Küste. Eine grausige Schlacht folgte auf die andere, die besten Truppen Chiangs hielten in Shanghai dem Ansturm feindlicher Panzer und dem Beschuss von Schiffen und Flugzeugen drei Monate lang stand. Hunderttausende kamen bei der Schlacht um Shanghai ums Leben. Nanjing wurde noch härter getroffen, in der Hauptstadt der Nationalisten ermordeten und vergewaltigten die Japaner im Winter 1937/38 systematisch Zivilistinnen.

Währenddessen blieben die Kommunisten in der Sicherheit ihrer Verstecke im Hinterland. In einem von Zhou Enlai persönlich verfassten Bericht heißt es, bis Januar 1940 seien über eine Million Soldaten getötet oder verwundet worden, wobei die Mitglieder der Roten Armee mit 31 000 Gefallenen jedoch nur einen Bruchteil ausmachten. Chiang Kai-shek und seine Regierung mussten sich nach Chongqing zurückziehen, in die Hauptstadt der Provinz Sichuan. Bis zum Kriegseintritt der USA nach dem Überfall auf Pearl Harbor wurden bei Hunderten Luftangriffen um die 3000 Tonnen an Bomben über Chongqing abgeworfen.[13]

In Yan'an wurde keine einzige Kugel abgefeuert. Maos Guerillataktik weit hinter den feindlichen Linien wurde immer wieder heftig kritisiert, doch Stalin stand hinter ihm. Als Moskau im Sommer 1938 verlangte, dass sich die Parteimitglieder hinter ihrem Führer vereinen sollten, waren die Aussichten all derjenigen zunichte gemacht, die gehofft hatten, sich ihm widersetzen zu können. Einige Monate später nannte der Kreml Mao einen »weisen Taktiker und Strategen« und »brillanten Theoretiker«. Eilig wurde eine gekürzte Version von *Red Star over China* in Druck gegeben.[14]

Zum ersten Mal hatte Mao keinen ernsthaften Konkurrenten mehr. Er nutzte die Gelegenheit, um die Vergangenheit umzuschreiben. Bei einer Versammlung im Herbst 1938 stand als erster Punkt auf der Tagesordnung sein Bericht zur Geschichte der Partei seit ihrer Gründung siebzehn Jahre zuvor. Der Vortrag des 150 Seiten umfassenden Berichts dauerte drei Tage. Mao rüffelte jeden, der ihn in der Vergangenheit verärgert hatte, und bezeichnete ihn entweder als »rechten Opportunisten« oder als »linken Opportunisten«. Einige wurden auch als Trotzkisten beschimpft. Laut dieser ersten autorisierten Version der Parteigeschichte war eine lange Reihe von Verstößen gegen die korrekte Parteilinie erfolgt, bis sich Mao Zedong endlich durchgesetzt und die Rote Armee beim Langen Marsch nach Yan'an geführt hatte.[15]

Im nächsten Schritt positionierte sich Mao als Theoretiker. Dabei half ihm Chen Boda, ein etwas lebensferner, aber ehrgeiziger junger Mann, der in Moskau ausgebildet worden war und Maos Ghostwriter wurde. Gemeinsam entwickelten die beiden das Konzept der »Neuen Demokratie«. Das gleichnamige Pamphlet wurde im Januar 1940 veröffentlicht und stellte die Kommunistische Partei als breite Front dar, die alle »revolutionären Klassen« vereinen wollte, darunter auch die nationale Bourgeoisie. Mao versprach ein Mehrparteiensystem, demokratische Freiheiten und den Schutz des Privateigentums. Das Programm war völlig fiktiv, kam aber bei breiten Bevölkerungsschichten gut an.[16]

Tausende Studenten, Lehrer, Künstler, Schriftsteller und Journalisten strömten in den folgenden Jahren nach Yan'an, angelockt von der Aussicht auf eine demokratische Zukunft. Doch Mao betrachtete die Freidenker mit Argwohn und verlangte stattdessen absolute Loyalität. 1942 startete er eine »Kampagne zur Berichtigung des Stils«, eine breitangelegte »Säuberung« der Partei (*zhengfeng*). Der Historiker Gao Hua sieht darin das Ziel, »die gesamte Partei durch Gewalt und Terror einzuschüchtern, jeden individuellen unabhängigen Gedanken auszumerzen und die Partei der einzigen höchsten Autorität Maos zu unterwerfen«.[17]

Mao steuerte die komplette Kampagne und kontrollierte jedes kleinste Detail, nach außen hin hatte jedoch sein Spießgeselle Kang Sheng die Schlüsselrolle inne. Kang, ein bedrohlich wirkender Mann mit dünnem Schnurrbart und dicken Brillengläsern, der stets Schwarz trug, war in Moskau ausgebildet worden und hatte dort der Geheimpolizei geholfen, während des Großen Terrors Hunderte chinesischer Studenten zu beseitigen. Unter seiner Aufsicht wurden in Yan'an zahllose Hexenjagden durchgeführt, in deren Verlauf die Menschen gezwungen wurden, sich gegenseitig zu denunzieren. Tausende Verdächtige wurden eingesperrt, verhört, gefoltert und mitunter auch hingerichtet. Nachts hörte man die gequälten schaurigen Schreie der in den Höhlen eingesperrten Menschen.[18]

Bei der Säuberungsaktion waren angeblich über 15 000 vermeintlich feindliche Agenten und Spione enttarnt worden. Mao hatte die Rolle des zurückhaltenden, wohlwollenden Führers angenommen und tatenlos mit angesehen, wie der Terror außer Kontrolle geriet. Schließlich schritt er ein und setzte der Gewalt ein Ende. Kang Sheng wurde als Sündenbock ausgemacht, während die Überlebenden in Mao ihren Retter sahen.[19]

Mao richtete auch ein Komitee für zentrale Studien ein, das er mit engen Verbündeten besetzte, darunter Liu Shaoqi, ein verdrießliches, puritanisches Parteimitglied, das zur Nummer zwei aufsteigen sollte. Das Komitee steuerte in Yan'an alles und baute die Kommunistische Partei zu einem Instrument für Maos Diktatur um. Führende Mitglieder, die Mao in der Vergangenheit verärgert hatten, wurden gedemütigt und gezwungen, Selbstbezichtigungen zu verfassen und sich öffentlich für ihre Fehler zu entschuldigen. Einer von ihnen war Zhou Enlai, der sich sehr bemühte, sich reinzuwaschen, und Mao seine unverbrüchliche Treue zusicherte. Doch das genügte nicht: Zhou wurde bei einer Reihe von Selbstbezichtigungen auf die Probe gestellt, bei denen er sich als »politischer Schwindler« bezeichnen musste, dem es an Prinzipien fehle. Es war eine zermürbende Übung in Selbsterniedrigung, doch Zhou ging aus dieser Prüfung als treuer Gehilfe Maos hervor, fest entschlossen, sich nie wieder gegen ihn zu stellen. Anders als Stalin ließ Mao seine Rivalen selten erschießen, stattdessen machte er sie zu Komplizen, die ständig auf Bewährung waren und unermüdlich daran arbeiten mussten, sich selbst zu beweisen.[20]

Am 1. Juli 1943, dem zweiundzwanzigsten Jahrestag der Parteigründung, verkündete Mao, die *zhengfeng*-Kampagne garantiere »ideologische und politische Einmütigkeit in der Partei«. Damit gab er grünes Licht für einen unbegrenzten Personenkult. Alle mussten Mao Zedong zujubeln und das Mao-Zedong-Denken studieren (diesen Begriff prägte Wang Jiaxiang, ein in der Sowjetunion geschulter Ideologe, vier Tage später). Als besonders eifriger Hagiograph tat sich Liu Shaoqi hervor, der Mao als »großen Revolutionsführer« und »Herr des Marxismus-Leninismus« huldigte. Lius Lobreden waren das Signal für andere, sich um ihren Führer zu scharen und ihn als »großen Steuermann der Revolution«, »rettenden Stern«, »genialen Strategen« und »genialen Politiker« zu preisen. Die Lobeshymnen waren »widerlich unterwürfig«, wie die beiden amerikanischen Journalisten Theodore White und Annalee Jacoby bemerkten. Wenn Mao sprach, machten sich im jahrelangen Guerillakampf gestählte Männer eifrig Notizen, »als ob sie aus der Quelle der Weisheit trinken« würden.[21]

Das Sprachrohr der Partei, die Zeitung *Befreiung,* die von Mao kontrolliert wurde, verkündete in gigantischen Lettern: »Genosse Mao Zedong ist der Retter des chinesischen Volkes!« Ende 1943 sah man überall Mao-Porträts, die gut sichtbar neben denen von Marx, Engels, Lenin und Stalin hingen. Anstecker mit seinem Konterfei wurden an die Parteielite verteilt, und an der Fassade einer großen Versammlungshalle wurde ein riesiges Goldrelief seines Kopfes angebracht. Und man sang die Ruhmeshymne »Der Osten ist rot, die Sonne geht auf; China hat Mao Zedong hervorgebracht; Er strebt Glück für das Volk an«.[22]

Im April 1945 wurde nach siebenjähriger Pause endlich wieder ein Parteitag anberaumt. Hunderte Delegierte waren während der *zhengfeng*-Kampagne verfolgt worden, einige wurden durch Mao-Getreue ersetzt. Alle bejubelten ihren Führer, der zum Vorsitzenden aller drei Führungsgremien der Partei gewählt wurde. Das Mao-Zedong-Denken fand Eingang ins Parteiprogramm auf dem VII. Parteitag. In seiner Eröffnungsrede nannte Liu Shaoqi den Namen des Vorsitzenden über hundert Mal und bezeichnete ihn unter anderem als »größten Revolutionär und Staatsmann in der gesamten chinesischen Geschichte«. Mao hatte die Partei zu seinem eigenen willfährigen Instrument gemacht.[23]

Als Japan am 15. August 1945 kapitulierte, standen Mao über 900 000 Soldaten in den ländlichen Regionen Nordchinas zur Verfügung. Ein paar Tage zuvor hatte Stalin Japan den Krieg erklärt und fast eine Million Soldaten über die sibirische Grenze geschickt, um die Mandschurei und den Norden Koreas zu besetzen, wo sie am 38. Breitengrad auf die Soldaten ihrer Verbündeten warteten. Mao hatte große Pläne für eine Rebellion im fernen Shanghai, doch Stalin wollte zuerst sicherstellen, dass die amerikanischen Soldaten aus China und Korea abzogen. Um dieses Ziel zu erreichen, erkannte er in einem chinesisch-sowjetischen Vertrag Chiang Kai-shek als Anführer eines geeinten chinesischen Staates an.

Doch die sowjetischen Truppen in der Mandschurei überließen das Land still und leise den Kommunisten, die von Yan'an aus in die Region strömten. Die Sowjets halfen Mao, seine aus Guerillakämpfern zusammengewürfelte Armee in eine geordnete Truppe zu verwandeln, indem sie sechzehn Militärakademien gründeten, darunter auch Akademien für Luftwaffe, Artillerie und Pioniere. Einige chinesische Offiziere gingen zur weiteren Ausbildung in die Sowjetunion. Aus der Luft und per Eisenbahn erhielten die Kommunisten logistische Unterstützung. Allein in Nordkorea waren dafür 2000 Waggons im Einsatz.[24]

Die Amerikaner wiederum verhängten im September 1946 ein Waffenembargo gegen ihren Kriegsverbündeten Chiang Kai-shek. Dieser war überzeugt, dass sich China ohne die Kontrolle über die

Mandschurei, die ein wichtiger Industriestandort und ein strategisch bedeutsames Einfallstor nach China war, nicht verteidigen könne, und sandte weiterhin seine besten Soldaten in die Region. Mao ließ jedoch nicht locker und war entschlossen, seinen Feind in einem gnadenlosen Zermürbungskrieg zu verschleißen, egal, zu welchem Preis.

1948 begannen die Kommunisten mit der Belagerung von Städten in der Mandschurei und hungerten sie aus. Changchun kapitulierte nach dem Hungertod von 160 000 Zivilisten. Aus Furcht vor einem ähnlichen Schicksal ergab sich Peking schon wenig später. Wie Dominosteine fielen die Städte nacheinander; der Kriegsmaschinerie der Kommunisten konnten sie nichts entgegensetzen. Chiang Kai-shek und seine Truppen flohen nach Taiwan. Ende 1949 wurde nach einer langen und blutigen militärischen Eroberung des Landes die Volksrepublik China ausgerufen.[25]

Kaum wehten die roten Fahnen über Peking, wurde über dem Haupttor zur Verbotenen Stadt ein hastig gemaltes Mao-Porträt angebracht. In den folgenden Monaten tauchten die Porträts des Vorsitzenden in Schulen, Fabriken und Amtsstuben auf, oft von genauen Anweisungen begleitet, wie und wo sie aufgehängt werden sollten. Die Warze am Kinn wurde schon bald zu Maos Markenzeichen und wurde liebevoll berührt, ähnlich wie bei einer Buddha-Figur. Das Mao-Zedong-Denken wurde zur Pflichtlektüre, Erwachsene aus allen Gesellschaftsschichten mussten wieder in den Unterricht und über offiziellen Lehrbüchern brüten, um die neue Lehre zu verinnerlichen. Schulkinder, Soldaten, Häftlinge und Verwaltungsbeamte schmetterten Revolutionslieder wie »Mao Zedong ist unsere Sonne« oder »Hymne an den Vorsitzenden Mao«. Die Lieder ertönten auch aus Lautsprechern, die an Straßenkreuzungen, Bahnhöfen, in Wohnheimen, Kantinen und allen wichtigen Einrichtungen installiert wurden. Zweimal im Jahr fanden aufwendig choreographierte Paraden statt, bei denen Soldaten, Kavallerie, Panzer und Fahrzeuge am Großen Vorsitzenden vorbeidefilierten, der auf einer auf dem Tian'anmen-Platz (Platz des Himmlischen Friedens) errichteten Tribüne thronte.[26]

Hinter dem Personenkult stand ein rigoroses Regime nach sowjetischem Vorbild. »Die Sowjetunion heute ist unser Morgen«, lautete die Parole. Mao ahmte Stalin nach; Grundlage für Wohlstand und Macht bildeten für ihn die Kollektivierung der Landwirtschaft, die Abschaffung des Privateigentums, die allumfassende Kontrolle des Alltagslebens und enorme Ausgaben zur nationalen Verteidigung.[27]

Die in *Über die neue Demokratie* gemachten Versprechen wurden eins nach dem anderen gebrochen. Die erste offizielle Handlung des Regimes bestand darin, die alte Ordnung auf dem Land zu stürzen. Unter dem Vorwand einer Landreform wurden die Dorfbewohner gezwungen, ihre eigenen Anführer bei kollektiven Denunziationsversammlungen unter dem Vorwurf, sie seien »Großgrundbesitzer«, »Tyrannen« und »Verräter«, zu verprügeln und zu enteignen. Manche waren mit Begeisterung dabei, doch vielen blieb gar keine andere Wahl, weil sie sonst selbst zur Zielscheibe geworden wären. Fast zwei Millionen Menschen wurden liquidiert, viele weitere als »Ausbeuter« und »Klassenfeinde« stigmatisiert. Ihr Besitz wurde unter ihren Peinigern aufgeteilt; so entstand ein mit Blut besiegelter Pakt zwischen den Armen und der Partei.[28]

In den Städten wurde jeder Einzelne anhand des Grades seiner Loyalität gegenüber der Revolution einer Klasse zugeteilt *(chengfen)*: Man war entweder »gut«, »schwankend« oder »feindselig«. Die Klassenzugehörigkeit bestimmte den Zugang zu Lebensmitteln, Bildung, Gesundheitsversorgung und Arbeit. Wer als »feindselig« galt, war sein Leben lang und darüber hinaus stigmatisiert, denn die Klassifizierung ging auf die Kinder über.[29]

Von Oktober 1950 bis Oktober 1951 herrschte eine große Terrorwelle, bei der das Regime »Konterrevolutionäre«, »Spione«, »Banditen« und andere verfolgte, die der Revolution im Weg standen. Mao legte die Mordrate auf eins zu tausend fest, doch wurden in einigen Regionen zwei- bis dreimal so viele Menschen getötet, oft völlig willkürlich. Im folgenden Jahr fand eine umfassende Säuberungswelle unter ehemaligen Verwaltungsbeamten statt; gleichzeitig machte man Geschäftsleute gefügig. Alle Organisationen außerhalb der Partei – Religionsgemeinschaften, philanthropische Gesellschaften, unabhängige Handelskammern, Vereine und Verbände – wurden bis 1953 aufgelöst.[30]

Eine literarische Inquisition sorgte dafür, dass sich Künstler und Schriftsteller dem Diktat der Partei beugten. Als unerwünscht eingestufte Bücher wurden auf gigantischen Scheiterhaufen verbrannt oder tonnenweise eingestampft. Der Verlag Commercial Press, einer der größten des Landes, hatte im Sommer 1950 etwa 8000 Titel im Sortiment. Ein Jahr später galten gerade einmal 1234 Titel als geeignet »für die Massen«. Der von Stalin vorgegebene Sozialistische Realismus dominierte jeden Bereich der Kunst, von der Malerei bis zur Literatur. In China war das häufigste Thema jedoch nicht Stalin, sondern Mao. Seine Werke, Aufsätze, Gedichte, Vorträge, Gedanken und Parolen wurden millionenfach verbreitet, von billigen Taschenbüchern bis zu exklusiven Ausgaben mit Goldschnitt. Auch Propagandaschriften erschienen in großer Zahl und erzählten von der Unterdrückung und dem Weg der Befreiung, mitunter in Maos eigenen Worten und in seiner Handschrift. Zeitungen und Zeitschriften verbreiteten ebenfalls seine Weisheiten. Fotografien des Großen Vorsitzenden dominierten die Titelseiten.[31]

1949 wählte Mao persönlich eine Fotografin für sich aus. Hou Bo war der Partei mit vierzehn beigetreten, und nun wurden die Bilder der Fünfundzwanzigjährigen millionenfach abgedruckt. »Die Gründung der Volksrepublik China« (1949), »Mao Zedong schwimmt im Jangtse« (1955) und »Der Vorsitzende Mao ungezwungen in der Menge« (1959), die mitunter stark retuschiert wurden, zählen zu den am weitesten verbreiteten Bildern des 20. Jahrhunderts.[32]

Parks, Straßen oder Städte wurden nicht nach Mao benannt. Er wollte sich weniger materiell verewigen lassen – eher als Philosophenkönig des Ostens. Dieser Idee lag die Vorstellung zugrunde, er habe die Theorie des Marxismus-Leninismus mit der konkreten Praxis der Chinesischen Revolution kombiniert. Anstatt den Marxismus dogmatisch auf Verhältnisse anzuwenden, die ganz anders als die russischen waren, hatte Mao für die Sinisierung des Marxismus gesorgt. Im Dezember 1950 veröffentlichte er einen Artikel mit dem Titel »Über die Praxis«, auf den im April 1952 »Über den Widerspruch« folgte. Beide wurden als philosophische Weiterentwicklungen des dialektischen Materialismus von Marx, Engels, Lenin und Stalin gepriesen. Die Aufsätze enthielten zwar wenig Originäres, doch die Idee der Sinisierung faszinierte Bewunderer im In- und Ausland.[33]

Mao stellte sich auch gern als Allroundtalent dar, als Philosoph, Gelehrter und Dichter in einer Person und noch dazu als Kalligraph, der sich in die literarischen Traditionen des Landes versenkte. Die traditionelle Dichtung verschwand aus den Regalen, doch die Verse des Vorsitzenden fanden weite Verbreitung. Ein Höhepunkt war die Veröffentlichung der *Neunzehn Gedichte des Vorsitzenden Mao*. Eigentlich enthielt der Band einundzwanzig Gedichte, doch Mao wollte eine bekannte klassische Anthologie mit dem Titel *Neunzehn alte Gedichte* nachahmen. Prompt entstand daraufhin eine Bewegung, die sich mit seinem Werk befasste und bei der Professoren und Parteifunktionäre miteinander wetteiferten, Maos »historischen Durchbruch in der Literaturgeschichte« zu rühmen.[34]

Maos Lyrik war kaum besser als die Stalins, der sich ebenfalls gerne an Gedichten versuchte, doch immerhin besaß der Große Vorsitzende echtes Talent für Schlagwörter. Seine prägnanten Parolen fanden den Weg in jeden Haushalt, von »Frauen tragen die Hälfte des Himmels« und »Revolution ist keine Dinnerparty« über »Die politische Macht kommt aus den Gewehrläufen« bis zu »Der

Imperialismus ist ein Papiertiger«. Sein Motto »Diene dem Volk« war überall auf Plakaten und Bannern zu lesen, auf denen sich die weißen Schriftzeichen grell von einem roten Hintergrund abhoben. Seine Kalligraphie zierte öffentliche Gebäude und Monumente und schmückte Becher, Vasen und Kalender. Bis heute dominiert sie den Schriftzug der *Chinesischen Volkszeitung*.[35]

Mao war wie Stalin eine abgehobene, gottähnliche Gestalt, die man selten sah und selten hörte. Er hatte sich tief in der Verbotenen Stadt verschanzt, in der einst die chinesischen Kaiser residierten. Doch er war ein Meister der Hinterzimmerpolitik und traf ständig Mitglieder aus allen Ebenen der Parteihierarchie. Sein persönliches Auftreten war trügerisch. Er wirkte sanftmütig, bescheiden und beinahe großväterlich in seiner Sorge um andere. Sein mangelndes Talent als Redner wurde noch zusätzlich durch seinen starken Akzent der Provinz Hunan beeinträchtigt, doch im direkten Gespräch verstand er es, sein Gegenüber an sich zu binden. Er ging und sprach langsam und wirkte stets bedeutungsschwer. Er lächelte oft und wohlwollend. »Er wirkt so sanftmütig, dass nur wenigen Menschen der kalte, abschätzende Blick auffällt oder sein stets kalkulierendes Denken«, berichtete ein Zeitgenosse. Wenn er zu einer Besprechung kam, mussten die Anwesenden aufstehen und ihm applaudieren.[36]

Mao eiferte Stalin nach, doch seinem Mentor missfiel die Entstehung eines mächtigen Nachbarlandes, das seine Dominanz im sozialistischen Lager bedrohen könnte. Vor der Unterzeichnung eines Vertrags der Freundschaft, Allianz und gegenseitigen Unterstützung im Jahr 1950 hatte Stalin Mao wochenlang warten lassen. Er reduzierte auch die finanzielle Unterstützung für den ersten chinesischen Fünfjahresplan und warnte Mao, er gehe die Kollektivierung der Wirtschaft zu schnell an.

Stalins Tod 1953 war für Mao eine Befreiung. Nun konnte er endlich die Kollektivierung vorantreiben. Ende desselben Jahres schuf er ein Monopol für Getreide, das die Bauern verpflichtete, ihr Getreide zu staatlich festgelegten Preisen zu verkaufen. Zwei Jahre später wurden Kollektive eingeführt, die an die Kolchosen der Sowjetunion erinnerten. Die Bauern wurden enteignet, und aus den Dorfbewohnern wurden Leibeigene, über die der Staat nach Lust und Laune verfügen konnte. In den Städten lagen Handel und Industrie in der Hand des Staates, kleine Läden und private Unternehmen wurden ebenso enteignet wie große Industriebetriebe. Doch die »sozialistische Flut«, wie die Kampagne zur beschleunigten Kollektivierung genannt wurde, hatte verheerende Auswirkungen auf die Wirtschaft und sorgte für weitverbreiteten Unmut in der Bevölkerung.[37]

Das Jahr 1956 brachte für Mao einen Rückschlag. Am 25. Februar, dem letzten Tag des Zwanzigsten Parteitags der KPdSU, berief Nikita Chruschtschow eine unangekündigte geheime Sitzung im Kreml ein. In einer vierstündigen Rede verurteilte er den Terror unter Stalin sowie die damit verbundene Atmosphäre des Misstrauens und der Angst. Chruschtschow ging mit seinem Vorgänger hart ins Gericht und machte ihn für die brutalen Säuberungen, Massendeportationen, Hinrichtungen ohne Verfahren und die Folter unschuldiger Parteimitglieder persönlich verantwortlich. Außerdem warf er Stalin »Größenwahn« und den Personenkult vor, der während seiner Herrschaft gefördert worden war. Die Anwesenden lauschten wie gebannt. Am Ende gab es keinen Applaus, viele Delegierte waren wie benommen und verließen den Raum in einer Art Schockzustand.[38]

Kopien der Rede wurden an die kommunistischen Parteien im Ausland geschickt, wo sie eine Kettenreaktion auslösten. In Peking geriet Mao in die Defensive. Er war der chinesische Stalin, der große Führer der Volksrepublik. Chruschtschows Geheimrede warf nun Fragen zu seiner eigenen Führung auf, vor allem zur Verherrlichung seiner Person. Die Entstalinisierung war für Mao eine Herausforderung und stellte seine Autorität infrage. Nachdem sich Chruschtschow verpflichtet hatte, sein Land wieder dem

Politbüro zu überlassen, sprachen sich in Peking Liu Shaoqi, Deng Xiaoping, Zhou Enlai und andere für das Prinzip einer kollektiven Führung aus. Darüber hinaus nahmen sie Chruschtschows Kritik an den Kolchosen zum Anlass, das Tempo der Kollektivierung zu drosseln. Es schien, als sei der Große Vorsitzende ins Abseits gedrängt worden.[39]

Beim Achten Parteitag im September 1956 wurde das Mao-Zedong-Denken aus dem Parteiprogramm entfernt und gleichzeitig der Personenkult angeprangert. Durch Chruschtschow in die Schranken gewiesen, blieb Mao nichts anderes übrig, als gute Miene zum bösen Spiel zu machen und in den Monaten vor dem Parteitag sogar seinen Teil zu den Reformen beizutragen. Privat jedoch kochte er vor Wut und behauptete, Liu Shaoqi und Deng Xiaoping rissen die Führung an sich und drängten ihn in den Hintergrund.[40]

Der Volksaufstand in Ungarn gab Mao die Gelegenheit, wieder die Oberhand zu erringen. Als die sowjetischen Truppen im November 1956 den Aufstand in Budapest niederschlugen, warf Mao der ungarischen Kommunistischen Partei vor, sie habe das Unglück selbst herbeigeführt, weil sie die Beschwerden der Bevölkerung ignorierte; deshalb konnte der Unmut weiterschwelen und schließlich außer Kontrolle geraten. Mao gab sich als Demokrat und Fürsprecher des einfachen Mannes und sprach sich dafür aus, dass Nichtparteimitglieder ihre Beschwerden vorbringen sollten. Im Februar 1957 forderte er die Partei auf: »Lasst hundert Blumen blühen, lasst hundert Schulen miteinander wetteifern.« Damit war gemeint, dass die Bevölkerung ihre Zurückhaltung aufgeben und Kritik äußern sollte.

Doch Mao hatte sich erheblich verrechnet. Er hatte auf eine Flut von Lobreden gehofft, mit denen seine Bewunderer eine Partei abstrafen würden, die das Mao-Zedong-Denken aus ihrem Programm gestrichen hatte. Aber stattdessen forderten die Chinesen Demokratie und Menschenrechte, einige verlangten sogar, dass die Kommunistische Partei ihre Macht abgab. Studenten und Arbeiter gingen zu Zehntausenden auf die Straße und demonstrierten lautstark für mehr Demokratie und Redefreiheit. Mao fühlte sich von den Unmutsbekundungen der Bevölkerung persönlich gekränkt. Er beauftragte Deng Xiaoping mit einer Kampagne, bei der eine halbe Million Studenten und Intellektuelle als »Rechtsabweichler« diffamiert wurden, die die Partei zerstören wollten. Viele kamen in Arbeitslager, die in den Randgebieten des Landes eingerichtet wurden.[41]

Maos Taktik war gescheitert, aber zumindest waren er und seine Kampfgenossen erneut vereint in ihrer Entschlossenheit, das Volk zu unterdrücken. Mao hatte wieder das Heft in der Hand und trieb die radikale Kollektivierung auf dem Land weiter voran. Als er und andere kommunistische Parteiführer aus der ganzen Welt zur Feier des vierzigsten Jahrestags der Oktoberrevolution im November 1957 nach Moskau eingeladen wurden, sicherte er Chruschtschow nach außen hin seine Treue zu und erkannte ihn als Führer des sozialistischen Lagers an. Doch tief im Innern glaubte Mao, dass er selbst die Führung über die sozialistischen Länder übernehmen sollte. Selbst wenn Stalin noch am Leben gewesen wäre, hätte sich Mao als den größeren Revolutionär von beiden betrachtet, der über mehr Entschlossenheit verfügte. Schließlich hatte er ein Viertel der Menschheit zur Befreiung geführt. Er war der Lenin *und* Stalin Chinas. Als Chruschtschow verkündete, die Sowjetunion werde mit den USA gleichziehen, was die erzeugte Menge an Fleisch, Milch und Butter pro Kopf angehe, nahm Mao die Herausforderung an und erklärte, China werde Großbritannien – das damals noch als wichtige Industriemacht galt – binnen fünfzehn Jahren bei der Stahlproduktion übertreffen. Mao war entschlossen, Chruschtschow zu übertrumpfen, und drängte auf einen »Großen Sprung nach vorn« in Richtung Kommunismus, um der Sowjetunion die Schau zu stehlen.

Der Große Sprung nach vorn war Maos erster Versuch, die Sowjetunion in den Schatten zu stellen. Dazu wurde die chinesische Bevölkerung auf dem Land zu riesigen Kollektiven zusammengefasst, den sogenannten Volkskommunen. Mao glaubte, er könne sein Land vor die Sowjetunion katapultieren, indem er jeden Mann und jede Frau zu Fußsoldaten in einer gigantischen Armee machte, die zur Umgestaltung der Wirtschaft Tag und Nacht im Einsatz war. Er war überzeugt, er habe den Königsweg zum Kommunismus gefunden, mit sich als Messias, der die Menschheit in eine Welt ohne Mangel führte.

Mao nutzte die Kampagne auch, um den Personenkult neu zu beleben, und machte seine Rivalen in den ersten Monaten des Jahres 1958 bei einer Reihe von Parteiversammlungen gefügig. »Was ist falsch an Verehrung?«, lautete seine rhetorische Frage. »Die Wahrheit liegt in unseren Händen, warum sollten wir sie nicht verehren?« Er verkündete: »Jede Gruppe muss ihren Führer verehren, sie kann gar nicht anders«, und ergänzte, dies sei »der richtige Personenkult«.[42]

Seine Botschaft wurde von seinen treuen Anhängern sofort aufgegriffen. Ke Qingshi, der Bürgermeister von Shanghai, sagte zitternd vor Begeisterung: »Wir müssen dem Vorsitzenden blind vertrauen! Wir müssen dem Vorsitzenden mit völliger Hingabe folgen!«[43] Alle hochrangigen Parteimitglieder wurden irgendwann zur Selbstkritik aufgefordert. Zhou Enlai wurde wiederholt erniedrigt und gedemütigt und musste seine Fehler dreimal vor der versammelten Parteiführung eingestehen. Am Ende erklärte er den Zuhörern, Mao sei die »personifizierte Wahrheit«, und Fehler würden nur entstehen, wenn sich die Partei von seiner großartigen Führung löse.[44]

Zhou Enlai durfte bleiben, doch viele andere in höheren Positionen hatten weniger Glück. In manchen Provinzen wurde die gesamte Führung gestürzt, fast überall eliminierte man »parteifeindliche Cliquen«. Allein in der Provinz Yunnan wurden bei einer Säuberungsaktion Tausende Mitglieder ausgeschlossen, darunter jedes fünfzehnte in den oberen Rängen der Partei.[45]

Mao bestand auf Loyalität, was zur Folge hatte, dass jeder in seinem Umfeld zum Schmeichler wurde. Entsprechend wurden Entscheidungen ganz nach den Launen des Vorsitzenden getroffen, oft ohne Rücksicht auf ihre Auswirkungen. Bereits im Sommer 1959 war klar, dass der Große Sprung nach vorn ein Desaster war. Doch selbst die milde Kritik des Verteidigungsministers Peng Dehuai bei einer Parteiversammlung in Lushan wurde vom Vorsitzenden als Dolchstoß gedeutet. Peng wurde beschuldigt, Anführer einer »parteifeindlichen Clique« zu sein, und aus allen einflussreichen Positionen entfernt. Daraufhin schaltete sich Liu Shaoqi ein und überhäufte den Vorsitzenden mit Lob. »Die Führung des Genossen Mao Zedong«, erklärte Liu, »ist der Führung von Marx und Lenin keineswegs unterlegen. Ich bin überzeugt, wenn Marx und Lenin in China gelebt hätten, so hätten sie die chinesische Revolution auf genau die gleiche Art geführt.« Maos Leibarzt Li Rui erinnerte sich, das Leben des Vorsitzenden habe auf der Bewunderung durch andere beruht: »Er sehnte sich nach Aufmerksamkeit und Beifall. Je unbeliebter er in der Partei wurde, desto größer wurde sein Hunger nach Zustimmung.«[46]

Vor allem Lin Biao tat sich bei der Verteidigung des Vorsitzenden hervor und warf Peng Dehuai mit seiner dünnen, quäkenden Stimme vor, er sei »von Ehrgeiz getrieben, ein Verschwörer und Heuchler«. Lin galt allgemein als einer der brillantesten Strategen im Bürgerkrieg und hatte 1948 persönlich die Belagerung von Changchun angeordnet. Der hagere Mann mit der blassen Haut litt unter zahlreichen Phobien, unter anderem fürchtete er sich vor Wasser, Wind und Kälte. Schon beim Geräusch von fließendem Wasser bekam er Durchfall. »Allein Mao ist ein großer Held, kein anderer sollte diese Rolle anstreben«, krähte er und fügte hinzu: »Wir sind so weit hinter ihm zurück, man soll es gar nicht erst versuchen!«[47]

Privat war Lin kritischer als Peng und vertraute seinem Tagebuch an, der Große Sprung nach vorn sei »reine Fantasie und eine totale Katastrophe«. Aber er wusste, dass man seine Macht am besten behielt, wenn man den Vorsitzenden mit Schmeicheleien überhäufte. Lin hatte schon vor langer Zeit erkannt, wie wichtig es war, Mao zu verherrlichen: »Er verehrt sich selbst, er hat blindes Zutrauen in sich selbst, bewundert sich selbst, beansprucht jede große Leistung für sich und gibt anderen die Schuld an seinen Fehlern.«[48]

Wer Vorbehalte bezüglich des Großen Sprungs geäußert hatte, wurde verfolgt. Etwa 3,6 Millionen Parteimitglieder wurden als »Rechtsabweichler« oder »kleine Peng Dehuais« beschuldigt und durch harte, skrupellose Mitglieder ersetzt, die ihren Mantel nach dem radikalen Wind hängten, der aus Peking wehte, und die ihnen zur Verfügung stehenden Mittel nutzten, um dem Land noch mehr Getreide abzupressen.[49]

Anstatt die Sowjetunion wirtschaftlich zu überholen, entwickelte sich der Große Sprung nach vorn zu einer der größten Katastrophen des 20. Jahrhunderts, bei der sich Millionen und Abermillionen Menschen zu Tode arbeiteten, totgeprügelt wurden oder verhungerten. Im Oktober 1960 musste Mao von seinen hochfliegenden Plänen Abstand nehmen, und dennoch setzte die wirtschaftliche Erholung erst nach über einem Jahr ein.[50]

Als sich im Januar 1962 etwa 7000 führende Parteikader aus dem ganzen Land versammelten, um über das Scheitern des Großen Sprungs nach vorn zu sprechen, befand sich Maos Ansehen auf einem Tiefpunkt. Es kursierten Gerüchte, der Vorsitzende sei getäuscht worden, sei unfähig und gefährlich. Einige Delegierte machten ihn für den massenhaften Hungertod der Bevölkerung verantwortlich. Liu Shaoqi war ehrlich entsetzt über die katastrophalen Zustände auf dem Land. Während der Beratungen verwendete er sogar den Ausdruck »menschengemachte Katastrophe«, woraufhin die Zuhörer schockiert nach Luft schnappten. Wieder sprang Lin Biao dem Vorsitzenden bei und rühmte den Großen Sprung nach vorn als einmalige Leistung in der chinesischen Geschichte: »Das Denken des Vorsitzenden Mao ist immer korrekt. Er verliert nie den Bezug zur Realität.« Schließlich trat Zhou Enlai nach vorn und übernahm die Verantwortung für sämtliche Missstände und Versäumnisse.[51]

Der Vorsitzende war erfreut über Lins Verhalten, misstraute jedoch allen anderen. Sein gesamtes Vermächtnis war gefährdet. Mao fürchtete, ihm drohe ein ähnliches Schicksal wie Stalin, dessen Missetaten Chruschtschow nach seinem Tod angeprangert hatte.

Im August 1962 ging Mao zum Gegenangriff über. Konterrevolutionäre Kräfte, erklärte er, seien überall und versuchten, das Land zurück auf den Weg zum Kapitalismus zu führen. Er rief eine sozialistische Erziehungskampagne unter dem Motto »Nie den Klassenkampf vergessen« ins Leben und legte damit den Grundstein für die Kulturrevolution. Ein Jahr später ermahnte Mao die Nation, von Lei Feng zu lernen, einem jungen Soldaten, der sein Leben dem Dienst am Volk gewidmet hatte. Leis Tagebuch, ein Protokoll seiner ideologischen Fortschritte, wurde posthum veröffentlicht und im ganzen Land gelesen. Lei Feng erklärte darin: »Das Blut, das die Partei und der Vorsitzende Mao gegeben haben, ist in jede einzelne Zelle meines Körpers gedrungen.« Mao erschien ihm sogar in einer Vision: »Gestern hatte ich einen Traum. Ich träumte, ich hätte den Vorsitzenden Mao gesehen. Wie ein barmherziger Vater strich er mir über den Kopf. Mit einem Lächeln sagte er mir: ›Leiste gute Arbeit beim Studium; sei der Partei gegenüber immer loyal, loyal zum Volk!‹ Ich war vor Freude überwältigt; ich versuchte zu sprechen, brachte aber kein Wort hervor.«[52]

Begeisterungsbekundungen von Arbeitern und Dorfbewohnern wurden in ganz China in Zeitungen abgedruckt. Zehntausende Versammlungen wurden abgehalten, bei denen man Lei Feng als vorbildlichen Kommunisten pries. Theaterstücke und Filme wurden produziert und Lieder komponiert, von denen einige Dutzende Strophen hatten. Geschichtenerzähler zogen über die Dörfer und versetzten die Dorfbewohner, die nicht lesen konnten, mit Lei Fengs Liebe zum Großen Vorsitzenden in Verzückung. Im Militärmuseum von Peking wurde eine Lei-Feng-Ausstellung eingerichtet, und über dem Eingang hing ein großes Banner mit Maos Kalligraphie, das die Besucher ermahnte: »Vom Genossen Lei Feng lernen!« Lei Feng war der Mao der Armen, eine vereinfachte Version für die Massen. Er sollte die Menschen aus ihrer Apathie reißen, die nach der großen Hungersnot eingesetzt hatte, und ihren Hass auf den Klassenfeind verschärfen.[53]

Lin Bao, der für seinen Auftritt in Lushan mit Peng Dehuais Posten des Verteidigungsministers belohnt worden war, förderte bei den Streitkräften die Beschäftigung mit dem Mao-Zedong-Denken. Die Soldaten mussten kurze Abschnitte aus Maos gesammelten Schriften auswendig lernen. Im Januar 1964 erschien ein per Mimeograph vervielfältigtes Kompendium mit Zitaten, später wurde eine ausführlichere Version an die Volksbefreiungsarmee verteilt. Das Buch mit seinem leuchtend roten Plastikeinband war nicht größer als eine Hand und passte perfekt in die Tasche der üblichen Militäruniform. Lin Biao lieferte die Widmung, die aus Lei Fengs Tagebuch stammte: »Lest das Buch des Vorsitzenden Mao, hört die Worte des Vorsitzenden Mao, handelt nach den Anweisungen des Vorsitzenden Mao und seid gute Kämpfer für den Vorsitzenden Mao.« Mit der neuen Auflage vom August 1965 wurden die *Worte des Vorsitzenden Mao Tsetung* – so die damalige Schreibweise von Maos Namen – auch bekannt als das »Kleine Rote Buch«, millionenfach nicht nur unter Soldaten, sondern auch unter der Bevölkerung verteilt.[54]

Mao genoss die Beweihräucherung und wies das ganze Land an, dem Vorbild Lin Biaos und der Volksbefreiungsarmee zu folgen. »Das besondere Verdienst der Befreiungsarmee«, erklärte er, »besteht darin, dass sie die richtige politische Ideologie hat.« Entsprechend erhielt die Armee eine prominentere Rolle im zivilen Leben, zudem wurden in den Ministerien politische Abteilungen gegründet, die das Mao-Zedong-Denken fördern sollten. Die Armee sorgte auch für eine kämpferische Atmosphäre innerhalb der sozialistischen Erziehungskampagne. Militärische »Sommerlager« auf dem Land wurden für Studenten und Arbeiter organisiert. In der Grundschule schossen Kinder mit Luftgewehren auf Porträts von Chiang Kai-shek und amerikanischen Imperialisten, um den Umgang mit Schusswaffen zu üben. Für ältere Schüler aus politisch zuverlässigen Familien gab es militärische Trainingslager, wo sie Granaten werfen und mit echten Patronen schießen durften. Dort verbrachten im Sommer 1965 über 10 000 Universitätsstudenten und 50 000 Schüler aus Shanghai eine Woche.[55]

Zum Nationalfeiertag am 1. Oktober 1964 organisierte die Armee eine monumentale Feier auf dem Tian'anmen-Platz mit Chören und Balletttänzern in Militäruniform. An der Spitze der Prozession war eine kolossale Mao-Statue zu sehen, dazu erklang das Lied »Vorsitzender Mao, Sonne unseres Herzens«. »Bewaffnet mit dem Mao-Zedong-Denken«, wurde der Nation erklärt, könne sich der Mensch den »kapitalistischen und feudalistischen Versuchen zur Restauration sowie den Attacken unserer Feinde im In- und Ausland widersetzen«. Zwei Wochen später zündete die Volksrepublik ihre erste Atombombe und trat damit in den Kreis der Supermächte ein.[56]

Im Frühling 1966 war es dann so weit: Mao rief die Kulturrevolution aus. Sie war sein zweiter Versuch, zum historischen Dreh- und Angelpunkt des sozialistischen Lagers zu werden. Anstelle eines Umbaus der Wirtschaft, der beim Großen Sprung nach vorn katastrophal gescheitert war, nahm sich der Große Vorsitzende nun die Kultur vor. Vermutlich fragte sich Mao, wie es einem einzelnen Mann, Nikita Chruschtschow, möglich gewesen war, die

Politik der mächtigen Sowjetunion im Alleingang komplett neu auszurichten, als er Stalin 1956 angegriffen und eine »friedliche Koexistenz« mit dem imperialistischen Lager in Aussicht gestellt hatte. Die Antwort für Mao lautete, dass man in der Sowjetunion die Kultur vernachlässigt hatte. Die Kapitalisten waren beseitigt und ihr Besitz beschlagnahmt worden, doch die kapitalistische Kultur war immer noch vorherrschend und ermöglichte es einigen wenigen Leuten an der Spitze, ein ganzes System zu untergraben und letztendlich zu zersetzen.

Lenin hatte die große sozialistische Oktoberrevolution in Gang gebracht und damit einen Präzedenzfall für das Proletariat weltweit geschaffen. Doch moderne Revisionisten wie Chruschtschow hatten die Führung der Partei an sich gerissen und die Sowjetunion auf den Weg zur Wiederherstellung des Kapitalismus geführt. Die große proletarische Kulturrevolution sollte die zweite Phase in der Geschichte der internationalen kommunistischen Bewegung einläuten und die Diktatur des Proletariats gegenüber dem Revisionismus gewährleisten. Die Stützpfeiler der kommunistischen Zukunft würden von China in den Boden gerammt werden, und Mao würde die unterdrückten und geknechteten Völker der Welt zur Freiheit führen. Er war der Erbe und Verteidiger des Marxismus-Leninismus, er würde ihn in eine neue Phase führen, zum Marxismus-Leninismus-Maoismus. Stalin kam in seinen Überlegungen gar nicht erst vor.[57]

Das waren zwar »grandiose« Ideen, doch Mao nutzte die Kulturrevolution auch, um sich seiner echten und imaginären Feinde zu entledigen, vor allem der Parteimitglieder, die 1962 den Großen Sprung nach vorn kritisiert hatten.

Zehn Jahre zuvor hatte sich Mao verrechnet, als er zugelassen hatte, dass sich Intellektuelle während der Hundert-Blumen-Bewegung frei äußern durften. Dieses Mal war er besser vorbereitet. Zunächst versetzte er das Land in Unruhe, indem er im Mai 1966 vier Parteiführer verhaften ließ und ihnen vorwarf, sie seien

Teil einer Clique antikommunistischer Konterrevolutionäre, die sich verschworen hätten, den Kapitalismus wieder einzuführen. Dann, am 1. Juni, fiel überall im Land der Unterricht aus, und die Schüler wurden gegen ihre Lehrer aufgehetzt.

Während der sozialistischen Erziehungskampagne waren Schüler aller Altersstufen jahrelang indoktriniert worden. Ermuntert vom Parteiapparat schikanierten, denunzierten, demütigten und folterten sie nun mutmaßliche Klassenfeinde. Einige gingen jedoch zu weit und nahmen sich führende Parteimitglieder vor. Sie wurden von Arbeitskomitees unter der Leitung von Deng Xiaoping und Liu Shaoqi bestraft, die mit der Durchführung der Kulturrevolution beauftragt worden waren, nachdem sich Mao aus Peking zurückgezogen hatte. Mitte Juli kehrte er in die Hauptstadt zurück. Anstatt seine beiden Genossen zu unterstützen, beschuldigte er sie, die Schüler und Studenten zu unterdrücken und eine »Diktatur« zu errichten. Beide wurden degradiert, Lin Biao beerbte Liu Shaoqi und wurde die neue Nummer zwei in der Parteirangfolge.

»Rebellion ist gerechtfertigt« wurde zu Maos Parole, und die Studenten rebellierten mit Freuden. Im August 1966 tauchten Rote Garden in improvisierten Militäruniformen auf, mit dem Kleinen Roten Buch in der Hand. Sie schworen, den Vorsitzenden zu verteidigen und die Kulturrevolution durchzuführen. In den frühen Morgenstunden des 18. August versammelten sich fast eine Million Schüler und Studenten auf dem Tian'anmen-Platz und warteten auf den Vorsitzenden. Als die Sonne über der Ostseite des Platzes aufstieg, betrat Mao in einer ausgebeulten Uniform die Rednertribüne. Die Menge brach in Jubelrufe aus und schwenkte das Kleine Rote Buch.[58]

Von August bis November 1966 nahm Mao bei acht Massenversammlungen die Paraden von etwa zwölf Millionen Roten Garden ab. Als selbst der riesige Platz vor der Verbotenen Stadt die Massen nicht mehr fassen konnte, fuhr er im offenen Jeep durch Peking und erreichte so zwei Millionen Rotgardisten auf einen Streich. Jede Massenkundgebung wurde sorgfältig vorbereitet, die Roten Garden marschierten in Gruppen oder wurden mitten in der Nacht von 6000 Lastwagen auf den Platz gebracht, aus Sicherheitsgründen immer unangekündigt. Sie mussten in Reihen sitzen und stundenlang warten. Sobald Mao sich endlich zeigte, sprangen sie auf, reckten den Hals, drängten nach vorn und jubelten »Lang lebe der Vorsitzende Mao!«[59]

Viele waren entzückt, einen Blick auf den Vorsitzenden zu erhaschen; andere waren enttäuscht. Einige waren eingeschüchtert. Doch alle wussten genau, was sie tun und sagen mussten, denn der wichtigste Satz war nach jeder Massenversammlung in Peking endlos in Presse, Radio und Fernsehen wiederholt worden: »Ich bin heute der glücklichste Mensch der Welt. Ich habe unseren großen Führer gesehen, den Vorsitzenden Mao!«[60]

Gegen Ende der ersten Kundgebung am 18. August hielt Lin Biao eine lange Rede, in der er die aufgeregte Jugend aufforderte, »die alten Ideen, alte Kultur, alten Sitten und Gebräuche der ausbeuterischen Klassen zu zerstören«.

Das taten die Jugendlichen mit Begeisterung. Sie verbrannten Bücher, stürzten Grabsteine auf Friedhöfen um, zerstörten Tempel, beschädigten mutwillig Kirchen und nahmen sich allgemein sämtliche Spuren der Vergangenheit vor, von Straßennamen bis zu Ladenschildern. Sie führten auch Hausdurchsuchungen durch. Allein in Shanghai drangen sie in eine Viertelmillion Häuser ein und beschlagnahmten alle Erinnerungen an die Vergangenheit, ob es nun ganz normale Bücher, Familienfotos, antike Bronzen oder seltene Schriftrollen waren.[61]

Mit dem Angriff auf die alte Welt, verkündete Mao, werde eine neue proletarische Kultur geschaffen. Allen war klar, dass die einzig akzeptable Alternative in der Verehrung des Vorsitzenden Mao bestand. Der offenkundigste Aspekt des Kultes war eine Flut von Parolen, die praktisch überall auftauchten. Ein Beobachter berichtete: »Es gab früher schon viele, aber jetzt wurden alle bisherigen Rekorde gebrochen. Jedes freie Stück Mauer muss ein sorgfältig geschriebenes Zitat von Mao oder einen Tribut an ihn tragen.« Zu den häufigsten Parolen zählten »Unser großer Lehrer, großer Führer, großer Kommandant, großer Steuermann« oder »Lang lebe der Vorsitzende Mao!« Läden, Fabriken und Schulen wurden damit überzogen, manche erstreckten sich bis zum Dach der Gebäude. Auch auf Busse, Lastwagen, Autos und Lieferwagen pinselte man Zitate.[62]

In dieser neuen, völlig in Rot getauchten Welt wurden alle Sinne bombardiert. In den Straßen riefen Rote Garden auf provisorischen Plattformen die Menschen mit schriller Stimme dazu auf, sich der Revolution anzuschließen. Passanten waren einem Sperrfeuer flammender Rhetorik ausgesetzt, gewürzt mit Zitaten des großen Vorsitzenden. Hoch oben in den Lüften lasen Stewardessen auf Inlandsflügen den Passagieren regelmäßig aus dem Kleinen Roten Buch vor. Doch die am meisten gefürchtete Waffe war der Lautsprecher. Lautsprecher wurden seit Langem für Propagandakampagnen genutzt, aber nun waren sie ständig im Einsatz und verbreiteten dröhnend die immer gleichen Zitate – natürlich stets in voller Lautstärke. Rote Garden in Polizeizellen lasen aus dem Kleinen Roten Buch und wurden per Lautsprecher in den Straßen übertragen. Banden revolutionärer Jugendlicher marschierten durch die Städte und sangen Revolutionslieder, die den Vorsitzenden und sein Denken rühmten. Die Lieder waren auch im Rundfunk zu hören, der wiederum per Lautsprecher in Hinterhöfe, Schulen, Fabriken und Verwaltungseinrichtungen übertragen wurde. Zu den beliebtesten Stücken gehörten »Das Segeln über die Meere erfordert einen Steuermann, den Vorsitzenden Mao« und »Das Mao-Zedong-Denken glitzert wie goldenes Licht«.[63]

Niemand wollte beim Mao-Kult zurückstehen. Als die Zahl der Gegenstände anstieg, die als »feudalistisch« oder »bourgeois« verunglimpft wurden, wandten sich die Menschen immer mehr den einzigen Dingen zu, die kein politisches Risiko darstellten. Mao-Fotos, -Abzeichen, -Plakate und -Bücher waren heiß begehrt. Ganze Branchen widmeten sich der Produktion dieser Kultgegenstände.

Allein in Shanghai baute man sieben neue Fabriken mit insgesamt 16400 Quadratmetern Grundfläche (das entspricht etwa drei Fußballfeldern), um mit der steigenden Nachfrage nach Fotos, Porträts, Plakaten und Büchern Schritt zu halten. In der Provinz Jiangsu wurden Betriebe zu Druckereien für das Kleine Rote Buch umfunktioniert. Fabriken, die rote Tinte herstellten, arbeiteten rund um die Uhr, konnten den Bedarf aber trotzdem nicht decken.[64]

Und die Bücher benötigten Umschläge – glänzend, leuchtend und rot. 1968 wurden nur für das Kleine Rote Buch 4000 Tonnen Plastik benötigt. Bereits im August 1966 beschränkte das Handelsministerium die Produktion von Plastikschuhen, Plastiksandalen und Plastikspielzeug, weil die Fabriken im ganzen Land ihren Beitrag zur Verbreitung von Maos Gedankengut leisten sollten.[65]

Die Planwirtschaft hatte Mühe, der großen Nachfrage gerecht zu werden. Von den Mao-Ansteckern wurden 1968 landesweit über 50 Millionen Stück pro Monat produziert, doch selbst diese enorme Zahl genügte nicht. Parallel zum offiziellen Handel entstand ein schwunghafter Schwarzmarkt. Einige Regierungsorganisationen, die ursprünglich nur Anstecker für ihre eigenen Mitglieder herstellten, produzierten vom Gewinnstreben motiviert für einen immer größeren Markt, obwohl sie sich dadurch in eine rechtliche Grauzone begaben. Es entstanden geheime Fabriken, die nur darauf ausgerichtet waren, den Schwarzmarkt zu bedienen. Sie konkurrierten mit den staatlichen Betrieben um knappe Rohstoffe und stahlen Aluminiumeimer, Kessel, Töpfe und Pfannen. Der Anstecker-Boom war so enorm, dass in einigen Fabriken sogar die Schutzverkleidungen von teuren Maschinen abmontiert wurden, um der Nachfrage Herr zu werden.[66]

Es gab Tausende verschiedene Anstecker, manche grob gefertigt aus Plexiglas, Plastik oder sogar Bambus, andere hochwertig gearbeitet aus handbemaltem Porzellan. Die meisten bestanden aus einem Aluminiumträger und dem stets nach links blickenden Profil Maos in Gold oder Silber. Wie das Kleine Rote Buch symbolisierte der Anstecker die Loyalität gegenüber dem Vorsitzenden und wurde direkt über dem Herzen getragen. In den ersten Jahren der Kulturrevolution waren Anstecker die meistbegehrten privaten Besitzstücke und wurden so zum Objekt kapitalistischer Spekulation. Die Aluminiummenge, die zu ihrer Herstellung von anderen Produktionsprozessen abgezweigt wurde, war so groß, dass Mao 1969 einschritt: »Gebt mir meine Flugzeuge zurück.« Der Wahn ebbte rasch wieder ab und endete nach Lin Biaos Tod 1971 praktisch ganz.[67]

Die erste Phase der Kulturrevolution war von erbitterten Kämpfen verschiedener Splittergruppen gekennzeichnet, da sich Bevölkerung, Parteikader und Militärführer nicht über die wahren Ziele der Kulturrevolution einig waren. Da alle einander bekriegenden Gruppen fest davon überzeugt waren, sie seien die wahre Stimme Mao Zedongs, herrschten im Land bald bürgerkriegsähnliche Zustände. Auf den Straßen beschossen die Anhänger der einzelnen Fraktionen einander mit Maschinengewehren und Luftabwehrgeschützen. Doch Mao hielt weiter an seinem Vorhaben fest. Er improvisierte und zerstörte nebenbei das Leben von Millionen. Gelegentlich schritt er ein, um das Leben eines loyalen Anhängers zu schonen oder einen engen Kollegen den Wölfen zum Fraß vorzuwerfen. Eine kleine Bemerkung genügte, um über das Schicksal unzähliger Menschen zu entscheiden, etwa wenn er die eine oder andere Fraktion zu »Konterrevolutionären« erklärte. Sein Urteil konnte sich über Nacht wieder ändern; so gab er immer wieder einer scheinbar endlosen Spirale der Gewalt neue Nahrung, bei der sich die Beteiligten bemühten, ihre Loyalität gegenüber dem Vorsitzenden unter Beweis zu stellen.

Als die Gewalt im Sommer 1967 außer Kontrolle geriet, griff Mao schließlich doch noch ein. Bei einer Reise durch das Land rief er zu einer großen Allianz auf. Am 1. Oktober marschierten eine halbe Million Soldaten bei einer koordinierten Demonstration der Einheit über den Tian'anmen-Platz, angeführt von einer riesigen silbernen Mao-Statue aus Plastik, die ihnen den Weg wies. Hinter den Soldaten zogen Hunderttausende Menschen, die gezwungen worden waren, miteinander zu marschieren, viele in Kontingenten, die Mitglieder unterschiedlicher Fraktionen umfassten.[68]

Überall wurde Unterricht im Mao-Zedong-Denken erteilt. Die Volksbefreiungsarmee hatte schon Jahre zuvor den Maoismus vertreten, nun nutzte sie den Kult um ihren Anführer, um Disziplin und Ordnung durchzusetzen. Der Personenkult sollte, wie Lin Biao es formulierte, »die gesamte Partei, die gesamte Armee und das gesamte Volk« einen. Im März 1968 wurde eine neue Kampagne unter dem Motto »Drei Loyalitäten und vierfache grenzenlose Liebe« gestartet. Mit der Forderung nach absoluter Loyalität gegenüber dem Vorsitzenden, seinem Denken und der »Linie der proletarischen Revolution« erreichte die Mao-Verehrung einen neuen Höhepunkt. In Schulen, Büros und Fabriken wurden Altäre für den Vorsitzenden Mao errichtet. Große Schriftzeichen, die »Die rote Sonne ist in unseren Herzen« bedeuteten, wurden aus glänzendem, leuchtend rotem Papier ausgeschnitten und in einem Bogen über dem Bild des Großen Steuermanns arrangiert. Von seinem Kopf gingen Sonnenstrahlen aus. Überall begegnete man dem Blick des Vorsitzenden, vom Aufwachen am Morgen bis zum Abend, wenn man ihm Bericht erstattete und sich vor seinem Porträt verbeugte.[69]

Es gab sogar einen Loyalitätstanz, der aus wenigen einfachen Schritten bestand, zu denen man die ausgestreckten Arme vom Herzen zum Porträt des Vorsitzenden führte. Die Musik dazu lieferte das Lied »Geliebter Vorsitzender Mao«. Im staatlichen Fernsehen waren ganze Abende rituellen Liedern und Tänzen gewidmet. In der Mitte der Bühne thronte meist eine gigantische Büste, von der Lichtstrahlen ausgingen und pulsierten, als ob Helligkeit und Energie aus dem Kopf eines Gottes strömten.[70]

Mao-Büsten und -Statuen schossen überall wie Pilze aus dem Boden. Allein in Shanghai gab es über 600 000, die meisten aus hellem Gips, andere aus Stahlbeton, Aluminium und Zinnblech. Einige thronten in majestätischen 15 Metern Höhe über den Fußgängern, andere waren mit 3 Metern etwas bescheidener. Bei diesem inoffiziellen Wettbewerb wurden knappe Ressourcen verbraucht, 1968 benötigte die Stadt allein 900 Tonnen Zinnblech. Der Stahlverband verwendete für sein Denkmal Edelstahl zu einem Preis von 100 000 Yuan.[71]

Im Sommer 1968 endete die erste Phase der Kulturrevolution, als sogenannte Revolutionskomitees die Lenkung der Partei und des Staates übernahmen. Die Komitees wurden stark vom Militär dominiert, die eigentliche Macht konzentrierte sich nun bei der Volksbefreiungsarmee. In den folgenden drei Jahren verwandelte sich das Land unter ihrer Leitung in einen Garnisonsstaat, in dem Armeeangehörige Schulen, Fabriken und Behörden leiteten. Das Militär organisierte auch eine Reihe von Säuberungsaktionen, bei denen diejenigen bestraft wurden, die auf dem Höhepunkt der Kulturrevolution in den Jahren 1966 und 1967 kritisch ihre Meinung geäußert hatten. In einem ersten Schritt wurden Millionen sogenannter unerwünschter Elemente, darunter auch die Schüler und Studenten, die den Vorsitzenden beim Wort genommen hatten, aufs Land verbannt, um von »Bauern zu lernen«. Darauf folgte eine landesweite Hexenjagd auf »Spione«, »Verräter« und »Abweichler«. Eigens gegründete Komitees sollten die angeblichen Feindverbindungen von Bevölkerung und Parteimitgliedern untersuchen. Im Rahmen einer Anti-Korruptions-Kampagne wurde die Bevölkerung zusätzlich eingeschüchtert, da fast jede Handlung und Äußerung – wenn man etwa ein Mao-Plakat versehentlich beschädigte oder die Planwirtschaft hinterfragte – eine potenzielle Straftat darstellte.[72]

Im ganzen Land mussten die Menschen ihre Ergebenheit gegenüber dem Vorsitzenden beweisen, indem sie Kollegen, Freunde, Nachbarn und Familienmitglieder denunzierten. In einer Kaskade von ebenso sinnlosen wie willkürlichen Säuberungswellen wurden ganze Gemeinschaften auseinandergerissen, bis am Ende gefügige, versprengte Einzelpersonen übrigblieben, die sich nur noch dem Vorsitzenden verbunden fühlten. Wer sich widersetzte, dem drohte die Umerziehung, entweder in Form von Unterricht im Mao-Zedong-Denken für das gewöhnliche Volk oder in »7.-Mai-Kaderschulen« für die Parteimitglieder.

Im April 1969 verabschiedete der Neunte Parteitag ein neues Parteistatut und legte fest, dass der »Marxismus-Leninismus-Maoismus« wieder die theoretische Grundlage der Partei bilden sollte. Das Mao-Zedong-Denken wurde als Leitideologie des Landes bestätigt. Endlich konnte Mao die Beschlüsse des Achten Parteitags vom September 1956 revidieren. Liu Shaoqi war mittlerweile zusammen mit Dutzenden anderen älteren Parteiführern aus der Partei ausgeschlossen und als »Abweichler und Verräter« denunziert worden, als ein »Schuft, der sich in der Partei versteckt hat, ein Kettenhund des Imperialismus, modernen Revisionismus und der nationalistischen Reaktionäre, der unzählige Verbrechen begangen hat«. Er starb sechs Monate später in Einzelhaft, wundgelegen und mit langen, ungepflegten Haaren. Nur jedes fünfte Mitglied des beim Parteitag gewählten neuen Zentralkomitees hatte bereits dem alten von 1956 angehört.[73]

Mao stand dem Militär argwöhnisch gegenüber, vor allem Lin Biao, obwohl dieser das Studium des Mao-Zedong-Denkens in der Armee eingeführt hatte. Mao hatte Lin Biao benutzt, um die Kulturrevolution in Gang zu bringen und am Leben zu erhalten, doch der Oberbefehlshaber der Armee hatte seinerseits die chaotischen Zustände zum Ausbau seiner Machtbasis genutzt und Schlüsselpositionen in der Armee mit seinen eigenen Anhängern besetzt. Er starb bei einem mysteriösen Flugzeugabsturz im September 1971. Damit endete auch der Einfluss des Militärs auf das zivile Leben, und nach Lin Biaos Tod kam es zu Säuberungen in der Armee, die nun selbst Opfer der Kulturrevolution wurde.

Der Mao-Kult, der eng mit Lin Biao und der Volksbefreiungsarmee verknüpft war, verschwand fast über Nacht. China rückte noch weiter von der Sowjetunion ab und wandte sich 1972 stattdessen den USA zu. Städte wurden für den Besuch von Präsident Nixon herausgeputzt, Plakate abgehängt und antiimperialistische Parolen im Ton gemildert. Shanghai erhielt ein ganz neues Gesicht. Ein kleines Heer von Frauen war nötig, um die Parole »Lang lebe das unbesiegbare Denken des Vorsitzenden Mao« abzuschrubben, die in riesigen Schriftzeichen direkt gegenüber vom Peace Hotel prangte. Aus den Schaufenstern entfernte man alle Hinweise auf den Vorsitzenden. Tausende Statuen wurden abgebaut und diskret recycelt.[74]

Auch der Vorsitzende wurde für den Besuch herausgeputzt und zurechtgemacht. Sein Treffen mit dem amerikanischen Präsidenten war ein Propagandacoup. Die Nachricht sorgte weltweit für Erschütterungen, denn dadurch verschob sich das Kräftegleichgewicht des Kalten Krieges zu Ungunsten der Sowjetunion. In Peking stellte Mao hämisch fest, die USA hätten sich »von einem Affen in einen Menschen verwandelt, allerdings noch nicht ganz, der Schwanz ist noch da«. Er hatte Nixon, den Präsidenten des mächtigsten Landes der Welt, zum bloßen Gesandten degradiert, der sich um eine Audienz beim Kaiser bemüht. Schon bald strömten Staatschefs aus Europa, Lateinamerika, Afrika und Asien nach Peking und buhlten um Maos Anerkennung.[75]

In seinen letzten Jahren spielte der Vorsitzende weiter die verschiedenen Fraktionen innerhalb der Kommunistischen Partei Chinas gegeneinander aus. Als bei Zhou Enlai Krebs diagnostiziert wurde, verweigerte Mao die Genehmigung für seine Behandlung, weshalb Zhou Anfang 1976 starb. Mao selbst starb am 9. September 1976 wenige Minuten nach Mitternacht. In den Schulen, Fabriken und Büros wurden die Menschen zur offiziellen Bekanntgabe seines Todes zusammengerufen. Wer Erleichterung verspürte, musste seine Gefühle verbergen. So ging es etwa Chang Jung, einer Studentin aus Sichuan, die einen Moment lang wie betäubt vor Freude war. Um sie herum schluchzten die Menschen hemmungslos. Auch sie musste die korrekten Emotionen zeigen, um nicht aufzufallen, daher vergrub sie das Gesicht an der Schulter einer Frau, die vor ihr stand, und weinte und seufzte wie sie.[76]

Mit ihrer gespielten Trauer war sie sicherlich nicht allein. In China galt das Weinen um tote Verwandte, bei dem man sich sogar vor dem Sarg auf den Boden warf, traditionell als Respektbezeugung gegenüber der Familie. Fehlende Tränen waren eine Schande. Manchmal wurden auch Schauspieler engagiert, die bei Bestattungen bedeutender Würdenträger laut schluchzten und so die anderen Trauernden ermutigten, sich ihnen ohne Verlegenheit anzuschließen. Ähnlich wie die Bevölkerung die Kunst beherrschte, bei Denunzierungsversammlungen mühelos in proletarische Wutausbrüche zu verfallen, wussten auch viele, wie man auf Befehl weint.

Privat zeigten die Menschen weitaus weniger Trauer über Maos Tod. In Kunming, der Hauptstadt der Provinz Yunnan, war über Nacht der Alkohol ausverkauft. Eine junge Frau erinnert sich, dass ihr Vater seinen besten Freund nach Hause einlud, die Tür verschloss und die einzige Flasche Wein öffnete, die sie besaßen. Am nächsten Tag ging die Familie zu einer öffentlichen Gedenkfeier, bei der die Menschen weinten, als ob sie zu Tode betrübt wären. »Als kleines Mädchen verwirrte mich das Verhalten der Erwachsenen – alle wirkten in der Öffentlichkeit so traurig, doch am Abend vorher war mein Vater so glücklich gewesen.«[77]

Einige waren tatsächlich aufrichtig bekümmert, vor allem diejenigen, die von der Kulturrevolution profitiert hatten. Und es gab auch noch viele echte Anhänger, hauptsächlich unter den Jüngeren. Die zweiundzwanzigjährige Ai Xiaoming, die unbedingt in die Partei eintreten und ihren Beitrag zum Sozialismus leisten wollte, war so unglücklich, dass sie fast bis zur Ohnmacht weinte.[78]

Doch auf dem Land waren die Menschen nicht ganz so betrübt. Ein armer Dorfbewohner aus Anhui erinnerte sich: »Damals weinte kein einziger Mensch.«[79]

Mao wurde wie Stalin in einem Mausoleum aufgebahrt. Doch anders als sein sowjetischer Genosse blieb er dort. Sein Porträt wacht immer noch über Peking, und sein Konterfei ist auf allen Geldscheinen der Volksrepublik abgebildet. Mao nutzte den Personenkult, um andere zu Schmeichlern zu machen, die jede seiner Launen umsetzten. Parteiführer wurden zu Komplizen seiner Verbrechen. Und als Komplizen wurden sie und ihre Nachfolger zu Hütern seiner öffentlichen Darstellung und seines Vermächtnisses. Eine Abrechnung, wie sie Chruschtschow in seiner Geheimrede gegen Stalins Regime vorgenommen hatte, wollten sie auf jeden Fall vermeiden.

Kim Il-sung

Am 14. Oktober 1945 wurde auf einer Sportanlage in Pjöngjang eine Massenkundgebung abgehalten, um die Rote Armee zu begrüßen. Im Rahmen des Treffens zwischen Stalin und Roosevelt ein halbes Jahr zuvor bei der Konferenz von Jalta war von den Alliierten auch das Schicksal Koreas verhandelt worden, das seit 1910 eine japanische Kolonie war. Sie waren übereingekommen, die Insel gemeinsam zu besetzen, und hatten in letzter Sekunde beschlossen, das Land entlang des 38. Breitengrades zu teilen. Pjöngjang wurde zur provisorischen Hauptstadt im von den Sowjets kontrollierten Nordkorea. Flankiert von sowjetischen Offizieren, hielt Kim Il-sung an jenem Tag seine erste öffentliche Rede. Als er von General Lebedew angekündigt wurde, geriet die Menge in Erregung, da die Menschen seinen Namen mit einem legendären Partisanenführer verbanden, einem großen Patrioten, der zehn Jahre zuvor ungehindert die Mandschurei durchstreift und dem japanischen Feind schwer zu schaffen gemacht hatte. Kim wirkte jedoch wenig glaubwürdig. Er war erst dreiunddreißig Jahre alt und schien unerfahren. Nervös hielt er sein Manuskript umklammert. Mit seinem Kurzhaarschnitt und einem blauen Anzug, der für seine dickliche Statur zu klein war, sah er, den Worten eines Augenzeugen zufolge, eher aus »wie der Laufbursche eines chinesischen Lokals«. Mit monotoner Stimme stolperte er durch eine mit marxistischen Schlagwörtern gespickte Rede, in der er Stalin mit Lobpreis überhäufte. In der Menschenmenge verbreitete sich das Gerücht, er sei ein Betrüger, ein von der Sowjetunion installierter Strohmann. Es war der glücklose Beginn für jenen Mann, der zum Führer Nordkoreas aufsteigen sollte.[1]

Kim wurde als Christ geboren. Sein Vater schulte Missionare. Im Jahr 1919, als Kim gerade sieben Jahre alt war, überquerte die Familie mit Hunderttausenden anderen Koreanern die Grenze zur Mandschurei, um der kolonialen Unterdrückung zu entfliehen. Als Japan die Mandschurei 1931 zu einem Marionettenstaat machte, schloss sich Kim der Kommunistischen Partei Chinas an. Die koreanischen Partisanen standen jedoch im Verdacht, für die Japaner zu spionieren. Mehr als tausend wurden in einer Reihe brutaler Säuberungsaktionen verhört und gefoltert, Hunderte starben. Auch Kim wurde verhaftet, 1934 jedoch entlastet.[2]

Zu diesem Zeitpunkt war Kim einer der wenigen verbliebenen kommunistischen Koreaner. Bald kommandierte er mehrere Hundert Guerillakämpfer, unternahm Überfälle in der Mandschurei und jenseits der Grenze in Korea. Im Juni 1937 griffen seine Männer eine Polizeistation in einem kleinen Dorf namens Pochonbo an, bloße vierzig Kilometer entfernt vom heiligen Berg Paektusan, dem mythischen Geburtsort des Gründers des ersten koreanischen Königreichs. Strategisch war es eine unbedeutende Operation, die dennoch ein breites Medienecho fand, da die Kommunisten erstmals in der Lage waren, einen Angriff innerhalb Koreas auszuführen. Die Japaner setzten Kim auf die Liste meistgesuchter Verbrecher und machten ihn so bei den vielen Millionen bekannt, denen die Kolonialherren verhasst waren.[3] Im Jahr 1940 war Kim der meistgesuchte Rebell in der Mandschurei und gezwungen, in die Sowjetunion zu fliehen. Er und seine Anhänger wurden von der Roten Armee aufgenommen, ausgebildet und indoktriniert. 1942 wurde Kim zum Hauptmann befördert. Drei Jahre später indes verweigerte man ihm die Chance, seine Reputation mit einem Siegesmarsch nach Pjöngjang weiter zu verbessern. Der misstrauische Stalin überließ diese Rolle den vertrauenswürdigeren »Sowjetkoreanern«, einer Gruppe mit langjährigen Verbindungen nach Moskau. Kim und sechzig seiner Partisanen fanden stattdessen selbst einen Weg nach Nordkorea und gingen einen Monat nach der japanischen Kapitulation in der Hafenstadt Wonsan von Bord. Für Kim, der nicht als Befreier seines Landes, sondern als kleiner Hauptmann in fremder Uniform ankam, war es eine schmachvolle Rückkehr. Er achtete streng darauf, dass seine Heimreise geheim blieb.[4]

In Pjöngjang mischte er sich unter die sowjetischen Offiziere, hielt sie mit Nahrungsmitteln und Frauen bei Laune und nutzte seine Verbindungen, um Schlüsselpositionen in sämtlichen Organen der öffentlichen Sicherheit mit seinen Anhängern zu besetzen. Die Russen brauchten zwar eine Galionsfigur für ihre provisorische Regierung, doch wählten sie für diese Funktion Cho Man-sik, der auch »Gandhi von Korea« genannt wurde. Cho war ein christlicher Nationalist, der seit Jahrzehnten einen gewaltlosen Weg zur Unabhängigkeit befürwortet hatte. Er war hoch angesehen, doch zeigte sich rasch, dass er nur zu seinen eigenen Bedingungen mit den Sowjets kollaborieren würde. Dass er eine fünfjährige Treuhandschaft unter sowjetischer Kontrolle ablehnte, war schließlich der Tropfen, der das Fass zum Überlaufen brachte. Im Januar 1946 wurde Cho unter Hausarrest gestellt. An seiner statt rückte nun Kim in den Vordergrund, als Stalin neben seinen Namen ein V-Zeichen setzte, »wie ein Vogel, der seine Flügel ausbreitet«. Der einzige andere Kandidat war Pak Hon-yong, ein unabhängiger Aktivist und 1945 Mitbegründer der Kommunistischen Partei von Südkorea im amerikanisch besetzten Teil des Landes.[5]

Kim hatte im Oktober 1945 einen schwachen Eindruck hinterlassen, doch die Sowjets halfen ihm, sein Image aufzupolieren. Pjöngjang wurde mit Porträts von Kim geschmückt, die neben denen Stalins aufgehängt wurden. Man pries seine Jugend, rühmte seine mythische Vergangenheit. Kim arbeitete an seinem Lächeln, wirkte freundlich und gut gelaunt. Er wurde zur Bescheidenheit in Person und ließ die Menschen wissen, er sei »kein General, sondern euer Freund«. Ein Interviewer berichtete, wie sehr er vom »Licht des Genies« beeindruckt gewesen sei, das in Kims Augen geflackert habe. Im August 1946 kam es zu einem entscheidenden Augenblick, als Kim bei der Gründungsversammlung der Nordkoreanischen Arbeiterpartei als »Großer Führer«, »Held der Nation« und »Führer des gesamten koreanischen Volkes« bejubelt wurde. Der Schriftsteller Han Sor-ya, der bald zum ersten Maschinisten von Kims Personenkult wurde, bezeichnete ihn als »unsere Sonne« – das Gegenstück zur japanischen Sonne, vor der sich die kolonialen Untertanen in der Vergangenheit hatten verbeugen müssen.[6]

Sobald Kim den Segen Moskaus erhielt, wurde auf allen Ebenen der Gesellschaft das sowjetische Modell eingeführt. Die Industrie wurde verstaatlicht, drastische Landreformen durchgesetzt. Kim stand im Zentrum von alledem, reiste kreuz und quer durchs Land, um seinen Untertanen Ratschläge zu erteilen – von der Urbarmachung steiler Böden bis hin zu Möglichkeiten, den Lebensstandard zu erhöhen.

Er war es, der 1946 eine Rekordernte einfuhr, und er war es auch, der später im selben Jahr den winterlichen Überschwemmungen trotzte. Auf dem Land wurden Massenkundgebungen abgehalten, bei denen die Dörfler durch Lieder, Reden und Briefe ihre Dankbarkeit gegenüber General Kim zum Ausdruck brachten. Zur selben Zeit stimmte geschätzt eine Million Menschen, also grob sieben bis acht Prozent der Bevölkerung, mit den Füßen ab und machte sich, einem Exodus von Wohlstand und Wissen gleich, in Richtung Südkorea auf.[7]

Man pries Kims revolutionäre Verdienste. Eine 1946 erschienene, aus der *Komsomolskaya Prawda* übersetzte Kurzbiographie wurde nicht müde, von den übernatürlichen Kräften zu sprechen, die gewöhnliche Dörfler dem Partisanenkämpfer zuschrieben, der sich so viele Jahre lang einer Gefangennahme durch die Japaner entzogen hatte: Er konnte durch die Luft fliegen und sich einen Weg durch Berge graben. Kims Eltern lernte die Öffentlichkeit durch die Russen Gitowitsch und Bursow kennen, die ihn und seine Partisanenkämpfer interviewten. Sein Vater war ein aufopfernder Lehrer und professioneller Revolutionär, der zweimal inhaftiert gewesen war, seine Mutter eine geschickte Komplizin, die ihren Sohn mit im Hause versteckten Waffen versorgt hatte. Der Erste, der Kims schmachvolle Rückkehr in die Heimat aus dessen Biographie strich, war jedoch ein Koreaner. In einer Artikelserie bejubelte der Schriftsteller Han Chae-tok die »triumphale Rückkehr« eines »Helden von ganz Korea«, der vom siebzehnten Lebensjahr an in vorderster Reihe der Befreiungsbewegung gestanden hatte. Seine Darstellung erschien 1948 in Buchform.[8]

Dem Überfall in Pochonbo wurde ein legendärer Status zugesprochen, vor allem in einem langen Epos des Dichters Cho Ki-chon, der bisweilen als »koreanischer Majakowski« bezeichnet wurde. Das 1947 erschienene *Paektusan* zeichnete die Region als mystische Gegend voller fantastischer Geschichten und berichtete von schlafenden Kriegern, die darauf warteten, sich zu erheben und ihr Land zu befreien, sowie von Revolutionsführern, die von einem Berg zum anderen sprangen.[9]

Im Jahr 1948 senkte sich ein eiserner Vorhang, der die Welt in zwei Lager teilte. In Korea waren zu beiden Seiten des 38. Breitengrades zwei sehr unterschiedliche Regierungsformen entstanden, sodass eine friedliche Wiedervereinigung immer unwahrscheinlicher wurde. Im Süden gewann Rhee Syng-man, ein Gegner des Kommunismus, mit Unterstützung der Vereinigten Staaten die ersten Präsidentschaftswahlen im Mai. Einige Monate später, am 15. August 1948, exakt drei Jahre nach der Befreiung des Landes von der japanischen Kolonialherrschaft, wurde in Seoul die Republik Korea ausgerufen. Im Norden proklamierte Kim Il-sung am 9. September 1948 die Demokratische Volksrepublik Korea.

Vom General wurde er zum Ministerpräsidenten, und damit zum obersten Machthaber. Nach Gründung der Demokratischen Volksrepublik tauchte ein weiterer Titel auf: *surong*, das Äquivalent des für Stalin gebrauchten *woschd*. Kims Foto prangte nun auf den Titelseiten von Büchern und Zeitschriften. Seine zahlreichen Reden wurden in den Zeitungen abgedruckt. Am Maifeiertag versammelten sich Zehntausende Menschen, um Stalin und Kim zu bejubeln. Wie die Propagandamaschine unablässig betonte, standen die Menschen geschlossen hinter ihrem Führer.[10]

Nordkorea war ein stark militarisiertes Land, und als ein Konflikt mit dem Süden zunehmend wahrscheinlich wurde, kam es im Februar 1948 zur Gründung der Koreanischen Volksarmee, die von Moskau ausgerüstet und beraten wurde. Die sowjetischen Truppen zogen sich bis zum Jahresende zurück. Zweihundert Panzer wurden geliefert, dazu Lastwagen, Artillerie und leichte Waffen.

Wie in allen Einparteienstaaten gehörte die Armee nicht dem Volk, sondern der Partei. Oberbefehlshaber war Kim Il-sung, der darauf aus war, die Revolution weiterzuführen, den Süden von Rhee Syng-man und dessen »US-reaktionärer Splittergruppe« zu befreien und das Land zu einen. Im März 1949 wandte er sich an Stalin, doch sein Herr äußerte Bedenken. Kim musste frustriert zusehen, wie Mao in China an die Macht gelangte und somit ein Viertel der Menschheit in das sozialistische Lager brachte, während sein eigenes Land geteilt blieb.

Kim bedrängte Stalin wiederholt, doch hatte es dieser keinesfalls eilig, einen offenen Konflikt mit den Vereinigten Staaten herbeizuführen. Ende 1949 jedoch begann er zu wanken. Die Amerikaner hatten im chinesischen Bürgerkrieg nicht interveniert und Chiang Kai-shek in Taiwan praktisch sitzengelassen. Im Januar 1950, nachdem die Vereinigten Staaten angedeutet hatten, dass Korea nicht länger in ihr Verteidigungsraster im Pazifik falle, gab Stalin grünes Licht. Doch weigerte er sich, Truppen zur Verfügung zu stellen: »Wenn Ihr einen Schlag ins Gesicht bekommt, werde ich keinen Finger rühren. Dann müsst ihr Mao um Hilfe bitten.« Mao stimmte zu, weil auch er Stalin brauchte – nämlich, um die See- und Luftstreitmacht aufzubauen, die er wiederum für eine Invasion Taiwans benötigte.[11]

Am 25. Juni 1950 begann der Norden eine umfassende Luft- und Bodenoffensive. Mit nicht einmal 100 000 Soldaten war der Süden schlecht gewappnet, zumal die Amerikaner Rhee Syng-man bewusst Panzer, Panzerabwehrwaffen und Artillerie über 105 Millimeter versagt hatten. Innerhalb weniger Wochen brach die Verteidigung des Südens zusammen. Für eine kurze Dauer erschien Kim Il-sung als militärisches Genie. Überall in den besetzten Gebieten hing sein Konterfei.[12]

Doch Kim hatte sich in großem Maßstab verrechnet. Er und seine Ratgeber hatten anfangs auf Unterstützung aus der Bevölkerung gesetzt, aber die meisten Menschen im Süden blieben neutral. Es gab keine jubelnden Massen, die rote Fahnen schwenkten. Auch die Vereinigten Staaten beobachteten die Lage aufmerksam, da sie einen größeren Konflikt mit der Sowjetunion fürchteten. Die Vereinten Nationen erklärten, der Frieden sei gebrochen worden, und entsandten Truppen nach Südkorea. Im August 1950 wendete sich das Blatt. Zwei Monate später erreichte General Douglas MacArthur den 38. Breitengrad. Er hätte dort anhalten können, beschloss stattdessen aber, ganz bis zur chinesischen Grenze vorzudringen, womit er die grundlegendsten Sicherheitsbedürfnisse der Volksrepublik China ignorierte.

Für Kim war es ein Desaster. Im Oktober kam Mao zu Hilfe und sandte im Schutze der Dunkelheit Hunderttausende Soldaten über die Grenze. Sie trafen den Feind vollkommen unvorbereitet. Doch nach einer Reihe rascher Siege war der Nachschub an Soldaten, Gerät, Waffen und Lebensmittel erschöpft. Im Sommer 1951 entstand um den 38. Breitengrad eine blutgetränkte Pattsituation.

Kim musste einen Sündenbock für die Schlappe finden und wählte dafür die Nummer zwei innerhalb der Partei, den in Korea geborenen und in der Sowjetunion aufgewachsenen Ho Kai. Ho war ein versierter Verwaltungsfachmann, der die Parteimaschine aus dem Nichts aufgebaut hatte. Er war zu Kims engstem Verbündeten geworden und fungierte als Förderer und Beschützer gleichermaßen. Das allein wäre schon Grund genug gewesen, ihn loszuwerden, doch darüber hinaus war Ho auch Moskaus Mann in Pjöngjang. Nun, da die Chinesen ebenso viel Präsenz zeigten wie die Sowjets, sah Kim seine Stunde gekommen. Erst bat er Ho, die Partei zu säubern, dann wandte er sich gegen ihn mit dem Vorwurf, zu weit gegangen zu sein. Ho wurde in Gegenwart anderer Parteioberer gedemütigt, seiner Posten enthoben und aus der Partei ausgeschlossen. Hunderttausende zuvor ausgeschlossener Parteimitglieder wurden wiederaufgenommen. Viele waren kaum des Lesens kundige Dörfler, und alle sahen in Kim nun ihren Retter.[13]

Der Krieg erforderte Einheit und Gehorsam gegenüber dem Führer, dessen Kult 1952 an Stärke gewann, selbst als die Bombardements schwerer wurden. An Kims vierzigstem Geburtstag, der am 15. April gefeiert wurde, erschien eine Kurzbiographie, die fortan für jedermann Pflichtlektüre war. Überall im Land entstanden Studienzentren, da die Menschen in Fabriken und Schulen Kims Geburtstag begingen, indem sie sich mit seinen Gedanken »begeistert selbst indoktrinierten«. In Pochonbo und Mangyongdae, seinem Geburtsort auf einem Hügel vor Pjöngjang, wurden ihm zu Ehren Gedenkstätten errichtet.[14]

Die grenzenlose Begeisterung der Massen ging Hand in Hand mit einer rituellen Erniedrigung potenzieller Rivalen. Drei der prominentesten Parteiführer veröffentlichten Lobgesänge auf Kim Il-sung, in denen sie ihn als großen Führer auf einer Stufe mit Lenin und Stalin priesen. Seinen Überschwang im Zaum hielt indessen Pak Hon-yong, Mitbegründer der Kommunistischen Partei

Südkoreas in Seoul, der nach Nordkorea umgesiedelt und dort 1948 zum Außenminister ernannt worden war.[15]

Im Juli 1953, wenige Monate nach Stalins Tod, wurde schließlich ein Waffenstillstand ausgehandelt. Stalin hatte den Krieg um zwei Monate verlängert und sich an den Verlusten ergötzt, die das imperialistische Lager erlitt. In seinem großen geopolitischen Schachspiel war Kim nur ein Bauer gewesen.

Die Grenze blieb dieselbe, doch waren in einem der erbittertsten und verlustreichsten Kriege unserer Zeit mehr als drei Millionen Menschen umgekommen. Ein großer Teil der Halbinsel lag in Schutt und Asche. Im Norden war kaum ein Stein auf dem anderen geblieben.

Kim verkündete den Sieg. Von Anfang an hatte die Propagandamaschine den Vaterländischen Befreiungskrieg als reinen Verteidigungskrieg dargestellt, in dem die Vereinigten Staaten der Eindringling waren. Das imperialistische Komplott, die gesamte Halbinsel zu kolonialisieren, war dank der brillanten Weitsicht des Großen Führers erfolgreich vereitelt worden. Das war freilich eine große Lüge, die allerdings aufgrund der endlosen Indoktrination und der vollkommenen Abschottung von der Außenwelt glaubhaft erschien. Im Laufe eines Jahrzehnts dehnte der Staat seine Kontrolle darüber aus, was die Menschen lesen konnten, was sie sagen, wo sie leben und wohin sie reisen durften. Sicherheitsbeamte betrieben eine lückenlose Überwachung aller Bürger und schickten Andersdenkende in Arbeitslager, die in den entlegenen, unwirtlichen Bergen im Norden des Landes verstreut lagen.[16]

Nordkorea wandelte sich nicht nur zu einem Einsiedlerkönigreich, sondern auch zu einer Gesellschaft mit Belagerungsmentalität, die unter der ständigen Bedrohung einer Invasion von allen Seiten lebte. Diese Botschaft wurde von der Propagandamaschine gebetsmühlenartig wiederholt und entsprach zudem der Einstellung vieler einfacher Menschen, die von ihren Feinden über Jahre hinweg Verwüstungen erduldet hatten.

Nordkorea war eine vom Krieg traumatisierte Gesellschaft. Die Propaganda präsentierte den Führer als Vaterfigur, der sein kriegsmüdes Volk hinter sich scharte und ihm die Richtung wies. Dennoch erstarkten infolge der Kriegsschlappe Rivalen innerhalb der Partei. Misstrauisch beäugte Kim den Außenminister Pak Honyong, der in seiner Lobpreisung ein Jahr zuvor etwas zu zurückhaltend gewesen war. Pak selbst besaß immer noch viele Anhänger unter den Parteimitgliedern, die vor 1945 im Untergrund aktiv gewesen waren. Im März 1953 ließ Kim sie unter Arrest stellen. Als eifriger Schüler Stalins inszenierte er einen Schauprozess, bei dem zwölf der Beschuldigten vor den Augen der internationalen Presse gehorsam die haarsträubendsten Verbrechen gestanden. Damit wurde von den Zerstörungen des Krieges abgelenkt.[17]

Auch beim Wiederaufbau seines Landes trat Kim in Stalins Fußstapfen. Nordkorea wurde zum Empfänger umfangreicher Hilfsleistungen aus dem sozialistischen Lager, die allesamt für eine rasche Industrialisierung und die Verstaatlichung der Landwirtschaft eingesetzt wurden. Doch wie immer hatte es Kim zu eilig. Im Jahr 1955 gab es Hinweise auf eine großflächige Hungersnot, als regelmäßig barfuß im Schnee bettelnde Kinder zu sehen waren. Im Norden rückten ganze Dörfer zusammen und versuchten, gemeinsam irgendwie über den Winter zu kommen. Abermals griffen die Sowjetunion und China ein, indem sie eine Hilfslieferung von 200 000 Tonnen Getreide schickten.[18]

Obwohl Nordkorea von der Sowjetunion abhängig war, verschwanden die Bilder von Marx, Lenin und Stalin. Bei der Parade zum Nationalfeiertag am 15. August 1954 war keiner der drei Herren zu sehen. Dafür, so beklagte sich der russische Botschafter Wassili Iwanow, »gibt es in jedem Bahnhof, in jedem Ministerium und in jedem Hotel überlebensgroße Bilder von Kim Il-sung«. Seine Weisheit wurde in Liedern und Gedichten gelobt. Seine Wahlsprüche prangten in Großbuchstaben auf Bannern in Schulen, Fabriken und Büros. Filme berichteten nicht nur von den Stätten, die er aufgesucht hatte, sondern sogar von einem Stein, auf dem er sich ausgeruht hatte.[19]

Kim war allgegenwärtig. Er war ein rastloser, energischer Führer, der sich mit jedem Detail persönlich befasste. Er inspizierte Schulen, besuchte Kooperativen und Fabriken. Bisweilen erschien er unangekündigt bei Ortsgruppentreffen und saß diesen vor. Alles wurde in sämtlichen Einzelheiten und mit zahlreichen Fotos in den Zeitungen abgedruckt. Der Begriff der »Sofortrichtlinie« kam auf, da Kim allerhand Ratschläge zu Themen wie Bienenzucht, Obstbau, Bewässerungstechnik, Stahlproduktion und Hochbau erteilte. Einer Schätzung zufolge unternahm er zwischen 1954 und 1961 mehr als 1300 Kurzreisen. Seine Lehren wurden veröffentlicht und im ganzen Land emsig studiert. In einer Zellstofffabrik in Sinuiju fanden nach einem Besuch Kims Anfang 1956 tägliche Versammlungen statt, bei denen die Lehren des Großen Führers gepredigt wurden.[20]

Er zeigte sich zahllosen Arbeitern und Dorfbewohnern und machte sich damit selbst zur lebenden Legende. Er schien ein aufmerksamer Zuhörer zu sein, stets besorgt um das Wohlergehen seines Volkes. Er gab sich interessiert an den Lebensumständen seiner Untertanen und machte sich Notizen, wenn er ihre Häuser betrat und ihre Familien kennenlernte. Er verteilte Zuwendungen. Arbeiter schrieben Kim und dankten ihm für seine Führung. Er wiederum schrieb den Arbeitern, um ihnen zu ihren Leistungen zu gratulieren.[21]

Unter der glänzenden Oberfläche der Propaganda war der Kult von Angst bestimmt, da schon das geringste Anzeichen einer Nichtachtung des Großen Führers hart bestraft wurde. Ein Opfer wurde zu fünf Jahren Haft verurteilt, weil es ein Buch in eine Zeitung eingeschlagen hatte, in der ein Bild von Kim Il-sung abgedruckt war. Ein anderes musste für fünf Jahre ins Arbeitslager, weil es ein schlecht gemachtes Plakat nachgebessert hatte. Ein Dorfbewohner, der sich über Getreidebeschlagnahmungen beklagt, dabei mit dem Finger auf ein Bild des Großen Führers gezeigt und gerufen hatte: »Du quälst die Menschen vergeblich«, wanderte für sieben Jahre hinter Schloss und Riegel. Tausende anderer Opfer wurden für ähnliche Vergehen bestraft.[22]

Je sichtbarer der Führer wurde, desto mehr wurde sein Gefolge in seinen Schatten gedrängt. Stete Lobhudelei lenkte zwar von potenzieller Kritik seitens seiner parteiinternen Gegner ab, doch als Chruschtschow 1956 den Personenkult verurteilte, sahen diese eine Gelegenheit, auch den Kult um Kim etwas einzudämmen. Yi Sang-jo, der nordkoreanische Botschafter in Moskau, beschwerte sich bei Vertretern des Außenministeriums, sein Führer habe sich mit Schmeichlern umgeben und reiße immer mehr Macht an sich, während ihn die Presse als Genie darstelle, das seit dem Alter von zwölf Jahren einen revolutionären Kampf führe. Bei einem Besuch in Moskau einen Monat später wurde Kim von Chruschtschow, der Reformen forderte, gerügt. Demütig nahm Kim seine Empfehlungen an.[23]

Seine Kritiker griffen Kim dadurch ermutigt bei einer Sitzung des Zentralkomitees im August 1956 direkt an. Sie gingen hart mit seiner Wirtschaftspolitik ins Gericht, spotteten über die Inkompetenz seiner Untergebenen und warfen ihm vor, zu große Macht in seinen Händen konzentriert zu haben. Vor allem aber kritisierten sie den Personenkult und beriefen sich auf den XX. Kongress der KPdSU vom Februar 1956, um Reformen voranzutreiben. Doch über die Jahre hatte Kim das Zentralkomitee mit jungen, loyalen Anhängern besetzt. Diese störten die Reden seiner Widersacher mit Zwischenrufen und Pfiffen; anschließend stimmten sie gegen deren Vorschläge.

Kim kehrte die Konfrontation zu seinem eigenen Vorteil um. Er bezeichnete seine Rivalen als »Abweichler«, enthob sie ihrer Posten oder schloss sie aus der Partei aus. Viele waren in der Sowjetunion oder in China geboren worden. Aus Angst um Leib und Leben flohen manche aus Nordkorea und suchten Zuflucht in den Ländern ihrer Geburt. Ihre Verfolgung erschütterte Moskau und Peking, die nun erkannten, dass ihr Einfluss auf Pjöngjang schwand. Sie entsandten eine gemeinsame Delegation nach Korea, um den Druck von ihrer Seite zu erhöhen. Erneut nahm Kim demütig ihren Rat an und berief für September eine weitere Sitzung des Zentralkomitees ein. Er rehabilitierte seine Rivalen und machte leere Gesten hinsichtlich einer Entstalinisierung.

Der Aufstand in Budapest einen Monat später, im Oktober 1956, rettete Kim. Als sowjetische Panzer das ungarische Freiheitsstreben gewaltsam auslöschten, kamen auch die Reformen im sozialistischen Lager zum Stillstand. Kim sah sich bestätigt und beseitigte im Laufe der folgenden zwei Jahre jeden einzelnen seiner Kritiker. Die Familien derjenigen, die ins Ausland geflohen waren, verschwanden. Wahrscheinlich wurden sie hingerichtet.[24]

Im Oktober 1957, als die Führer des sozialistischen Lagers zusammenkamen, um den vierzigsten Jahrestag der Oktoberrevolution zu feiern, nahm Mao Kim beiseite, um sein persönliches Bedauern über die gemeinsame Delegation mit der Sowjetunion auszudrücken. Beide Führer waren gegen eine Entstalinisierung. Kim, der sich nie eine gute Gelegenheit entgehen ließ, bat Mao, seine Truppen abzuziehen. Nach Ende des Krieges waren etwa 400 000 chinesische Soldaten in Nordkorea zurückgeblieben, die angesichts einer Bevölkerungszahl von zehn Millionen wie eine Besatzungsmacht wirkten. Im Oktober 1958 zogen sie ab. Damit hatte Kim seine beiden mächtigsten Unterstützer, die Sowjetunion und die Volksrepublik, ausmanövriert und war endlich Herr über sein Land.

In einer landesweiten Hexenjagd, die an die Säuberungen nach der Hundert-Blumen-Bewegung in China erinnerte, wurden Zehntausende »Spalter« und »Verschwörer« aller Couleur an den Pranger gestellt, gedemütigt, manchmal geschlagen und bisweilen öffentlich hingerichtet. An der Akademie der Wissenschaften wurde ein Verdächtiger von seinen Kollegen denunziert, weil er nach dem XX. Parteitag in Moskau darauf bestanden habe, die Floskel »unser geliebter Führer Kim Il-sung« aus den offiziellen Publikationen zu streichen. Zahllose weitere landeten in Gefängnissen oder Arbeitslagern.[25]

Im Jahr 1957 wurde die gesamte Bevölkerung nach dem jeweiligen Grad der Loyalität gegenüber der Partei in drei verschiedene Gruppen unterteilt. Dieses Statussystem nannte man *songbun*, nach dem in der Volksrepublik China bereits gebräuchlichen, 1951 dort eingeführten Begriff *chengfen*. Unter der »Kernklasse« und der »unschlüssigen Klasse« gab es noch eine »feindselige Klasse« von Menschen, die etwa zwanzig Prozent der Gesamtbevölkerung ausmachte. Der Klassenstatus entschied über alles – von der Menge an Nahrungsmitteln, die einer Familie zustanden, bis hin zu Bildungszugang und Arbeitsmöglichkeiten. In Nordkorea wie auch in China wurde die Zuordnung von den Eltern auf die Kinder übertragen. Menschen, deren einziges Verbrechen es war, einen Verwandten zu haben, der nach Südkorea gezogen war, wurden aus den Städten aufs Land deportiert. Aus der Loyalität gegenüber der Partei wurde bald eine Loyalität gegenüber dem Großen Führer.[26]

Der Vorsitzende Mao hatte seinen »Großen Sprung nach vorn«, der Große Führer sein »Tausend-Meilen-Pferd«. Die Ch'ŏllima-Bewegung, so benannt nach einem mythischen, geflügelten Ross, das tausend Meilen an einem Tag galoppieren konnte, wurde im Sommer des Jahres 1958 ins Leben gerufen und sollte Nordkorea in die Zukunft befördern, jedoch ohne Hilfe der Sowjetunion oder der Volksrepublik China. Ideologische Anreize statt materieller Belohnungen, so glaubte Kim, würden sein Volk dazu motivieren, härter zu arbeiten und wirtschaftliche Unabhängigkeit zu erlangen. »Vorwärts im Tempo des Ch'ŏllima«, lautete sein Slogan. In weniger als zwei Jahren sollte Nordkorea so die Wirtschaftsleistung Japans übertreffen. Wie in der Sowjetunion und in China wurden Arbeiter, die ihr Soll nicht erfüllten, als »Saboteure« denunziert. Mit der Ch'ŏllima-Bewegung ging eine neue Welle der Repression einher. Etwa 100 000 Menschen wurden allein zwischen Oktober 1958 und Mai 1959 als »feindliche und reaktionäre Elemente« ausgemacht.[27]

Während Kims Rivalen nach und nach von der Bildfläche verschwanden, ließ er die Vergangenheit neu schreiben. Bereits im März 1955 hatte die Propagandamaschine begonnen, die Sowjetunion und die Volksrepublik China historisch auszublenden und den Fokus stattdessen auf den Beitrag der »revolutionären Massen« zur Befreiung des Landes zu legen. Im Jahr 1956 hatte das Revolutionsmuseum in Pjöngjang seine Tore geöffnet. Dieses bestand aus einer einzigen, 5000 Quadratmeter umfassenden Abteilung, die allein Kim Il-sungs antijapanischen Aktivitäten gewidmet war. Bis 1960 verdoppelte das Museum seine Größe, doch befassten sich in den zahlreichen Räumen nur wenige Vitrinen mit der Sowjetunion. Besucher wurden stattdessen von zwölf großen Statuen Kims begrüßt, der nun als »Volksbefreier« gepriesen wurde.[28]

Der IV. Parteitag ein Jahr später, im September 1961, markierte einen Wendepunkt für Kim Il-sung. Er hatte erfolgreich die gesamte Opposition beseitigt und sämtliche wichtigen Posten innerhalb der Partei mit seinen Anhängern besetzt. Ein paar Monate zuvor hatte er sich das chinesisch-sowjetische Zerwürfnis zunutze gemacht, indem er beide Regierungen umworben und kurz nacheinander zwei Freundschaftsverträge geschlossen hatte, die ihm einen erweiterten Schutz gegen Südkorea und die Vereinigten Staaten boten. Kims Kampf um die Konsolidierung seiner Macht schien nunmehr vollendet.[29]

Mehrere Jahre lang trat Kim nur selten an die Öffentlichkeit und delegierte die meisten Aufgaben an seine Untergebenen. Doch seine Person war omnipräsent. Seine Äußerungen wurden in jeder Zeitung zitiert. Jede Publikation in jedem Bereich, vom Bauwesen bis zur Molekularbiologie, war mit einem obligatorischen Verweis auf sein Werk versehen. Seine Reden wurden zu Anthologien zusammengefasst und als *Gesammelte Werke* veröffentlicht. Seine *Ausgewählten Werke* erschienen in Übersetzung. Unter seinem wohlwollenden Blick studierten seine Schüler in jedem Büro und jedem Klassenzimmer des ganzen Landes seine Worte. Marx, Engels und Lenin hingegen waren nur selten zu sehen und zu hören.[30]

Am 9. September 1963 hielt Nordkorea eine riesige Parade zum fünfzehnten Jahrestag der Staatsgründung ab, bei der ein riesiges Bildnis Kim Il-sungs durch die Straßen Pjöngjangs getragen wurde. In den Eröffnungsreden fand die Sowjetunion nicht ein einziges Mal Erwähnung. Vielmehr lautete der Slogan: »Alles aus eigener Kraft.«[31]

Wie jeder gute Diktator musste auch Kim Begründer einer Ideologie werden. Seine Schriften wurden weit und breit studiert, doch brauchte er eine Philosophie – vorzugsweise eine mit dem Suffix »-ismus« nach seinem Namen. Bereits im Dezember 1955, als Nordkorea auf Nahrungsmittelhilfslieferungen aus der Sowjetunion und China angewiesen war, hatte Kim Il-sung seine Juche-Ideologie vorgestellt (der Begriff *juche* bedeutet frei übersetzt »Eigenständigkeit«). Hinter vielen ausschweifenden Worten verbarg sich ein simpler Gedanke: Die Menschen sind Herren ihres Schicksals, und wenn sie autonom werden, können sie den wahren Sozialismus erreichen. Der Marxismus-Leninismus, der die materiellen Bedingungen als primäre Kraft historischen Wandels betrachtete, wurde auf den Kopf gestellt.[32]

Jahrelang wurde die Juche-Ideologie kaum erwähnt, wenngleich der Gedanke wirtschaftlicher Autarkie die Ch'ŏllima-Bewegung durchdrang und Unabhängigkeit ebenso wie Eigenständigkeit seit jeher ganz oben auf der Agenda der wichtigsten Ziele Nordkoreas standen. Im April 1965 jedoch, als die chinesisch-sowjetische Spaltung weiter fortschritt, reiste Kim nach Indonesien. Anlass war der zehnte Jahrestag der Bandung-Konferenz afrikanischer und asiatischer Staaten. Es war seine erste Reise zu einem Ziel außerhalb des sozialistischen Lagers, und Kim nutzte die Gelegenheit, um seinen Claim als Führer der blockfreien Staaten der Dritten Welt abzustecken. In Jakarta sprach er ausgiebig über die Basisprinzipien der Juche-Ideologie und vertrat mehr oder weniger offen eine Position der Unabhängigkeit von China und der Sowjetunion im antiimperialistischen Kampf.[33]

Zuhause diente die Juche-Ideologie einem ganz anderen Zweck. Im Oktober 1966, nach fünfzehn Jahren halsbrecherischen Wachstums in der Schwerindustrie, begannen selbst manche von Kims Anhängern, eine Verbesserung des durchschnittlichen Lebensstandards zu fordern. Das Land stand abermals am Rande einer Hungersnot. Seit Monaten gab es in der Hauptstadt Pjöngjang kein Speiseöl oder Fleisch mehr.[34]

Kim betrachtete solche Forderungen als Bedrohung und verlangte, die Juche-Ideologie solle als offizielle Ideologie Nordkoreas verankert werden. Um die Revolution zu führen, wollte er nichts weniger als ein monolithisches ideologisches System, die »Einheit von Ideologie und Willen«. Er bestand auf dem bedingungslosen Gehorsam sämtlicher Parteigenossen. Im Jahr 1967 kam es zu Säuberungsaktionen gegen seine Kritiker.[35]

Als Kims Wort absolut wurde, versah man ihn mit immer übertriebeneren Ehrentiteln. Man pries ihn als »genialen Führer eines Vierzig-Millionen-Volkes« und »herausragenden Führer der kommunistischen Internationalen und der Arbeiterbewegung«. Er war derjenige, der das Vaterland im August 1945 vom Joch der Kolonialherrschaft befreit hatte, und er war es auch gewesen, der an den imperialistischen Aggressoren aus Amerika »hundert- und tausendfach Vergeltung geübt« und sie während des Koreakriegs in die Knie gezwungen hatte. Er war das rote Leuchtfeuer für die Unterdrückten Afrikas, Asiens und Lateinamerikas. »Kim Il-sung ist die rote Sonne«, schrieb ein nigerianischer Dichter in der

Pyongyang Times.[36] Der Kult bezog auch seine Familie ein. Eine Theatergruppe des Sicherheitsministeriums führte ein Stück über die »Heldentaten« seiner Mutter auf, das weite Verbreitung fand. Kang Pan-sŏk wurde darin »Mutter von Kim Il-sung und unsere Mutter« genannt. Seinen Vater kanonisierte man als Heiligen der Revolution. Zum revolutionären Familienkreis gehörten auch Kims Großvater, seine Großmutter und einer seiner Urgroßväter.[37]

Der Maifeiertag 1967, der zum ersten Mal seit vier Jahren wieder begangen wurde, stand ebenfalls ganz im Zeichen der Juche-Ideologie. »Alles aus eigener Kraft« oder »Einheit durch Eigenständigkeit« verkündeten die Banner der Parade, die von mehreren riesigen geflügelten Pferden angeführt wurde, denen endlose Porträts und Bildnisse des Großen Führers folgten. Am Ende des Festaktes sangen die Teilnehmer feierlich ein Lied auf Kim Il-sung und skandierten anschließend mehrere Minuten lang seinen Namen.[38]

Es gab keine Kulturrevolution. Wie auch andere Diktatoren war Kim Il-sung fassungslos angesichts des Chaos, das diese in China anrichtete. Mit der Erhebung der Juche-Ideologie zur Staatsdoktrin ging jedoch ein Angriff auf alles einher, was den Anschein bürgerlicher Kultur erweckte. Rund 300 000 Menschen, die als »politisch unzuverlässig« eingestufte Verwandten hatten, wurden aus der Hauptstadt Pjöngjang vertrieben. Liebeslieder und Liebesgeschichten waren nun verboten, ebenso das Volkstheater, bei dem Sänger und Musiker Volkssagen interpretierten. Klassische Musik, darunter auch Beethoven, wurde geächtet. Sogar *Wie der Stahl gehärtet wurde*, ein 1936 erschienener sozialistischer Roman von Nikolai Ostrowski, fiel der Zensur zum Opfer. Im Mai 1968 gingen die Zensoren sogar noch wesentlich gründlicher vor und konfiszierten sämtliche ausländischen Bücher. Die Originalwerke von Marx und Engels zu lesen galt als »unerwünscht«. In Begegnungsstätten, Hörsälen und eigens eingerichteten Lernräumen, die von Ausländern bisweilen als »Kulträume« bezeichnet wurden, studierten die Massen derweil eifrig Kim Il-sungs Werke, die sie als Zeichen ihrer unabdingbaren Loyalität auswendig lernten.[39]

Die Spannung wurde erhöht, und man kultivierte eine dauerhafte kriegerische Stimmung. Die Parade im Mai 1967 war zudem eine Zurschaustellung wachsender militärischer Stärke. Lange Formationen von Panzerabwehrgeschützen, Flugabwehrartillerie und Granatwerfern rumpelten durch die Straßen der Hauptstadt. »Lasst uns Südkorea befreien!« und »Das ganze Volk zu den Waffen!« waren Slogans, die den Ton vorgaben. In dieser Atmosphäre eines drohenden Krieges wurden in Städten und Dörfern regelmäßig Luftschutzübungen veranstaltet, bei denen selbst die Kranken und Alten mehrere Kilometer zu Fuß gehen mussten, um in unterirdischen Tunneln Schutz zu suchen.[40]

Will man die gesamte Aufmerksamkeit auf einen Führer lenken, so gibt es nichts »Geschickteres« als einen drohenden Krieg, weil die Menschen dann enger zusammenrücken und geschlossen handeln. Die erhöhte Spannung war jedoch auch das Ergebnis von Veränderungen in der Parteistruktur, die sich 1962 ereigneten. Da Kim nun sämtliche Widersacher ausgeschaltet hatte, besetzte er Schlüsselpositionen mit seinen eigenen, jungen Generälen. In gewissem Maße war dies die Reaktion auf einen erfolgreichen Militärputsch in Südkorea im Mai 1961. Daneben war es Teil eines neu erstarkten Wunsches nach einer Wiedervereinigung der Halbinsel durch militärische Eroberung. Mehrere Jahre lang stärkten Kims Generäle das Militär, bewaffneten das Volk und machten das Land so zu einer »uneinnehmbaren Festung«.

Im Januar 1968 jedoch gingen sie zu weit. Erst schickten sie eine Guerillaeinheit nach Seoul, mit dem Auftrag, den südkoreanischen Präsidenten Park Chung-hee zu ermorden. Das Attentat scheiterte, und viele Agenten wurden getötet. Ein paar Tage später kaperte die nordkoreanische Marine – wohl aus Trotz – die Pueblo, ein amerikanisches Aufklärungsschiff. Dessen 83-köpfige Mannschaft wurde misshandelt und elf Monate lang gefangen gehalten, was das Land an den Rand eines Krieges brachte.[41]

Öffentlich gratulierte Kim den Offizieren, die für das Kapern der Pueblo verantwortlich waren, doch als die Krise nach langatmigen Verhandlungen endlich überwunden war, entfernte er heimlich, still und leise zwölf der höchstrangigen Generäle aus seiner eigenen Partisanentruppe. Kein Diktator fühlt sich sicher, solange mächtige Militärs das Kommando führen, selbst wenn sie ihr ganzes Leben lang loyal gewesen sind. Es war das Ende der militanten Politik der sechziger Jahre.

Im Jahr 1969 wurden stattdessen junge Anhänger begünstigt, die vor allem die wirtschaftliche Entwicklung im Blick hatten. Einige der höchsten freien Positionen besetzte Kim nach und nach mit Verwandten. Sein Bruder rückte auf die vierthöchste Position vor. Seine Frau übernahm den Vorsitz der Nordkoreanischen Demokratischen Frauenliga. Als die Ostdeutschen und die Sowjets im Mai 1972 eine Liste derjenigen Familienmitglieder Kims aufstellten, die sich in Machtpositionen befanden, zählten sie ein Dutzend.[42]

Am 15. April 1972 wurde Kim sechzig. Die Vorbereitungen für das Ereignis begannen bereits mehrere Monate zuvor. Im Oktober 1971 verkündete die Propagandamaschine, dass im ganzen Land zu Ehren des Großen Führers Denkmäler aufgestellt würden. Zur Erinnerung an revolutionäre Schlachten errichtete man an den entsprechenden Orten Gedenkstätten, und in Stein gehauene Gedichte kennzeichneten den Boden, auf dem Kim gestanden hatte. Neue Straßen, Brücken und Dämme wurden gebaut. Als Zeichen der Dankbarkeit für Kims »Sofortrichtlinien« wurden »in jeder Provinz und in jeder größeren Stadt, Fabrik, Mine und landwirtschaftlichen Kooperative« Denkmäler enthüllt. Niemand wollte zurückstehen. Die Menschen arbeiteten freiwillig rund um die

Uhr und nutzten während der Nacht künstliches Licht. Ihr persönliches Opfer war eine Demonstration aufrichtiger Liebe zum Großen Führer, ein Geschenk für den Einen, der seinem Volk so viel gegeben hatte.[43]

Kims Geburtshaus in Mangyongdae, das jährlich bereits für 1,3 Millionen Schüler und Arbeiter Pilgerziel war, wurde neu erbaut. Schilder verwiesen auf die historischen Momente in seinem Leben: auf den Ort, an dem er mit seinem Vater gesessen hatte, seinen Schlittenhügel, seinen Raufplatz, seinen Lieblingsplatz zum Angeln, seine Lieblingsschaukel, sogar auf einen Baum, unter dem er gesessen hatte. Die hölzernen Pflüge und Harken, mit denen seine Familie gearbeitet hatte, waren ausgestellt, ebenso wie die gelbe Schüssel, aus der er seinen Reis gegessen hatte. Weiter nördlich in Pochonbo und Musan wurden an zwei historischen Stätten, an denen der Große Führer gegen die Japaner gekämpft hatte, insgesamt dreiundzwanzig Monumente errichtet.[44]

Das Ausmaß der öffentlichen Bauarbeiten war pharaonisch. Gewaltige Ressourcen wurden für die Geburtstagsprojekte aufgewendet, die so viel Zement erforderten, dass trotz vertraglicher Verpflichtungen sämtliche Lieferungen an die Sowjetunion eingestellt wurden. Man heuerte Bergleute an, um den Zeitplan einzuhalten, und ließ ganze Städte dunkel werden, wenn die Kohle für den Betrieb der Kraftwerke ausging.[45]

Pjöngjang wurde verwandelt. Im Koreakrieg war die Hauptstadt in Schutt und Asche gelegt worden, und die Städteplaner ergriffen die Gelegenheit, die Stadt zu einem Denkmal für den Großen Führer zu machen. Über die Jahre hatte man große, mit Bäumen gesäumte Boulevards gebaut, aufgelockert durch Parks, Springbrunnen und Blumenbeete. 1954 hatten die Arbeiten zum neuen Kim-Il-sung-Platz begonnen, der rechtzeitig zu den Feierlichkeiten anlässlich seines sechzigsten Geburtstags fertiggestellt wurde. Auf der riesigen, mit Granit gepflasterten Fläche erhob sich eine Bronzestatue von Kim Il-sung.

Der imposanteste Ehrenbau jedoch lag hoch oben über der Stadt auf dem Hügel Mansudae. Dort hatte man das Revolutionsmuseum, das rund fünfzehn Jahre zuvor noch lediglich 5000 Quadratmeter umfasst hatte, komplett umgebaut und in einen Monumentalbau mit beeindruckenden 50 000 Quadratmetern und über neunzig Ausstellungsräumen verwandelt. Vor dem Museum stand eine Statue des Großen Führers, eine Hand an der Hüfte, die andere mit offener Handfläche ausgestreckt, als ob er seinem Volk die Zukunft reichte. Mit zwanzig Metern Höhe war es die größte jemals im Land gebaute Statue, nachts mit Flutlicht angestrahlt und außerhalb der Stadt weithin sichtbar.[46]

Wochen vor dem Großereignis wurde eine Kampagne unter dem Titel »Geschenke der Loyalität« eröffnet. Diese bot allen Bürgern die Möglichkeit, ihre Liebe zum Führer zu demonstrieren, indem sie »freiwillig« noch höhere Produktionsquoten erreichten als ohnehin schon üblich. Per Schiff trafen vor dem Geburtstag auch materielle Geschenke von in Japan lebenden Koreanern ein. Die Frachter waren beladen mit Hunderten von importierten Fahrzeugen, darunter Automobile von Mercedes-Benz, Lastwagen, Bulldozer und Bagger, aber auch mit Fernsehgeräten, Schmuck, Seide und anderen Luxusartikeln.[47]

Am 15. August wurde das Museum mit großem Pomp eingeweiht. Rund 300 000 Besucher schlurften in respektvollem Schweigen durch die vielen Säle. Sieben Abteilungen erlaubten ihnen, die Geschichte des Großen Führers nachzuvollziehen, von seinem Kampf gegen die Japaner bis zu seinen Heldentaten auf internationalem Parkett. Tausende Devotionalien waren zu sehen: Kims Handschuhe, Schuhe, Gürtel und Mützen, maßstabsgetreue Modelldarstellungen berühmter Treffen, Gemälde berühmter Szenen. Überall standen Statuen, jede einzelne höchstpersönlich genehmigt von Kim Il-sung.[48]

Abzeichen wurden eingeführt. Die ersten waren zwei Jahre zuvor aufgetaucht, doch nun wurden sie überall verteilt. Eine erste

Charge traf gerade rechtzeitig zu den Feierlichkeiten aus China ein. Darauf zu sehen war ein ernst blickender Großer Führer vor rotem Hintergrund. Erst viel später lächelte er etwas wohlwollender. Anfangs nannte man sie »Parteiabzeichen«, da hochrangige Funktionäre sie sich anhefteten, doch bald schon war das Tragen – stets auf der linken Brusttasche – für alle Bürger verpflichtend.[49]

Ein halbes Jahr später, im Dezember 1972, wurde eine neue Verfassung verabschiedet. Sie schrieb die Juche-Ideologie fest und ersetzte im Grunde den Marxismus-Leninismus durch das Denken des Großen Führers. Außerdem schuf man ein neues Amt: Kim war fortan nicht mehr nur Parteivorsitzender, sondern wurde darüber hinaus auch zum Präsidenten der Republik gekürt. Als Präsident war er gleichzeitig Staatschef und Oberkommandeur der Streitkräfte. Er konnte Edikte erlassen, Begnadigungen aussprechen und Abkommen schließen oder kündigen. Die Verfassung verankerte nicht nur die Person Kim Il-sungs auf sämtlichen Ebenen der Regierung, mit ihr begann auch eine subtile Machtverlagerung von der Partei auf den Staat.[50]

Nordkorea war ein hermetisch abgeriegeltes Land, in dem Ausländer, abgesehen von Botschaftsangehörigen aus dem sozialistischen Lager, selten zu sehen waren. Sie alle wurden überwacht. Doch Kims sechzigster Geburtstag war auch eine Art Coming-out-Party: Delegationen aus dreißig Ländern nahmen an den Feierlichkeiten teil.[51]

Zum ersten Mal wurde ein US-amerikanischer Korrespondent nach Nordkorea eingeladen. Man hatte ihn mit Bedacht ausgewählt, da er bereits seit vielen Jahren aus der Sowjetunion und aus Albanien berichtete. Am Morgen nach seiner Ankunft wurde Harrison Salisbury in einem nagelneuen Mercedes-Benz durch Pjöngjang kutschiert. Man brachte ihn zu Musterschulen, Musterfabriken und Musterhöfen. Er zeigte sich von allem beeindruckt, angefangen bei den glücklichen Dorfbewohnern, die auf dem Feld arbeiteten, bis zu den stolzen Kindergartenkindern, die dem Großen Führer zu Ehren sangen: »Wir beneiden niemanden auf der ganzen Welt.«[52]

Salisbury traf sich mit dem väterlichen Marschall, der ihn mit ausgestreckten Händen empfing. Wie Stalin und Mao ging er langsamen Schrittes, um möglichst würdevoll zu wirken. Wie sie wusste auch er zu lächeln und seinen Gästen die Befangenheit zu nehmen. Er lachte, kicherte bisweilen sogar und wandte sich gelegentlich an seine Mitarbeiter, um bei seinen Aussagen deren Unterstützung einzuholen. Salisbury schloss aus alledem, Kim Il-sung sei ein »ungemein scharfsinniger und visionärer Staatsmann«.

Die Kamera fing das sorgfältig choreographierte Treffen von Salisbury und Kim ein, wenngleich der Übersetzer, der zwischen ihnen gesessen hatte, am nächsten Tag nicht in den Zeitungen zu sehen war. Eine Woche später traf ein weiterer amerikanischer Journalist – gefolgt von vielen weiteren Besuchern – ein, als Nordkorea vorsichtig seine Türen öffnete.[53]

In Jakarta war Kim 1965 als Vertreter der blockfreien Staaten aufgetreten und hatte sich der Dritten Welt angebiedert, während die Sowjetunion und die Volksrepublik im Streit miteinander lagen.

Als im Sommer 1968 von der Sowjetunion angeführte Truppen mit 250 000 Mann in die Tschechoslowakei einmarschierten, um die demokratischen Reformbestrebungen des Landes zu unterdrücken, verweigerte Nordkorea seine Teilnahme am Internationalen Treffen Kommunistischer und Arbeiterparteien in Moskau. Kim Il-sung berief sich auf die Juche-Ideologie und stellte sich offen gegen Moskau, indem er verkündete, die nationale Revolution habe Vorrang vor der internationalen. Broschüren, Pamphlete und gekürzte Biographien des Großen Führers wurden im Ausland veröffentlicht. In Schweden, Großbritannien und den Vereinigten Staaten erschienen dazu ganzseitige Anzeigen in führenden Zeitungen. Das Hauptziel dieses Propagandafeldzugs bestand darin, Kim Il-sung als Genie darzustellen, als kreativen Staatslenker von internationalem Format, der den Marxismus-Leninismus zu einem Œuvre weiterentwickelt habe, welches für revolutionäre Völker auf der ganzen Welt eine Inspiration sei.[54]

In den darauffolgenden Jahren ließ Nordkorea keine Gelegenheit aus, Beziehungen zu Ländern aufzubauen, die Vorbehalte gegenüber der Sowjetunion geäußert hatten, von Jugoslawien im September 1971 bis zur Republik Seychellen im August 1976. Auch Chinas Isolation während der Kulturrevolution wurde instrumentalisiert. Regelmäßig säumten Zehntausende Menschen die Straßen, um ausländische Würdenträger in Pjöngjang zu begrüßen. Kim reiste selbst ins Ausland und widmete sich seiner internationalen Präsenz mit derselben Energie, mit welcher er zuvor sein eigenes Land bereist hatte. Im Jahr 1975 unternahm er zwei große Reisen und gewährte ausländischen Korrespondenten in zwölf Ländern großzügige Interviews. Kurz: Er versuchte, im Ausland Freunde zu gewinnen.[55]

Diese Charmeoffensive hatte zum großen Teil mit den Vereinten Nationen zu tun, die Nordkorea 1975 schließlich aufnahmen. Im gesamten Verlauf der siebziger Jahre inszenierte sich Kim jedoch weiterhin als Führer der Dritten Welt. In etwa fünfzig Ländern finanzierte Nordkorea insgesamt mehr als zweihundert Organisationen zur Verbreitung der Juche-Ideologie. In Tokio wurde 1974 ein internationales Juche-Forum abgehalten, bei dem nun endlich doch der Begriff des »Kimilsungismus« geprägt wurde. Das größte Ereignis fand im September 1977 statt, als Vertreter aus 73 Ländern nach Pjöngjang eingeladen waren, um eine Reihe von Seminaren über den Kimilsungismus zu besuchen, die der Große Führer höchstpersönlich leitete. Die Teilnehmer lauschten respektvoll, und niemand stellte auch nur eine einzige Frage.[56]

1978 erkannte Kim Il-sung, dass seine Bemühungen, die Juche-Ideologie im Ausland zu propagieren, ihm mehr Spott als Respekt einbrachten. Die Kampagne kam zum Erliegen. Ausländische Studienzentren erhielten keine finanzielle Unterstützung mehr, Interviews mit ausländischen Journalisten wurden zahlenmäßig begrenzt. Auch die kurzzeitige Unterstützerrolle der Dritten Welt fand ein Ende.[57]

Zuhause inszenierte sich Kim Il-sung als Hauptakteur auf der Weltbühne, als großer und einflussreicher Staatsmann, der bei allen internationalen Angelegenheiten mitredete. Im Jahr 1978 eröffnete auf dem Myohyang-san, einem heiligen Berg etwa zwei Stunden nördlich von Pjöngjang, das Museum für Völkerfreundschaft. Das weitläufige Gebäude, das einem traditionellen Tempel nachempfunden war, beherbergte unzählige Zeichen der Wertschätzung, die der Große Führer über die Jahre erhalten hatte. Zu sehen waren etwa Panzerwagen, die Stalin und Mao geschickt hatten, schwarze Limousinen vom ehemaligen sowjetischen Ministerpräsidenten Georgi Malenkow, eine Aktentasche aus Krokodilleder von Fidel Castro aus Kuba, ein Bärenfell von Ceauşescu, ein Elefantenstoßzahn, eine Kaffeemaschine, Aschenbecher, Vasen, Lampen, Füller, Teppiche, endlose Objekte in endlosen Räumen, allesamt handfeste Zeugnisse für den endlosen Respekt, den die Führer dieser Welt Kim Il-sung zollten. Im Jahr 1981 bestanden etwa neunzig Prozent der internationalen Nachrichten, die jeden Abend im Fernsehen ausgestrahlt wurden, aus Berichten über ausländische Seminare, Konferenzen und Veröffentlichungen über den Großen Führer. Die ganze Welt verehrte ihn – angeblich.[58]

Nach Kim Il-sungs sechzigstem Geburtstag wurden Gelübde absoluter Loyalität gegenüber dem Führer zur Normalität. Als er dreiundsechzig wurde, berichteten Radio und Fernsehen über Arbeiter, die zu Tagesbeginn einen Treueeid leisteten und sich mit einem Buch seiner Zitate vor seinem Porträt verbeugten. Am Ende ihrer Schicht verneigten sie sich abermals. Zudem begannen Parteimitglieder, auch seinem Sohn Kim Jong-il die Treue zu schwören, einem pummeligen jungen Mann, der gerade die Dreißig überschritten hatte und das Parteisekretariat leitete.[59]

Bald tauchten riesige Fotos von Kim Jong-il auf, der stets dieselben Posen einnahm wie sein Vater. Am 16. Februar 1976 feierten rund 15000 Kinder und Jugendliche Kim Jong-ils vierunddreißigsten Geburtstag im Stadion von Pjöngjang. Vielleicht noch vielsagender war in den folgenden Jahren die auffällige Abwesenheit mehrerer Führungspersonen in öffentlichen Ämtern. Im Dezember 1977 fand eine Säuberung statt. Kim entfernte all diejenigen, die er im Verdacht hatte, sie könnten einer Ernennung seines Sohnes zum Thronfolger widersprechen. Im Oktober 1980 wurde Kim Jong-il in die vierthöchste Position innerhalb der Partei gewählt.[60]

Die erste Aufgabe des Sohnes bestand in einer Loyalitätsbezeugung gegenüber dem Vater. Er koordinierte den Bau mehrerer Monumente zu Ehren des siebzigsten Geburtstags des Großen Führers im April 1982. Auf der dem Kim-Il-sung-Platz gegenüberliegenden Flussseite wurde ein 170 Meter hoher Megalith aus Granit errichtet, der die Stadt überragte. Den Juche-Turm krönte fortan eine 45 Tonnen schwere Skulptur einer roten Flamme, die bei Nacht leuchtete. Weiter im Norden von Pjöngjang wurde ein dem Pariser Arc de Triomphe nachempfundener Triumphbogen eingeweiht, dessen 25550 Granitblöcke jeweils für einen Tag im Leben des Einen standen, der das Land befreit hatte. Unter des Sohnes Leitung trat der Begriff des Kimilsungismus an die Stelle der Juche-Ideologie.

Der Große Führer zog sich nach und nach aus dem Rampenlicht zurück. Er unternahm weniger Reisen, auf denen er vor Ort »Sofortrichtlinien« erteilte, hielt weniger Reden und gab nur noch selten Interviews. Dennoch reiste er weiterhin und stattete der Sowjetunion und China Freundschaftsbesuche ab, um die guten Beziehungen wiederherzustellen. Der Personenkult nahm nochmals eine neue Dimension an, wenngleich Kim Il-sungs Bildnis bereits die gesamte Nation überschattete. Im Jahr 1958 waren neunzehn Bäume mit Inschriften entdeckt worden, die Revolutionäre während des Widerstandskampfes gegen Japan dort eingeritzt hatten. Mitte der achtziger Jahre tauchten weitere 9000 Bäume mit Inschriften auf, die allesamt zu Gedenkstätten erklärt wurden. Die Inschriften waren auf Fotos gut zu lesen: »Lang lebe Kim Il-sung, Präsident eines unabhängigen Korea«, »Der große Mann, den der Himmel geschickt hat«, »Kim Il-sung ist der Führer einer Weltrevolution«. Parteimitglieder und Militäreinheiten unternahmen nun Pilgerfahrten zu diesen Gedenkstätten. Mehrere Hundert Bäume preisen einen kleinen Jungen: »Korea frohlocke! Die große Sonne ist geboren!« Als Kim Jong-il, inzwischen »Lieber Führer« genannt, im Jahr 1990 seinen Geburtstag feierte, wurde über dem Berg Paektusan, dem heiligen Land im Norden, ein mysteriöser Regenbogen gesichtet.[61]

Am 8. Juli 1994 erlag der Große Führer einem Herzinfarkt. Er wurde zweiundachtzig Jahre alt. Vierunddreißig Stunden später kam die Bevölkerung in Büros, Schulen und Fabriken zusammen, um dem langatmigen Nachruf eines schwarzgekleideten Redners zu lauschen. Alle weinten, wenngleich niemand sagen konnte, wer wirklich trauerte und wer nicht. Sanitäter standen bereit, um bei Ohnmachten Hilfe zu leisten. In den Tagen darauf versammelten sich viele Trauernde um Kim Il-sungs riesige Statue auf dem Mansudae-Hügel. In ihrer zur Schau gestellten Trauer versuchten sie, einander zu überbieten, schlugen sich auf den Kopf, brachen theatralisch zusammen, zerrissen ihre Kleider, ballten die Fäuste in gespieltem Zorn gen Himmel. Die unablässigen Fernsehausstrahlungen untröstlicher Genossen hatten sie dazu animiert: Bilder von Piloten, die im Cockpit weinten, und von Seeleuten, die ihre Köpfe gegen die Masten ihrer Schiffe schlugen. Am zehnten Tag wurde Staatstrauer angeordnet. Die Geheimpolizei überwachte jeden Einzelnen und versuchte, die Aufrichtigkeit der Trauer zu messen, indem sie Gesichtsausdruck und Stimmlage deutete. Ein fünfjähriges Kind spuckte in seine Hand, um sich das Gesicht mit Speichel zu benetzen, damit es so aussah, als weinte es. Unter den wachsamen Augen des Lieben Führers wurde der

Leichnam des Großen Führers in ein gigantisches Mausoleum gebracht. Im Leben wie im Tode jedoch behielt Kim Il-sung seinen Titel als Präsident. In allen größeren Städten wurden sogenannte »Türme der Unsterblichkeit« errichtet, an denen Inschriften verkündeten, der Große Präsident werde »für immer bei uns bleiben«.[62]

Duvalier

Wie der Bug eines großen Steinschiffs ragt die Citadelle Henri Christophe auf einem Berggipfel aus dem Dschungel. Sie ist die größte Festung Gesamtamerikas und bietet bis zu 5000 Menschen Platz. Erbaut wurde sie zwischen 1806 und 1820 von dem ehemaligen Sklaven Henri Christophe, einer Schlüsselfigur der haitianischen Revolution. Dieser hatte jahrelang unter Toussaint Louverture gekämpft, einem legendären Führer, der den Sklavenaufstand in der französischen Kolonie zur Unabhängigkeitsbewegung eines ganzen Volkes machte. Toussaint Louverture verstarb 1802, doch zwei Jahre später gelang es seiner großen und gut disziplinierten Armee, die Kolonialherren zu besiegen und die erste schwarze Republik der Welt auszurufen. Bald darauf wurde Louvertures General Jean-Jacques Dessalines zum Kaiser gekürt. Seine Herrschaft war jedoch nicht von langer Dauer. Im Jahr 1806 fiel er einem Attentat zum Opfer.[1]

Daraufhin entbrannte ein Machtkampf, der mit der Teilung des Landes in zwei Hälften endete. Der Süden wurde von den sogenannten *gens de couleur* beherrscht, Menschen gemischter Herkunft, die schon vor der Abschaffung der Sklaverei frei gewesen waren. Ehemalige Sklaven gingen in den Norden, wo Henri Christophe 1811 ein Königreich gründete. In den folgenden Jahren nannte er sich Henri I., König von Haiti, und ließ mithilfe von Zwangsarbeitern extravagante Paläste und Festungen bauen. Christophe schuf seinen eigenen Adelsstand und entwarf Wappen für Herzöge, Grafen und Barone. Diese wiederum erkannten seinen Sohn Jacques-Victor Henri ergeben als Prinz und Erben an. Doch Henri I. glitt nach und nach in eine Paranoia ab, die ihn überall Komplotte und Verschwörungen vermuten ließ. Um das Risiko eines Staatsstreichs zu vermeiden, erschoss er sich im Alter von dreiundfünfzig Jahren mit einer silbernen Kugel. Zehn Tage später wurde sein Sohn erschlagen.

Der Norden und der Süden wurden wiedervereint, doch die sozialen Ungleichheiten blieben. Die Elite war stolz auf ihr französisches Erbe und blickte auf die Mehrheit der Bevölkerung herab. Diese bestand aus armen Dorfbewohnern, Nachkommen afrikanischer Sklaven. Mehr als ein Jahrhundert lang regierten selbsternannte Monarchen und Kaiser aus beiden Lagern, die meisten mittels politischen Zwangs. Die Wirtschaft kam nur langsam auf die Beine, in großem Maße gehemmt durch eine von Frankreich 1825 eingeforderte Schuld im Austausch gegen die Unabhängigkeit. Erst 1947 war diese voll beglichen.

Die Vereinigten Staaten besetzten 1915 die Insel und hielten sich zwei Jahrzehnte dort auf, was die Kluft zwischen den verschiedenen Ethnien vertiefte. Gegen die amerikanische Besatzung lehnte sich Jean Price-Mars auf, ein angesehener Lehrer, Diplomat und Ethnograph, der die afrikanischen Wurzeln der Insel besonders herausstellte. Er betrachtete Voodoo, eine Mischung aus römisch-katholischen Ritualen und afrikanischen Glaubenselementen, als indigene Religion auf einer Stufe mit dem Christentum. Als die Amerikaner die Insel verließen, gingen einige seiner Anhänger sogar noch weiter und entwickelten eine nationalistische Ideologie mit der Kernforderung, die Elite zu stürzen und den Staat in die Hände von Vertretern der Bevölkerungsmehrheit zu geben. Sie nannten diese Ideologie *noirisme*, abgeleitet von dem französischen Wort für »schwarz«, und argumentierten, die sozialen Unterschiede, die Haiti seit langer Zeit spalteten, seien eine Folge tief verwurzelter Evolutionsgesetze.

Einer dieser Männer war François Duvalier. In einem 1939 erschienenen Artikel mit dem Titel »Eine anthro-soziologische Frage: Rassischer Determinismus« vertrat der junge Autor die Ansicht, die Biologie bestimme die Psychologie, da jede ethnische Gruppe ihre eigene »kollektive Persönlichkeit« besitze. Die wahre haitianische Seele sei schwarz, ihre Religion Voodoo. Die Noiristen forderten einen autoritären und exklusiven Staat, in dem ein authentischer schwarzer Führer alle Macht besitzen sollte.[2]

Als Kind war François Duvalier schüchtern und in sich gekehrt. Auf der weiterführenden Schule kam er in Kontakt mit zwei Lehrern, die ihn stark beeinflussten. Der eine war Jean Price-Mars, der andere Dumarsais Estimé. Beide weckten den Stolz auf das afrikanische Erbe seines Landes in ihm. Er versuchte sich am Journalismus, wetterte gegen die Elite, setzte sich für die arme Dorfbevölkerung ein. Schon damals setzte er Schwarzsein mit Unterdrückung gleich.[3]

Nach seinem Abschluss in Medizin an der Universität von Haiti im Jahr 1934 arbeitete der 27-Jährige in verschiedenen Ortskrankenhäusern. In seiner Freizeit informierte er sich über Voodoo und schrieb im Geiste von Price-Mars über den Noirismus. Er freundete sich mit Lorimer Denis an, einem humorlosen 24-Jährigen, der einen Hut trug und einen Stab mit sich führte, was ihm die Aura eines Voodoo-Priesters verlieh. Duvalier übernahm diesen Stil und knüpfte zahlreiche Kontakte zu Priestern *(houngans)* und Priesterinnen *(mambos)*, da er die Religion als zentrales Element im Leben der haitianischen Landbevölkerung betrachtete. Gemeinsam mit Denis arbeitete er für das Bureau d'Ethnologie, das Price-Mars 1941 gegründet hatte, um einer vom Staat orchestrierten, brutalen Kampagne gegen den Voodoo-Glauben entgegenzuwirken, in deren Verlauf Kultobjekte zerstört und Priester gezwungen wurden, ihren Glauben zu widerrufen.[4]

Bis zum Ende des Zweiten Weltkriegs studierte Duvalier in den

Vereinigten Staaten zwei Semester lang das Fach Gesundheitswesen. Im Jahr 1945 ging er zurück aufs Land, um tropische Krankheiten wie Malaria und Frambösie zu bekämpfen. Dort präsentierte er sich als selbstloser Mensch, der sich – mit einer Arzttasche über der Schulter und einer Spritze in der Hand – für die armen Bauern einsetzte. »Er erleidet ihren Schmerz, er beklagt ihr Unglück«, schrieb er später über sich selbst in der dritten Person.[5]

Im Jahr 1946 wurde sein ehemaliger Lehrer Dumarsais Estimé zum Präsidenten gewählt und bezog den Präsidentenpalast, ein von den Amerikanern 1920 errichtetes, großes, stattliches Gebäude mit einer Kuppel, das an das Weiße Haus erinnerte. Duvalier wurde zum Generaldirektor des staatlichen Gesundheitsdienstes ernannt, drei Jahre später wurde er Minister für Gesundheit und Arbeit. Estimé erwies sich jedoch bald als zu radikal für die Elite: Er sorgte dafür, dass mehr Schwarze in der Beamtenschaft vertreten waren, führte Maßnahmen zur Einkommensbesteuerung ein und förderte Voodoo als einheimische Religion der Bevölkerungsmehrheit. Im Mai 1950 enthob ihn eine Militärjunta unter Paul Magloire seines Amtes. Duvalier verlor ebenfalls seinen Posten und kochte innerlich vor Zorn angesichts der Vorherrschaft der Elite. Er lernte eine bittere Lektion, nämlich, dass man der Armee niemals trauen durfte.

Er praktizierte wieder als Mediziner auf dem Lande, schloss sich jedoch bald der Opposition an. Als die Regierung 1954 einen Preis auf seinen Kopf aussetzte, war er gezwungen, mit einem seiner engsten Vertrauten, einem jungen Mann namens Clément Barbot, in die Berge zu fliehen. Ein amerikanischer Journalist spürte sie dort auf und wurde mit verbundenen Augen zu ihrem Versteck geführt. Herbert Morrison traf beide Männer in Frauenkleidung an; Barbot verbarg in den Falten seines Rocks eine automatische Waffe. Es war der Beginn des Mythos von Duvalier, dem Widerstandskämpfer, der ständig sein Versteck wechselte, um sich der Gefangennahme zu entziehen.[6]

Im September 1956, nachdem Paul Magloire allen politischen Gegnern Amnestie gewährt hatte, kehrte Duvalier zurück. Ein paar Monate später verlor Magloire die Unterstützung der Armee und floh mit seiner Familie außer Landes. Zurück ließ er eine leere Staatskasse. Inzwischen wurde der Wunsch lauter, politisch mit der Vergangenheit zu brechen – immerhin so laut, dass sich die Militärjunta gezwungen sah, Schauwahlen zu inszenieren. Antonio Kébreau, Vorsitzender des Militärrats, bat um Nominierungen.[7]

Duvalier erklärte zusammen mit einem Dutzend weiterer Bewerber seine Kandidatur. Es folgten zehn Monate politisches Chaos mit lähmenden Streiks, einer Ausbreitung von Gewalt und dem Sturz fünf provisorischer Regierungen. Im August 1957 waren im Wesentlichen noch zwei Kandidaten übrig: François Duvalier und Louis Déjoie, ein reicher Zuckerbaron und Industrieller. Während des gesamten Wahlkampfs berief sich Duvalier stets auf den weithin angesehenen Dumarsais Estimé und beteuerte, die Revolution zu konsolidieren und weiterzuführen, die sein einstiger Lehrer im Jahr 1946 begonnen hatte. Er machte den Arbeitern und den Bauern Versprechen. Er appellierte an die nationale Einheit und den wirtschaftlichen Wiederaufbau. Vor allem aber gab er sich als sanftmütiger, anspruchsloser Mensch, der die typisch ärztliche Sorge um andere Menschen ausstrahlte. Er und seine Familie waren so arm, dass sie kein eigenes Haus besaßen, da sich der gute Mann ganz seinen Patienten widmete. Unermüdlich arbeitete er bis in die Nacht. Sein Volk bewunderte ihn. »Die Bauern lieben ihren Doktor, und ich bin ihr Papa Doc«, sagte er freundlich. Er wirkte friedfertig, gar harmlos.[8]

Der stille Doktor schien leicht kontrollierbar. Nachdem er sich einverstanden erklärt hatte, Kébreau zum Stabschef der Armee zu ernennen, unternahm die Junta Schritte zur Schwächung seines wichtigsten Gegners. Offiziere, die Déjoie unterstützten, wurden entlassen, dessen Anhänger angegriffen. Schließlich wurde jeglicher Wahlkampf in seinem Namen ganz verboten.[9]

Am 22. September 1957 wurde Duvalier zum Präsidenten gewählt. Zweiundzwanzig war seine Glückszahl. »Meine Regierung wird die Würde und die Bürgerrechte, welche die Freude aller freien Völker begründen, sorgsam schützen; meine Regierung wird die Freiheit des haitianischen Volkes garantieren«, erklärte er einen Monat später feierlich in seiner Rede zum Amtsantritt.[10]

Duvaliers erste Amtshandlung war die Beseitigung seiner politischen Widersacher, die das Wahlergebnis infrage stellten. Innerhalb weniger Wochen wurden die Reihen der Beamtenschaft gesäubert. Duvalier ernannte seine Anhänger, ohne dabei auf ihre Eignung, Expertise oder Erfahrung zu achten. Zwei Monate später beherrschten seine Gefolgsleute die exekutiven und judikativen Zweige der Regierung, während die Legislatur ihm selbst unterstand.[11]

Duvalier stellte Herbert Morrison als Leiter der Öffentlichkeitsarbeit ein. Während des Präsidentschaftswahlkampfes hatte Morrison eine gebrauchte Kamera erworben und Hunderte Fotos geschossen, die Duvalier im Ausland bekannt gemacht hatten. Unter dem Titel »Fürsprecher der Armen« waren Bilder erschienen, auf denen der designierte Präsident neben armen Bauern posierte. Nun bereiste Morrison die Insel mit seiner Kamera und fotografierte eifrig weiter, um Haiti als Leuchtfeuer der Demokratie darzustellen. Ein Jahr später in New York beschrieb er Duvalier in einer Radiosendung als »bescheidenen Landarzt, einen aufopferungsvollen, ehrlichen Menschen, der versucht, seinem Volk zu helfen«. Es sei »das erste Mal in der Geschichte Haitis«, erklärte er seinen amerikanischen Zuhörern, »dass die Mittelschicht, die städtischen und die ländlichen Massen in einem freien Entscheidungsprozess für den Mann ihrer Wahl gestimmt haben«.[12]

Clément Barbot wurde mit der Organisation der Geheimpolizei beauftragt. Deren Agenten hatten Befehl, gegen Regimegegner vorzugehen, und taten dies mit einer Brutalität, welche öffentliche Empörung auslöste. Wenige Wochen nach der Wahl wurden selbst elfjährige Jungen ins Gebüsch gezerrt und mit Hartholzknüppeln geschlagen. Ganze Familien landeten im Gefängnis.[13]

Stabschef Antonio Kébreau schüchterte die Gegner des Regimes ein, warf sie ins Gefängnis oder deportierte sie. Gewerkschaften wurden aufgelöst und Zeitungen mundtot gemacht, gelegentlich auch ihre Räumlichkeiten niedergebrannt. Ein Radiosender wurde verwüstet. Den Verdächtigen warf man vor, sie seien Kommunisten, und stellte sie hundertfach unter Arrest. Die von der Junta vor den Wahlen verhängte Ausgangssperre wurde dauerhaft fortgesetzt.[14]

Das Zentrum der Macht war jedoch weiterhin die Armee. Die Allianz zwischen Duvalier und Kébreau war schwierig, da sie aus beiderseitiger Notwendigkeit heraus entstanden war. In ihrem Bemühen, Duvalier bei der Ausschaltung seiner Gegner zu unterstützen, ging die Junta jedoch zu weit und prügelte einen amerikanischen Staatsbürger und erklärten Anhänger von Louis Déjoie zu Tode. Aus Protest wurde im Dezember der amerikanische Botschafter in die USA zurückbeordert. Duvalier nutzte die Angelegenheit zu seinen Gunsten und machte das Militär für die Gewalt verantwortlich. Zwei Monate später wurde Kébreau entlassen.[15]

In den darauffolgenden Monaten verkleinerte Duvalier die Armee. Viele Offiziere wurden aus dem Dienst entlassen, versetzt oder in den Vorruhestand geschickt, insbesondere die höheren Dienstgrade. Im Sommer bot sich ein weiterer Anlass zu Säuberungsaktionen, nachdem am 28. Juli 1958 fünf amerikanische Glücksritter in Begleitung zweier haitianischer Offiziere in der Nähe der Hauptstadt gelandet waren, in der Hoffnung, die Bevölkerung aufzuwiegeln und den Präsidentenpalast zu stürmen. Sämtliche Aufrührer wurden von Truppen getötet, die dem Präsidenten gegenüber loyal waren.[16]

Der gescheiterte Putschversuch kam Duvalier wie gerufen. Eine Woche später sprach er im Radio zu seinem Volk. »Ich habe die Nation erobert. Ich bin an die Macht gelangt. Ich bin das neue

Haiti. Wer darauf sinnt, mich zu vernichten, will Haiti selbst vernichten. Durch mich erst atmet Haiti; durch Haiti erst existiere ich [...]. Gott und die Vorsehung haben mich auserwählt.« Sämtliche verfassungsmäßigen Garantien wurden außer Kraft gesetzt. Stattdessen erhielt der Präsident die vollumfängliche Macht, sämtliche zur Aufrechterhaltung der nationalen Sicherheit erforderlichen Maßnahmen zu ergreifen. Nicht einmal ein Jahr nach seinem Amtsantritt regierte Duvalier wie ein absoluter Monarch mit fast uneingeschränkten Machtbefugnissen.[17]

Im Namen der nationalen Sicherheit beschnitt Duvalier die Mittel der Armee noch stärker und stellte gezielt eine eigene Miliz als Gegengewicht zu den regulären Truppen auf. Wie die Geheimpolizei wurde diese von Clément Barbot kontrolliert. Anfangs bezeichnete man deren Mitglieder noch als *cagoulards*, nach den vermummten Faschisten, die Frankreich in den dreißiger Jahren terrorisiert hatten. Bald schon nannte man sie jedoch *tonton macoute* – ein kreolischer Begriff für eine Kinderschreckfigur. Innerhalb eines Jahres stellte Barbot nach eigenen Angaben eine Streitmacht von 25 000 Milizionären in seinen Dienst, wenngleich die tatsächliche Zahl eher bei 10 000 gelegen haben dürfte. Ein harter Kern von etwa 2000 Mann stand in der Hauptstadt zur Verfügung. Die *tontons macoutes* kleideten sich wie Gangster, trugen glänzend blaue Serge-Anzüge, dunkle Sonnenbrillen mit Stahlrahmen und graue Homburger Hüte. Sie hatten Schusswaffen, die sie im Gürtel oder einem Schulterhalfter bei sich trugen. Nur Duvalier konnte einen *tonton macoute* einstellen und ihm die Erlaubnis zum Tragen einer Waffe erteilen. Die *tontons macoutes* wiederum waren allein Duvalier gegenüber Rechenschaft schuldig. In den Worten von Graham Greene waren sie »Informanten, Bosse des Viertels, Erpresser, Tyrannen und die politische Säule des Regimes«. Sie waren die Augen und Ohren Duvaliers. Die wenigsten wurden bezahlt, und alle nutzten ihre Macht, um zu erpressen, einzuschüchtern, zu schikanieren, zu vergewaltigen und zu morden.[18]

Die *tontons macoutes* traten im Grunde alle Freiheitsrechte mit Füßen – alle außer einem: In der neuen Verfassung vom April 1958 wurde die Religionsfreiheit verankert. Mit einem Federstrich wurde die Dominanz der katholischen Kirche gekippt. Voodoo war nicht länger verboten. Duvalier hatte sich mehr als zwei Jahrzehnte lang mit dieser Religion beschäftigt und systematisch Bezüge zu den *houngans* hergestellt. Jetzt nutzte er sein Wissen und machte sie zu Führern der *tontons macoutes* auf dem Lande. Sie wurden von vielen Menschen konsultiert, in den Palast eingeladen und gebeten, religiöse Zeremonien durchzuführen.[19]

Duvalier erhob sich selbst zum Voodoo-Geist. Seit seiner Freundschaft mit Lorimer Denis hatte er das Gebaren eines *houngan* angenommen, kleidete sich oft ganz in Schwarz, trug einen Stab und gab sich gerne wortkarg. Sein Vorbild war Baron Samedi, Geist der Toten und Wächter der Friedhöfe. In der Populärkultur wurde Baron Samedi häufig mit Zylinder und schwarzem Frack dargestellt, mit schwarzer Sonnenbrille und Wattebäuschen in den Nasenlöchern – wie eine Leiche, die man für ein Begräbnis auf dem Land vorbereitet hatte.

Duvalier trug eine dicke, dunkle Brille und erschien in der Öffentlichkeit gelegentlich in Frack und Zylinder. Mit tiefer, nasaler Stimme murmelte er geheimnisvoll, als spräche er Beschwörungsformeln, um seinen Feinden zu schaden. Er schürte Gerüchte um seine Verbindungen zur Welt des Okkulten. Im Jahr 1958 besuchte der amerikanische Anthropologe Harold Courlander den Präsidenten in seinem Palast, um ihm seine Aufwartung zu machen. Er kannte Duvalier schon seit seiner Anfangszeit am Bureau d'Ethnologie. Der Besucher zwinkerte verdutzt, als ein Wächter ihn in einen pechschwarzen Raum mit schwarzen Vorhängen führte. Duvalier, angetan mit einem Anzug aus schwarzer Wolle, saß an einem langen Tisch mit Dutzenden schwarzer Kerzen, umgeben von seinen *tontons macoutes*, die ihre schwarzen Sonnenbrillen trugen.[20]

Eines der hartnäckigsten Gerüchte verbreitete sich, als die *tontons macoutes* im April 1959 das Begräbnis eines ehemaligen Rivalen störten. Sie zerrten den Sarg von dem schwarzen Leichenwagen, luden ihn auf ihr eigenes Fahrzeug und fuhren damit fort. Die Trauergemeinde blieb sprachlos zurück. Offiziell wurde zwar verlautbart, die Leiche sei beseitigt worden, um Massenaufläufe am Grab zu verhindern, doch bald schon hieß es, der Präsident habe das Herz seines Rivalen für einen Zauber benötigt, um seine eigene Macht zu stärken.[21]

Es existierten unzählige weitere Geschichten. So hieß es, der Präsident erbitte den Rat der Geister, während er mit dem Zylinder von Baron Samedi auf dem Kopf in der Badewanne sitze. Im Salon Jaune seines Palastes studiere er die Eingeweide von Ziegen. Doch Duvaliers Macht gründete nicht allein auf Gerüchten. Ebenso wie er die Reihen von Regierung und Armee säuberte, eliminierte er die Priester, die sich weigerten, zu kooperieren. »Vergesst nie, dass ich die höchste Autorität im Staate bin«, mahnte er sie 1959. »Deshalb bin ich, ich allein euer einziger Herr.«[22]

Haiti teilt sich die Insel Hispaniola mit der Dominikanischen Republik, die den Ostteil einnimmt. Im Westen liegt Kuba, gerade einmal fünfzig Kilometer entfernt, auf der anderen Seite der Windward-Passage. Im Januar 1959 erreichten Fidel Castro und seine Guerillakämpfer Havanna. Für Duvalier war dies ein weiterer Glücksfall, da die Vereinigten Staaten nun begannen, den Diktator zu umwerben, ihn finanziell zu unterstützen und militärisch zu beraten. Im darauffolgenden Monat flossen Gelder in Höhe von sechs Millionen US-Dollar, mit denen ein Regime wieder aufgebaut wurde, das sich in einer schweren wirtschaftlichen Krise befand. In einem Interview mit Peter Kihss in der *New York Times* erklärte Duvalier, er sei kein *Diktator*, sondern lediglich ein *Doktor*, der sich um den Wiederaufbau seines Landes kümmere.[23]

Die Geister des Voodoo sind jedoch bisweilen launisch. Am

24. Mai 1959 erlitt Duvalier einen Herzinfarkt. Krankheit war ein Zeichen von Schwäche, und bald kursierten Gerüchte um seine schwindende Macht. Das Grab seines Vaters wurde entweiht, der Sarg zerstört und die sterblichen Überreste verstreut. Seine Feinde sahen ihre Chance gekommen. In der Hauptstadt explodierten Bomben. Mehrere Politiker stellten seine Verwendung von Staatsmitteln infrage. Doch selbst in diesem Augenblick extremer Verwundbarkeit ging es für Duvalier weiter voran: Am 2. Juni besuchte der amerikanische Botschafter den Palast, um seine Unterstützung zu demonstrieren.[24]

Einen Monat später signalisierte Duvalier die Wiederaufnahme seiner Macht mit einer dramatischen Geste: Gemeinsam mit seiner Familie und seinen Beratern erschien er auf der Eingangstreppe des Präsidentenpalasts, um eine Militärparade abzunehmen. Tausende begeisterter Anhänger, gezielt von den *tontons macoutes* zusammengetrommelt, begrüßten ihn überschwänglich. Am folgenden Tag fuhr der Präsident durch die Straßen der Hauptstadt, begleitet von Herbert Morrison, dem Leiter der Öffentlichkeitsarbeit, der das Ereignis fotografierte.[25]

Zwei Monate später verkündete Duvalier, man habe ein riesiges kommunistisches Komplott zum Sturz der Regierung aufgedeckt. Daher wollte er in Zukunft per Dekret regieren und die parlamentarische Immunität aufheben – Vorrechte, von denen er umgehend Gebrauch machte. Sechs Minister, die seine Krankheitsphase im Sommer dazu genutzt hatten, seine Herrschaft zu kritisieren, wurden unter Anklage gestellt.[26]

Duvalier lebte inzwischen isoliert, umgeben von Schmeichlern. Seine Berater nahmen mehrere offizielle Funktionen zugleich ein, obwohl ihre Befugnisse nie spezifiziert wurden, was für große Verwirrung innerhalb der gesamten Verwaltung sorgte. Kompetenz weckte Duvaliers Misstrauen, selbst bei einem loyalen Untergebenen. Folglich war er an jeder Entscheidung persönlich beteiligt, obwohl ihn das Regieren an sich kaum zu interessieren schien. Er

»verbringt seine gesamte Zeit mit der politischen Manipulation von Menschen«, schrieb ein amerikanischer Berater.[27]

Tyrannen vertrauen niemandem, am wenigsten ihren Verbündeten. Duvalier entledigte sich seiner Freunde und seiner Feinde gleichermaßen und beseitigte jeden, der zu ehrgeizig wirkte oder vielleicht eine eigene Machtgrundlage bilden könnte. Niemand war unverzichtbar. Während seiner Krankheit hatte sein Vertrauter und Handlanger Clément Barbot die Ordnung aufrechterhalten. Als Chef der *tontons macoutes* war er jedoch potenziell gefährlich. Als Barbot geheime Verhandlungen mit den Vereinigten Staaten führte, stellte Duvalier ihn und zehn seiner Mitarbeiter daraufhin am 15. Juli unter Arrest. Haitis Nummer zwei hatte, wie so viele enge Gefolgsleute von Diktatoren, nicht erkannt, in welchem Maße sein Herr die Kunst der Heuchelei beherrschte. Als nächster geriet Morrison wegen seiner Freundschaft mit Barbot ins Visier, konnte jedoch nach Miami fliehen. Zwei Wochen später empfing der Präsident im Kreise seines Führungsstabs die *tontons macoutes* vor dem Palast. Zum ersten Mal seit Gründung der Miliz zwei Jahre zuvor wurde sie damit offiziell anerkannt. Duvalier bat seine Männer, »die Augen offenzuhalten«.[28]

Eine letzte Bastion des Widerstandes blieb, nämlich die Kirche. Diese unterstützte Studenten, die trotz der brutalen Unterdrückung durch die *tontons macoutes* immer noch den Mut besaßen, Streiks zu organisieren. Im Januar 1961 wies Duvalier den französischen Bischof Rémy Augustin und vier Priester aus, woraufhin er vom Vatikan exkommuniziert wurde. Er hatte das Land nun beinahe vollständig im Griff.

Laut Verfassung wurde der Präsident für sechs Jahre gewählt. Zwei Jahre vor dem Ende seiner Amtszeit begann Duvalier, den Weg für ein zweites Mandat zu ebnen. Anlässlich seines vierundfünfzigsten Geburtstags am 14. April 1961 priesen ihn Zeitungen als »obersten Führer«, »spirituellen Führer der Nation«, »verehrten Führer«, »Apostel des Gemeinwohls« und »bedeutendsten Mann in unserer modernen Geschichte«. Damit war der Ton für die Regierungswahlen zwei Wochen später vorgegeben. Jeder Kandidat war bemüht, seine Treue zu Duvalier kundzutun. Der Name des Präsidenten stand auf jedem Stimmzettel. In Cap Haitien fingen die *tontons macoutes* Menschen ab, die sonntagmorgens auf dem Weg zur Kirche waren, und trieben sie zu den Wahllokalen. Sogar ein siebenjähriges Kind musste wählen. Am nächsten Tag verkündete die Presse, das Volk habe nicht nur die Kandidaten für das Parlament gewählt, sondern auch spontan einer zweiten Amtszeit von Präsident Duvalier die Zustimmung erteilt.[29]

Am Flaggentag, an dem traditionell die Schöpfung der haitianischen Flagge durch Jean-Jacques Dessalines gefeiert wurde, hießen Massen jubelnder Landbewohner Duvalier in der Stadt Arcahaie willkommen. Sicherheitskräfte mit Gewehren im Anschlag überwachten das Spektakel. In einer ganzen Reihe von extravaganten Lobreden ließ der Präsident sich von seinen Untergebenen beweihräuchern. Die extremsten Worte fand der Bildungsminister, Pater Hubert Papailler, der erklärte, das Volk habe die Wahlurnen im Sturm genommen, weil es hoffe, der Präsident werde nicht nur weitere sechs Jahre regieren, sondern »vielleicht so lange wie Gott, von welchem er seine Macht erhält«. Duvalier hörte zu, verborgen hinter seinen dunklen Brillengläsern.[30]

Duvaliers Amtseinsetzung fand am 22. Mai statt – einem verheißungsvollen Datum, da es die Zahl zweiundzwanzig enthielt. Tagelang hatten die *tontons macoutes* die ländlichen Gebiete nach »Freiwilligen« durchkämmt und Männer, Frauen und Kinder gezwungen, Lastwagen zu besteigen. Wer sich widersetzte, wurde ausgepeitscht. Zu essen gab es nichts, wenngleich die Fahrt der Kolonnen häufig einen ganzen Tag dauerte. Die Menschen wurden in Schulen und Lagerhäusern einquartiert, wo sie auf das große Ereignis warten mussten. Sämtliche Straßen der Hauptstadt wurden gesperrt. Am Tag der Amtseinsetzung führte man etwa 50 000 Menschen zum Palast, wo sie pflichtschuldig ihre Zustimmung kundtaten, Porträts in die Höhe hielten und auf Kommando applaudierten. »Ihr seid ich, und ich bin ihr«, verkündete Duvalier.[31]

Die Vereinigten Staaten, inzwischen mit dem Präsidenten John F. Kennedy, zeigten sich durch diese in jeder Hinsicht überraschenden Wahlen abgeschreckt. Mitte der sechziger Jahre wurde die Wirtschaftshilfe klammheimlich eingestellt. Ausländer verließen in Scharen das Land. Als es mit der Wirtschaft bergab ging, machte Duvalier die USA zum Sündenbock für sämtliche Missstände, unter denen Haiti litt.

Im April 1963 entließ Duvalier Clément Barbot aus der Haft und bot ihm als Zeichen der Versöhnung ein nagelneues Auto an. Doch statt sich dankbar zu erweisen, versuchte sein einstiger Handlanger, die beiden Kinder des Präsidenten zu entführen, Jean-Claude und Simone Duvalier. Der Präsident reagierte mit einer Terrorherrschaft der *tontons macoutes*, welche die Gelegenheit beim Schopfe ergriffen, um alte Rechnungen zu begleichen und ihre eigenen Feinde zu beseitigen. Hunderte Verdächtige wurden getötet, viele mehr verschwanden. In der Hauptstadt ließ man Leichen am Straßenrand verrotten. Innerhalb von nicht einmal einer Woche erhoben die Vereinigten Staaten fünfmal offiziell Protest wegen verschiedener Zwischenfälle mit US-Staatsbürgern.[32]

Wenige Wochen später verstärkten die Vereinigten Staaten den diplomatischen Druck, indem sie die offiziellen Einladungen zum ersten Jahrestag der Wiederwahl Duvaliers zurückwiesen. Die Botschaft begann, ihre Mitarbeiter zu evakuieren. Duvalier indes schreckte das alles nicht, da er sich ausrechnete, dass Washington im Kampf gegen Kuba einen Verbündeten brauchte. Am 22. Mai verliefen die Feierlichkeiten mit Zehntausenden eigens versammelter Dorfbewohner, die pflichtgemäß vor dem Palast tanzten und Loblieder sangen. Papa Doc erschien auf dem Balkon, einem Augenzeugen zufolge »so ruhig, dass er wie unter Drogen wirkte«. »Weder Kugeln noch Maschinengewehre können Duvalier Angst machen«, erklärte er. »Ich bin kein stoffliches Wesen mehr.« In New York erklärte ihn *Newsweek* für »vollkommen, unrettbar wahnsinnig«. Doch am 3. Juni schlugen die Vereinigten Staaten die Wiederaufnahme normaler diplomatischer Beziehungen vor. In Haiti frohlockte das Radio hämisch über Duvaliers »Triumph der Staatskunst«.[33]

Ein weiterer Sieg folgte Mitte Juli, als Barbot und sein Bruder schließlich auf dem Land aufgespürt und erschossen wurden. Fotos ihrer geschundenen Leichen wurden in den Zeitungen veröffentlicht.

Mit jeder Krise schien Duvalier stärker zu werden. Nach einem weiteren gescheiterten Invasionsversuch, den einer seiner exilierten Feinde im August unternommen hatte, setzte er sämtliche Bürgerrechte sechs Monate lang außer Kraft, darunter auch die Versammlungsfreiheit. Das Ganze hatte freilich eher Symbolcharakter, da faktisch ohnehin keine Bürgerrechte mehr existierten, die man hätte aussetzen können. Am 17. September 1963 wurde Haiti offiziell zum Einparteienstaat, in dem sämtliche politischen Aktivitäten unter der Ägide der »Partei der Nationalen Einheit« stattzufinden hatten. Die Partei hatte bislang eigentlich keine große Rolle gespielt, doch stellte ein separater Parteiapparat ein weiteres Instrument zum Schutz der Revolution dar. Außerdem band die Partei weitere Menschen an Duvalier, da ihr Einfluss über den der Voodoo-Priester und *tontons macoutes* hinausreichte.[34]

»Ich bin die Revolution und die Flagge«, erklärte Duvalier während der folgenden Monate. Im Zentrum von Port-au-Prince blinkten Neonlichter mit derselben Botschaft: »Ich bin die haitianische Flagge, vereint und unteilbar. François Duvalier.« Ein nahe gelegener Platz erhielt den neuen Namen »Place de la Révolution Duvalier«. Plastikbüsten und Porträts des Diktators, die bereits überall in Geschäften und Büros gut sichtbar aufgestellt waren, hielten nun auch Einzug in die Privathaushalte. Im Radio, in dem seine Stimme regelmäßig zu hören war, erhöhte sich Duvalier selbst zu einer Personifizierung Gottes. »Und das Wort ward Fleisch«, rief er. Statuen hingegen gab es keine. Duvalier lehnte vermeintlich bescheiden ab, als das Parlament ein Gesetz erlassen hatte, das den Bau von Monumenten zu Ehren des Diktators bewilligte.[35]

Mit dieser Verehrung verfolgte Duvalier ein Ziel: Er wollte Präsident auf Lebenszeit werden. Im März 1964 wurden nacheinander führende Persönlichkeiten aus Kirche, Handel und Industrie in den Palast einbestellt, um ihre Loyalität zu bezeugen. Nachdem man sie stundenlang in drückender Hitze hatte warten lassen, mussten sie öffentlich vorbereitete Stellungnahmen verlesen, in denen sie flehten, der Präsident möge für immer im Amt bleiben. Duvalier war stets dankbar und dankte allen überschwänglich, insbesondere jenen, von denen er wusste, dass sie ihm kritisch gegenüberstanden. Tagelang veröffentlichte die Presse Telegramme, in denen eine Verfassungsänderung gefordert wurde. Psalme wurden verlesen und Hymnen gesungen. Am 1. April trat Duvalier selbst ins Rampenlicht und erklärte, er sei »ein außergewöhnlicher Mann, wie ihn das Land nur alle fünfzig bis fünfundsiebzig Jahre hervorbringt«.[36]

In den folgenden Monaten wurden ständig Paraden abgehalten, zu denen Tausende Menschen in die Hauptstadt gekarrt wurden, um ihren Führer zum Bleiben zu bewegen. Auf einem Plakat war Jesus Christus abgebildet, der dem sitzenden Duvalier seine Hände auf die Schultern legte und sagte: »Ich habe ihn auserwählt.« Die Kampagne gipfelte am 14. Juni in einem Referendum. Auf dem Stimmzettel war ein »Ja« vorgedruckt. Bei einer Gesamtbevölkerung von vier Millionen stimmten 2800000 Menschen dafür und 3234 dagegen, was einen Sieg mit 99,89 Prozent bedeutete. Um dem Volkswillen Rechnung zu tragen, wurde eine neue Verfassung erarbeitet. Am 22. Juni leistete der Präsident vor dem gesamten diplomatischen Corps einen feierlichen Eid. Er kam eine Stunde zu spät und begann, eine 90-minütige Rede zu verlesen. Sein Publikum war gezwungen zu stehen, doch nach einer Weile wagte es ein deutscher Diplomat, sich zu setzen, weil er völlig erschöpft war. Duvalier hielt inne, wandte sich um und wies einen Protokolloffizier an, er möge ihn bitten, wieder aufzustehen.[37]

Ein paar Wochen später veröffentlichte die staatliche Presse zu Ehren des Präsidenten auf Lebenszeit ein Büchlein mit dem Titel *Catéchisme de la révolution*. Es enthielt bewusst einprägsame Sätze, die leicht auswendig zu lernen waren. Das erste Kapitel gab den Ton vor:

> Frage: Wer ist Duvalier?
> Antwort: Duvalier ist der größte Patriot aller Zeiten, der Befreier der Massen, der Erneuerer der haitianischen Nation, der Verteidiger der nationalen Würde, Führer der Revolution und auf Lebenszeit Präsident von Haiti.
> Frage: Wie kann man Duvalier sonst noch nennen?
> Antwort: Duvalier ist zudem der würdige Erbe des Dessalines'schen Ideals, Präsident auf Lebenszeit, um uns zu retten.[38]

Wie der große Unabhängigkeitskämpfer Jean-Jacques Dessalines, der sich im Jahr 1804 zum Kaiser erklärt hatte, war nun auch François Duvalier auf Lebenszeit im Amt. Im September wurde per Erlass verfügt, dass in jedem Klassenzimmer an jeder Schule – egal, ob privat, öffentlich oder kirchlich – Porträts von Duvalier und seinem Helden Dessalines aufzuhängen seien.[39]

Mitte der sechziger Jahre befand sich Haiti in einer schweren Krise. Die finanzielle Unterstützung vonseiten der Vereinigten Staaten, die 1960 noch fast die Hälfte aller öffentlichen Ausgaben des Landes gedeckt hatte, war nun vollkommen eingestellt worden. Das Land exportierte Kaffee und Sisal, doch auf dem internationalen Markt waren die Preise eingebrochen. Der Tourismus verzeichnete einen Rückgang, vor allem als Folge der Terrorherrschaft der *tontons macoutes*. Handel und Industrie litten an ständigen Einlagenforderungen für Sparfonds, Staatsanleihen oder staatliche Lotterien.[40]

Von den vollmundigen Wahlversprechen, etwas gegen Hunger, Armut, Analphabetismus oder Ungerechtigkeit zu unternehmen, wurde kein einziges erfüllt. Die Arbeitslosigkeit stieg, die Analphabetenquote war so hoch wie nie zuvor. Da fünfundsechzig Prozent aller finanziellen Mittel in die staatliche Sicherheit flossen, wurden die meisten öffentlichen Aufgaben vernachlässigt. Stillgelegte Autos standen rostend auf der Straße. Einst schöne Parks waren mit Gestrüpp und Unkraut überwuchert. Aus Cayes und Jeremie, zwei Gebieten im Süden der Halbinsel, die gewöhnlich üppige Ernten einfuhren, wurden Hungertote gemeldet.[41]

Obwohl ein Klima von Angst und Unsicherheit herrschte, blieb die Zahl der Todesopfer relativ begrenzt. Ähnlich wie in Nordkorea gelang es etwa sieben bis acht Prozent der Bevölkerung, mit den Füßen abzustimmen. Arme Leute wanderten illegal in die Dominikanische Republik aus oder überquerten die Windward-Passage nach Kuba. Wer bessergestellt war, floh auf die Bahamas, in der Hoffnung, so in die Vereinigten Staaten zu gelangen. Mitte der sechziger Jahre lebten vier von fünf der besten Rechtsanwälte, Ärzte, Lehrer und anderen Akademiker des Landes im Exil. Diejenigen, die in Haiti blieben, flüchteten sich in Gleichgültigkeit.[42]

Duvalier selbst lebte äußerst zurückgezogen. Er war selten zu sehen und nur gelegentlich zu hören – ein Gefangener in seinem eigenen Palast. Er allein traf alle Entscheidungen. Wie Mussolini befasste er sich mit sämtlichen Details der Regierung. Er entschied nicht nur darüber, wer getötet und wer verschont wurde, sondern auch darüber, welches Material für den Bau einer neuen Straße verwendet werden sollte, außerdem, wer einen Universitätsabschluss erhalten durfte und welche Rechtschreibung im Kreolischen zu gebrauchen sei.[43]

Die allgemeine Begeisterung, selbst mit vorgehaltener Waffe erzwungen, schwand jedoch. Im Land herrschte Frieden, aber es lag brach. Zum ersten Mal seit vielen Jahren wurden die Feierlichkeiten zum 22. Juni, der den 22. Mai als Höhepunkt im Kalender des Diktators ersetzt hatte, ein wenig eingeschränkt.[44]

Im November 1965 zeigte sich Duvalier am helllichten Tage und suchte mehrere Geschäfte in der Hauptstadt auf. Dies war offenkundig eine Reaktion auf feindselige Rundfunkbeiträge aus New York, in denen man gespottet hatte, er müsse wohl solche Angst haben, dass er seinen Palast nicht verlassen könne. Seinem kugelsicheren Mercedes-Benz folgte ein halbes Dutzend Limousinen mit Bodyguards, die seine Sicherheit gewährleisteten. Einige Tage darauf besuchte der Präsident mehrere Waisenhäuser. Laut offizieller Darstellung in der Presse löste sein Erscheinen »rauschhafte Begeisterung« aus.[45]

Am 2. Januar 1966 schlug Duvalier in seiner Neujahrsansprache an die Nation neue Töne an. Es sei nun an der Zeit, verkündete er, der explosiven Phase der duvalieristischen Revolution ein Ende zu setzen. Da man den »politischen, sozialen und ökonomischen Überbau des alten Regimes« nunmehr beseitigt habe, sei jetzt der Zeitpunkt gekommen, die Wirtschaft wiederaufzubauen. Die Ausgangssperre wurde beendet, Straßensperren beseitigt, die Fahrbahnen aufgeräumt. Der Präsidentenpalast erhielt einen neuen Anstrich. Die *tontons macoutes* wurden in ihre Schranken verwiesen.[46]

Duvalier polierte sein Image auf, indem er sich als ein gütiger, älterer Staatsmann zeigte, als ein spiritueller Führer der schwarzen Welt. Im April empfing der Präsident auf Lebenszeit den König der Könige, Haile Selassie, Kaiser von Äthiopien. Vor dessen Ankunft wurde der Flughafen hastig in Aéroport François Duvalier umbenannt; die neue Zufahrtsstraße erhielt den Namen Avenue Haile Selassie. Die örtliche Presse, Radio und Fernsehen erstatteten ausführlich und schmeichlerisch Bericht. Den internationalen Medien gegenüber, die von der neuen, regierungseigenen PR-Firma nach Haiti eingeladen worden waren, gab sich Duvalier ungewöhnlich offen. In einer Reihe von Interviews wirkte er umgänglich und selbstsicher. Freimütig räumte er ein, dass es tatsächlich eine Medienzensur gebe, die er aber für notwendig halte, um das Volk vor Falschmeldungen zu schützen. Ein Korrespondent beschrieb ihn als »charmant, kooperativ und vollkommen entspannt«.[47]

Weitere öffentliche Auftritte folgten. Im Juni besuchte er mit seinem Sohn Jean-Claude ein Fußballturnier. Wenige Tage später ging er mit seiner Tochter Marie-Denise zur Eröffnungsfeier des Jahreskongresses der Caribbean Travel Association. Zum ersten Mal seit 1963 nahm er auch wieder eine diplomatische Rolle ein, als er bei einem Empfang anlässlich des Geburtstags der Queen mit dem britischen Botschafter anstieß.[48]

Duvalier, so sagte man seinem Volk, sei ein großer Staatsmann, der auf internationalem Parkett hohes Ansehen genieße. Eine haitianische Zeitung veröffentlichte ein Statement, das Haile Selassie zugeschrieben wurde. »Sie müssen Präsident bleiben, damit dieses Volk weiterhin von Ihrer Güte profitieren kann. Ich habe Sie besucht, habe mit eigenen Augen gesehen und verstanden, warum diese Nation Sie so sehr liebt.« Das Zitat war freilich frei erfunden und stammte aus der Feder eines Ghostwriters des Präsidenten.[49]

Duvalier suchte den Eindruck zu erwecken, er sei ein Führer von internationalem Format, ein Staatsmann mit direktem Draht nach Washington und zum Vatikan. Im Juni gab er Martin Agronsky ein Interview für CNS. Auf seinem blau-goldenen Thron im Präsidentenpalast sitzend, verriet er, er sei in »engem Kontakt« mit Präsident Johnson, um eine Neuauflage der amerikanischen Wirtschaftshilfe zu diskutieren. Seine Verbindungen zum Weißen Haus seien jedoch »vertraulicher Natur und nicht Gegenstand öffentlicher Diskussion«. Später im selben Jahr nahm der Vatikan seine Beziehungen zu Haiti wieder auf und gestand Duvalier das Recht zu, seine eigenen Bischöfe zu ernennen. Der Präsident auf Lebenszeit trat im Radio und im Fernsehen auf, um zu suggerieren, dass diese Vereinbarung das Ergebnis einer engen Zusammenarbeit zwischen ihm und Papst Paul VI. sei.[50]

Außerdem arbeitete Duvalier an seinem Image als großer Schriftsteller, Historiker, Ethnologe, Dichter und Philosoph. Vor allem aber war er der Vater des Duvalierismus, der in der Veröffentlichung seiner *Œuvres Essentielles* Ausdruck fand. »Als Führer braucht man eine Doktrin«, sagte er selbst. »Ohne Doktrin kann man Menschen nicht leiten.« Im Mai 1966 erschienen die ersten beiden Bände und wurden hoch gelobt. Die Zeitungen druckten euphorische Besprechungen ab, und prominente Mitglieder der Gesellschaft schickten zahllose Lobesbriefe. Auszüge wurden in einer fünfstündigen Radiosendung gelesen, die anschließend von sämtlichen Stationen der Hauptstadt übernommen und erneut gesendet wurde. Duvalier, so sagte man den Hörern, sei ein Gigant auf Augenhöhe mit Kipling, Valéry, Platon, dem Heiligen Augustinus und De Gaulle. »Er ist der größte Doktrinschöpfer des Jahrhunderts.«[51]

Schulen und andere Bildungseinrichtungen erhielten Geschenkausgaben. Die beiden dicken Wälzer wurden auch hervorragenden Schülern überreicht, die, vermutlich unter Zwang, noch mehr Lobesbriefe schrieben, welche allesamt in den Zeitungen veröffentlicht wurden.[52]

Im September ereignete sich ein Höhepunkt, als die Mitglieder der gesetzgebenden Kammer ein Dekret erließen, das Duvalier den Titel »Großmeister haitianischen Denkens« zuerkannte. Sie erklärten seinen Geburtstag zum »Tag der nationalen Kultur« und verlangten, dass jedermann mindestens zwei Drittel der *Œuvres Essentielles* auswendig lernen solle, wenngleich neunzig Prozent der Bevölkerung Analphabeten waren.[53]

Duvaliers sechzigster Geburtstag wurde vier Tage lang gefeiert – in einem Stil, der einem Diktator mit völliger Gewalt über sein Land gebührte. Der Mardi Gras, der haitianische Karneval, wurde vorgezogen, um die Feierstimmung zu erhöhen. Aus Miami und der Dominikanischen Republik wurden Schönheitsköniginnen eingeflogen, und bei Dichterlesungen nahmen François Duvaliers Werke einen Ehrenplatz ein. Führende Politiker, Militärs, Wissenschaftler, Geschäftsleute und Beamte erwiesen ihm die Ehre. Eine Delegation von 2000 uniformierten Schulkindern paradierte vor dem Palast. Die *tontons macoutes* und die Soldaten hielten ebenfalls Paraden ab.[54]

Die Festivitäten wurden jedoch jäh unterbrochen, als in einem Eiscremewagen eine Bombe detonierte. Bei der Explosion kamen zwei Menschen ums Leben, weitere vierzig wurden verletzt. Duvalier, der einen Putschversuch vermutete, strukturierte seine Führungsriege um und ließ neunzehn Offiziere der Palastwache nach Fort Dimanche bringen, ein in einem Vorort der Hauptstadt gelegenes Gefängnis. Zur Sicherheit wurden auch zwei Minister unter Arrest gestellt. Am 8. Juni traf Duvalier in voller Uniform und mit Sturmhelm in Fort Dimanche ein, um persönlich der Hinrichtung der neunzehn Verdächtigen beizuwohnen, die auf einem Schießplatz an Pfosten gebunden waren.[55]

Zwei Wochen später, am 22. Juni, feierte das Land den dritten Jahrestag von Duvaliers Wahl zum Präsidenten auf Lebenszeit. Tausende gebannter Zuschauer waren vor dem Palast versammelt. Als Demonstration seiner Macht verlas Duvalier feierlich die Namen der neunzehn Offiziere, wobei er nach jedem eine theatralische Pause einlegte. »Alle sind erschossen worden«, verkündete er am Ende. Eine Welle des Entsetzens ging durchs Publikum. »Ich bin ein Arm aus Stahl und schlage unerbittlich zu«, rief er. Dann bezeichnete er sich als Verkörperung der Nation und stellte sich so mit anderen »großen« Führern wie Atatürk, Lenin, Nkrumah und Mao auf eine Stufe.[56]

Während der folgenden Monate wurde der Personenkult noch weiter verstärkt und gipfelte im zehnten Jahrestag der Revolution. Goldmünzen mit dem Bildnis des Präsidenten wurden in vier verschiedenen Werten geprägt. Eine Kompilation seiner *Œuvres*

Essentielles erschien als *Brevier einer Revolution.* Wie die jüngst erschienene Mao-Bibel war das Buch kleinformatig und passte leicht in jede Tasche. Die Zeitungen überboten sich gegenseitig mit lobenden Artikeln, »zum Erbrechen durchsichtig und voll endloser Wiederholungen«. Einige Tage vor dem Hauptereignis sprach Duvalier zur Nation und charakterisierte sich dabei selbst als »Gott, den ihr erschaffen habt«. Während der folgenden zwei Tage fanden Massenparaden statt. Eine François-Duvalier-Brücke, eine François-Duvalier-Bibliothek, ein François-Duvalier-Schwimmbad (in olympischer Größe) und ein Internationaler Flughafen François Duvalier wurden eröffnet.[57]

Am 22. September richtete der Präsident erneut das Wort an sein Volk, diesmal in der dritten Person. Er verwies auf seine vielen Verdienste, dann schloss er: »Wir sind überlegene Schwarze, denn keine anderen Schwarzen auf der Welt haben ein Historienepos geschaffen. Dies ist der Grund, warum wir, die Schwarzen Haitis, ohne jeden Narzissmus und ohne jedes Überlegenheitsgefühl glauben, dass wir allen anderen Schwarzen der Welt überlegen sind. Dies, liebe Freunde, ist der Grund, warum Euer Führer von Schwarzen auf der ganzen Welt als lebende Sonne betrachtet wird. Es heißt, er habe das revolutionäre Bewusstsein aller Schwarzen auf dem amerikanischen Kontinent und im Universum entfacht.«[58]

Duvalier manipulierte Menschen, aber keine Massen. Er mochte ein Fürsprecher der Armen sein, doch unternahm er kaum Anstrengungen, diese zu mobilisieren, nicht einmal, um sich selbst zu beweihräuchern. Nur selten verließ er den Palast und bereiste nie das Land. Die *tontons macoutes* sorgten dafür, dass mehrmals im Jahr Tausende auf den Rasenflächen seines Palastes erschienen, um ihm pflichtschuldigst zu huldigen, doch ansonsten war die große Mehrheit der Bevölkerung alleingelassen. Es gab keine offizielle Ideologie, keine alles durchdringende Partei, keine Versuche, das Denken zu kontrollieren, wenngleich jeder Widerspruch freilich verboten war. Im Radio wurden gelegentlich Duvalier-Reden übertragen, doch bis 1968 waren die Sendestationen im Norden des Landes zu schwach für den Empfang. Die Zeitungen druckten zwar seine Kundgebungen, doch in den verarmten ländlichen Gebieten, in denen ohnedies nur wenige Menschen lesen konnten, verkauften sie sich kaum.[59]

Duvalier war ein Diktator für Diktatoren, ein Mann, der ohne ideologische Tarnung die bloße Macht ausübte, trotz all der Vorträge über die Revolution. Er herrschte allein, von seinem Mahagonischreibtisch aus, eine automatische Pistole stets griffbereit, ein paar Palastwachen hinter der nächsten Tür. Es gab keine Junta, keine Fraktion, keine Seilschaft und außer dem Namen nach auch keine echte Partei – nur Untergebene, die um seine Aufmerksamkeit buhlten und in ihrer Demonstration absoluter Loyalität hofften, einander ausstechen zu können. Duvalier vertraute niemandem, nutzte Schwächen gezielt aus, manipulierte Emotionen und stellte die Treue seiner Gefolgsleute auf die Probe. Hilfreich war zudem, dass er sich gelegentlich verkalkulierte und dabei Freund und Feind gleichermaßen vernichtete.[60]

Sein Netzwerk williger Komplizen erstreckte sich bis aufs Land. Im entlegensten Teil Haitis, in dem es kaum Zeitungen und Radioempfang gab, war der Präsident der beliebteste Mann. Vertreter der Öffentlichkeit beanspruchten gute Entscheidungen nie für sich selbst. Abgeordnete füllten ganze Debatten mit Lobgesängen auf ihren Führer. Jede positive Entwicklung, selbst eine fruchtbare Regenzeit, wurde letztlich Duvalier zugeschrieben.[61]

Es war ein vergleichsweise kleines Netzwerk loyaler Anhänger, aber es genügte, um sein Regime aufrechtzuerhalten. Die verbleibenden vier Millionen kümmerten ihn herzlich wenig. Sie waren an rücksichtslose Regierungen gewöhnt. Schlimmstenfalls lebten sie in Angst, bestenfalls waren sie apathisch und ordneten sich unter.

Dennoch wäre es einem kleinen Kommando gut ausgebildeter

und entsprechend ausgerüsteter Berufssoldaten leicht gelungen, das Regime zu stürzen. Dies geschah jedoch nie, vor allem dank der Vereinigten Staaten. Nach dem Desaster vom April 1961, als eine Gruppe von der CIA ausgebildeter kubanischer Flüchtlinge versucht hatte, in der Schweinebucht zu landen, um Castro zu stürzen, bestand keine realistische Chance mehr, dass die USA in Haiti intervenieren würden. Washington sah Duvalier zwar äußerst kritisch, doch war er, anders als Castro, ein Verbündeter im Kalten Krieg. Duvalier nutzte diese Konstellation weidlich aus. Er konnte stur, unberechenbar und jähzornig sein, brach aber niemals alle Verbindungen ab. Er wusste, wie man die Amerikaner beleidigen und gleichzeitig Wirtschaftshilfe von ihnen empfangen konnte.[62]

Duvaliers bestes Propagandavehikel in Washington war der Kommunismus. Ein Jahrzehnt bauschte Duvalier die Bedrohung von links auf, indem er seine wahren und eingebildeten Feinde als Untergrundagenten Kubas und Moskaus hinstellte.

Im Dezember 1968 schlossen sich zwei Parteien zusammen, um die Einheitspartei der haitianischen Kommunisten zu bilden. Ihr Ziel war der Sturz Duvaliers. Im März 1969 wählten sie das einzige Dorf in ganz Haiti aus, in dem es keinen *houngan* gab, und holten die Flagge des Regimes ein. Duvalier reagierte mit einer erbarmungslosen Hexenjagd, in deren Verlauf Dutzende von Menschen erschossen oder öffentlich gehängt wurden. Viele mussten in die Berge fliehen. Alle Bücher, die man auch nur entfernt mit dem Kommunismus in Verbindung bringen konnte, wurden verboten, ihr bloßer Besitz mit der Todesstrafe geahndet. Als Nelson Rockefeller, Gouverneur von New York, drei Monate später Port-au-Prince besuchte, konnte ihm Duvalier versichern, dass die kommunistische Bedrohung inzwischen beseitigt sei. Es war der Beginn einer erneuten Verständigung mit den Vereinigten Staaten.[63]

Das veröffentlichte Pressefoto zeigte einen kränklichen Duvalier, der sich auf Rockefeller stützen musste. Papa Doc war gebrechlich, gesundheitlich angeschlagen und wirkte wesentlich älter, als er mit seinen zweiundsechzig Jahren tatsächlich war. Sein Sohn sollte sein Erbe antreten, also begann Duvalier damit, jeglichen Widerspruch diesbezüglich im Keim zu ersticken. Im Januar 1971 wurde Jean-Claude zu seinem Nachfolger ernannt. Pflichtgemäß wurde ein Referendum abgehalten. Unter den 2391916 abgegebenen Stimmen befand sich nur eine einzige Gegenstimme. Drei Monate später, am 21. April 1971, erlag François Duvalier einem Herzanfall. Seine Herrschaft war nur wenige Monate kürzer als die von Henri Christophe (1806–1820). In der ersten Stunde des 22. April – stets ein günstiges Datum für die Familie Duvalier – wurde sein Sohn im Amt eingesetzt.[64]

Tausende Haitianer defilierten am Leichnam ihres toten Führers vorüber, der im Präsidentenpalast feierlich aufgebahrt war. Duvalier lag in einem mit Seide ausgeschlagenen Sarg mit Glasdeckel und trug seinen schwarzen Lieblingsgehrock. Einen Diktator zu verlieren mag zunächst beinahe ebenso traumatisch sein, wie unter einem Diktator zu leben, doch trotz der weitverbreiteten Annahme, dass seinem Verschwinden eine Phase des Chaos folgen würde, herrschte vollkommene Ruhe. Duvaliers Leichnam wurde auf dem Nationalfriedhof beigesetzt, später jedoch in ein von seinem Sohn errichtetes, prunkvolles Mausoleum umgebettet. Als Baby Doc 1986 abgesetzt wurde, verwüstete eine wütende Menge Papa Docs letzte Ruhestätte.

Ceauşescu

Auf dem Gebiet eines einst blühenden Bukarester Wohnviertels liegt der Parlamentspalast, eines der größten Verwaltungsgebäude der Welt. Seine schieren Ausmaße stellen selbst die Große Pyramide von Gizeh in den Schatten. Der kitschige, neoklassizistische Bau besitzt mehr als tausend Räume, angefüllt mit Marmorsäulen, verschnörkelten Treppen und Kristallleuchtern. Nicolae Ceauşescu, der am 25. Juni 1984 den Grundstein legte, verkündete, das Projekt sei eine angemessene Würdigung seiner glorreichen Regierungszeit, die offiziell als die »Ära Ceauşescu« bezeichnet wurde.

Tatsächlich war es ein Monument für ihn selbst. Zehn Quadratkilometer gewachsener Wohnbebauung mussten dem Mammutprojekt weichen, darunter auch zwanzig Kirchen und sechs Synagogen. Tausende Arbeiter schufteten rund um die Uhr. Der Bau verschlang ein Drittel des Staatshaushaltes. Ceauşescu wachte persönlich über jedes Detail und stattete der Baustelle unangekündigte Besuche ab, um weitere Anweisungen zu geben. Er war ein energischer, aber relativ kleiner Mann, der sehr eitel werden konnte, wenn es um seine Körpergröße ging. So ließ er die Treppenaufgänge zweimal neu bauen, bis sie perfekt zu seiner Schritthöhe passten. Das fertiggestellte Gebäude bekam er nie zu sehen, und der Palast blieb unvollendet. Wenige Jahre nach der Hinrichtung Ceauşescus am 25. Dezember 1989 wurden die Bauarbeiten jedoch fortgesetzt.[1]

Ceauşescu war keinesfalls dazu prädestiniert, Diktator zu werden. Als Kind zeigte er keine außergewöhnlichen Neigungen oder Begabungen. Mit elf verließ er sein Elternhaus und begann eine Schusterlehre. Vier Jahre später wurde er verhaftet, weil er kommunistische Flugblätter verteilt hatte. Im Jahr 1933 stagnierten die Mitgliederzahlen der Rumänischen Kommunistischen Partei bei einigen Hundert. Der Kommunismus war unpopulär, da die meisten Rumänen der Sowjetunion misstrauten. Ceauşescu hingegen war ein glühender, fanatischer Anhänger, der in der Ideologie die scheinbar einfache Erklärung für eine komplizierte Welt fand.

Mehrfach wurde er von der Polizei aufgegriffen, aufgrund seines jugendlichen Alters jedoch wieder freigelassen. 1936 steckte man ihn schließlich für zwei Jahre in ein Gefängnis für politische Straftäter. Bei den anderen Insassen war er nicht beliebt und wurde wegen seiner mangelnden Bildung, seines Stotterns und seines regionalen Dialekts gehänselt. Er war impulsiv, äußerst kompetitiv und betrachtete andere oft mit Verachtung. Allerdings verfügte er über politischen Scharfsinn und schmiedete Verbindungen zu den Führern der kommunistischen Bewegung, darunter zu Gheorghe Gheorghiu-Dej, der den jungen Mann unter seine Fittiche nahm. Während des Zweiten Weltkriegs, in dem sich das Land auf die Seite Deutschlands schlug, folgten weitere Gefängnisaufenthalte.[2]

Im Jahr 1944 besetzte die Rote Armee das Land und machte es zu einem Satellitenstaat. Gheorghiu-Dej wurde 1947 das erste kommunistische Staatsoberhaupt Rumäniens. Er arbeitete erfolgreich gegen seine Rivalen, die allesamt entlassen, verhaftet oder ermordet wurden. Lucreţiu Pătrăşcanu etwa, ein Gründungsmitglied der Partei, wurde 1954 exekutiert. Hunderttausende politische Gefangene landeten in Internierungslagern.

Bis 1965 hatte sich Gheorghiu-Dej soweit etabliert, dass er Chruschtschows Politik selektiv umsetzen konnte. Einerseits stärkte er die wirtschaftliche Unabhängigkeit seines Landes von der Sowjetunion und verlagerte den Handel in Richtung Westen. Andererseits errichtete er ein repressives System, das von der

Securitate beherrscht wurde, einer 1948 mithilfe der Sowjetunion gegründeten Geheimpolizei. Durch sie verbreitete Gheorghiu-Dej Angst und Schrecken innerhalb der Bevölkerung.[3]

Daneben baute er auch seinen eigenen Personenkult aus. Die Porträts von Stalin wurden abgenommen, und stattdessen hing sein eigenes bald in jeder Schule, jeder Fabrik und in jedem Büro. In den Zeitungen wurden Bilder von Dorfbewohnern gezeigt, die – um ein Radio versammelt – seinen Ansprachen lauschten. Unter dem Jubel seines Volkes bereiste er das Land, während seine Weggenossen in den Hintergrund traten.[4]

Ceauşescu stieg innerhalb der Parteiränge zügig auf und machte sich für Gheorghiu-Dej schließlich unverzichtbar. Vehement ging er gegen Regimekritiker vor, schikanierte Intellektuelle und half, die Zwangskollektivierung der Landwirtschaft durchzusetzen. Ceauşescu war ein engagierter, bescheidener, hart arbeitender und loyaler Soldat. Wie sein Dienstherr sah auch er die Abhängigkeit seines Landes vom Kreml eher kritisch, wollte die straffen Strukturen des stalinistischen Einparteienstaats jedoch aufrechterhalten.

1954 hatte Gheorghiu-Dej so viel Vertrauen zu Ceauşescu gefasst, dass er ihn zum Sekretär des Zentralkomitees machte. Sämtliche neuen Ernennungen gingen damit über seinen Schreibtisch. Wie Stalin Anfang der zwanziger Jahre zog sich nun auch Ceauşescu seine eigenen Untergebenen heran und sorgte dafür, dass sie gut vorankamen.[5]

Gheorghiu-Dej starb 1965. Die Führung war hinsichtlich der Entstalinisierung gespalten. Gheorghe Apostol, den der kranke Gheorghiu-Dej angeblich zu seinem Nachfolger auserkoren hatte, galt als der Sowjetunion zu nahestehend. Daher scharte der amtierende Ministerpräsident Gheorghe Maurer die Parteiführung stattdessen um Ceauşescu. Der unscheinbare junge Mann, dem es an Ausdruckskraft und Organisationstalent mangelte, erschien als ideale Galionsfigur.[6]

Nach seiner Wahl zum Generalsekretär im März 1965 wartete

Ceaușescu geduldig zwei Jahre lang, bis seine Zeit kam. Derweil spielte er seine Rolle als Sprecher einer kollektiven Führung. Doch er machte das Beste aus seiner Position, sprach zu den Massen, besuchte Fabriken und knüpfte Beziehungen zum Militär und zu den Sicherheitskräften. Seine Auslandsreisen im Namen der Partei fanden ein breites Medienecho. Obendrein schlug er einen aufsässigen Ton an und reizte Moskau, indem er Staatenlenker, die der Sowjetunion gegenüber kritisch eingestellt waren, nach Rumänien einlud. Zhou Enlai wurde 1966 begrüßt, Richard Nixon 1967 gefeiert.

Am 26. Januar 1968 wurde Ceaușescu fünfzig Jahre alt. Als kluger Mann war er darauf bedacht, nicht den Eindruck zu erwecken, er betriebe einen Personenkult. Trotzdem erschienen zwei Bände mit seinen Reden, die großen Beifall ernteten. Seine Mitstreiter, insbesondere Apostol und Maurer, bemühten sich, ihm Respekt zu erweisen.[7]

Drei Monate später, im April 1968, fühlte sich Ceaușescu sicher genug, um gegen seinen politischen Ziehvater vorzugehen. Er warf Gheorghiu-Dej vor, dieser habe treue Parteimitglieder verhaften, verurteilen und hinrichten lassen. Dieser Schachzug gestattete es ihm, einen seiner Hauptrivalen auszuschalten: Alexandru Draghici, den damaligen Leiter der Geheimpolizei. Ion Iliescu, ein treuer Gefolgsmann Ceaușescus, trat an dessen Stelle. Der Fall von Lucrețiu Pătrășcanu indes, der wenige Tage vor Ceaușescus Aufnahme ins Zentralkomitee hingerichtet worden war, betraf die gesamte alte Garde. Alle waren nun mit einem Makel belastet und mussten im Staube kriechen.[8]

Ceaușescus Stunde schlug im Sommer, als die Sowjetunion im August 1968 in der Tschechoslowakei einmarschierte, um den antikommunistischen Umtrieben im Land ein Ende zu bereiten. Truppen aus Bulgarien, Polen und Ungarn sicherten Unterstützung zu, Rumänien hingegen nicht. Als die Panzer in Prag einrollten, rief Ceaușescu zu einer Massenkundgebung auf dem Palastplatz vor dem Zentralkomitee auf. Er hielt eine leidenschaftliche Rede und verurteilte Leonid Breschnews Vorgehen als »schweren Fehler und ernste Gefahr für den Frieden in Europa«. Das machte ihn über Nacht zum Nationalhelden, den man für sein Versprechen bewunderte, keiner Macht solle es gestattet sein, »das Gebiet unseres Heimatlandes zu verletzen«.[9]

Ceauşescu gab den furchtlosen Helden, den Mann, der es wagte, sich gegen die Sowjetunion aufzulehnen. Ausländische Würdenträger standen vor seiner Tür Schlange. Ceauşescu festigte sein Image als Verfechter eines Sozialismus mit menschlichem Antlitz. Richard Nixon, inzwischen Präsident der Vereinigten Staaten, wurde im August 1969 mit großem Pomp empfangen. Fotos erschienen, auf denen sich der mächtigste Mann der Welt zu Ceauşescu vorbeugt, der sich auf einem bequemen Stuhl zurücklehnt. »Er ist vielleicht ein Roter, aber er ist unser Roter«, verkündete Nixon später.[10]

Drei Tage nach Nixons Abreise wurde der X. Parteitag der PCR, der Rumänischen Kommunistischen Partei, abgehalten. Ceauşescu führte eine Änderung der Parteistatuten ein, die ihm seine direkte Wahl durch den Kongress ermöglichte. Dies wiederum bedeutete, dass das Zentralkomitee ihn nicht mehr absetzen konnte. In diversen Reden zollten die Delegierten ihrem Führer Tribut. Von der alten Garde war nur noch einer übrig, nämlich Gheorghe Maurer, der weiterhin die Nummer zwei blieb. Ceauşescu aber war das unbestrittene Oberhaupt, und seine Männer kontrollierten alle wichtigen Parteiorgane.[11]

Zwischen Juli 1965 und Januar 1973 unternahm Ceauşescu insgesamt 147 Reisen durch Rumänien. Allein im Januar 1970 besuchte er 45 Industrieunternehmen und landwirtschaftliche Betriebe – wenigstens behauptete dies das Parteiorgan *Scinteia*. Jeder einzelne Besuch wurde sorgfältig inszeniert und folgte einer Choreographie, die sich über die Jahre kaum veränderte. Ein mit Blumen geschmückter Autokorso traf ein. Die örtliche Bevölkerung war entlang der Hauptstraße versammelt und schwenkte rote Fahnen zur Begrüßung ihres Führers. Kinder brachten Blumen. Ceauşescu erschien auf dem Balkon der örtlichen Parteizentrale, um zur Menge zu sprechen, wobei er oft auf einem kleinen Podest stand, um größer zu wirken. Die Menge applaudierte begeistert, und im Hintergrund sorgte die Geheimpolizei dafür, dass auch wirklich alle in den Jubel einstimmten. Jeder Besuch erschien auf der Titelseite aller Zeitungen, was Ceauşescus Image eines allgegenwärtigen Führers, der in enger Verbindung zu seinem Volke stand, weiter bekräftigte. Folglich kritisierten die Menschen seine Untergebenen, nicht ihn. »Wenn Ceauşescu über die Situation Bescheid wüsste, würde er mit einem eisernen Besen auf die Ladenbesitzer losgehen«, flüsterten die Menschen bei Nahrungsmittelknappheiten.[12]

Ceauşescu genoss das sorgsam einstudierte Ritual, wenngleich er nicht ganz darauf vorbereitet war, welches Willkommen man ihm bei seinen Besuchen in China und Korea im Juni 1971 bot. In Peking wurden er und seine Delegation von der gesamten Führung auf der Rollbahn des Flughafens empfangen. Zehntausende jubelnde Menschen säumten die Straßen. Auf dem Platz des Himmlischen Friedens wurde den Gästen zu Ehren eine Massengymnastikshow aufgeführt, bei der Hunderte verschiedenfarbig gekleidete Teilnehmer synchrone Bewegungen ausführten, die lesbare Willkommensgrüße ergaben: »Lang lebe die rumänisch-chinesische Freundschaft!«[13]

Ceauşescu bemerkte, dass die Menschen überall fleißig arbeiteten. Offenbar war China ein Land, in dem man keinen Müßiggang kannte. »Sie sind sehr gut organisiert und sehr diszipliniert«, stellte er fest. In Pjöngjang, der nächsten Station seiner Reise, war nach den Verwüstungen des Koreakriegs alles vollkommen neu aufgebaut worden. Die Stadt besaß große, moderne Gebäude. Die Läden waren voller Waren. Landwirtschaft und Industrie erblühten im

Geist ökonomischer Eigenständigkeit. Einheit, Disziplin, Autarkie, Unabhängigkeit: All diese Ziele schienen erreichbar, wenn eine Bevölkerung auf ihren Führer gerichtet mobilisiert würde.[14]

Wie Hitler auf seiner ersten Italienreise erkannte auch Ceaușescu offenbar nicht, dass vieles, was er in China und Korea gesehen hatte, reine Schau gewesen war. Er warf sogar seinen eigenen Botschaftsangehörigen in Peking und Pjöngjang vor, sie hätten das Exekutivkomitee mit Falschmeldungen über Knappheiten in die Irre geführt, wo er selbst doch nichts als Wohlstand für alle gesehen habe.[15]

Sofort nach seiner Rückkehr nach Bukarest begann Ceaușescu mit seiner eigenen kleinen Kulturrevolution. Es hatte nach 1965 einige wenige Jahre gegeben, in denen er sich als Reformer präsentiert hatte und die ideologischen Restriktionen der stalinistischen Ära gelockert waren. Die Zensur der Presse war entfallen, und die Autoren hatten gewisse Freiheiten genossen. Der Empfang ausländischer Fernsehprogramme war möglich gewesen. Dieses Tauwetter war jedoch nicht von Dauer, da Ceaușescu wiederholt betont hatte, dass der Marxismus-Leninismus »der gemeinsame Nenner unserer sozialistischen Kunst« bleibe.[16]

Nun war es auch mit diesen eingeschränkten Freiheiten zu Ende. In China hatte Ceaușescu gesehen, wie man die alte Welt beseitigt und die gesamte Kultur entlang revolutionärer Richtlinien neu gestaltet hatte. Dasselbe wollte er in seinem eigenen Land. Am 6. Juli 1971 hielt er vor dem Exekutivkomitee eine Rede, die später als »Juli-Thesen« bekannt wurde. Er wetterte gegen »bourgeoise ideologische Einflüsse und rückwärts gerichtete Gedanken« und forderte, diese aus Presse, Radio, Fernsehen, Literatur und sogar aus Oper und Ballett zu entfernen. Er pries den sozialistischen Realismus und verlangte strikte ideologische Konformität in allen Bereichen. Innerhalb der Kultur müsse eine Revolution stattfinden, damit sie zum ideologischen Instrument der Schaffung eines »neuen Menschen« werde.[17]

Die Führungsriege wurde gesäubert. Ion Iliescu wurde nach gerade drei Jahren im Amt entlassen. Auf dem Rückflug war offenbar ein Streit darüber entbrannt, was sie in Nordkorea gesehen hatten.[18]

Mit der Reglementierung der Kultur erblühte auch der Personenkult. Schon vor seiner Ostasienreise hatte sich Ceauşescu um einen festen Hoffotografen bemüht. In Michel-Pierre Hamelet fand er einen willigen Komplizen. Der französische Journalist arbeitete für den *Figaro* und hatte den Generalsekretär der Kommunistischen Partei Frankreichs 1967 nach Rumänien begleitet. Hamelet war auf der Stelle von seinem Gastgeber eingenommen: »Ich war beeindruckt von dem Feuer in seinen Augen, der mentalen Energie, die sein Blick vermittelte, dem ironischen Lächeln, das ständig sein Gesicht erhellte.« Einige Jahre später kehrte er nach Rumänien zurück und erhielt dort jegliche Unterstützung zur Fertigstellung seiner Biographie. *Nicolae Ceauşescu* erschien 1971 in französischer Sprache, gefolgt von rumänischen, ungarischen und deutschen Ausgaben im selben Jahr.

Hamelet zeichnete Ceauşescu als »leidenschaftlichen Humanisten«; er verkünde nicht weniger als »den Beginn eines neuen Zeitalters«, in dem das soziale Gefüge nach dem Muster einer neuen Ideologie neu erschaffen werde. Als begabtes Kind aus armen Verhältnissen sei der Junge barfuß zur Schule gegangen, zu arm, um sich Bücher zu leisten. Dennoch sei er stets unter den Klassenbesten gewesen. Hamelet interviewte Ceauşescus Lehrer, der sich daran erinnerte, dass der Junge gut in Mathematik und vor allem stets ein guter Kamerad gewesen sei. Als er von der Polizei im Alter von sechzehn Jahren als gefährlicher Agitator ausgemacht worden sei, habe man ihn in Fußfesseln zurück in sein Dorf gebracht. Doch nichts habe ihn von der Sache abbringen können. So sei er zu einem Staatsfeind geworden, einem entschlossenen Organisator der kommunistischen Bewegung, einem leidenschaftlichen Verfechter der marxistisch-leninistischen Lehren.[19]

Hamelet war nicht der Einzige, den man engagierte, um das Image des Bauernjungen zu kultivieren, der mittels harter Arbeit, Mut und schierem Talent alle Hürden überwand und zu einem Sozialistenführer wurde. Im Jahr 1972 veröffentlichte Donald Catchlove in London *Romania's Ceauşescu* und trug damit weiter zur Verbreitung des Ceauşescu-Mythos bei. Dem folgten 1973 in Deutschland *Ceauşescu* von Heinz Siegert und 1974 Giancarlo Elia Valoris *Ceauşescu* in Italien. Auf Griechisch erschien 1978 *Der Halbgott von Rumänien.*[20]

Über das Ministerium für Propaganda und Agitation prüfte Ceauşescu in der Regel jedes Detail persönlich, bis hin zur Auflagenhöhe. Im Jahr 1976 erbat Mihai Steriade, Autor des Büchleins *Präsenz und Prestige eines Humanisten: Nicolae Ceauşescu*, die Summe von 8000 US-Dollar, um in Belgien »für Rumänien zu werben«. Ceauşescu kürzte den Betrag auf 5000 Dollar.[21]

Das Ministerium für Propaganda und Agitation – kurz: Agitprop – sorgte auf jede erdenkliche Weise dafür, dass im Ausland gezielte Imagewerbung für Ceauşescu betrieben wurde. So zahlte es 1971 der italienischen Zeitung *L'Unità* rund 5000 US-Dollar für den Druck einer Beilage zum Gründungsjubiläum der Rumänischen Kommunistischen Partei. Das Pamphlet enthielt Fotos von Ceauşescu, die ihn als internationalen Führer auf einer Stufe mit Mao, Nixon und de Gaulle zeigten. Kein einziger Sowjetführer fand darin Erwähnung.[22]

Ceauşescu war Parteiführer und Staatsoberhaupt. Im Gegensatz zu anderen Diktatoren in Einparteienstaaten gab er sich jedoch nicht damit zufrieden, neben der tatsächlichen Macht durch den Parteiapparat eine lediglich symbolische Macht als Staatschef auszuüben. Die Befugnisse des Staatsrats wurden erweitert, indem verschiedene, von Ceauşescu geleitete Gremien den Ministerrat umgingen. Eines davon war der Verteidigungsrat, ein anderes der Wirtschaftsrat. De facto bedeutete dies, dass ihm sowohl der Staat als auch die Partei unterstanden und er beide gegeneinander ausspielen konnte, wenn er auf Widerstände stieß. Nun saß er nicht nur an sämtlichen Hebeln der Macht, sondern machte sich auch zur obersten Autorität in allen Bereichen, von den Schaufensterauslagen der Kaufhäuser bis zur Innendekoration des Bukarester Nationaltheaters. Er war ungeduldig und neigte dazu, die Reihen der Bürokratie neu zu ordnen, wenn diese seine Politik nicht rasch genug umsetzte. Daneben tauschte Ceauşescu regelmäßig die Kader zwischen Partei und Staat aus, um sicherzustellen, dass niemand eine Machtbasis aufbauen konnte. Derartiger Irrsinn verstärkte Verwaltungschaos und Mangel.[23]

Ceauşescu war jedoch nie ganz zufrieden. 1974 beschloss er, seine Position als Präsident des Staatsrats zu der des Präsidenten der Republik auszudehnen, was ihm die Macht verlieh, seine Minister per Dekret persönlich zu ernennen. Bei einer vorbereitenden Sitzung wetteiferten seine Untergebenen in ihren Plänen für eine extravagante Amtseinführungszeremonie miteinander. Emil Bodnaras, Vizepräsident des Staatsrats, schlug vor, ein Sonderexemplar der Verfassung in goldenen Lettern zu drucken. Ein anderer wollte Salutschüsse aus Kanonen abfeuern lassen, was Ceauşescu bescheiden ablehnte.[24]

Am 28. März wurde der nunmehr zum rumänischen Präsidenten gewählte Ceauşescu mit dem überbordenden Pomp eines feudalen Monarchen ins Amt eingesetzt. Der Höhepunkt der von Radio und Fernsehen übertragenen Zeremonie war die Überreichung eines Präsidentenzepters. Der surrealistische Maler Salvador Dalí war von dem Ereignis derartig beeindruckt, dass er ein Glückwunschtelegramm sandte. Der Text erschien tags darauf in der *Scinteia*, deren Chefredakteur offensichtlich nicht erkannt hatte, dass es sich um Satire handelte: »Zutiefst bewundere ich Ihren historischen Akt der Einführung eines Präsidentenzepters.«[25]

Im selben Monat wurde Gheorghe Maurer, der treue zweite Mann, der stets eine gewisse Mäßigung im Auge behalten hatte, von seinen Pflichten entbunden. Ceauşescu war nun allein. Unverzüglich wurde ein neues Pressegesetz erlassen, das schriftliche Texte mit einer noch erdrückenderen Zensur belegte. Die Verunglimpfung von Parteiführern war verboten, Selbiges galt für jegliche Kritik an der Parteipolitik. Zum Jahresende schuf der XI. Parteitag ein neues Gremium und konzentrierte alle Macht in einem Ständigen Büro des Exekutivrats. Wie anderen Organen kam diesem jedoch lediglich eine beratende Funktion zu, und ein Dutzend Mitglieder lauschten respektvoll den Worten Ceauşescus. Um das Ereignis angemessen zu würdigen, bezeichnete die *Scinteia* den Führer als »Julius Caesar, Alexander den Großen, Perikles, Cromwell, Napoleon, Peter den Großen und Lincoln« und pries ihn als »unseren Gott auf Erden, das Herz der Partei und der Nation«. Ceauşescu war zum »Conducator« geworden. Der Titel leitete sich von dem Verb *conduce*, lateinisch *ducere* ab. Wie der Duce oder Adolf Hitler war er nun der oberste Führer der Nation.[26]

Ceauşescu war zwar bereits Generalsekretär, Präsident und Oberbefehlshaber, doch er sehnte sich nach offizieller Anerkennung als führender Ideologe. Im Jahr 1968 waren zwei Bände seiner Schriften und Reden erschienen. In den folgenden Jahren erhöhte sich die Frequenz, als das Agitprop jedes Jahr einen Veröffentlichungsplan vorlegte, den Ceauşescu persönlich überwachte. 1971 wurden seine Reden in ein halbes Dutzend Sprachen übersetzt, gefolgt von einem steten Ausstoß *Ausgewählter Schriften*, die ab 1976 in zahlreichen Sprachen von Italienisch bis Chinesisch erhältlich waren.[27]

Im Jahr 1976 übernahm Ceauşescu die Ideologische Kommission des Zentralkomitees. Seine Untergebenen standen Schlange, um ihm als »bedeutendem Denker des zeitgenössischen Marxismus« zu huldigen, als brillantem Ideologen, der »den Marxismus verjüngt und weiterentwickelt« habe. Ceauşescu sei »angewandter Marxismus-Leninismus«. Schriftsteller, Wissenschaftler und Parteiaktivisten waren dazu angehalten, sein Werk als Hauptreferenzquelle zu nutzen.[28]

Ceauşescus Werke waren ein Sammelsurium widersprüchlicher Gedanken, doch, kurz gefasst, kleidete er den Kommunismus in ein nationalistisches Gewand. Er stellte sich als Verfechter nationalistischer Werte dar, der gleichzeitig fest an die Revolution glaubte. Das Ganze nannte er »revolutionären Patriotismus«. Mit seiner Weisheit sprach er angeblich Menschen auf der ganzen Welt an. Wie der stellvertretende Premierminister Manea Manescu nach einer ausgedehnten Reise durch mehrere asiatische Länder bemerkte, »genießt Nicolae Ceauşescu enormes internationales Ansehen, hohe Wertschätzung und überall Respekt, selbst in den entlegensten Teilen der Welt, wo sein Name zu einem Symbol für glühenden Patriotismus und Internationalismus geworden ist, für den Kampf um nationale Souveränität und Unabhängigkeit«. Er war ein Führer des Weltkommunismus, eine internationale Persönlichkeit der Arbeiterbewegung.[29]

An seinem sechzigsten Geburtstag im Jahr 1978 huldigte die gesamte Nation ihrem Führer. Constantin Pîrvulescu bezeichnete Ceauşescu als »wahrhaftigste populäre Führungspersönlichkeit in der gesamten Geschichte des rumänischen Volkes«. In ihrer offiziellen Mitteilung verkündeten Partei, Staat und Nation, die von ihm geformte Ära Ceauşescu sei »ein Zeitalter, welches das fruchtbarste Kapitel in unserer gesamten tausendjährigen Geschichte darstellt, ein Zeitalter voller bedeutender Leistungen und großer Erfolge«.[30]

Da Ceauşescu nun auch Chefideologe der Nation war, hielten die wichtigsten Bildungshorte spezielle Feierlichkeiten ab, um seine zahlreichen wissenschaftlichen Leistungen anzuerkennen und zu feiern. So wurde er förmlich mit Doktortiteln überschüttet: Eine Fakultät machte ihn zum Doktor der Ökonomie, eine andere verlieh ihm den Doktortitel in Politikwissenschaften. Seine Forderung nach der souveränen Existenz Rumäniens bezeichnete man mittlerweile als Ceauşescu-Doktrin, was einen unverblümten Seitenhieb auf den Lehrsatz eingeschränkter Souveränität darstellte, der allgemein als Breschnew-Doktrin bekannt war – benannt nach dem Mann, der ein Jahrzehnt zuvor Panzer nach Prag geschickt hatte, um den dortigen Volksaufstand niederzuwalzen. Eine Ausstellung wurde organisiert, um alle Geschenke zu zeigen, die Ceauşescu während seiner vielen Auslandsreisen empfangen hatte. Dies sollte die hohe Wertschätzung illustrieren, die man ihm als internationalem Staatsmann und führendem Theoretiker des Marxismus-Leninismus entgegenbrachte.[31]

Die Feierlichkeiten dauerten drei Wochen an. Es gab Gedichte, Lieder, Theateraufführungen, Gemälde, Büsten, Wandteppiche und Medaillen. Ceauşescus Name wurde in Großbuchstaben geschrieben. Er war das Leuchtfeuer, der Fahnenträger, der Januarstern, die höchste Tanne im Land. Er war ein Falke. Er war »das Maß aller Wesen und Dinge in diesem gesegneten Lande namens Rumänien«. Er war die christusgleiche Inkarnation des Volkes, »ein Körper aus dem Körper des Volkes, eine Seele aus der Seele des Volkes«.[32]

Zum zweiten Mal erhielt Ceauşescu den begehrten Titel eines Helden der Sozialistischen Republik Rumänien. Jugoslawien ernannte ihn zum Helden der Sozialistischen Arbeit. Ein großherziger Breschnew verlieh ihm den Lenin-Orden. All diese Auszeichnungen verblassten jedoch gegenüber der Anerkennung, die ihm der Westen zuteilwerden ließ: Wenige Monate nach seinem Geburtstag wurden Ceauşescu und seine Frau von US-Präsident Jimmy Carter im Weißen Haus bewirtet.

Den Höhepunkt seiner Karriere bildete aber sicherlich sein Staatsbesuch im Buckingham-Palast im Juni 1978, organisiert von Sir Reggie Secondé, dem britischen Botschafter in Rumänien. Secondé hatte keinerlei Illusionen. In einem vertraulichen Memorandum an das Außen- und Commonwealth-Ministerium beurteilte er Ceauşescu »nach den Maßstäben unserer Zeit eindeutig als

Diktator«. Das Londoner Establishment empfing den Autokraten mit offenen Armen. Ein rumänischer Dissident protestierte einsam und allein, wurde jedoch prompt von der Polizei verhaftet. Ceaușescu fuhr mit Queen Elisabeth II. in ihrer königlichen Kutsche, winkte den jubelnden Massen zu und erhielt den Bath-Orden. Im Palast kosteten seine Sicherheitsleute das Essen, bevor sie es zum Servieren freigaben. Sämtliche öffentlichen Ereignisse – die Frühstücke, Mittag-, Abendessen und Bankette – wurden rund um die Uhr im rumänischen Fernsehen übertragen. Der Besuch machte alle Gegner des Tyrannen endgültig mundtot.[33]

Etwas Widerstand blieb dennoch. Ion Pacepa, ein mächtiger General der Securitate, lief wenige Wochen später in die Vereinigten Staaten über, was dem nachrichtendienstlichen Netzwerk Rumäniens großen Schaden zufügte und die inneren Mechanismen am Hofe Ceaușescu offenlegte. Pacepa wurde in Abwesenheit zum Tode verurteilt. Auf seinen Kopf setzte man eine Belohnung von zwei Millionen US-Dollar aus.[34]

Ceaușescu wurde seinem nächsten Umfeld gegenüber nun noch misstrauischer. Als der engste Kreis immer kleiner wurde, verließ er sich zunehmend auf Familienmitglieder, vor allem auf seine Frau Elena, eine mürrische, unkultivierte, aber ambitionierte und entschlossene Frau, die sich während ihrer China-Reise 1971 ein Beispiel an Madame Mao Zedong genommen hatte. Sie war Ceaușescus treue Begleiterin und bei Parteitagen, Staatsfeierlichkeiten und offiziellen Besuchen in der Heimat oder im Ausland stets an seiner Seite. Innerhalb weniger Jahre stieg sie an die Spitze der politischen Hierarchie auf und wurde 1977 Mitglied des mächtigen Ständigen Büros des Exekutivrates.

Elena gierte wie ihr Mann nach Titeln und Ehrungen. Obwohl sie nicht über einen entsprechenden Bildungsabschluss verfügte, führte sie den Titel »Acad. Dr. Ing.« und gab öffentlich die oberste Wissenschaftlerin des Landes. Bis 1977 sammelte sie vierundzwanzig ausländische Orden, darunter den Nationalen Orden von

Zaire, den nordkoreanischen Orden der Nationalflagge, den niederländischen Orden von Oranien-Nassau und den ägyptischen Kemal-Damenorden. Im Jahr 1975 überreichte ihr die Sowjetunion zum 30. Jahrestag des Sieges über den Faschismus eine Ehrenmedaille. So beeindruckend dieses Portfolio sein mochte, verblasste es doch im Vergleich zu dem ihres Mannes, der bis 1977 etwa fünfzig internationale Auszeichnungen erhalten hatte, darunter den prestigeträchtigen französischen Orden der Ehrenlegion, den britischen Bath-Orden sowie zahllose Rotflaggen-Orden aus kommunistischen Ländern.[35]

Im Januar 1979, ein paar Monate nach dem Überlaufen Pacepas, wurde Elena Vorsitzende der Kommission für Staats- und Parteikader, was ihr die Entscheidungsgewalt über sämtliche Ernennungen verlieh. Der neue Posten fiel mit ihrem sechzigsten Geburtstag zusammen, der zwei Tage lang ausgiebig gefeiert wurde. Alle Parteimitglieder mussten katzbuckeln und priesen die Erste Dame als »Stern, der neben einem Stern am ewigen Firmament steht«. Elena trat ihr neues Amt mit großem Eifer an und beharrte darauf, dass jedes einzelne der 2,9 Millionen Mitglieder gründlich überprüft wurde, wodurch sich die gesamte Partei praktisch auf dauernder Bewährung befand. Blinder Gehorsam wurde zur Norm. Elenas Bruder erhielt wichtige Regierungspositionen, ihr Sohn Nicu wurde ins Zentralkomitee befördert.

Als im November 1979 der XII. Parteitag zusammenkam, war Elena die mächtige Nummer zwei. Eine einsame Stimme wagte es, die Ceauşescus zu kritisieren. Constantin Pîrvulescu, ein Gründungsmitglied der Partei, hatte noch ein Jahr zuvor seinen Führer gefeiert. Nun bezichtigte er ihn, die wahren Probleme des Landes zu ignorieren, da er ausschließlich seinen eigenen Ruhm im Sinne habe. Die Parteitagsmitglieder schrien ihn nieder und priesen die Popularität ihres Führers im Ausland.[36]

Der Personenkult verhinderte so auf höchst effektive Weise, dass jemand anderes eine unabhängige Machtbasis ausbaute. Im folgenden Jahrzehnt wurden weitere einflussreiche Positionen mit Verwandten besetzt. Als das Regime 1989 zusammenbrach, lag deren Zahl Berichten zufolge bei nicht weniger als fünfzig.[37]

An seinem sechzigsten Geburtstag im Januar 1978 wurde Nicolae Ceaușescu mit mehreren Nationalhelden der Vergangenheit verglichen, allesamt Herrscher der Walachei im Mittelalter – mit Mircea dem Älteren, Stefan dem Großen und Michael dem Mutigen. Ein anderes Vorbild war Burebista, ein König, der die Herrschaft der Kelten beendete, dem Vormarsch der Römer Einhalt gebot und von 61 bis 41 v. Chr. die Stämme des dakischen Königreichs vereinte. Dakien galt als einzigartige Zivilisation auf einem Gebiet, das weite Teile des heutigen Rumäniens umfasste. Wie Mussolini betrachtete sich auch Ceaușescu als Reinkarnation einer glorreichen alten Tradition. Er fühlte sich als Erbe einer archaischen Vergangenheit des Landes und konstruierte Zusammenhänge zwischen verschiedenen Abschnitten der Geschichte, die das Königreich Dakien in direkte Verbindung mit der Sozialistischen Republik Rumänien setzten. Ihn selbst machte das zum vorläufigen Endprodukt Tausender Jahre rumänischer Geschichte.

Der 2050. Jahrestag der Gründung Dakiens wurde am 5. Juli 1980 mit großem Pomp gefeiert. Die gesamte Führungsriege des Parteiapparats wohnte der Zeremonie bei, die im Stadion der Republik abgehalten wurde. Allegorische Theaterstücke wurden aufgeführt und Gedichte gelesen. Ceaușescu stellte man dabei als direkten Nachfahren von Burebista dar, der bald zum Lieblingsmotiv rumänischer Künstler wurde. Sein Profil wurde gemalt, gemeißelt und gestrickt, stets mit edlen Gesichtszügen und männlichem Bart. Der Film *Burebista* war das wichtigste Kulturereignis des Jahres. Linguisten, Historiker und Archäologen publizierten fachkundige Wälzer über die Daker.[38]

Den Durchschnittsbürgern hingegen schien es an Enthusiasmus zu mangeln. Sie mieden öffentliche Feierlichkeiten. Einige wenige brachten trotz allgegenwärtiger Polizeipräsenz offen ihr Missfallen über das Regime zum Ausdruck. »Ceauşescu wird innerhalb der Bevölkerung stark diskreditiert«, schrieb der französische Botschafter. Die Gründe dafür lagen auf der Hand: Überall sah man lange Schlangen. In den Metzgereien gab es nichts außer Schmalz, Würsten, Innereien und Hühnerfüßen. Obst war nicht erhältlich, abgesehen von ein paar Äpfeln im Norden und Pfirsichen im Süden (andersherum jedoch nicht). Sogar schlichter Tafelwein war unerschwinglich, außer für die diejenigen, die in den besten Restaurants tafelten. Das Land litt an Energieknappheit, da eine überdimensionierte petrochemische Industrie gigantische Mengen Treibstoff verschlang. Nur eine von drei Glühlampen wurde eingeschaltet, und sonntags kam der öffentliche Personennahverkehr vollständig zum Erliegen.[39]

Rumänien war in eine schwere wirtschaftliche Rezession gerutscht. Ein Grundpfeiler der Ceauşescu-Doktrin war die wirtschaftliche Unabhängigkeit. Wie sein Vorgänger Gheorghiu-Dej ahmte der Conducator das stalinistische Modell nach, obwohl er sich gleichzeitig von der Sowjetunion distanzierte. Ceauşescu wollte die Schwerindustrie fördern, also borgte er große Summen aus dem Westen, um die notwendigen Technologien, Gerätschaften und Rohmaterialien zu importieren. Während der Energiekrise 1979 schossen jedoch die Ölpreise in die Höhe, was höhere Zinsen zur Folge hatte, die wiederum das Regime zwangen, noch größere Kredite aufzunehmen.

Als die Auslandsverschuldung 1981 eine Gesamthöhe von etwa zwölf Milliarden US-Dollar erreichte, konnte Rumänien den Zinsforderungen nicht mehr nachkommen. Kurz entschlossen verfügte Ceauşescu, sämtliche Schulden durch ein striktes Austeritätsprogramm innerhalb kürzestmöglicher Zeit zu begleichen. Importe wurden gesenkt und Exporte erhöht. Die Fleischlieferungen in die Sowjetunion verdreifachten sich von 1983 bis 1985. Mais, Obst, Gemüse und Wein wurden auf ausländischen Märkten angeboten. Nahrungsmittel wurden rationiert, sodass die Bevölkerung selbst für Grundnahrungsmittel wie Brot oder Kartoffeln anstehen musste. Manchmal verwendete man Tierfutter statt Mehl zum Brotbacken. Auch die Energieversorgung wurde massiv zurückgefahren. Im Winter lebten die Menschen im Dunkeln und froren. Für Traktoren gab es kein Benzin.[40]

Je größer das Elend, desto lauter die Propaganda. Mit dem sinkenden Lebensstandard wurde der Ceauşescu-Kult zunehmend extravaganter. Selbst ungerade oder »kleine« Jahrestage wurden überschwänglich gefeiert, was immer ein Zeichen für die Schwäche eines Regimes ist. Im Jahr 1982 beging Rumänien Nicolae Ceauşescus 64. Geburtstag, gefolgt vom 17. Jahrestag des 1965 abgehaltenen IX. Parteitags. Ein paar Monate später, am sechzigsten Jahrestag der Gründung der Kommunistischen Jugendbewegung, mussten Parteigenossen und Normalbürger die »revolutionäre Jugend« des Conducators bejubeln. Später im Jahr folgte der achte Jahrestag seiner Wahl zum rumänischen Präsidenten. Jedes Mal trafen aus allen Winkeln des Reiches tonnenweise Telegramme ein, in denen man dem Conducator für die Ära Ceauşescu und das »rumänische Wunder« dankte. Ceauşescu verlangte von den Menschen, die er ins Elend trieb, ständig Bekundungen ihrer Dankbarkeit. Daneben nutzte er die Gelegenheit, die solche Ereignisse boten, um die Regierung für sämtliche Missstände verantwortlich zu machen und sich selbst und seine Partei damit schuldlos zu sprechen.[41]

Im Juni 1982 leitete der Conducator – in einem Intervall zwischen mehreren Feierlichkeiten – die Ideologische Kommission des Zentralkomitees. Diese setzte Nicolae Ceauşescus Werke an die Stelle des Marxismus-Leninismus, der nun nicht länger erwähnt wurde.[42]

Der Kult erreichte seinen Höhepunkt wahrscheinlich im Jahr 1985, als das Land die ersten zwanzig Jahre der Ära Ceauşescu mit Konzerten, Festivals, Konferenzen und Zeremonien beging, allesamt sorgsam einstudiert und fehlerlos ausgeführt. Alle bejubelten Ceaușescu als »den allerliebsten Sohn des Volkes«. In jeder Stadt wurden Ausstellungen seiner gesammelten Schriften organisiert.[43]

Ceaușescus Porträt, das nach seiner Rückkehr aus Korea 1971 in Partei- und Staatsinstitutionen aufgehängt worden war, war nun überall zu sehen. Ein Gesetz schrieb vor, es an den Wänden von Schulen, Fabriken und Kasernen ebenso wie an Grenzübergängen anzubringen. Gewöhnliche Bürger waren zudem gehalten, sein Bild bei öffentlichen Anlässen, Staatsjubiläen, Massenkundgebungen und offiziellen Besuchen zu präsentieren. Von Rechts wegen prangte es auf der ersten Seite aller Lehrbücher; für jedes Grundschulbuch war ein Farbfoto von Nicolae und Elena Ceaușescu vorgeschrieben. Auf ausdrückliche Weisung des Conducators sollte es das erste Ehepaar im Staate »umgeben von Pionieren und Falken« zeigen, also von Schülern in den Uniformen der beiden Parteiorganisationen, in denen eine Mitgliedschaft für Kinder von vier bis vierzehn Jahren verpflichtend war.[44]

Das Fernsehangebot beschränkte sich auf einen einzigen Kanal, der lediglich zwei Stunden am Tag sendete. Die Hälfte des Programms befasste sich in der Regel mit den Aktivitäten und Leistungen Ceaușescus. Um das Jahr 1985 gebührend zu feiern, wurden unter persönlicher Aufsicht des Conducators Sondersendungen produziert, darunter »Der IX. Parteitag: Der Kongress neuer Durchbrüche«, »Zwanzig Jahre sozialistischer Errungenschaften«, »Die Ära von Nicolae Ceaușescu« und »Wissenschaft in der Epoche von Nicolae Ceaușescu«. Eine ähnliche Politik beherrschte das Radio, in dem Ceaușescu den ganzen Tag lang gepriesen wurde.[45]

Die Titelseiten der streng kontrollierten Zeitungen berichteten ausnahmslos über die vielen Leistungen des Diktators. Buchhandlungen waren gesetzlich verpflichtet, seine Reden prominent auszustellen, die bis zum Jahre 1986 von bescheidenen zwei Bänden auf beeindruckende 28 dicke Wälzer angewachsen waren. Zeitungskioske führten kleinere Ausgaben seiner Werke. In Musikgeschäften wurden Aufnahmen seiner Reden angeboten.[46]

Bei jeder noch so geringen Entscheidung wollten die Ceauşescus mitreden. Die simple Änderung eines Straßennamens musste von Nicolae genehmigt werden, der in diesem Falle »de acord« in das vorgesehene Kästchen schrieb. Bei einem Fußballspiel entschied Elena, ob die Begegnung im Fernsehen übertragen wurde oder nicht. Jede Facette des Kults wurde von den Ceauşescus gesteuert, darunter sogar, wie häufig ihre Namen täglich im Äther genannt wurden. Aber es gab keine Statuen. Wie Hitler und Mussolini hielt auch Ceauşescu nichts von Standbildern, abgesehen von einer großen Büste in seinem Heimatdorf. Als Künstler ihn fragten, ob sie sein Bildnis in ein Monument mit dem Titel »Sieg des Sozialismus« integrieren dürften, das in Bukarest errichtet werden sollte, lehnte er dies wiederholt ab.[47]

Ceauşescu hatte Größeres im Sinn. Jahre zuvor hatte ihm Pjöngjang mit seinen schnurgeraden Prachtstraßen und gewaltigen Regierungsgebäuden die Blaupause eines kommunistischen Utopia geliefert: eine durch und durch moderne Stadt ohne jede Spur von Vergangenheit. Als 1977 bei einem Erdbeben Teile Bukarests verwüstet wurden, sah Ceauşescu darin die Gelegenheit, eine neue Hauptstadt auf den Trümmern der alten zu errichten. Im Jahr 1982 begann die systematische Zerstörung des Stadtzentrums, in dem viele jahrhundertealte Häuser, Kirchen und Klöster lagen. Nach ein paar Jahren war nichts als ein nackter Hügel übrig. Dieser wurde eingeebnet, um Platz für den Parlamentspalast zu schaffen, den »Palast des Volkes«, ein pharaonisches Projekt, welches Tausende von Arbeitern rund um die Uhr beschäftigte. Es wurde nie ganz fertiggestellt. Ein dreieinhalb Kilometer langer und über neunzig Meter breiter »Boulevard des Sieges des Sozialismus« wurde gebaut, gesäumt von Wohnblöcken nach dem Vorbild Nordkoreas.[48]

Zwei Kilometer vom Palast entfernt, in einem anderen Bezirk, wurde das neue »Museum für Nationale Geschichte« geplant, wenngleich nie mehr als die Fassade errichtet wurde. Am Rande der Hauptstadt wurde eine Klosteranlage aus dem 18. Jahrhundert dem Erdboden gleichgemacht, um Platz für einen neuen Justizpalast zu schaffen – ein Bauprojekt, das nie begonnen wurde.

Ceaușescus ehrgeizige Pläne, das Land entlang gerader Linien neu zu ordnen, reichten weit über die Hauptstadt hinaus. Das Projekt mit dem Namen »Systematisierung« nahm seinen Anfang 1972 und ging mit der gezielten Zerstörung Tausender kleiner Dörfer einher, deren Einwohner in schlecht gebaute Wohnblocks zwangsumgesiedelt wurden, wobei es dort oft nicht einmal funktionierende Aufzüge oder fließendes Wasser gab. Mit der Energiekrise 1979 gelangte das Projekt zum Stillstand, wenngleich mangelnde finanzielle Mittel für Ceaușescu nie ein Hindernis darstellten. Als Rumänien wirtschaftlich am Boden lag, setzte er die Systematisierung 1988 fort und sah zwischen 7000 und 8000 Dörfer für den Abriss vor.[49]

Ein Örtchen indes blühte auf. In Scornicești, einer nationalen Pilgerstätte, verschonte die Abrisskugel genau ein Gebäude, nämlich das Geburtshaus von Nicolae Ceaușescu. Das Dorf bekam befestigte Straßen, neue Wohnhäuser, ein großes Stadion, eine Musterfabrik und Geschäfte mit scheinbar unerschöpflichen Warenvorräten.[50]

Die Securitate erstickte jede Missfallensäußerung im Keim. In der Hauptstadt sah man die Männer mit ihren Maschinenpistolen auf jeder Straße stehen, auf dem Land gab es etwa alle fünfzehn Kilometer einen Kontrollposten. Ein Netz von Spionen und Informanten überzog das gesamte Land.

Die Menschen taten, was man von ihnen verlangte, aber ohne jede Begeisterung. Im Jahr 1985 fand der französische Botschafter eine perfekt reglementierte Gesellschaft vor, die »in ihrem Gefühlsausdruck gegenüber dem Führer jeglicher Spontaneität beraubt« war. Diejenigen, die bei Massenkundgebungen in vorderster Reihe standen und Ceaușescu begeistert zujubelten, waren nicht selten als Arbeiter verkleidete Geheimagenten. Gewöhnliche Menschen weiter hinten leisteten mechanisch ab, was von ihnen verlangt wurde, während die Lautsprecher mit Jubel vom Tonband für die erforderliche Lautstärke sorgten.[51]

In der Öffentlichkeit sangen die Menschen Loblieder auf den Diktator, aber hinter vorgehaltener Hand verfluchten sie ihn. Ein Beobachter bemerkte, wie Fußgänger innehielten und ihm applaudierten, als er einmal zur Inspektion einer Baustelle erschien. Sobald er wieder verschwunden war, begannen die Beschimpfungen. John Sweeney, ein britischer Journalist, der das Land im Sommer 1985 besuchte, konnte förmlich spüren, dass »das ganze Land in einem stummen, passiven Hass auf das Regime gefangen war«. Doch auch er musste später einräumen, dass kein ausländischer Autor, der damals über Rumänien schrieb, das Elend der einfachen Leute in seinem ganzen Ausmaß erfasste, da sie auf Schritt und Tritt von Geheimagenten überwacht wurden.[52]

Dem Normalbürger mochte das Regime zwar verhasst sein, dennoch war ein Aufstand unwahrscheinlich. Von einer Gesamtbevölkerung von 22 Millionen waren vier Millionen in der Partei, was bedeutete, dass ungefähr jeder Sechste auf die eine oder andere Weise von dem Regime profitierte, solange er Ceaușescu treu ergeben blieb. Das taten die Parteimitglieder, die im Gegenzug großzügige Vorteile genossen, die sie vom Rest der Bevölkerung abhoben.[53]

Paradoxerweise war es aber vor allem die Sowjetunion, die einen Volksaufstand unwahrscheinlich machte. Ceaușescu hatte sich 1968 gegen die Entsendung von Truppen in die Tschechoslowakei gewandt und sich danach als Mann ausgegeben, der es gewagt hatte, der Sowjetunion zu widersprechen. Regelmäßig verspottete oder beleidigte er die Sowjets, doch Moskau tolerierte sein Verhalten, da er im Grunde keine Bedrohung darstellte. Er blieb ein strenger, doktrinärer Kommunist. Die gewöhnlichen Leute wussten nur zu gut, dass die Sowjetunion immer noch der wachsame Hüter des Sozialismus war und die Rote Armee unter der Breschnew-Doktrin jederzeit die Grenze überschreiten und einen Aufstand unterdrücken konnte. Ihre Angst vor Breschnew war stärker als ihr Hass auf Ceauşescu.[54]

Der Aufstieg von Michail Gorbatschow ließ Ceauşescu jedoch in ganz anderem Licht erscheinen. Als der Verfechter der Perestroika im Januar 1987 seine Vision einer Demokratisierung vorstellte, begann der Conducator, als Verteidiger der reinen Lehre aufzutreten. Politische Reformen lehnte er als Irrweg ab und schwor, auch weiterhin den »richtigen Weg zum Kommunismus« zu verfolgen. Statt die wirtschaftliche Knappheit etwas zu mildern, forderte er eine noch größere »Opferbereitschaft« und verhängte prompt weitere Austeritätsmaßnahmen. Infolgedessen wurde die ohnehin schon brüchige Wirtschaft noch abhängiger von der Sowjetunion.[55]

Mit der wachsenden Beliebtheit Gorbatschows im Westen schwand das Interesse dortiger Politiker an Ceauşescu. Einladungen und Besuche wurden immer seltener. Ausländische Journalisten berichteten zunehmend kritisch und ermunterten dadurch die Dissidenten im Lande. Im März 1989 veröffentlichten sechs ältere Staatsmänner einen offenen Brief, in dem sie den Personenkult des Führers und die ständige Überwachung der Bevölkerung kritisierten. Zu den Unterzeichnern gehörte auch der inzwischen 93-jährige Constantin Pîrvulescu . Er wurde festgenommen, verhört und erneut unter Hausarrest gestellt.

Mit Ceauşescus Gesundheit ging es derweil bergab. Er litt an Diabetes, die viele Jahre lang unbehandelt geblieben war, da er aufgrund seiner Paranoia nicht einmal seinen eigenen Ärzten vertraut hatte. Die Einzige, der er traute, war seine Frau, doch war sie ebenso paranoid wie ihr Mann und dumm obendrein. Beide waren überzeugt, sie seien vom Schicksal auserkoren, ihr Land in eine strahlende Zukunft zu führen. Jenseits der Realität lebten sie in luxuriöser Isolation, umgeben von Schönrednern und Lügnern, die sie über die Jahre gefördert hatten, und glaubten dem Kult um ihre Personen längst selbst.[56]

Beim XIV. Parteitag im November 1989 wurde Ceauşescu erwartungsgemäß wieder zum Führer der Rumänischen Kommunistischen Partei gewählt. Er nutzte die Gelegenheit, um die Revolutionen zu verdammen, welche die kommunistischen Regime in Osteuropa erschütterten. Im Juni hatte die Gewerkschaft Solidarność die Wahlen in Polen gewonnen, was wenige Monate später zum Sturz der Kommunistischen Partei geführt hatte. Gorbatschow hatte nicht interveniert. Im Oktober hatte Ungarn ein Paket demokratischer Reformen auf den Weg gebracht, das den Kommunismus de facto beendet hatte. Abermals war Gorbatschow ruhig geblieben.[57]

Am 17. Dezember schossen rumänische Truppen auf eine Menge von Demonstranten in Timişoara, wo die Regierung die Festnahme eines örtlichen Geistlichen angeordnet hatte, der in seinen Predigten die Zerstörung Dutzender historischer Kirchen und Klöster angeprangert hatte. Die darauf folgende Menschenjagd führte zu landesweiten Protesten. Am 21. Dezember trat Nicolae Ceauşescu mit dem gesamten Parteiapparat auf den Balkon der Parteizentrale im Herzen Bukarests und sprach bei einer von der Partei organisierten Großkundgebung. Zum ersten Mal jedoch jubelte ihm die Menge nicht zu. Nach wenigen Minuten begannen Menschen in den hinteren Reihen zu pfeifen und zu johlen. Er hob die Hand, um Ruhe zu gebieten, und tippte mehrfach auf das Mikrofon. Die Unruhe blieb. Ceauşescu wirkte verblüfft. Seine Frau beugte sich vor und maßregelte die Menge: »Bleibt ruhig! Was ist denn los mit euch?« Ceauşescu beschloss, mit seiner Rede fortzufahren. Mit heiserer, matter Stimme versuchte er, die Demonstranten zu beschwichtigen, indem er anbot, den Mindestlohn zu erhöhen. Doch er hatte Schwäche gezeigt. Die Angst war verflogen, und aus der Kundgebung wurde ein Aufruhr.

Die Rede wurde live gesendet. Als die Übertragung abbrach, wusste jeder, dass eine Revolution im Gange war. Überall schlossen sich die Menschen den Protesten an, attackierten Regierungsgebäude, rissen offizielle Ceauşescu-Porträts von den Wänden und verbrannten seine Propagandabücher. Ceauşescu befahl der Securitate, bis zum letzten Mann zu kämpfen. Die ganze Nacht über wurde auf Demonstranten geschossen, doch ließ sich der Lauf der Dinge nicht mehr aufhalten.

Am Tag darauf schloss sich die Armee der Revolution an. Als wütende Demonstranten die Parteizentrale belagerten, blieb Elena und Nicolae Ceauşescu nur noch die Flucht mit einem Helikopter. Sie landeten auf einem Feld außerhalb der Hauptstadt. Später am selben Tag wurden sie aufgespürt und unter Arrest gestellt. Am ersten Weihnachtsfeiertag organisierte Ion Iliescu – Chef der Front der Nationalen Rettung, einer von abtrünnigen Parteimitgliedern spontan gegründeten Organisation – hastig ein Militärtribunal, um den Ceauşescus den Prozess zu machen. Als das Todesurteil verhängt war, führte man die beiden in einen eiskalten Innenhof neben einem Sanitärblock und stellte sie an die Wand. Ceauşescu sang angeblich noch die Internationale, die First Lady schrie: »Ihr Scheißkerle!« Dann wurden sie erschossen.[58]

Mengistu

Am Stadtrand der alten Reichshauptstadt Aksum, wo die Italiener 1937 einen riesigen Obelisken zerlegten und als Kriegsbeute abtransportierten, liegen auf den staubigen Feldern immer noch zurückgelassene russische Panzer. Auch in anderen Teilen Äthiopiens finden sich rostige Zeugen eines Bürgerkriegs, der mindestens 1,4 Millionen Menschenleben kostete. Beinahe zwei Jahrzehnte lang wurde das Horn von Afrika von einer Revolution gebeutelt, die 1974 mit dem Sturz des Kaisers endete.

Äthiopien war einst ein Kaiserreich, das sich bereits im Jahr 300, nur wenige Jahrzehnte nach Rom, dem Christentum zuwandte, da die Häfen am Roten Meer eine Zuflucht für Gläubige im Exil boten. Der Glaube diente als zentralisierende Kraft. Ende des 19. Jahrhunderts erweiterte Kaiser Menelik II. das Reich, verwandelte das Land in einen modernen Staat und führte seine Truppen siegreich gegen Italien. Die Schlacht von Adwa gegen die Italiener stellte sicher, dass Äthiopien nie kolonialisiert wurde, abgesehen von einer kurzen Zeitspanne zwischen 1936 und 1941.

Der 1916 gekrönte Haile Selassie herrschte beinahe sechs Jahrzehnte lang mit absoluter Macht – ein Rekord für einen Staatschef. Als »Löwe Judas«, »König der Könige« und »Auserwählter Gottes« verkörperte er göttlichen Willen. In der Äthiopisch-orthodoxen Kirche musste Autorität durch Macht von oben ausgeübt werden. Allen Berichten zufolge war Selassie ein Autokrat, der seine Macht dazu nutzte, das Reich zusammenzuhalten – nicht selten unter

Anwendung von Gewalt. Sein Bildnis war überall: auf Münzen, Gemälden, Briefmarken und Fotografien. Sein Name zierte Schulen und Krankenhäuser. Im Gegensatz zu anderen christlichen Kirchen versuchte die Kirche in Äthiopien nie, die Produktion von Ikonen zu regulieren.[1]

Außerhalb Äthiopiens wurde Haile Selassie von den Rastafaris verehrt, die in ihm den lebendigen Gott auf Erden sahen, den wiedergekehrten Messias, der die Schwarzen in ein goldenes Zeitalter von Frieden und Wohlstand führte. Er widersetzte sich jedoch allen sozialen Reformen und war in den Jahrzehnten nach dem Zweiten Weltkrieg immer weniger bereit, sich der modernen Welt anzupassen. Im Jahr 1973 offenbarte eine verheerende Hungersnot die bittere Armut in den ländlichen Gebieten. Unzählige Dorfbewohner verhungerten. In den Städten schossen die Preise für Öl und Lebensmittel in die Höhe, was vielerorts zu Protesten führte. Innerhalb des Militärs schwand die Disziplin, als mehrere Einheiten der Armee meuterten. Im Februar 1974 weiteten sich die Unruhen auf Marine, Luftwaffe und Polizei aus, bis sie schließlich am 1. März auch die kaiserliche Leibgarde erfassten. Um die Armee zu besänftigen, setzte Selassie eine Übergangsregierung ein, deren Aufgabe in der Errichtung einer konstitutionellen Monarchie bestand.[2]

Bald übernahm eine Gruppe militärischer Führer die Macht, der sogenannte Derg. Derg, Amharisch für »Rat«, war die Kurzform für »Koordinationskomitee der Streitkräfte, Polizei und Territorialarmee«. Offiziell wurde dieses eingesetzt, um die Forderungen der Armee zu überprüfen. Tatsächlich aber war es eine Junta, die sich hauptsächlich aus niederrangigen Offizieren zusammensetzte, welche verschiedene Militäreinheiten vertraten. Höherrangige Offiziere hielt man wegen ihrer Nähe zum Kaiser auf Distanz.[3]

Im Juli setzte der Derg den Premierminister ab. Dann schaffte er den Kronrat des Kaisers ab und verhaftete dessen persönliche Mitarbeiter einen nach dem anderen. Sämtliche Paläste wurden Staatseigentum, ebenso wie alle Unternehmen, die der kaiserlichen Familie gehört hatten. Am Abend des 11. September ließ der Derg im Staatsfernsehen eine Dokumentation über die Hungersnot ausstrahlen, durchsetzt mit Szenen kaiserlicher Extravaganz. Dies zerstörte vollends, was vom Image des Kaisers noch übrig war. Am Tag darauf wurde Haile Selassie abgesetzt, in einen Volkswagen gesetzt und aus dem Palast gebracht.[4]

Unter dem Motto »Äthiopien zuerst« machte der Derg schließlich einen angesehenen General kurzzeitig zur Galionsfigur. Aman Andom war Eritreer. Er favorisierte eine diplomatische Einigung mit der Eritreischen Volksbefreiungsfront, einer Organisation, die durch den Sturz der Kaiserherrschaft neuen Aufschwung bekommen hatte und Unabhängigkeit für ihr Volk forderte.

Eritrea, eine große, weitläufige Provinz mit wichtigen Häfen, erstreckte sich Hunderte Kilometer entlang der Küste des Roten Meeres. Eine Abspaltung bedeutete für Äthiopien den Verlust des einzigen Zugangs zum Meer. Die niederen Offiziere des Derg beharrten daher darauf, den Sezessionsbestrebungen mit einer Großoffensive zu begegnen und die Truppen in der Region zu verstärken.

Am 23. November wurde Aman seiner Pflichten enthoben. Der Derg nutzte die Gelegenheit, um seine lautesten Kritiker zu eliminieren. Bei einer Massenhinrichtung wurden an die sechzig zivile und militärische Führer des Landes erschossen. Aman starb bei einem Schusswechsel mit Soldaten, die man an seinen Wohnsitz geschickt hatte, um ihn festzunehmen.

An seiner statt ernannte der Derg nun General Teferi Banti, einen Hardliner in Sachen Eritrea. Dieser war ein vergleichsweise geschmeidiger Charakter, der bei öffentlichen Auftritten von zwei seiner stellvertretenden Vorsitzenden begleitet wurde: Atnafu Abate und Mengistu Haile Mariam. Ihre erste Amtshandlung war die Einführung eines neuen Strafgesetzbuches, das dem Derg gestattete, jedermann vor ein Kriegsgericht zu stellen, der etwas gegen den Slogan »Äthiopien zuerst« sagte.[5]

Von den drei Männern, die den Derg leiteten, gab Mengistu vermutlich die schlechteste Figur ab. Es kursierten Gerüchte um seine Herkunft, die in einer Feudalgesellschaft stets als sehr wichtig galt. Manche behaupteten, seine Mutter, eine Dienerin bei Hofe, die 1949 verstorben war und Mengistu als Achtjährigen zurückgelassen hatte, sei die uneheliche Tochter eines kaiserlichen Beraters. Andere verwiesen auf seine dunkle Hautfarbe und schlossen daraus, er stamme von einer Sklavenfamilie aus dem Süden ab. Was auch immer die Wahrheit sein mochte, jedenfalls gehörte seine Familie nicht zu den Amharen, der regierenden Elite aus dem zentralen Hochland Äthiopiens. Im Schatten des kaiserlichen Palastes wuchs er in einem vornehmen Haushalt auf, in dem seine Mutter eine Anstellung gefunden hatte.[6]

Mengistu verfügte nur über minimale Bildung. Einige Jahre nach dem Tod seiner Mutter folgte er seinem Vater in die Armee. Dort wurde General Aman Andom auf ihn aufmerksam und nahm ihn unter seine Fittiche. Vom Laufburschen im Büro des Generals arbeitete er sich rasch bis zum Feldwebel empor. Nach dem Abschluss an der Militärakademie übertrug man ihm das Kommando einer Division in Addis Abeba, doch hatte er eine aufsässige Art, die seinem Vorgesetzten missfiel, welcher ihn als Hitzkopf bezeichnete. Im Jahr 1967 wurde er für einige Monate an die Forschungs- und Entwicklungseinrichtung Aberdeen Proving Ground in den Vereinigten Staaten geschickt, wo er weiter ausgebildet wurde und rudimentäre Englischkenntnisse erwarb.[7]

Obgleich er sich lieber im Hintergrund hielt, beherrschte Mengistu den Derg. Er war es, der Soldaten in das Haus seines einstigen Mentors schickte, und er sorgte mit dem »Massaker der Sechzig« dafür, dass die Revolution blutig wurde. Es war auch Mengistu, der am 20. Dezember den »Äthiopischen Sozialismus« ausrief. Innerhalb weniger Monate wurden Dutzende Unternehmen verstaatlicht und sämtlicher Landbesitz zu öffentlichem Eigentum erklärt. Der Feudalismus gehöre fortan ins Museum, verkündete Mengistu bei einer Massenkundgebung, da nunmehr eine »neue Ordnung« geschaffen werde. Rund 65 000 Hochschüler und Studenten wurden aufs Land geschickt, um »die Revolution zu verbreiten«.[8]

Der Derg regierte das Land vom »Großen Gibi«, dem Kaiserpalast aus, einem weitläufigen Komplex aus Wohnunterkünften, Sälen und Kapellen auf einem der sieben Hügel Addis Abebas, dessen rote Dächer sich vom glänzenden Grün der umgebenden Eukalyptusbäume abhoben. Sie tagten im Thronsaal, in dem der Kaiser wichtige Zeremonien und Bankette abgehalten hatte. In einem nahegelegenen Gebäude verbrachte Haile Selassie seine letzten Tage unter Hausarrest. Im August 1975 starb er im Alter von dreiundachtzig Jahren unter mysteriösen Umständen, offenbar infolge von Komplikationen einer Prostataoperation. Ein hartnäckiges Gerücht machte die Runde. Es hieß, Mengistu habe Haile Selassie ein Kissen auf den Kopf drücken lassen. Jahre später stellte sich heraus, dass er die Anweisung erteilt hatte, die sterblichen Überreste des Kaisers unter seinem Büro beizusetzen, und seinen Schreibtisch direkt über den Leichnam gestellt hatte.[9]

Vom Kaiserpalast aus herrschte der Derg durch Gewalt und Angst. Einen Monat nach dem Tod des Kaisers rief er den Notstand aus und untersagte jede Form der Opposition gegen die Revolution – von öffentlichen Aushängen bis hin zur »verbotenen Äußerung in der Öffentlichkeit oder an sonstigen Orten«. Er übernahm den Marxismus-Leninismus, der an Schulen, in Fabriken und Büros verpflichtend wurde. Die weitgehend analphabetische Landbevölkerung wurde von Politkommissaren indoktriniert und gezwungen, sich bäuerlichen Kollektiven anzuschließen.[10]

Als Mengistu eines Tages im September 1976 nach Hause kam, geriet er in einen Hinterhalt. Das Attentat schlug fehl, doch er nutzte die Gelegenheit, um seine Rivalen auszuschalten. Am Tag danach sprach er bei einer Großkundgebung auf dem zentralen Platz der Hauptstadt, der inzwischen in »Platz der Revolution« umbenannt worden war, und forderte trotzig »Wachsamkeit zum Schutze der Revolution«. In den folgenden Wochen wurden bei von der Armee organisierten, rücksichtslosen Säuberungen Dutzende Gegner getötet. Hinter den Kulissen ereigneten sich auch Anschläge auf Mitglieder des Derg, sodass gelegentlich Leichen aus dem Thronsaal getragen wurden.[11]

Mengistu hatte seinen ehemaligen Mentor General Aman Andom verraten. Am 3. Februar 1977 griff er Teferi Banti an, die Repräsentationsfigur des Derg, und bezichtigte ihn der konterrevolutionären Verschwörung. Gemeinsam mit sieben anderen Mitgliedern des Derg wurde Terefi im Kaiserpalast unter Arrest gestellt. »Ich werde euren Tod erleben, aber ihr nicht den meinen«, sagte Mengistu zu ihnen, als man sie in den Keller des Palasts brachte. Die meisten wurden mit einer schallgedämpften Waffe erschossen, die übrigen erwürgt. Das über hundert Mitglieder starke Komitee des Derg schrumpfte auf sechzig zusammen.[12]

Knisternd sendete Radio Ethiopia eine knappe und erschreckende Nachricht: Mengistu war nun der einzige Vorsitzende des Derg. Am Tag darauf gratulierte ihm der sowjetische Botschafter persönlich.[13]

Mengistu war der Architekt des Derg. Mit Fingerspitzengefühl und Geduld verwandelte er einen losen Zusammenschluss niederrangiger Offiziere in ein organisiertes Gefüge, das innerhalb der Revolution die Führungsrolle einnahm. Drei Jahre lang hatte er im Hintergrund gearbeitet und das Machtgleichgewicht vorsichtig zu seinen Gunsten verschoben. Er konnte warten und wusste, wie man zuschlug. Eine seiner größten Begabungen bestand darin, seine Gefühle verbergen zu können. Er war bescheiden. Er konnte strahlend lächeln und, falls erforderlich, voller Zuversicht sprechen. Er sei wie Wasser und Feuer, Lamm und Tiger zur selben Zeit, beschrieb ihn einer seiner Anhänger.[14]

Mengistu besaß noch weitere Fähigkeiten. Er war mit einem außergewöhnlich guten Gedächtnis gesegnet und vergaß nie ein Gesicht. Er war enorm arbeitswütig und bereitete sich auf jede Sitzung bis ins kleinste Detail vor. Er war ein fesselnder Redner, der wusste, wie er die Stimmung seines Publikums aufnehmen und zu seinen Gunsten wenden konnte. Er bot eine einfache, aber verführerische Vision nationaler Neubelebung und sozialer Revolution, gemischt mit kruden marxistischen Slogans. Er wirkte sehr überzeugend, insbesondere auf die rangniederen Offiziere des Derg: »Wenn man ihn sieht, beginnt man, ihm zu glauben.« Obendrein war er ein guter Zuhörer, der ständig versuchte, mehr über die ihn umgebenden Machtdynamiken zu erfahren. Er konnte Menschen und Ereignisse raffiniert manipulieren. Vor allem aber war er entschlossener als seine untergeordneten Kollegen im Derg.[15]

Am 5. Februar erschien Mengistu auf dem Platz der Revolution und verkündete, dass ein konterrevolutionäres Komplott im Keim erstickt worden sei. »Unsere Feinde hatten uns als Mittagessen vorgesehen, aber wir verspeisten sie zum Frühstück«, teilte er den versammelten Massen mit. Am Ende seiner Ansprache zertrümmerte er theatralisch eine Flasche roter Tinte und erklärte zornig, es werde das Blut all jener vergossen, die sich der Revolution widersetzten. Als die Menge ihm zujubelte, gelobte er, die Unterdrückten zu bewaffnen.[16]

Es folgte ein Roter Terror. Innerhalb von Wochen wurden Stadtteilkomitees und Bauernvereinigungen mit Waffen ausgestattet. Sie eliminierten tatsächliche und imaginäre Feinde des Derg, vor allem Mitglieder andersdenkender marxistischer Studentengruppen. Eine von diesen war die Äthiopische Revolutionäre Volkspartei, die anfangs hinter der Junta gestanden, dem Derg jedoch schon bald Verrat an der Revolution vorgeworfen hatte. Im Jahr 1976 führten diese Spannungen zum offenen Konflikt.

In Addis Abeba wurde ein Haus nach dem anderen durchsucht. Manchmal mussten Kameras und Schreibmaschinen als Beweise für eine Spionagetätigkeit herhalten. Verdächtige wurden festgenommen und am Stadtrand hingerichtet, darunter auch elfjährige Kinder. Man sah ihre Leichen in der Gosse liegen. Andere wurden am helllichten Tag durch die Straßen getrieben und erschossen. Die Ärzte hatten solche Angst, dass sie sich weigerten, Menschen zu behandeln, die man als »Konterrevolutionäre« verdächtigte. Jeder konnte zum Feind werden, da inmitten des politischen Chaos die Missgunst blühte und die Menschen ihre Nachbarn denunzierten.[17]

Mengistu ordnete an, im Staatsfernsehen die geschundenen Leichen politischer Gefangener zu zeigen, die man zu Tode gefoltert hatte. Die grausigen Bilder, die landesweit über die Bildschirme flackerten, waren ein Beweis seiner Entschlossenheit und dienten dazu, eine Bevölkerung von 32 Millionen einzuschüchtern. Nach ein paar Monaten ebbte der schlimmste Terror ab, doch floss noch einige Jahre weiterhin Blut. Zehntausende verloren ihr Leben.[18]

Während er noch zuhause wütete, versuchte Mengistu, seine Macht durch eine Annäherung an die Sowjetunion weiter zu festigen. Im Mai 1977 wurden alle Beziehungen zu den Vereinigten Staaten abgebrochen. Als Zeichen der Orientierung nach Moskau flog Mengistu einige Tage später in die Sowjethauptstadt, wo er von einer Delegation ranghoher Generäle am Flughafen empfangen wurde. Atnafu Abate, der zweite Vizevorsitzende des Derg, äußerte sich hinsichtlich dieser Verständigung reserviert. Er wurde wegen konterrevolutionärer Verbrechen angeklagt und später im selben Jahr hingerichtet, was Mengistu zum unbestrittenen Führer machte.[19]

Die Sowjetunion unterstützte jedoch auch Somalia, einen Wüstenstreifen mit drei Millionen Einwohnern, der von einer Militärjunta unter Führung von Siad Barre regiert wurde. Barre hatte ebenfalls eine Vision: Er wollte ein Groß-Somalia schaffen, zu dem auch Ogaden gehörte, ein Plateau mit kargen Hügeln und dichtem Gestrüpp im Osten Äthiopiens, das Menelik II. im 19. Jahrhundert erobert hatte. Nach dem Zweiten Weltkrieg gehörte die Region kurzzeitig zu Somalia, doch Haile Selassie erreichte bei den Vereinten Nationen ihre Wiedereingliederung in das äthiopische Kaiserreich.

Als Siad Barre jenseits der Grenze eine militärische Schwäche spürte, marschierte er im Juli 1977 in Ogaden ein. Seine Truppen stießen rasch in jene Teile der Region vor, die vorwiegend von somalischen Nomaden bewohnt waren. Mengistu wurde in die Defensive gezwungen und rekrutierte eilig Soldaten für seinen Krieg. Wie Mengistu war auch Barre von der Sowjetunion abhängig. Beide Männer flogen nach Moskau. Die Sowjets versuchten, die Feinde zu versöhnen, doch als sich dies als unmöglich erwies, schlugen sie sich auf die Seite Äthiopiens, eines Landes, dessen Bevölkerung etwa zehnmal so groß war wie die Somalias. Im Dezember traf in Addis Abeba auf dem Luftweg ein riesiges Aufgebot an militärischen Gütern, Panzern, Gewehren, Raketen, Artillerie, Mörsern und Flugkörpern ein, gefolgt von mehreren Tausend russischen und kubanischen Beratern. Diese Unterstützung verlagerte das Gleichgewicht zugunsten Äthiopiens. Im März 1978 zogen sich die letzten somalischen Truppen zurück. Der Ogadenkrieg war beendet.

Mengistu begann nun damit, sein Image aufzupolieren. Im April 1978 besuchte er Kuba, wo ihm trotz dreistündiger Verspätung und gelegentlichen Schauern entlang der 25 Kilometer langen Straße zwischen dem Flughafen und dem Hauptgebäude des Protokolls Tausende Menschen zujubelten.[20]

In diesem Ereignis sahen manche Beobachter den Beginn eines Personenkults. Als Mengistu einige Wochen später Ogaden besuchte, wurde er, wohin er auch ging, von riesigen Menschenmassen begrüßt. In Dire Dawa, einer Stadt, die den somalischen Eindringlingen die Stirn geboten hatte, empfingen ihn an die 100 000 Einwohner, die »voller Freude sangen und revolutionäre Parolen riefen«. Die Zeitungen waren voll mit Fotos des Vorsitzenden Mengistu, der Blumensträuße von Kindern bekam, Grundsteine legte oder seine Truppen inspizierte. Verabschiedet wurde er von einer Kapelle, einer Ehrengarde und der gesamten regionalen Führungsriege.[21]

Mengistu folgte dem Beispiel Fidel Castros, trat im Kampfanzug auf, mit Kampfstiefeln, Barett und einem Revolver im Hüftgurt. Er achtete darauf, dass seine Titel denen seines kubanischen Gegenparts ähnelten. In der Presse erschien er als »Oberbefehlshaber der Revolutionsstreitkräfte«, als »Vorsitzender des provisorischen Militärverwaltungsrats« und »Vorsitzender des Ministerrats«.

Vor allem aber übernahm er imperiale Gesten. Der Kaiserpalast, in dem sich sein Büro befand, wurde gepflegt und unterhalten, als wäre Haile Selassie immer noch an der Macht – mit angeleinten Geparden, Löwenstatuen und Dienern in Livree. Mengistus Amtsgeschenke waren neben jenen ausgestellt, die einst der Kaiser erhalten hatte. Er saß allein auf einem vergoldeten Stuhl, der auf einem Podest stand. Seine Porträts ersetzten die des Kaisers, manchmal sogar in den alten Rahmen mit einer Krone an der Oberleiste. Die Gebäude und die Gärten, in denen man Löwen knurren hören konnte, waren mit schmiedeeisernen Zäunen umfriedet, auf denen das Initial Meneliks II. prangte, der äthiopische Buchstabe M.[22]

Der Herrschaftsstil des Kaisers war stark personalisiert gewesen, was der öffentlichen Erwartung wesentlich mehr entgegengekommen war als der gesichtslose, nebulöse Charakter des Derg in den ersten Jahren der Revolution. Links oben auf den Titelseiten der Zeitungen waren regelmäßig Fotos des Kaisers zu sehen gewesen, der ausländische Besucher empfing oder eine Gruppe von Schülern belehrte. Diesen Platz nahm nun Mengistu ein.[23]

Wie schon der Kaiser seine Vertreter in der Provinz auf Trab gehalten hatte, indem er auch die entlegeneren Teile seines Reiches bereist hatte, unternahm nun Mengistu gleichfalls Reisen durch das Land. In den ersten Monaten des Jahres 1979 verbrachte er mehrere Wochen in den südlichen und westlichen Verwaltungsbezirken. Jedes Mal versuchten die örtlichen Regierungsvertreter, sich mit Lobhudeleien auf ihren Vorsitzenden gegenseitig zu überbieten. Negussie Fanta, der Verwaltungschef von Welega, pries seine »weitsichtige und revolutionäre Führung«. Andere brachten ihrem Vorsitzenden gegenüber »aufrichtige Liebe« zum Ausdruck. Wie ehemals der Kaiser erteilte Mengistu gerne Ratschläge und gab örtlichen Beamten, Krankenhausleitern, Agrarexperten und Fabrikdirektoren gleichermaßen »vertrauliche revolutionäre Anleitung«.[24]

Lob und Preis erwuchsen freilich aus Angst. Mengistu war bekannt dafür, dass er die Front besuchte, um seine Generäle zu demütigen, ihre Medaillen zu konfiszieren und sie vor ihren Soldaten einen oder zwei Ränge herabzustufen. Ein paar wurden auch an Ort und Stelle hingerichtet.[25]

Im Jahr 1979 war jeder öffentliche Auftritt längst ein sorgsam einstudiertes Ritual. Für die Bevölkerung bestand Anwesenheitspflicht. Die Menschen mussten ihrem Führer zujubeln, seine Parolen rufen und sein Bildnis in die Höhe halten. Zu den Klängen einer Kapelle, die Revolutionslieder spielte, stieg Mengistu mit einem Hubschrauber vom Himmel herab. Beim Besuch einer Traktorenfabrik in Gojam, etwa 600 Kilometer von der Hauptstadt entfernt, verkündeten Lautsprecher, der »visionäre, revolutionäre und kommunistische Führer, Genosse Mengistu«, sei angekommen. Kinder brachten Blumen. Mengistu inspizierte die Fabrik, dann die Kantine. Überall sah er Bilder von sich selbst. Reden wurden gehalten, Hände geschüttelt, Geschenke überreicht, Fotos gemacht. Manchmal wurden auch Gedichte gelesen. Als Mengistu ein historisches Kloster in Tigray besuchte, verfasste ein Priester folgende Zeilen: »Hier kommt der schwarze Stern; er glüht wie ein Sonnenaufgang und leuchtet wie die Sonne; hier kommt der schwarze Stern wie ein Komet.«[26]

Seit 1974 hatte Mengistu Dutzende Mitglieder des Derg ermorden lassen. Wer verschont geblieben war, lebte in Furcht. Mengistu wiederum fragte sich ständig, wer sich wohl gegen ihn wenden würde, konnte er doch keine uneingeschränkte Loyalität erwarten. Die verbliebenen Derg-Mitglieder ihrerseits waren nicht weniger wachsam, was seine möglichen Absichten betraf. Aus Erfahrung wussten jedoch alle, dass er morgens ihr bester Freund sein konnte, nur um sie am Abend zu verschlingen. Ob sie ihn nun aufrichtig bewunderten oder nicht, sie waren jedenfalls gezwungen, ihn in der Öffentlichkeit zu bejubeln. So wurden sie allesamt zu Lügnern, was die Vorbereitung eines Putsches wesentlich erschwerte.

Die Mitglieder des Derg hatten gelernt, Mengistus Anweisungen nicht infrage zu stellen und stattdessen aus seinen Reden zu zitieren. Ein kleines Büchlein mit ausgewählten Zitaten machte die Runde. Bald war es üblich, eine öffentliche Ansprache mit einigen weisen Worten des Vorsitzenden zu beginnen. Zu wichtigen Anlässen bat man deshalb Mengistus Redenschreiber Baalu Girma um einen passenden Textauszug. Der Journalist mit einem Magisterabschluss von der Michigan State University hatte zuvor Reden für den Kaiser geschrieben. Im Jahr 1977 wurde er zum Staatssekretär des Informationsministeriums und sorgte dafür, dass dem Führer allerorten überschwängliches Lob zuteilwurde.[27]

In den Anfangsjahren der Revolution hatte Mengistu verhindert, dass Porträts von Aman Andom und Teferi Banti, den beiden Galionsfiguren des Derg, gedruckt und aufgehängt wurden. Nach dem Sieg im Ogadenkrieg jedoch hing sein eigenes Bild bald in jedem Gemeindebüro, in jeder Fabrik und in jedem Unternehmen, egal, ob privat oder öffentlich. Selbst in Restaurants und Bars entging man seinem Porträt nicht. Lokale Kader waren für seine Allgegenwart verantwortlich und führten Listen über Einrichtungen, die dem nicht nachkamen.[28]

Neben den Bildnissen von Marx, Engels und Lenin wurde auch das von Mengistu bei Massenkundgebungen geschwenkt, die seit 1976 regelmäßig organisiert wurden. Den Höhepunkt des revolutionären Kalenders bildete der Revolutionstag, auch Nationaltag genannt, der mit dem zweiten Tag des äthiopischen Kalenders zusammenfiel, also mit dem 11. beziehungsweise 12. Dezember. In der Vergangenheit hatte es an religiösen Festtagen in Addis Abeba riesige Menschenansammlungen gegeben. Nun wurden diese von den städtischen Bezirkskomitees mobilisiert. Wer nicht erschien, wurde mit einer Geldbuße belegt. Alles war sorgfältig inszeniert. Tausende mussten mit Spruchbändern vor ihrem Führer aufmarschieren, der auf dem Platz der Revolution von seinem erhöht positionierten güldenen Stuhl zu ihnen herabstrahlte. Die vorherrschende Farbe war Rot, und überall sah man Sterne, Fahnen, Sicheln und Hämmer. Im Jahr 1977 nahmen 150 000 Menschen an dem Ereignis teil. Nach der Rede des Vorsitzenden wurden mit einer Kanone Fahnen in die Luft geschossen, die sich entfalteten und an kleinen Fallschirmen zu Boden schwebten. Am Himmel flogen Flugzeuge in Formation.[29]

Wie in jedem marxistisch-leninistischen Regime war das zweitwichtigste Ereignis der Maifeiertag. Daneben gab es jedoch noch zahlreiche weitere Anlässe, ganz nach Laune des Staatschefs: Einheits-, Sieges- und Friedenskundgebungen folgten mit erdrückender Regelmäßigkeit aufeinander. Anlässlich des Internationalen Jahrs des Kindes 1979 mussten 20 000 Kinder im Stadion von Addis Abeba im Gänsemarsch an Mengistu vorbeiziehen. In seiner Freizeit spielte er im Kaiserpalast gelegentlich mit seinen Soldaten, die er Haltung annehmen und auf dem Gelände umhermarschieren ließ.[30]

Im Jahr 1979 gab es in Äthiopien keine Verfassung, kein Parlament und keine Parteien. Alle Macht war in Mengistus Händen konzentriert, der sich auf den Derg stützte. Dieser wiederum baute auf eine etwa 280 000 Mann starke Armee sowie ein loses Netzwerk städtischer Bezirkskomitees und Bauernvereinigungen. Was jedoch fehlte, war eine disziplinierte und loyale Organisation, die in der Lage war, eine echte Diktatur des Proletariats zu errichten und das Land bei seinem Wandel zum Sozialismus zu lenken.[31]

Im Dezember 1979 setzte Mengistu eine vorbereitende Organisation ein: Die *Commission for Organizing the Party of the Working People of Ethiopia* (»Kommission zur Organisation der Partei der Werktätigen Äthiopiens«), besser bekannt unter ihrem Akronym COPWE. Ihr Zweck war es, den Marxismus-Leninismus zu verbreiten und nach dem Vorbild der Kommunistischen Partei der Sowjetunion eine kommunistische Vorreiterpartei aus dem Nichts aufzubauen. Mengistu legte die Regeln und Bedingungen der Mitgliedschaft fest und ernannte persönlich jedes Mitglied des Zentralkomitees, des Exekutivkomitees (das Äquivalent eines Politbüros) und des Sekretariats. Es waren ausnahmslos loyale Anhänger, manche sogar enge Vertraute Mengistus. Niemand konnte eine nennenswerte Gefolgschaft sein eigen nennen, und manche erregten Misstrauen, weil sie während des Roten Terrors ihre Kollegen verraten hatten. Als Vorsitzender vermittelte Mengistu zwischen der Kommission und der Regierung. Die Kommission gelobte, »alles Notwendige zu unternehmen, um jede Situation abzuwenden, welche die Revolution gefährdet«. Eine ihrer ersten Handlungen war die Abschaffung sämtlicher anderer politischer Organisationen.[32]

In ihren ersten Jahren baute die Organisation über 6000 Zellen auf, wobei jeder potenzielle Kandidat gründlich überprüft wurde. Wie das Zentralkomitee wurden auch die Zellen von Angehörigen der Polizei und des Militärs dominiert. Freilich hatte all das seinen Preis. Da Loyalität wichtiger war als Überzeugung, besaßen viele Parteimitglieder kaum mehr als eine vage Vorstellung vom Marxismus-Leninismus. Man schickte sie in die Sowjetunion oder nach Osteuropa, um ihr Handwerkszeug zu erlernen, doch blieben sie »von der Ideologie im Großen und Ganzen unbeleckt«, wie der Historiker Christopher Clapham es formulierte.[33]

Die Kommission kontrollierte sämtliche Verwaltungsorgane,

darunter die städtischen Bezirkskomitees und die Bauernvereinigungen. Es wurden neue Organisationen gegründet, deren Äquivalente sich in der Sowjetunion fanden, vom Revolutionären Äthiopischen Frauenbund bis hin zur Revolutionären Äthiopischen Jugendorganisation.

Als die Kommission ihren Einfluss im Land ausdehnte, wurden im Namen des Sozialismus noch weitaus radikalere Programme durchgeführt. Mengistu brauchte Marx nicht, um zu erkennen, dass die Kollektivierung wesentlich höhere Überschüsse auf dem Lande ermöglichte. Innerhalb weniger Jahre fasste man rund sieben Millionen Haushalte in bäuerlichen Vereinigungen zusammen, die nun Organe des Staates waren. Die Vereinigungen schrieben den Dorfbewohnern Quoten vor und zwangen sie, ihre Ernte zu staatlich festgelegten Preisen an den Staat zu verkaufen. Sie besteuerten sie unerbittlich und verpflichteten sie zu immer mehr Arbeit, ohne so fern von zuhause in Infrastrukturprojekte zu investieren. Die Bauern wurden so zu abhängigen Pächtern des Staates.[34]

Im Mai 1982 erschien *Das Kapital* endlich auf Amharisch. Ein halbes Jahr später stifteten die Ostdeutschen eine riesige Karl-Marx-Statue aus rotem Granit, die den Eingang zur Universität von Addis Abeba überragte. Lenin folgte 1983, in Gestalt einer sieben Meter hohen Figur aus sowjetischer Massenproduktion, die direkt vor der United Nations Economic Commission for Africa aufgestellt wurde. Sein Blick war fest auf den Horizont gerichtet, und auf dem Weg in die Zukunft hielt er ein Bein nach vorn gebeugt.[35]

Nach fünf Jahren Vorbereitung fühlte sich Mengistu bereit, die Arbeiterpartei Äthiopiens formell zu gründen. Im Juli 1984 wurde ein neues Kapitel der Revolution aufgeschlagen, als in den Provinzen Zweigstellen der Partei eröffneten, die alle pflichtschuldig Mengistus »energische und entschlossene Führung« lobten. Sein Porträt hing nun in der Mitte, mit Marx und Engels zur Linken und einem roten Stern zur Rechten.[36]

Das feierliche Ereignis wurde auf den zehnten Jahrestag der Revolution im September 1984 festgesetzt. Zwei Jahre zuvor hatte Mengistu Pjöngjang besucht und war nun fest entschlossen, die Parteigründung im selben Maßstab zu feiern wie die Nordkoreaner ihren Nationalfeiertag. Er kehrte aus Pjöngjang mit einem Beraterteam zurück, das die Hauptstadt für das große Ereignis aufhübschen und auf Vordermann bringen ließ. Hunderte Triumphbögen, Obelisken und Plakatwände wurden aufgestellt, um Mengistu und dem Marxismus zu huldigen. Man entfernte sämtliche Werbetafeln; dafür zierten nun großflächige Revolutionsparolen alle modernen Gebäude. Kilometerlange, im obligatorischen Rot gestrichene Blechzäune sorgten dafür, dass die Armenviertel aus dem Blickfeld verschwanden.[37]

Eine Woche vor den Feierlichkeiten wurde eine Parteikongresshalle eingeweiht. Der gewaltige Bau war im Stil des Sozialistischen Realismus errichtet, den kommunistische Diktatoren so liebten. Im Jahr 1979 war die Kommission in ein elegantes Art-déco-Gebäude umgezogen, das einst das Parlament beherbergt hatte. Außen hatte es einen neuen Anstrich in erdigem Rot erhalten, und das eiserne Tor war mit Hammer und Sichel versehen worden. Das neue Gebäude hingegen war ein Monument der revolutionären Errungenschaften: Im Hauptsitzungssaal war jeder der 3500 Plätze mit modernster Technik ausgestattet, um eine Simultanübersetzung zu gewährleisten. Abgesehen von der äußeren Steinfassade war alles nach den höchsten Standards gebaut und aus Finnland importiert. Die Rechnung wurde bar beglichen.[38]

Bei ihrer ersten Sitzung am 10. September wählten die Mitglieder der Arbeiterpartei Äthiopiens ihren »visionären Führer« einstimmig zum Generalsekretär des Zentralkomitees und gelobten ihrem Volk feierlich, die Parole »Vorwärts mit der revolutionären Führung von Genosse Mengistu Haile Mariam« umzusetzen. Ein Mitglied des Politbüros trat vor und verlas feierlich eine Biographie des Vorsitzenden, des »strahlenden, großherzigen Retters von Äthiopien«, dessen Leben er mit der Wiederkunft Christi verglich. Mengistu, der die Rede Wort für Wort überprüft hatte, gab sich ganz demütig und murmelte bescheiden, dass er solches Lob nicht verdient habe.[39]

Noch beeindruckender als die Kongresshalle der Partei war das Tiglachin-Denkmal, oder »Denkmal unseres Kampfes«, eine von den Nordkoreanern entworfene Stele mit einem roten Stern an der Spitze, die fünfzig Meter in den Himmel aufragte. Zu beiden Seiten der Stele illustrierten aufwändige Bronzereliefs die Geschichte der Revolution, vom Sturz des Kaisers bis zu Mengistu Haile Mariam, der sein Volk in eine sozialistische Zukunft führte.[40]

Anfang September wurden die Hauptstraßen Addis Abebas mehrere Tage lang gesperrt, während nordkoreanische Berater riesige Menschenmassen für die Parade drillten. Wer nicht erschien und auf Kommando marschierte, wurde geschlagen, eingesperrt oder musste verhungern, da Nahrungsmittel rationiert waren.

Das große Ereignis fand am Nationalfeiertag statt. Rund 70 000 Schüler, Dorfbewohner und Soldaten marschierten an der Ehrentribüne auf dem Platz der Revolution vorüber. Sie trugen riesige Plakate von Marx, Lenin und Mengistu und riefen revolutionäre Parolen wie »Vorwärts mit der revolutionären Führung von Genosse Mengistu Haile Mariam«. Mengistu hatte Haltung angenommen. Als Demonstration militärischer Macht rumpelten Hunderte Panzer, Panzerfahrzeuge und Raketenwerfer über den Platz. Die Hauptattraktion muss jedoch ein Umzugswagen mit einer riesigen Figur Mengistus gewesen sein, die eine geballte Faust erhoben hielt. Sie war mit einem weiteren Slogan dekoriert: »Ohne die weise und revolutionäre Führung von Genosse Mengistu Haile Mariam wird unser Kampf nicht erfolgreich sein.«[41]

Ein paar Jahre nach der Revolution hatte man im Museum für Ethnologie alle religiösen Gegenstände entfernt und eingelagert, doch vom neuen Regime selbst war bislang nicht allzu viel zu sehen gewesen. Im Rahmen der Feierlichkeiten zum zehnten Jahrestag öffnete nun schließlich eine Sonderausstellung ihre Pforten, die eine von oben verfügte, einheitliche Geschichtsauffassung präsentierte. Von paläoanthropologischer Zeit bis zur Schlacht von Adwa und dem Sturz des Kaisers wurde eine kontinuierliche Entwicklung des Landes suggeriert; erzählt wurde eine Geschichte von Fortschritt und Erlösung, die in der Gestalt Mengistus ihren Höhepunkt erreichte.[42]

Den meisten Schätzungen zufolge kosteten die Feierlichkeiten zwischen 50 und 100 Millionen US-Dollar.[43] Bereits vor ihrem Beginn drohte Millionen von Menschen der Hungertod. Äthiopien war ein armes Land, das durch die straffe sozialistische Planwirtschaft nicht wohlhabender wurde. Als man die Landbevölkerung in bäuerlichen Gemeinschaften organisierte, büßten die Menschen ihre Autonomie ein und waren fortan gezwungen, ihre Produkte mit Verlust an den Staat zu verkaufen. Die strenge Wehrpflicht und der Bürgerkrieg schwächten die ländlichen Gebiete zusätzlich. Von 1974 bis 1984 sank die Pro-Kopf-Getreideproduktion um fünfzehn Prozent, obwohl mehr Getreide beschlagnahmt wurde, um das höhere Militärbudget zu finanzieren. Im Jahr 1983 gab es erste Anzeichen einer Hungersnot, als Teile des Landes unter einer ungewöhnlich schweren Dürre litten. Im Sommer 1984 starben allein in der Region Wollo Tausende von Menschen. Die Städte waren überfüllt mit hungernden Dorfbewohnern, die in den Straßen bettelten oder neben ausgetrockneten Feldern auf den Tod warteten. Das Regime verschwieg die Krise und präsentierte ausländischen Reportern landwirtschaftliche Kollektive, in denen es den Menschen an nichts fehlte. Da die Hungersnot auch den aufwieglerischen Norden betraf, nutzte das Regime diese Gelegenheit und ließ dort lebende Sympathisanten der Rebellion einfach verhungern. Als Mengistu am zehnten Jahrestag der Revolution im September 1984 fünf Stunden lang zu den Massen sprach, waren etwa sieben Millionen Menschen dem Hungertod nahe.[44]

Die Hungersnot erregte internationales Aufsehen, nachdem die Nachrichten der BBC im Oktober 1984 grausige Bilder verschrumpelter Kinder am Kochsalztropf gezeigt hatten. Durch eine weltweite Hilfskampagne kamen Millionen zusammen. Im Februar 1985 trat Mengistu schließlich vors Staatsfernsehen und erklärte, das Land erlebe infolge einer Dürre eine schwere Krise. Als Lösungsvorschlag forderte er die Umsiedlung der halbverhungerten Landbevölkerung des Nordens in die fruchtbareren Ebenen des Südens. Unter dem Deckmäntelchen der Hilfe folgte die Zwangsumsiedlung ganzer Bevölkerungsgruppen aus den Rebellengebieten in entlegene Teile des Landes. Über eine halbe Million Menschen wurde umgesiedelt, oft unter Gewaltandrohung. Es sollte aber noch schlimmer kommen, da der Umsiedlung eine weitere Maßnahme folgte: die sogenannte »Eindorfung«. Dabei handelte es sich um eine Kollektivierung unter anderem Namen, in deren Zuge einzelne Haushalte zu vom Staat kontrollierten Plandörfern zusammengefasst wurden. Der Hungersnot von 1983 bis 1985 fiel den meisten Schätzungen zufolge etwa eine halbe Million Menschen zum Opfer.[45]

Oft wurden zivile Nahrungsmittelhilfen an die Armee umgeleitet. Seit 1977 wütete im Land ein Bürgerkrieg, da im Kielwasser der Revolution verschiedene Befreiungsbewegungen aufgekommen waren, darunter die Oromo-Befreiungsfront, die Volksbefreiungsfront von Tigray und die Afar-Befreiungsfront, die alle im kargen Norden Äthiopiens verortet waren. Der Hauptfeind des Derg war jedoch die Eritreische Volksbefreiungsfront. Auf dem Höhepunkt des Krieges gegen Somalia im Jahr 1977 hatte Mengistu zum »totalen Krieg des Volkes« gegen sämtliche Aggressoren aufgerufen. Nach dem mit der massiven Unterstützung Kubas und der Sowjetunion errungenen Sieg im Ogadenkrieg hatte er gehofft, die Sezessionistenbewegungen im Norden ein für alle Mal zu zerschlagen. Doch die Operation Roter Stern, eine großangelegte Militäraktion im Jahr 1982, erwies sich als totaler Fehlschlag.

Anders als das Plateau im Osten bot der Norden mit seinen steilen Bergen, gefährlichen Felsen und trostlosen, steinigen Ebenen ein ideales Terrain für Guerillakämpfer.[46]

Mengistu übernahm persönlich das Kommando der Operation und verlegte den größten Teil seines Kabinetts temporär in die Hauptstadt von Eritrea, nach Asmara. Jene Charaktereigenschaften, die ihm in den frühen Tagen der Revolution ermöglicht hatten, die Kontrolle über den Derg zu übernehmen, brachten ihn nun jedoch in Schwierigkeiten. Er ging zu weit, ohne eine klare Strategie zu haben, da er glaubte, dass seine überragende Armee ohnehin zahlenmäßig überlegen wäre. Als es seinen Truppen aber nicht gelang, die Widerständler aus ihren Bergfestungen zu vertreiben, bezichtigte er seine Generäle der Inkompetenz und des Verrats und ließ sie willkürlich hinrichten. Er vertraute niemandem und errichtete um das Oberkommando ein Überwachungsnetzwerk politischer Kommissare. Da Loyalität höher belohnt wurde als Kompetenz, kamen Schmeichler und Opportunisten gut voran.[47]

Die Operation Roter Stern entwickelte sich zum Zermürbungskrieg, als Hunderttausende junger Männer und Jungen unter Zwang zum Wehrdienst eingezogen wurden. Bevor man sie gegen einige der härtesten Rebellen der Welt in die Schlacht warf, bekamen sie kaum zu essen und wurden geschlagen. Mitte der achtziger Jahre wurden Bürgerkrieg und Hunger zu festen Bestandteilen des Regimes Mengistu.[48]

Trotz der 300 000 Mann starken Armee und zwölf Milliarden US-Doller an sowjetischer Militärhilfe begann das Regime, unter dem Ansturm der verschiedenen Widerstandsbewegungen zusammenzubrechen. Im März 1988 gelang den eritreischen Rebellen ein entscheidender Sieg in Afabet, einer mit Schützengräben und Bunkern befestigten, strategisch wichtigen Garnisonsstadt mitten in der Sahelzone. Es war die größte Schlacht in Afrika seit El Alamein. Etwa 20 000 Soldaten wurden getötet oder gefangengenommen, wodurch sich das Kräfteverhältnis stark veränderte. Ein paar Monate später reiste Mengistu nach Ostdeutschland, um weitere Waffen zu erwirken. Eine Gruppe ranghoher Offiziere nutzte seine Abwesenheit für einen Putschversuch. Dieser scheiterte, führte jedoch zu einer erhöhten Fahnenflucht bei den gewöhnlichen Soldaten. Als die Eritreer im Februar 1990 die Hafenstadt Massawa am Roten Meer stürmten, verlor selbst Moskau das Vertrauen und beschloss, sich aus dem Konflikt zurückzuziehen. Gorbatschow drängte Mengistu zu Reformen.

Angeführt von der Eritreischen Volksbefreiungsfront, befanden sich die verschiedenen Guerillagruppen nun auf dem Vormarsch und erreichten Ende 1990 die Vororte von Addis Abeba. In den folgenden Monaten verlor Mengistu zunehmend den Bezug zur Realität, gab trotzige Erklärungen ab oder machte vage Andeutungen von Selbstmord. Am 16. April 1991 sprach er im Radio und wetterte dabei gegen Verräter und ausländische Verschwörer. Drei Tage später ordnete er die Generalmobilmachung an, »um das Vaterland zu schützen«. Er hielt an seinen Titeln fest, entließ einige seiner höchsten Minister – es hatte alles keinen Zweck. Am 21. Mai floh er aus der Hauptstadt, ging an Bord eines kleinen Flugzeugs und flog über die Grenze nach Nairobi. Von dort ging es weiter nach Simbabwe, dessen Präsident Robert Mugabe ihm Asyl gewährte.[49]

Innerhalb weniger Wochen brach das Regime in sich zusammen. Schon vor Mengistus Flucht, als die Rebellen in den Süden vorgerückt waren, hatten sich seine Streitkräfte aufgelöst. Seine Plakate wurden abgerissen, manche mit Kugeln durchsiebt. Lenin wurde von seinem Sockel gestoßen. Mengistus Sprüche verschwanden aus der Kopfzeile der Parteizeitung. Auf dem Platz der Revolution übermalte man die Parolen und Sterne mit Farbe. Wo einst Mengistu zu sehen gewesen war, blieben nur rostige Baugerüste.[50]

Mengistu hinterließ ein Vermächtnis der Verwüstung durch

Krieg, Hunger und Kollektivierung. Institutionen oder gar eine Ideologie überdauerten ihn nicht. Er hatte alle Macht auf sich konzentriert, um sicherzustellen, dass keine Entscheidung ohne seine Zustimmung getroffen wurde. Selbst die Partei, die er in mühevoller Kleinarbeit aufgebaut hatte, war nur ein Instrument seiner Alleinherrschaft. Da er die Revolution war, verschwand diese mit ihm im Augenblick seiner Flucht.

Nachwort

In einem Autohof der Stadtverwaltung von Addis Abeba liegt Lenin auf dem Rücken, umgeben von Unkraut und leeren Ölfässern. Nur wenige kommen ihn besuchen. Wer es tut, wird von den Arbeitern gewarnt, ihn nicht zu wecken.[1]

Er ist groß und mächtig, und ihn von seinem Podest zu holen, war ein hartes Stück Arbeit. Da man ihn mit Seilen nicht einmal leicht ins Wanken bringen konnte, war schweres Gerät erforderlich. Er war freilich nicht der Erste, der gehen musste. Nach dem Fall der Berliner Mauer im November 1989 wurde Lenin tausendfach vom Sockel gestürzt, manchmal mit Hämmern bearbeitet oder enthauptet – und gelegentlich eben auch eingemottet. Anderen Despoten erging es ähnlich. In ganz Albanien nahmen jubelnde Massen Statuen von Enver Hoxha ins Visier. Jahrzehntelang hatten Porträts, Plakate, Parolen, Büsten und Statuen zum Alltag gehört, doch die Zeiten änderten sich.

Viele Beobachter waren überrascht. Man dachte, Diktatoren seien unverrückbar wie ihre Statuen. Sie hätten die Seelen ihrer Untertanen fest im Griff und bestimmten ihr Denken. Sie hätten sie durch den Personenkult mit einem Zauber belegt. Doch solch einen Zauber gab es nie. Es gab Angst, und wenn diese verflog, brach das gesamte Konstrukt in sich zusammen. Im Falle von Ceauşescu lässt sich der Wendepunkt fast auf die Minute genau festlegen: Es war am 21. Dezember 1989 bei der Kundgebung vor der Parteizentrale, als Demonstranten gegen ihn aufbegehrten. Bis zu diesem Augenblick waren allerdings Jahrzehnte vergangen.

Es gibt keinen Kult ohne Angst. Im 20. Jahrhundert blieb Hunderten Millionen Menschen auf der ganzen Welt nichts anderes übrig, als sich mit der Glorifizierung ihrer Führer abzufinden, die ihren Kult durch Gewaltandrohung festigten. Unter Mao oder Kim genügte es bereits, den Namen des Führers zu verspotten, um ins Arbeitslager gesteckt zu werden. Weinte, jubelte oder schrie man nicht auf Kommando, konnte dies harte Strafen nach sich ziehen. Unter Mussolini oder Ceauşescu erhielten die Redaktionen tagtägliche Anweisungen, was geschrieben und was nicht geschrieben werden durfte. Unter Stalin zitterten Schriftsteller, Dichter und Maler bei dem Gedanken, ihr Lobpreis könnte nicht aufrichtig genug erscheinen.

Wird der Begriff »Personenkult« inflationär gebraucht, um jedwede Führerverherrlichung zu beschreiben, trivialisiert dies die Geschichte moderner Diktaturen. Wenn demokratisch gewählte Präsidenten oder Ministerpräsidenten ihr Image pflegen oder mit Kindern posieren, die ihnen Loblieder singen, oder Goldmünzen mit ihrem Namen prägen lassen oder sich mit Schönrednern umgeben, dann spielen sie Polittheater. Das mag abstoßend sein, narzisstisch oder sogar unheimlich wirken, aber es ist kein Kult. Auch wenn Anhänger verkünden sollen, ihr Führer sei ein Genie, liegt noch kein Kult vor. Auf der ersten Stufe eines Kults muss ein Führer so viel Macht bündeln, dass er seine Gegner erniedrigen und sie dazu zwingen kann, ihm öffentlich zu applaudieren. In einem voll entfalteten Personenkult jedoch kann sich niemand mehr ganz sicher sein, wer nun für oder gegen den Diktator ist.

Solch ein Diktator ist Kim Jong-un, der seit 2011 in dritter Generation über Nordkorea herrscht. Nachdem er etwa siebzig hochrangige Beamte exekutiert hatte, darunter mehrere Generäle und seinen Schwiegeronkel, verteilte er 2015 an seine engsten Gefolgsleute Abzeichen mit seinem Porträt. Im selben Jahr wurden im ganzen Land Statuen zu Ehren der Familie aufgestellt. Wie Kim Il-sung bereist auch Kim Jong-un das Land und erteilt Ratschläge, während seine Entourage eifrig jedes seiner Worte notiert. Er geht wie sein Großvater, er lächelt wie sein Großvater, er sieht sogar aus wie sein Großvater.[2]

Kim ist nur einer von vielen Diktatoren, die ihre Macht ausweiten konnten, trotz der Verbreitung von Demokratie seit 1989. Assad *fils* trat 2000 in die Fußstapfen von Assad *père*. Wie ein Echo des »bescheidenen Landarztes« François Duvalier stellte sich Baschar al-Assad anfangs als »gutmütiger Augenheilkundler« dar. Dann verbreitete der Doktor eine Kultur der Angst, überzog Syrien mit seinem Bildnis und unterdrückte jeden Widerspruch mit eiserner Faust.[3]

Neue Diktatoren sind auf der Bildfläche erschienen. Anfang des 21. Jahrhunderts schien die Türkei eine aufblühende Demokratie mit einer dynamischen Zivilgesellschaft und einer relativ freien Presse zu sein. Dann kam Recep Tayyip Erdoğan. Nach seiner Wahl zum Präsidenten 2014 begann er, sein Image als starker Mann der Türkei aufzubauen. Im Jahr 2016 nutzte er einen gescheiterten Putschversuch als Vorwand für die Unterdrückung jeglicher Opposition. Zehntausende Menschen wurden suspendiert, entlassen oder verhaftet, darunter Journalisten, Wissenschaftler, Rechtsanwälte und Beamte. Parallel zu diesen Säuberungen glorifizierte er sich selbst. Seine Reden wurden mehrfach am Tag im Fernsehen ausgestrahlt und zahllose Wände mit seinem Porträt gepflastert, während ihn seine Anhänger mit einem zweiten Propheten verglichen. Die Türkei ist noch weit von den großen Diktaturen des 20. Jahrhunderts entfernt, doch wurden auch diese nicht über Nacht errichtet.[4]

Im Gefolge der Kulturrevolution änderte die Kommunistische Partei Chinas die Verfassung, um explizit »jede Form des Personenkults« zu verbieten, was einen langsamen, aber kompromisslosen Schritt in Richtung größerer Verantwortlichkeit bedeutete.

Das Regime hat sich seitdem jedoch zurückentwickelt und ähnelt zunehmend wieder einer Diktatur: Nach der Wahl Xi Jinpings zum Generalsekretär der Partei im Jahr 2012 bestand seine erste Amtshandlung darin, einige seiner mächtigsten Rivalen zu demütigen und hinter Gitter zu bringen. Dann disziplinierte oder entfernte er Hunderttausende Parteimitglieder, alles im Namen einer Antikorruptionskampagne. Im konzertierten Bemühen des Regimes, eine mündige Zivilgesellschaft zu verhindern, werden Menschenrechtler, Journalisten und religiöse Führer zu Tausenden schikaniert, ausgewiesen oder eingesperrt.[5]

Die Propagandamaschine glorifiziert Xi unablässig. Allein in der Provinzhauptstadt Shijiazhuang wurden im November 2017 im Vorfeld des wichtigen XIX. Parteitages rund 4500 Lautsprecher installiert, über die den Menschen eingebläut wurde, sich »einig hinter Präsident Xi zu stellen«. Das Parteiorgan verlieh ihm sieben verschiedene Titel, vom »Kreativen Führer«, »Herz der Partei« und »Diener des Volksglücks« bis hin zum »Führer eines großen Landes« und »Architekten der Modernisierung in einer neuen Ära«. »Dir zu folgen, bedeutet, der Sonne zu folgen«, heißt es in einem neuen Lied, das in Peking auf den Markt gebracht wurde. Anhänger, Plaketten und Poster mit seinem Porträt sind allgegenwärtig. Im selben Jahr wurde sein Gedankengut zur Pflichtlektüre an den Schulen. Auch in China geht Lobpreis Hand in Hand mit Furcht, da selbst die Verspottung des Vorsitzenden in einer privaten E-Mail als abscheuliches Verbrechen gewertet werden kann, das mit bis zu zwei Jahren Haft bestraft wird. Im März 2018 stimmte der Nationale Volkskongress dafür, die Beschränkung von Xis Amtszeit abzuschaffen, und er wurde Vorsitzender auf Lebenszeit.[6]

Nichtsdestoweniger sind heutige Diktatoren – mit Ausnahme von Kim Jong-un – weit davon entfernt, mit jenem Terror zu regieren, mit welchem ihre Vorgänger auf der Höhe des 20. Jahrhunderts die Bevölkerungen drangsalierten. Dennoch vergeht kaum ein Monat ohne ein neues Buch, das den »Tod der Demokratie« oder das »Ende des Liberalismus« verkündet. Unleugbar geht es seit mehr als einem Jahrzehnt in vielen Teilen der Welt mit der Demokratie bergab, während die Grenzen der Freiheit sogar in einigen Bollwerken der parlamentarischen Demokratie enger geworden sind. Ewige Wachsamkeit, so sagt man, ist der Preis der Freiheit, da Macht leicht gestohlen werden kann.

Wachsamkeit ist jedoch noch lange kein Grund, Trübsinn zu blasen. Selbst bei oberflächlicher historischer Betrachtung zeigt sich, dass Diktaturen im Vergleich zum 20. Jahrhundert zurückgehen. Vor allem aber driften Diktatoren, die einen Personenkult pflegen, häufig in eine eigene Welt ab, in der sie von ihren Anhängern in ihrem Wahn bestätigt werden. Früher oder später treffen sie sämtliche wichtigen Entscheidungen allein. Sie sehen überall Feinde, zuhause und im Ausland. Wenn Hybris und Paranoia die Oberhand gewinnen, streben sie nach immer mehr Macht, um so die Macht zu schützen, die sie bereits besitzen. Da jedoch so viel von ihrem persönlichen Urteil abhängt, kann selbst eine kleine Fehleinschätzung zum Sturz des Regimes führen – mit verheerenden Folgen. Am Ende geht die größte Bedrohung für Diktatoren nicht vom Volk aus, sondern von ihnen selbst.

Anhang

Danksagungen

Die ersten Ideen für dieses Projekt reichen zurück bis in mein erstes Studienjahr 1981, als mir ein fesselnder Artikel mit dem Titel »La fabrication d'un charisme« in die Hände fiel: ein Text über den Stalin-Kult, der seiner Zeit voraus war, verfasst von meinem Professor Bronisław Baczko an der Universität Genf. Professor Baczko war ein Pionier der Kulturwissenschaften, und ich möchte ihm, wenn auch etwas verspätet, danken, hat sein Werk doch meine Herangehensweise an die Geschichte in weitaus größerem Umfang geformt, als mir damals bewusst war.

Über das Thema Personenkult zu schreiben kann eine riskante Angelegenheit sein. Jeder Biograph von Mussolini steht tief in der Schuld von Camillo Berneri, der 1934 eine erhellende Studie mit dem Titel *Mussolini Grande Attore* (»Mussolini, der große Schauspieler«) veröffentlichte. Drei Jahre später wurde er in Spanien von einer kommunistischen Gruppe ermordet, vermutlich auf Befehl Stalins. Große Diktatoren bieten Stoff für große Autoren, und es gehörte zu den vielen Freuden meines Projekts, in Gesellschaft so vieler begnadeter Gelehrter zu arbeiten, ob sie nun aktuell oder rückblickend schrieben. Was ich ihnen verdanke, lässt sich, wenn auch nur unvollständig, aus den Fußnoten ablesen.

Ich verbrachte viele Wochen in Archiven in ganz Europa, doch ohne die Hilfe von Ştefan Bosomitu, einem Forscher mit enormen Kenntnissen über die Ceauşescu-Akten, hätte ich mit den Dokumenten im Arhivele Naţionale ale României in Bukarest wenig anfangen können. In Addis Abeba las Eyob Girma geduldig Dutzende Erinnerungen auf Amharisch, während mir Jen Seung Yeon

Lee mit dem Propagandamaterial aus Nordkorea weiterhalf. Eine scheinbar unendliche Masse an Material über Krieg, Revolution und Frieden im 20. Jahrhundert findet sich am Hoover-Institut, wo mir die Mitarbeiter der Bibliothek und des Archivs großzügig ihre Zeit opferten. Robert Peckham erweckte von Neuem mein Interesse für die Geschichte von Image und Macht, indem er mir ein Exemplar von Peter Burkes *The Fabrication of Louis XIV* lieh. Eine ganze Reihe von Personen lasen und kommentierten die Entwurfsversionen dieses Buches, insbesondere Peter Baehr, Gail Burrowes, Christopher Hutton, Françoise Koolen, Andrei Lankov, Norman Naimark, Robert Peckham, Priscilla Roberts, Robert Service, Facil Tesfaye und Vladimir Tismaneanu. Andere stellten mir großzügig Geschichten und Quellen zur Verfügung, allen voran Mihai Croitor, Brian Farrell, Paul Gregory, Sander Gilman, Jean Hung, Paul Hollander, Mark Kramer, Michelle Kung, James Person, Sebastian Veg, Amir Weiner und Arne Westad.

Mein Dank gilt meinen Herausgebern Michael Fishwick in London und Anton Mueller in New York, meinem Korrektor Richard Collins sowie Marigold Atkey, Chloe Foster, Genista Tate-Alexander, Francesca Sturiale und Lilidh Kendrick von Bloomsbury. Schließlich möchte ich auch meinen Literaturagenten Andrew Wylie (New York) und Sarah Chalfant (London) danken.

In Liebe danke ich, wie stets, meiner Frau Gail Burrowes.

Hongkong, im Dezember 2018

Bibliographie

Archive

ACS	Archivio Centrale dello Stato, Rom
ANR	Arhivele Naţionale ale României, Bukarest
BArch	Bundesarchiv, Bonn/Berlin
GDPA	Guangdong sheng Dang'anguan, Guangzhou
GSPA	Gansu sheng Dang'anguan, Lanzhou
HBPA	Hebei sheng Dang'anguan, Shijiazhuang
Hoover	Hoover Institution Library and Archives, Palo Alto
MAE	Ministère des Affaires Etrangères, Paris
MfAA	Politisches Archiv des Auswärtigen Amts, Berlin
NARA	National Archives at College Park, Washington
NMA	Nanjing shi Dang'anguan, Nanjing
OSA	Open Society Archives, Central European University, Budapest
PRO	The National Archives, London
RGANI	Rossiiskii Gosudarstvennyi Arkhiv Novei'shei Istorii, Moskau
RGASPI	Rossiiskii Gosudarstvennyi Arkhiv Sotsial'no-Politicheskoi Istorii, Moskau
SMA	Shanghai shi dang'anguan, Shanghai
NARA	(2nd pass, s. o.) wird im 1. MS als *NACP* geführt

Sekundärquellen

Abbott, Elizabeth, *Haiti: The Duvaliers and Their Legacy*, New York: McGraw-Hill, 1988.

Altman, Linda Jacobs, *Shattered Youth in Nazi Germany: Primary Sources from the Holocaust*, Berkeley Heights, NJ: Enslow Publishers, 2010.

Andrieu, Jacques, »Mais que se sont donc dit Mao et Malraux? Aux sources du maoïsme occidental«, in: *Perspectives chinoises*, Nr. 37 (September 1996), S. 50–63.

Applebaum, Anne, *Iron Curtain: The Crushing of Eastern Europe, 1944–1956*, New York: Doubleday, 2012.

Arendt, Hannah, *The Origins of Totalitarianism*, New York: Harvest Book, 1973.

Armstrong, Charles, *The North Korean Revolution: 1945–50*, Ithaca, NY: Cornell University Press, 2002.

Baberowski, Jörg, *Scorched Earth: Stalin's Reign of Terror*, New Haven, CT: Yale University Press, 2016.

Baczko, Bronisław, »La fabrication d'un charisme«, in: *Revue européenne des sciences sociales*, 19, Nr. 57 (1981), S. 29–44.

Balázs, Apor, Jan C. Behrends, Polly Jones und E. A. Rees (Hg.), *The Leader Cult in Communist Dictatorships: Stalin and the Eastern Bloc*, Houndmills, Basingstoke: Palgrave Macmillan, 2004.

Barber, John, »The Image of Stalin in Soviet Propaganda and Public Opinion during World War 2«, in: John Garrard und Carol Garrard (Hg.), *World War 2 and the Soviet People*, New York: St Martin's Press, 1990, S. 38–49.

Baxa, Paul, »›Il nostro Duce‹: Mussolini's Visit to Trieste in 1938 and the Workings of the Cult of the Duce«, in: *Modern Italy*, 18, Nr. 2 (Mai 2013), S. 117–128.

Beevor, Antony, *Berlin 1945: Das Ende*, München: C. Bertelsmann, 2002.

Beevor, Antony, *The Fall of Berlin 1945*, London: Penguin Books, 2002.

Behrends, Jan C., »Exporting the Leader: The Stalin Cult in Poland and East Germany (1944/45–1956)«, in: Apor Balázs, Jan C. Behrends, Polly Jones und E. A. Rees (Hg.), *The Leader Cult in Communist Dictatorships: Stalin and the Eastern Bloc*, Houndmills, Basingstoke: Palgrave Macmillan, 2004, S. 161–178.

Ben-Ghiat, Ruth, *Fascist Modernities: Italy, 1922–1945*, Berkeley, CA: University of California Press, 2001.

Berman, Stephen Jay, *Duvalier and the Press*, Magisterarbeit im Fach Journalismus, University of Southern California, 1974.

Berneri, Camillo, *Mussolini grande attore*, Pistoia: Edizioni dell'Archivio Famiglia Berneri, 1. Aufl. 1934, 2. Aufl. 1983.

Bessel, Richard, »The Rise of the NSDAP and the Myth of Nazi Propaganda«, in: *Wiener Library Bulletin*, 33, 1980, S. 20–29.

Bessel, Richard, »Charismatisches Führertum? Hitlers Image in der deutschen Bevölkerung«, in: Martin Loiperdinger, Rudolf Herz und Ulrich Pohlmann (Hg.), *Führerbilder: Hitler, Mussolini, Roosevelt, Stalin in Fotografie und Film*, München: Piper, 1995, S. 14–26.

Bevan, Robert, *The Destruction of Memory: Architecture at War*, London: Reaktion Books, 2006.

Binet, Laurence (Hg.), *Famine et transferts forcés de populations en Ethiopie 1984–1986*, Paris: Médecins Sans Frontières, 2013.

Biondi, Dino, *La fabbrica del Duce*, Florenz: Vallecchi, 1967.

Blake, Robert, und William Roger Louis (Hg.), *Churchill*, Oxford: Clarendon Press, 2002.

Bonnell, Victoria E., *Iconography of Power: Soviet Political Posters under Lenin and Stalin*, Berkeley, CA: University of California Press, 1998.

Bonsaver, Guido, *Censorship and Literature in Fascist Italy*, Toronto: University of Toronto Press, 2007.

Boterbloem, Kees, *Life and Times of Andrei Zhdanov, 1896–1948*, Montreal: McGill-Queen's Press, 2004.

Bramsted, Ernest K., *Goebbels and National Socialist Propaganda 1925–1945*, East Lansing: Michigan State University Press, 1965.

Bramsted, Ernest K., *Goebbels und die nationalsozialistische Propaganda 1925–1945*, Frankfurt am Main: S. Fischer Verlag, 1971.

Brandenberger, David, »Stalin as Symbol: A Case Study of the Personality Cult and Its Construction«, in: Sarah Davies und James Harris (Hg.), *Stalin: A New History*, Cambridge: Cambridge University Press, 2005, S. 249–270.

Brooks, Jeffrey, *Thank You, Comrade Stalin! Soviet Public Culture from Revolution to Cold War*, Princeton: Princeton University Press, 2000.

Bühmann, Henning, »Der Hitlerkult. Ein Forschungsbericht«, in: Klaus Heller und Jan Plamper (Hg.), *Personenkulte im Stalinismus*, Göttingen: Vandenhoeck und Ruprecht, 2004, S. 109–157.
Burke, Peter, *The Fabrication of Louis XIV*, New Haven, CT: Yale University Press, 1992.

Calvino, Italo, »Il Duce's Portraits«, in: *New Yorker* vom 6. Januar 2003, S. 34.
Campbell, Ian, *The Addis Ababa Massacre: Italy's National Shame*, London: Hurst, 2017.
Cannistraro, Philip, *La fabbrica del consenso: Fascismo e mass media*, Bari: Laterza, 1975.
Chang, Jung und Jon Halliday, *Mao: Das Leben eines Mannes, das Schicksal eines Volkes*, München: Blessing, 2005.
Chang, Jung, und Jon Halliday, *Mao: The Unknown Story*, London: Jonathan Cape, 2005.
Chaussy, Ulrich und Christoph Püschner, *Nachbar Hitler: Führerkult und Heimatzerstörung am Obersalzberg*, Berlin: Christoph Links Verlag, 2007.
Chen, Jian, *China's Road to the Korean War*, New York: Columbia University Press, 1996.
Chinese Propaganda Posters: From the Collection of Michael Wolf, Köln: Taschen, 2003.
Chirot, Daniel, *Modern Tyrants: The Power and Prevalence of Evil in Our Age*, Princeton: Princeton University Press, 1996.
Clapham, Christopher, *Transformation and Continuity in Revolutionary Ethiopia*, Cambridge: Cambridge University Press, 1988.
Cohen, Arthur A., *The Communism of Mao Tse-tung*, Chicago: University of Chicago Press, 1964.
Cohen, Yves, »The Cult of Number One in an Age of Leaders«, in: *Kritika: Explorations in Russian and Eurasian History*, Bd. 8, Nr. 3 (Sommer 2007), S. 597–634.
Coox, Alvin D., *Nomonhan: Japan against Russia 1939*, Palo Alto, CA: Stanford University Press, 1988.
Corner, Paul, *The Fascist Party and Popular Opinion in Mussolini's Italy*, Oxford: Oxford University Press, 2012.
Corvaja, Santi, *Hitler and Mussolini: The Secret Meetings*, New York: Enigma Books, 2008.

Courtois, Stéphane u. a. (Hg.), *The Black Book of Communism: Crimes, Terror, Repression*, Cambridge, MA: Harvard University Press, 1999.

Courtois, Stéphane u. a., *Das Schwarzbuch des Kommunismus – Unterdrückung, Verbrechen und Terror,* München: Piper Verlag, 1998.

Cushway, Eric H., *The Ideology of François Duvalier,* Magisterarbeit, University of Alberta, 1976.

David-Fox, Michael, *Showcasing the Great Experiment: Cultural Diplomacy and Western Visitors to the Soviet Union, 1921–1941,* Oxford: Oxford University Press, 2011.

Davies, Sarah, *Popular Opinion in Stalin's Russia: Terror, Propaganda and Dissent, 1934–1941,* Cambridge: Cambridge University Press, 1997.

De Felice, Renzo, *Mussolini il Fascista*, Bd. 1, *La conquista del potere, 1921–1925*, Turin: Giulio Einaudi, 1966.

De Waal, Alex, *Evil Days: Thirty Years of War and Famine in Ethiopia,* New York: Human Rights Watch, 1991.

Dee, Bleecker, *Duvalier's Haiti: A Case Study of National Disintegration,* Dissertation, University of Florida, 1967.

Deletant, Dennis, *Ceauşescu and the Securitate,* London: Hurst, 1995.

Deletant, Dennis, *Communist Terror in Romania: Gheorghiu-Dej and the Police State, 1948–1965,* New York: St Martin's Press, 1999.

Demick, Barbara, *Nothing to Envy: Ordinary Lives in North Korea*, New York: Spiegel and Grau, 2009.

Diederich, Bernard und Al Burt, *Papa Doc: Haiti and Its Dictator*, London: Bodley Head, 1969.

Diederich, Bernard, *The Price of Blood: History of Repression and Rebellion in Haiti under Dr. François Duvalier, 1957–1961,* Princeton, NJ: Markus Wiener, 2011.

Diggins, John Patrick, *Mussolini and Fascism: The View from America,* Princeton: Princeton University Press, 1972.

Dikötter, Frank, *Mao's Great Famine: The History of China's Most Devastating Catastrophe, 1958–1962,* London: Bloomsbury, 2010.

Dikötter, Frank, *The Tragedy of Liberation: A History of the Chinese Revolution, 1945–1957,* London 2013.

Dikötter, Frank, *The Cultural Revolution: A People's History, 1962–1976,* London 2016.

Diller, Ansgar, *Rundfunkpolitik im Dritten Reich*, München: Deutscher Taschenbuch Verlag, 1980.
Donham, Donald L., »Revolution and Modernity in Maale: Ethiopia, 1974 to 1987«, in: *Comparative Studies in Society and History*, 34, Nr. 1 (Januar 1992), S. 28–57.
Duggan, Christopher, *Fascist Voices: An Intimate History of Mussolini's Italy*, Oxford: Oxford University Press, 2013.
Durandin, Catherine, *Ceauşescu, vérités et mensonges d'un roi communiste*, Paris: Albin Michel, 1990.

Ennker, Benno, »The Origins and Intentions of the Lenin Cult«, in: Ian D. Thatcher (Hg.), *Regime and Society in Twentieth-Century Russia*, Houndmills, Basingstoke: Macmillan Press, 1999, S. 118–128.
Evans, Richard J., »Coercion and Consent in Nazi Germany«, in: *Proceedings of the British Academy*, 151, 2006, S. 53–81.
Evans, Richard J., *Das Dritte Reich: Diktatur*, 2 Bde., München: Deutsche Verlags-Anstalt, 2007.
Evans, Richard J., *Das Dritte Reich: Krieg*, München: Deutsche Verlags-Anstalt, 2009.
Evans, Richard J., *The Third Reich in Power*, London: Penguin Books, 2006.
Evans, Richard J., *The Third Reich at War*, London: Penguin, 2009.
Eyal, Jonathan, »Why Romania Could Not Avoid Bloodshed«, in: Gwyn Prins (Hg.), *Spring in Winter: The 1989 Revolutions*, Manchester: Manchester University Press, 1990, S. 139–162.

Falasca-Zamponi, Simonetta, *Fascist Spectacle: The Aesthetics of Power in Mussolini's Italy*, Berkeley, CA: University of California Press, 2000.
Farnsworth, Robert M., *From Vagabond to Journalist: Edgar Snow in Asia, 1928–1941*, Columbia, MO: University of Missouri Press, 1996.
Feigon, Lee, *Mao: A Reinterpretation*, Chicago: Ivan R. Dee, 2002.
Fest, Joachim C., *Hitler*, Boston, MA: Houghton Mifflin Harcourt, 2002.
Fest, Joachim C., *Hitler. Eine Biographie*, Frankfurt am Main: Propyläen 1973.
Festorazzi, Roberto, *Starace: Il mastino della rivoluzione fascista*, Mailand: Ugo Mursia, 2002.
Figes, Orlando, *The Whisperers: Private Life in Stalin's Russia*, New York: Picador, 2007.

Fisher, Mary Ellen, *Nicolae Ceaușescu: A Study in Political Leadership*, Boulder, CO: Lynne Rienner Publishers, 1989.
Fitzpatrick, Sheila, *Everyday Stalinism: Ordinary Life in Extraordinary Times. Soviet Russia in the 1930 s*, Oxford: Oxford University Press, 1999.
Foot, John, *Italy's Divided Memory*, Houndmills, Basingstoke: Palgrave Macmillan, 2009.
Franz-Willing, Georg, *Die Hitlerbewegung. Der Ursprung, 1919–1922*, Hamburg: R. v. Decker's Verlag G. Schenck, 1. Aufl. 1962, 2. Aufl. 1972.
Fritz, Stephen G., *Ostkrieg: Hitler's War of Extermination in the East*, Lexington, KT: University Press of Kentucky, 2011.

Gabanyi, Anneli Ute, *The Ceaușescu Cult: Propaganda and Power Policy in Communist Romania*, Bukarest: The Romanian Cultural Foundation Publishing House, 2000.
Gao, Hua, Hong *taiyang shi zenyang shengqi de: Yan'an zhengfeng yundong de lailong qumai* (Wie stieg die rote Sonne über Yan'an auf? Eine Geschichte der Zhengfeng-Bewegung), Hongkong: Chinese University Press, 2000.
Gao, Wenqian, *Zhou Enlai: The Last Perfect Revolutionary*, New York: Public Affairs, 2007.
Gentile, Emilio, *The Sacralisation of Politics in Fascist Italy*, Cambridge, MA: Harvard University Press, 1996.
Giorgis, Dawit Wolde, *Red Tears: War, Famine and Revolution in Ethiopia*, Trenton, NJ: Red Sea Press, 1989.
Girard, Philippe, *Haiti: The Tumultuous History. From Pearl of the Caribbean to Broken Nation*, New York: St Martin's Press, 2010.
Glantz, David, *Stumbling Colossus: The Red Army on the Eve of World War*, Lawrence, KA: University Press of Kansas, 1998.
Goncharov, Sergei N., John W. Lewis und Xue Litai, *Uncertain Partners: Stalin, Mao, and the Korean War*, Stanford, CA: Stanford University Press, 1993.
Grangereau, Philippe, *Au pays du grand mensonge: Voyage en Corée*, Paris: Payot, 2003.
Gundle, Stephen, Christopher Duggan und Giuliana Pieri (Hg.), *The Cult of the Duce: Mussolini and the Italians*, Manchester: Manchester University Press, 2013.

Haffner, Sebastian, *Anmerkungen zu Hitler*, München: Kindler, 1978.

Haffner, Sebastian, *The Meaning of Hitler*, London: Phoenix Press, 1979.

Han, Hongkoo, *Wounded Nationalism: The Minsaengdan Incident and Kim Il-sung in Eastern Manchuria*, Dissertation, University of Washington, 1999.

Harden, Blaine, *The Great Leader and the Fighter Pilot: A True Story About the Birth of Tyranny in North Korea*, New York: Penguin Books, 2016.

Hasler, August Bernhard, »Das Duce-Bild in der faschistischen Literatur«, in: *Quellen und Forschungen aus italienischen Archiven und Bibliotheken*, Bd. 60, 1980, S. 421–506.

Hastings, Max, *The Korean War*, New York: Simon & Schuster, 1987.

Hatch, David Allen, *The Cult of Personality of Kim Il-Song: Functional Analysis of a State Myth*, Dissertation, Washington, D. C.: The American University, 1986.

Hayes, Romain, *Subhas Chandra Bose in Nazi Germany: Politics, Intelligence, and Propaganda, 1941–1943*, London 2011.

Heinl, Robert D., und Nancy Gordon Heinl, *Written in Blood: The Story of the Haitian People, 1492–1995*, Lanham, MD: University Press of America, 1998.

Held, Joseph (Hg.), *The Cult of Power: Dictators in the Twentieth Century*, Boulder, CO: East European Quarterly Press, 1983.

Heller, Klaus, und Jan Plamper (Hg.), *Personenkulte im Stalinismus*, Göttingen: Vandenhoeck und Ruprecht, 2004.

Henze, Paul B., *Layers of Time: A History of Ethiopia*, London: Hurst, 2000.

Herbst, Ludolf, *Hitlers Charisma: Die Erfindung eines deutschen Messias*, Frankfurt am Main: S. Fischer Verlag, 2010.

Herz, Rudolf, *Hoffmann & Hitler: Fotografie als Medium des Führermythos*, München: Klinkhardt und Biermann, 1994.

Hollander, Paul, Political Pilgrims: *Western Intellectuals in Search of the Good Society*, London: Routledge, 2017.

Hollander, Paul, *From Benito Mussolini to Hugo Chavez: Intellectuals and a Century of Political Hero Worship*, Cambridge: Cambridge University Press, 2017.

Hoyt, Edwin P., *Mussolini's Empire: The Rise and Fall of the Fascist Vision*, New York: Wiley, 1994.

Hughes-Hallett, Lucy, *Gabriele d'Annunzio: Poet, Seducer, and Preacher of War*, London: 4th Estate, 2013.

Hung, Chang-tai, »Mao's Parades: State Spectacles in China in the 1950 s«, in: *China Quarterly*, Nr. 190 (Juni 2007), S. 411–431.
Hunter, Helen-Louise, *Kim Il-song's North Korea*, Westport, CT: Praeger Publishers, 1999.
Hupp, Kimberly, *›Uncle Joe‹: What Americans Thought of Joseph Stalin before and after World War II*, Dissertation, University of Toledo, 2009.

Iezzi, Frank, »Benito Mussolini, Crowd Psychologist«, in: *Quarterly Journal of Speech*, 45, Nr. 2 (April 1959), S. 167–169.
Imbriani, Angelo M., *Gli italiani e il Duce: Il mito e l'immagine di Mussolini negli ultimi anni del fascismo (1938–1943)*, Neapel: Liguori, 1992.

Jin, Dalu, *Feichang yu zhengchang: Shanghai ›wenge‹ shiqi de shehui bianqian* (Das Außergewöhnliche und das Normale: Gesellschaftlicher Wandel in Shanghai während der Kulturrevolution), Shanghai: Shanghai cishu chubanshe, 2011.
Johnson, Paul Christopher, »Secretism and the Apotheosis of Duvalier«, in: *Journal of the American Academy of Religion*, 74, Nr. 2 (Juni 2006), S. 420–445.

Kallis, Aristotle, *The Third Rome, 1922–43: The Making of the Fascist Capital*, Houndmills, Basingstoke: Palgrave Macmillan, 2014.
Kebede, Messay, *Ideology and Elite Conflicts: Autopsy of the Ethiopian Revolution*, Lanham, MD: Lexington Books, 2011.
Keil, Thomas J., *Romania's Tortured Road toward Modernity*, New York: Columbia University Press, 2006.
Keller, Edmund J., *Revolutionary Ethiopia*, Bloomington, IN: Indiana University Press, 1988.
Kershaw, Ian, *Hitler, 1889–1936: Hubris*, London: Allen Lane, 1998.
Kershaw, Ian, *Hitler: 1889–1936*, Stuttgart: Deutsche Verlags-Anstalt, 1998.
Kershaw, Ian, *Hitler: 1936–1945*, Stuttgart: Deutsche Verlags-Anstalt, 2000.
Kershaw, Ian, *The »Hitler Myth«: Image and Reality in the Third Reich*, Oxford: Oxford University Press, 2001.
King, David, *The Commissar Vanishes: The Falsification of Photographs and Art in Stalin's Russia*, New York: Metropolitan Books, 1997.
Kirkpatrick, Ivone, *Mussolini: Study of a Demagogue*, New York: Hawthorn Books, 1964.

Klibansky, Raymond (Hg.), *Benito Mussolini's Memoirs 1942–1943*, New York: Howard Fertig, 1975.

König, Wolfgang, »Der Volksempfänger und die Radioindustrie. Ein Beitrag zum Verhältnis von Wirtschaft und Politik im Nationalsozialismus«, in: *Vierteljahrschrift für Sozial- und Wirtschaftsgeschichte,* 90, Nr. 3 (2003), S. 269–289.

Koon, Tracy H., *Believe, Obey, Fight: Political Socialization of Youth in Fascist Italy, 1922–1943,* Chapel Hill, NC: University of North Carolina Press, 1985.

Kopperschmidt, Josef (Hg.), *Hitler der Redner,* München: Wilhelm Fink Verlag, 2003.

Korn, David A., *Ethiopia, the United States and the Soviet Union,* Carbondale, IL: Southern Illinois University Press, 1986.

Kotkin, Stephen, *Stalin: Paradoxes of Power, 1878–1928,* New York: Penguin Press, 2014.

Kotkin, Stephen, *Stalin: Waiting for Hitler, 1929–1941,* New York: Penguin Press, 2017.

Kraus, Richard Curt, *Brushes with Power: Modern Politics and the Chinese Art of Calligraphy*, Berkeley, CA: University of California Press, 1991.

Ladany, Laszlo, *The Communist Party of China and Marxism, 1921–1985: A Self-Portrait,* London: Hurst, 1988.

Lankov, Andrei, *From Stalin to Kim Il Sung: The Formation of North Korea, 1945–1960*, New Brunswick, NJ: Rutgers University Press, 2002.

Lankov, Andrei, *Crisis in North Korea: The Failure of De-Stalinization, 1956*, Honolulu: University of Hawaii Press, 2005.

Lankov, Andrei, *North of the DMZ: Essays on Daily Life in North Korea,* Jefferson, NC: McFarland, 2007.

Lankov, Andrei, *The Real North Korea: Life and Politics in the Failed Stalinist Utopia,* Oxford: Oxford University Press, 2013.

Leese, Daniel, *Mao Cult: Rhetoric and Ritual in China's Cultural Revolution,* Cambridge: Cambridge University Press, 2011.

Li Rui, *Dayuejin qin liji* (Zeitzeugenbericht über den »Großen Sprung nach vorn«), Haikou: Nanfang chubanshe, 1999.

Li Rui, *Lushan huiyi shilu* (Ein wahrer Bericht über die Konferenz von Lushan), Hongkong: Tiandi tushu youxian gongsi, 2. Aufl. 2009.

Li Zhisui, *Ich war Maos Leibarzt: Die persönlichen Erinnerungen des Dr. Li Zhisui an den Großen Vorsitzenden,* Bergisch-Gladbach: Lübbe, 1994.
Li Zhisui, *The Private Life of Chairman Mao: The Memoirs of Mao's Personal Physician,* New York: Random House, 1994.
Lim, Un, *The Founding of a Dynasty in North Korea: An Authentic Biography of Kim Il-song,* Tokio: Jiyu-sha, 1982.
Locard, Henri, *Pol Pot's Little Red Book: The Sayings of Angkar,* Bangkok: Silkworm Books, 2004.
Lundahl, Mats, »Papa Doc: Innovator in the Predatory State«, in: *Scandia,* 50, Nr. 1 (1984), S. 39–78.

MacFarquhar, Roderick und Michael Schoenhals, *Mao's Last Revolution,* Cambridge, MA: Harvard University Press, 2006.
Mack Smith, Denis, *Mussolini,* London: Weidenfeld & Nicolson, 1981.
Mack Smith, Denis, »Mussolini: Reservations about Renzo De Felice's Biography«, in: *Modern Italy,* 5, Nr. 2 (2000), S. 193–210.
Marcus, Harold G., *A History of Ethiopia,* Berkeley, CA: University of California Press, 1994.
Marquis, John, *Papa Doc: Portrait of a Haitian Tyrant 1907–1971,* Kingston: LMH Publishing Limited, 2007.
Martin, Bradley K., *Under the Loving Care of the Fatherly Leader: North Korea and the Kim Dynasty,* New York: Thomas Dunne Books, 2004.
McNeal, Robert H., *Stalin: Man and Rule,* New York: New York University Press, 1988.
Medvedev, Roy, *Let History Judge: The Origins and Consequences of Stalinism,* New York: Knopf, 1972.
Melograni, Piero, »The Cult of the Duce in Mussolini's Italy«, in: *Journal of Contemporary History,* 11, Nr. 4 (Oktober 1976), S. 221–237.
Merridale, Catherine, *Ivan's War: The Red Army 1939–45,* London: Faber and Faber, 2005.
Mocanescu, Alice, »Surviving 1956: Gheorghe Gheorghiu-Dej and the ›Cult of Personality‹ in Romania«, in: Apor Balázs, Jan C. Behrends, Polly Jones und E. A. Rees (Hg.), *The Leader Cult in Communist Dictatorships: Stalin and the Eastern Bloc,* Houndmills, Basingstoke: Palgrave Macmillan, 2004, S. 246–260.
Moorhouse, Roger, »Germania: Hitler's Dream Capital«, in: *History Today,* 62, Ausgabe 3 (März 2012).

Moseley, Ray, *Mussolini: The Last 600 Days of Il Duce*, Lanham, MD: Taylor Trade Publishing, 2004.

Munro, Martin, *Tropical Apocalypse: Haiti and the Caribbean End*, Charlottesville, VA: University of Virginia Press, 2015.

Murck, Alfreda (Hg.), *Mao's Golden Mangoes and the Cultural Revolution*, Zürich: Scheidegger und Spiess, 2013.

Myers, Brian R., »The Watershed that Wasn't: Re-Evaluating Kim Il-sung's ›Juche Speech‹ of 1955«, in: *Acta Koreana*, 9, Nr. 1 (Januar 2006), S. 89–115.

Nagorski, Andrew, *The Greatest Battle: Stalin, Hitler, and the Desperate Struggle for Moscow that Changed the Course of World War II*, New York: Simon & Schuster, 2008.

Nagorski, Andrew, *Hitlerland: American Eyewitnesses to the Nazi Rise to Power*, New York: Simon & Schuster, 2012.

Nathan, Andrew J., »Foreword«, in: Li Zhisui, *The Private Life of Chairman Mao: The Memoirs of Mao's Personal Physician*, New York: Random House, 1994, S. vii–xiv.

Neiberg, Michael, Potsdam: *The End of World War II and the Remaking of Europe*, New York: Basic Books, 2015.

Nicholls, David, »Haiti: The Rise and Fall of Duvalierism«, in: *Third World Quarterly*, Bd. 8, Nr. 4 (Oktober 1986), S. 1239–1252.

Nitz, Wenke, *Führer und Duce: Politische Machtinszenierungen im nationalsozialistischen Deutschland und im faschistischen Italien*, Köln: Böhlau Verlag, 2013.

Oberdorfer, Don, *The Two Koreas: A Contemporary History*, Reading, MA: Addison-Wesley, 1997.

Overy, Richard, *Russia's War: A History of the Soviet Effort: 1941–1945*, Harmondsworth: Penguin Books, 1997.

Pacepa, Ion Mihai, *Red Horizons: The True Story of Nicolae and Elena Ceauşescus' Crimes, Lifestyle, and Corruption*, Washington, D.C.: Regnery Publishing, 1990.

Pantsov, Alexander V. und Steven I. Levine, *Mao: The Real Story*, New York: Simon & Schuster, 2012.

Paul, Gerhard, *Aufstand der Bilder: Die NS-Propaganda vor 1933*, Bonn: Dietz, 1990.

Person, James F., »North Korea's chuch'e philosophy«, in: Michael J. Seth (Hg.), *Routledge Handbook of Modern Korean History*, London: Routledge, 2016, S. 705–798.

Pipes, Richard, *The Russian Revolution,* New York: Vintage Books, 1991.

Pipes, Richard, *Communism: A History of the Intellectual and Political Movement,* London: Phoenix Press, 2002.

Pisch, Anita, *The Personality Cult of Stalin in Soviet Posters, 1929–1953: Archetypes, Inventions and Fabrications,* Dissertation, Australian National University, 2014.

Plamper, Jan, *The Stalin Cult: A Study in the Alchemy of Power*, New Haven: Yale University Press, 2012.

Plewnia, Margarete, *Auf dem Weg zu Hitler: Der ›völkische‹ Publizist Dietrich Eckart*, Bremen: Schünemann Universitätsverlag, 1970.

Plöckinger, Othmar, *Geschichte eines Buches. Adolf Hitlers ›Mein Kampf‹ 1922–1945*, München: Oldenbourg Verlag, 2006.

Polyné, Millery, *From Douglass to Duvalier: U.S. African Americans, Haiti, and Pan Americanism, 1870–1964*, Gainesville, FL: University of Florida Press, 2010.

Rabinbach, Anson und Sander L. Gilman (Hg.), *The Third Reich Sourcebook*, Berkeley, CA: University of California Press, 2013.

Radchenko, Sergey und David Wolff, »To the Summit via Proxy-Summits: New Evidence from Soviet and Chinese Archives on Mao's Long March to Moscow, 1949«, in: *Cold War International History Project Bulletin*, Nr. 16 (Winter 2008), S. 105–182.

Rees, E. A., »Leader Cults: Varieties, Preconditions and Functions«, in: Apor Balázs, Jan C. Behrends, Polly Jones und E. A. Rees (Hg.), *The Leader Cult in Communist Dictatorships: Stalin and the Eastern Bloc*, Houndmills, Basingstoke: Palgrave Macmillan, 2004, S. 3–26.

Reid, Richard J., *Frontiers of Violence in North-East Africa: Genealogies of Conflict since c. 1800,* Oxford: Oxford University Press, 2011.

Rivoire, Mario, *Vita e morte del fascismo*, Mailand: Edizioni Europee, 1947.

Rolf, Malte, »A Hall of Mirrors: Sovietizing Culture under Stalinism«, in: *Slavic Review*, 68, Nr. 3 (Herbst 2009), S. 601–630.

Rolf, Malte, »Working towards the Centre: Leader Cults and Spatial Politics«, in: Apor Balázs, Jan C. Behrends, Polly Jones und E. A. Rees (Hg.),

The Leader Cult in Communist Dictatorships: Stalin and the Eastern Bloc, Houndmills, Basingstoke: Palgrave Macmillan, 2004, S. 141–159.
Rotberg, Robert I., *Haiti: The Politics of Squalor*, Boston: Houghton Mifflin, 1971.
Ryang, Sonia, *Writing Selves in Diaspora: Ethnography of Autobiographics of Korean Women in Japan and the United States*, Lanham, MD: Lexington Books, 2008.

Salisbury, Harrison, *The 900 Days: The Siege of Leningrad*, New York/Cambridge, MA: Da Capo Press, 1985.
Santoro, Lorenzo, *Roberto Farinacci e il Partito Nazionale Fascista 1923–1926*, Soveria Mannelli: Rubbettino, 2008.
Scalapino, Robert A. und Chong-sik Lee, *Communism in Korea*, Teil I: *The Movement*, Berkeley, CA: University of California Press, 1972.
Schlenker, Ines, *Hitler's Salon: The Große Deutsche Kunstausstellung at the Haus der Deutschen Kunst in Munich 1937–1944*, Bern: Peter Lang AG, 2007.
Schmitz, David F., *The United States and Fascist Italy, 1922–1940*, Chapel Hill, NC: University of North Carolina Press, 1988.
Schmölders, Claudia, *Hitler's Face: The Biography of an Image*, Philadelphia: University of Pennsylvania Press, 2005.
Schneider, Wolfgang, *Alltag unter Hitler*, Berlin: Rowohlt Berlin Verlag, 2000.
Schram, Stuart R., »Party Leader or True Ruler? Foundations and Significance of Mao Zedong's Personal Power«, in: Stuart R. Schram (Hg.), *Foundations and Limits of State Power in China*, London: School of Oriental and African Studies, 1987, S. 203–256.
Schrift, Melissa, *Biography of a Chairman Mao Badge: The Creation and Mass Consumption of a Personality Cult*, New Brunswick, NJ: Rutgers University Press, 2001.
Sebag Montefiore, Simon, *Stalin: The Court of the Red Tsar*, New York: Knopf, 2004.
Sedita, Giovanni, *Gli intellettuali di Mussolini: La cultura finanziata dal fascismo*, Florenz: Casa Editrice Le Lettere, 2010.
Semmens, Kristin, *Seeing Hitler's Germany: Tourism in the Third Reich*, Houndmills, Basingstoke: Palgrave Macmillan, 2005.
Service, Robert, *Stalin: A Biography*, London: Macmillan, 2004.

Siani-Davies, Peter, *The Romanian Revolution of December 1989*, Ithaca, NY: Cornell University Press, 2007.

Sobanet, Andrew, »Henri Barbusse, Official Biographer of Joseph Stalin«, in: *French Cultural Studies*, 24, Nr. 4 (November 2013), S. 359–375.

Sösemann, Bernd, »Die Macht der allgegenwärtigen Suggestion. Die Wochensprüche der NSDAP als Propagandamittel«, in: *Jahrbuch 1989*, Berlin: Berliner Wissenschaftliche Gesellschaft, 1990, S. 227–248.

Sösemann, Bernd, *Propaganda: Medien und Öffentlichkeit in der NS-Diktatur*, Stuttgart: Franz Steiner Verlag, 2011.

Sohier, Estelle, *Politiques de l'image et pouvoir royal en Éthiopie de Menilek II à Haylä Sellasé (1880–1936)*, Dissertation, Université de Paris 1, 2007.

Stratigakos, Despina, *Hitler at Home*, New Haven, CT: Yale University Press, 2015.

Suh, Dae-sook, *Kim Il-sung: The North Korean Leader*, New York: Columbia University Press, 1988.

Sun, Judy und Greg Wang, »Human Resource Development in China and North Korea«, in: Thomas N. Garavan, Alma M. McCarthy und Michael J. Morley (Hg.), *Global Human Resource Development: Regional and Country Perspectives*, London: Routledge, 2016, S. 86–103.

Sweeney, John, *The Life and Evil Times of Nicolae Ceausescu*, London: Hutchinson, 1991.

Szalontai, Balázs, *Kim Il Sung in the Khrushchev Era: Soviet-DPRK Relations and the Roots of North Korean Despotism, 1953–1964*, Stanford, CA: Stanford University Press, 2006.

Tareke, Gebru, *The Ethiopian Revolution: War in the Horn of Africa*, New Haven, CT: Yale University Press, 2009.

Taubman, William, *Khrushchev: The Man and His Era*, London: Free Press, 2003.

Taylor, Jay, *The Generalissimo: Chiang Kai-shek and the Struggle for Modern China*, Cambridge, MA: Harvard University Press, 2009.

Tiruneh, Andargatchew, *The Ethiopian Revolution 1974–87*, Cambridge: Cambridge University Press, 1993.

Tismaneanu, Vladimir, *Stalinism for All Seasons: A Political History of Romanian Communism*, Berkeley, CA: University of California Press, 2003.

Tola, Babile, *To Kill a Generation: The Red Terror in Ethiopia*, Washington: Free Ethiopia Press, 1989.

Tucker, Robert C., »The Rise of Stalin's Personality Cult«, in: *American Historical Review*, 84, Nr. 2 (April 1979), S. 347–366.
Tucker, Robert C., »Memoir of a Stalin Biographer«, in: *Princeton Alumni Weekly*, Nr. 83, 3. November 1982, S. 21–31.

Ullrich, Volker, *Adolf Hitler. Die Jahre des Aufstiegs 1889–1939. Biographie, Band 1*. Frankfurt am Main: S. Fischer Verlag, 2013.
Ullrich, Volker, *Hitler: Ascent 1889–1939*, New York: Alfred Knopf, 2016.

Vasilieva, Larissa, *Kremlin Wives*, New York: Arcade Publishing, 1992.
Ventresca, Robert A., *Soldier of Christ: The Life of Pope Pius XII*, Cambridge, MA: Harvard University Press, 2013.

Wang, Helen, *Chairman Mao Badges: Symbols and Slogans of the Cultural Revolution*, London: British Museum, 2008.
Wedeen, Lisa, *Ambiguities of Domination: Politics, Rhetoric, and Symbolism in Contemporary Syria*, Chicago: University of Chicago Press, 1999.
Weintraub, Stanley, *Journey to Heartbreak: The Crucible Years of Bernard Shaw*, New York: Weybright and Talley, 1971.
Weintraub, Stanley, »GBS and the Despots«, in: *Times Literary Supplement* vom 22. August 2011.
Werth, Alexander, *Russia at War, 1941–1945: A History*, New York: Skyhorse Publishing, 2011.
White, Lynn T. III, *Policies of Chaos: The Organizational Causes of Violence in China's Cultural Revolution*, Princeton: Princeton University Press, 1989.
Wilson, Verity, »Dress and the Cultural Revolution«, in: Valerie Steele und John S. Major (Hg.), *China Chic: East Meets West*, New Haven, CT: Yale University Press, 1999, S. 167–186.
Wingrove, Paul, »Mao in Moscow, 1949–50: Some New Archival Evidence«, in: *Journal of Communist Studies and Transition Politics*, 11, Nr. 4 (Dezember 1995), S. 309–334.
Wolff, David, »'One Finger's Worth of Historical Events': New Russian and Chinese Evidence on the Sino-Soviet Alliance and Split, 1948–1959«, in: *Cold War International History Project Bulletin, Working Paper no. 30* (August 2002), S. 1–74.

Wylie, Raymond F., *The Emergence of Maoism: Mao Tse-tung, Ch'en Po-ta, and the Search for Chinese Theory, 1935–1945*, Palo Alto, CA: Stanford University Press, 1980.

Yurchak, Alexei, »Bodies of Lenin: The Hidden Science of Communist Sovereignty«, in: *Representations*, Nr. 129 (Winter 2015), S. 116–157.

Zeleke, Elleni Centime, »Addis Ababa as Modernist Ruin«, in: *Callaloo*, 33, Nr. 1 (Frühjahr 2010), S. 117–135.

Zewde, Bahru, *A History of Modern Ethiopia*, London: James Currey, 2001.

Anmerkungen

Vorwort

1 Thomas Hobbes, Der Leviathan, Köln 2007, S. 108.
2 W. M. Thackeray, *The Paris Sketch Book*, London: Collins' Clear Type Press, 1840, S. 369.
3 Peter Burke, *The Fabrication of Louis XIV*, New Haven 1992.
4 Siehe etwa die Diskussion in dem exemplarischen Werk von Lisa Wedeen, *Ambiguities of Domination: Politics, Rhetoric, and Symbolism in Contemporary Syria*, Chicago 1999; siehe auch Yves Cohen, »The Cult of Number One in an Age of Leaders«, in: *Kritika: Explorations in Russian and Eurasian History*, Bd. 8, Nr. 3 (Sommer 2007), S. 597–634.
5 Andrew J. Nathan, »Foreword«, in: Li Zhisui, The Private Life of Chairman Mao: The Memoirs of Mao's Personal Physician, New York 1994, S. x.
6 Ian Kershaw, *The »Hitler Myth«: Image and Reality in the Third Reich*, Oxford 2001.
7 Stephen F. Cohen, Rethinking the Soviet Experience: Politics and History since 1917, Oxford 1985, S. 101.
8 Paul Hollander, Political Pilgrims: *Western* Intellectuals *in Search of the Good Society*, London 2017; Paul Hollander, From Benito Mussolini to Hugo Chavez: Intellectuals and a Century of Political Hero Worship, Cambridge 2017.
9 Henri Locard, *Pol Pot's Little Red Book: The Sayings of Angkar*, Bangkok 2004, S. 99.

Mussolini

1 Aristotle Kallis, The Third Rome, 1922–43: The Making of the Fascist Capital, Basingstoke 2014, S. 245.

2 Christopher Duggan, »The Internalisation of the Cult of the Duce: The Evidence of Diaries and Letters« in: Stephen Gundle, Christopher Duggan und Giuliana Pieri (Hg.), *The Cult of the Duce: Mussolini and the Italians*, Manchester 2013, S. 130.

3 ACS, SPD, CO, b. 2762, f. 509 819.

4 ACS, SPD, b. 386, f. 142471, 29. April 1933, b. 386, f. 142484, 6. Juni 1933; b. 2773, Dez. 1938.

5 Giorgio Pini, *The Official Life of Benito Mussolini*, London: Hutchinson, 1939, S. 165 [auch: Falasca-Zamponi, S. 66].

6 Denis Mack Smith, »Mussolini, Artist in Propaganda: The Downfall of Fascism«, in: *History Today*, 9, Nr. 4 (April 1959), S. 224.

7 Peter Neville, *Mussolini*, Abingdon: Routledge 2015, S. 46.

8 Ivone Kirkpatrick, *Mussolini: Study of a Demagogue*, London 1964, S. 89; Dennis Mack Smith, *Mussolini*, London 1981, S. 39.

9 Emilio Gentile zitiert in: Lucy Hughes-Hallett, *Gabriele d' Annunzio: Poet, Seducer, and Preacher of War*, London 2013, loc. 179.

10 Kirkpatrick, *Mussolini*, S. 100–101.

11 Mack Smith, *Mussolini*, S. 54.

12 Mack Smith, *Mussolini*, S. 54–55; Kirkpatrick, *Mussolini*, S. 151; *Times* vom 28. Oktober 1929, S. 14.

13 Kirkpatrick, *Mussolini*, S. 153–154; George Slocombe, *The Tumult and the Shouting*, Kingswood: Windmill Press, 1936, S. 148.

14 Kirkpatrick, *Mussolini*, S. 173.

15 Kirkpatrick, *Mussolini*, S. 200–202.

16 Quinto Navarra, *Valet de chambre chez Mussolini*, Paris: Bader-Dufour, 1949, S. 17; Dino Biondi, *La fabbrica del Duce*, Florenz 1967, S. 96.

17 Navarra, Valet de chambre chez Mussolini, S. 177.

18 Guido Bonsaver, *Censorship and Literature in Fascist Italy*, Toronto 2007, S. 19–20.

19 Mussolinis Rede vor der Kammer, 3. Januar 1925, Patrick G. Zander, *The Rise of Fascism: History, Documents, and Key Questions*, Santa Barbara, CA, 2016, S. 140.

20 Bonsaver, *Censorship and Literature in Fascist Italy*, S. 20–21; Mack Smith, *Mussolini*, S. 87.

21 William Bolitho, *Italy under Mussolini*, New York: Macmillan, 1926, S. 107; Mussolinis Aussage über den Staat wird oft zitiert und findet sich erstmals in: »Per la medaglia dei benemeriti del comune di Mailano«, 28. Oktober 1925, Benito Mussolini, *Opera Omnia*, Florenz: La Fenice, 1956, Bd. 21, S. 425.

22 Bolitho, *Italy under Mussolini*, S. 107.

23 Kirkpatrick, *Mussolini*, S. 237; Mack Smith, *Mussolini*, S. 102.

24 ACS, SPD, Carteggio Ordinario, b. 234, f. 2795, S. 19731–6, Mai 1923; S. 35; Lorenzo Santoro, *Roberto Farinacci e il Partito Nazionale Fascista 1923–1926*, Soveria Mannelli 2008, S. 197–198.

25 Mack Smith, *Mussolini*, S. 103; Mario Rivoire, *Vita e morte del fascismo*, Mailand 1947, S. 107.

26 Augusto Turati, *Una rivoluzione e un capo*, Rom: Libreria del Littorio, 1927, S. 35 und 143; Partito Nazionale Fascista, *Le origini e lo sviluppo del fascismo, attraverso gli scritti e la parola del Duce e le deliberazioni del P. N. F. dall'intervento alla marcia su Roma*, Rom: Libreria del Littorio, 1928, S. xiii.

27 Navarra, *Valet de chambre chez Mussolini*, S. 203–206.

28 Percy Winner, »Mussolini: A Character Study«, in: *Current History*, 28, Nr. 4 (Juli 1928), S. 526; Bolitho, *Italy under Mussolini*, S. 62; Slocombe, *The Tumult and the Shouting*, S. 149.

29 Camillo Berneri, *Mussolini grande attore*, Pistoia, 1. Aufl. 1934, 2. Aufl. 1983, S. 25; Mack Smith, *Mussolini*, S. 124.

30 Bolitho, *Italy under Mussolini*, S. 18; Henri Béraud, *Ce que j'ai vu à Rome*, Paris 1929, S. 38; Rivoire, *Vita e morte del fascismo*, S. 99.

31 Adrian Lyttelton, *The Seizure of Power: Fascism in Italy, 1919–1929*, London, 2. Aufl. 1987, S. 401.

32 Béraud, *Ce que j'ai vu à Rome*, S. 37–42.

33 Margherita Sarfatti, *The Life of Benito Mussolini*, London 1925, S. 29–30, 44 und 230.

34 Vincenzo de Gaetano, *Il libro dell'Avanguardista*, Catania 1927, S. 45–46; ebenso: Sckem Gremigni, *Duce d'Italia*, Mailand 1927; Berneri, *Mussolini grande attore*, S. 26–28.

35 Navarra, *Valet de chambre chez Mussolini*, S. 111–112, 125–126 und 136;

Emil Ludwig, *Talks with Mussolini*, Boston: Little, Brown, and Co., 1933, S. 80; Kirkpatrick, *Mussolini*, S. 159.

36 Winner, »Mussolini: A Character Study«, S. 525.

37 René Benjamin, *Mussolini et son peuple*, Paris: Librairie Plon, 1937, S. 235; Maurice Bedel, *Fascisme An VII*, Paris: Gallimard 1929, S. 18–19; Berneri, *Mussolini grande attore*, S. 43.

38 Navarra, Valet de chambre chez Mussolini, S. 163; Romain Hayes, Subhas Chandra Bose in Nazi Germany: Politics, Intelligence and Propaganda, 1941–1943, London 2011; Robert Blake und William Roger Louis (Hg.), Churchill, Oxford 2002, S. 258; Wayne Laylon Jordan, America's Mussolini: The United States and Mussolini, 1919–36, Dissertation, University of Virginia, 1972, S. 82–86; siehe auch David F. Schmitz, The United States and Fascist Italy, 1922–1940, Chapel Hill, NC, 1988; John Patrick Diggins, Mussolini and Fascism: The View from America, Princeton 1972.

39 Roberto Festorazzi, *Starace. Il mastino della rivoluzione fascista*, Mailand 2002, S. 716.

40 Piero Melograni, »The Cult of the Duce in Mussolini's Italy«, in: *Journal of Contemporary History*, 11, Nr. 4 (Oktober 1976), S. 221–224; siehe auch Winner, »Mussolini: A Character Study«, S. 518.

41 Berneri, *Mussolini grande attore*, S. 54; Kirkpatrick, *Mussolini*, S. 158.

42 Tracy H. Koon, *Believe, Obey, Fight: Political Socialization of Youth in Fascist Italy, 1922–1943*, Chapel Hill, NC, 1985, S. 111–112; Mack Smith, *Mussolini*, S. 175–176; G. Franco Romagnoli, *The Bicycle Runner: A Memoir of Love, Loyalty, and the Italian Resistance*, New York 2009, S. 48.

43 Eine Liste finanziell unterstützter Zeitungen in: ACS, MCP, Reports, b. 7, f. 73; die Mottos finden sich in: ACS, MCP, Gabinetto, b. 44, f. 259, »Motti del Duce«; zum Informationsfluss zwischen Ciano und Goebbels siehe Wenke Nitz, *Führer und Duce: Politische Machtinszenierungen im nationalsozialistischen Deutschland und im faschistischen Italien*, Köln 2013, S. 112.

44 Bonsaver, *Censorship and Literature in Fascist Italy*, S. 61 und 124; Giovanni Sedita schätzt, dass 632 Millionen Lire aufgewendet wurden, um sowohl Zeitungen als auch Personen zu kaufen; Giovanni Sedita, *Gli intellettuali di Mussolini: La cultura finanziata dal fascismo*, Florenz 2010, S. 17; Asvero Gravelli, *Uno e Molti: Interpretazi-*

oni spirituali di Mussolini, Rom: Nuova Europa, 1938, S. 29 und 31; der vom Autor empfangene Zuschuss ist in einem Anhang aufgeführt in: Sedita, *Gli intellettuali di Mussolini*, S. 202.

45 Philip Cannistraro, La fabbrica del consenso: Fascismo e mass media, Bari 1975, S. 228–241.

46 Navarra, Valet de chambre chez Mussolini, S. 115.

47 Franco Ciarlantini, *De Mussolini onzer verbeelding*, Amsterdam: De Amsterdamsche Keurkamer, 1934, S. 145.

48 Paul Baxa, »›Il nostro Duce‹: Mussolini's Visit to Trieste in 1938 and the Workings of the Cult of the Duce«, in: *Modern Italy*, 18, Nr. 2 (Mai 2013), S. 121–126; Frank Iezzi, »Benito Mussolini, Crowd Psychologist«, in: *Quarterly Journal of Speech*, 45, Nr. 2 (April 1959), S. 167.

49 Iezzi, »Benito Mussolini, Crowd Psychologist«, S. 167–169.

50 Stephen Gundle, »Mussolini's Appearances in the Regions«, in: Gundle, Duggan und Pieri (Hg.), *The Cult of the Duce*, S. 112–114.

51 Koon, *Believe, Obey, Fight*, S. 30; Dino Alfieri und Luigi Freddi (Hg.), *Mostra della Rivoluzione Fascista*, Rom: Partito Nazionale Fascista, 1933, S. 9; Dino Alfieri, *Exhibition of the Fascist Revolution: 1st Decennial of the March on Rome*, Bergamo: Istituto Italiano d'Arti Grafiche, 1933.

52 Edoardo Bedeschi, *La giovinezza del Duce: Libro per la gioventù italiana*, Turin: Società Editrice Internazionale, 2. Aufl. 1940, S. 122; August Bernhard Hasler, »Das Duce-Bild in der faschistischen Literatur«, in: *Quellen und Forschungen aus italienischen Archiven und Bibliotheken*, Bd. 60, 1980, S. 497; Sofia Serenelli, »A Town for the Cult of the Duce: Predappio as a Site of Pilgrimage« in: Gundle, Duggan und Pieri (Hg.), *The Cult of the Duce*, S. 95 sowie 101–102.

53 ACS, SPD, CO, b. 869, f. 500 027/IV, »Omaggi mandati a V. T.«.

54 Kirkpatrick, *Mussolini*, S. 167; viele dieser Rutenbündel finden sich noch heute, siehe Max Page, *Why Preservation Matters*, New Haven, CT, 2016, S. 137–138; Ludwig, *Talks with Mussolini*, S. 121.

55 Mack Smith, *Mussolini*, S. 136; Kirkpatrick, *Mussolini*, S. 265–266; siehe auch Eugene Pooley, »Mussolini and the City of Rome« in: Gundle, Duggan und Pieri (Hg.), *The Cult of the Duce*, S. 209–224.

56 Michael Mann, *The Dark Side of Democracy: Explaining Ethnic Cleansing*, Cambridge 2015, S. 309; Dominik J. Schaller, »Genocide and Mass Violence in the ›Heart of Darkness‹: Africa in the Colonial

Period«, in: Donald Bloxham und A. Dirk Moses (Hg.), *The Oxford Handbook of Genocide Studies*, Oxford 2010, S. 358; siehe auch Mack Smith, *Mussolini*, S. 171.

57 Kirkpatrick, *Mussolini*, S. 277.

58 Jean Ajalbert, *L'Italie en silence et Rome sans amour*, Paris: Albin Michel, 1935, S. 227–228.

59 Mack Smith, *Mussolini*, S. 190 und 197.

60 Ruth Ben-Ghiat, *Fascist Modernities: Italy, 1922–1945*, Berkeley, CA, 2001, S. 216; Ian Campbell, *The Addis Ababa Massacre: Italy's National Shame*, London 2017; zum Fall Graziani siehe auch Navarra, *Valet de chambre chez Mussolini*, S. 209.

61 ACS, SPD, Carteggio Ordinario, b. 386, f. 142470, 23. August 1936.

62 Nur ein Beispiel: Der Journalist Henry Soullier erhielt für einen Besuch in Addis Abeba mehrere Tausend Schweizer Franken; ACS, MCP, Gabinetto, b. 10.

63 Kirkpatrick, *Mussolini*, S. 317.

64 Santi Corvaja, Hitler and Mussolini: The Secret Meetings, New York 2008, S. 27–28; Alfred Rosenberg, Das politische Tagebuch Alfred Rosenbergs aus den Jahren 1934/35 und 1939/40: Nach der photographischen Wiedergabe der Handschrift aus den Nürnberger Akten, München: Deutscher Taschenbuch Verlag 1964, S. 28.

65 Kirkpatrick, *Mussolini*, S. 331–335.

66 Galeazzo Ciano, *The Ciano Diaries, 1939–1943*, Safety Harbor, FL, 2001, S. 43–44 und 49.

67 Mack Smith, *Mussolini*, S. 230 und 249.

68 Ciano, *The Ciano Diaries, 1939–1943*, S. 138.

69 Ciano, *The Ciano Diaries, 1939–1943*, S. 223, siehe auch S. 222; Mack Smith, *Mussolini*, S. 237 und 240–243.

70 Renzo de Felice, *Mussolini il Fascista*, Bd. 1, *La conquista del potere, 1921–1925*, Turin 1966, S. 470; über seine Isolation siehe Navarra, *Valet de chambre chez Mussolini*, S. 46–47, sowie Kirkpatrick, *Mussolini*, S. 167.

71 Navarra, *Valet de chambre chez Mussolini*, S. 142 und 250; Ciano, *The Ciano Diaries, 1939–1943*, S. 18–19.

72 Mack Smith, *Mussolini*, S. 240–247.

73 Melograni, »The Cult of the Duce in Mussolini's Italy«, S. 221.

74 Duggan, »The Internalisation of the Cult of the Duce«, S. 132–133.

75 Emilio Gentile, *The Sacralisation of Politics in Fascist Italy*, Cambridge, MA, 1996, S. 151–152.
76 Emilio Lusso, *Enter Mussolini: Observations and Adventures of an Anti-Fascist*, London: Methuen & Co., 1936, S. 159; Romagnoli, *The Bicycle Runner*, S. 48.
77 Christopher Duggan, Fascist Voices: An Intimate History of Mussolini's Italy, Oxford 2013, S. 177 und 257–258; Lusso, Enter Mussolini, S. 231; Paul Corner, The Fascist Party and Popular Opinion in Mussolini's Italy, Oxford 2012, S. 200 und 250.
78 Mack Smith, *Mussolini*, S. 239.
79 Ciano, *The Ciano Diaries, 1939–1943*, S. 264.
80 ACS, MCP, Gabinetto, b. 43, S. 39 ff, 20. November 1940, Mack Smith, *Mussolini*, S. 260; ACS, MCP, Gabinetto, b. 44, f. 258, S. 29 zum Thema Radiosender.
81 Kirkpatrick, *Mussolini*, S. 494–495; Ciano, *The Ciano Diaries, 1939–1943*, S. 583.
82 Kirkpatrick, *Mussolini*, S. 491.
83 Winner, »Mussolini: A Character Study«, S. 526; ACS, MCP, Gabinetto, b. 44, f. 258, 12. März 1943, S. 5.
84 Angelo M. Imbriani, Gli italiani e il Duce: Il mito e l'immagine di Mussolini negli ultimi anni del fascismo (1938–1943), Neapel 1992, S. 171–176.
85 Robert A. Ventresca, *Soldier of Christ: The Life of Pope Pius XII*, Cambridge, MA, 2013, S. 192.
86 Imbriani, *Gli italiani e il Duce*, S. 184–185.
87 Mack Smith, *Mussolini*, S. 298.
88 Gentile, *The Sacralisation of Politics in Fascist Italy*, S. 152; Italo Calvino, »Il Duce's Portraits«, in: *The New Yorker* vom 6. Januar 2003, S. 34; John Foot, *Italy's Divided Memory*, Basingstoke 2009, S. 67.
89 Ray Moseley, *Mussolini: The Last 600 Days of Il Duce*, Lanham, MD, 2004, S. 2.
90 Romagnoli, *The Bicycle Runner*, S. 259.

Hitler

1 Henry Picker (Hg.), *Hitlers Tischgespräche im Führerhauptquartier*, München: Propyläen, 2003, S. 76–77.

2 Margarete Plewnia, *Auf dem Weg zu Hitler: Der »völkische« Publizist Dietrich Eckart*, Bremen 1970, S. 84.

3 Adolf Hitler, *Mein Kampf*, München: Franz Eher Verlag, 1943, S. 235.

4 Ernst Hanfstaengl, *Unheard Witness*, Philadelphia: Lippincott, 1957, S. 34–37; Ernst Hanfstaengl, *Zwischen Weißem und Braunem Haus: Memoiren eines politischen Außenseiters*, München: Piper, 1970, S. 135; zu den Zuschauerzahlen siehe Volker Ullrich, *Adolf Hitler: Die Jahre des Aufstiegs 1889–1939*, Frankfurt am Main: S. Fischer Verlag, 2013, S. 112–113.

5 Plewnia, *Auf dem Weg zu Hitler*, S. 69 und 84–90.

6 Ian Kershaw, *Hitler: 1889–1936*, Stuttgart 1998, S. 210–213; Plewnia, *Auf dem Weg zu Hitler*, S. 81.

7 Georg Franz-Willing, *Ursprung der Hitlerbewegung: 1919–1922*, Preußisch Oldendorf 1974, S. 124–128 und 218–219.

8 Hanfstaengl, *Unheard Witness*, S. 70; Rudolf Herz, *Hoffmann & Hitler: Fotografie als Medium des Führer-Mythos*, München 1994, S. 92–93 und 99.

9 Plewnia, *Auf dem Weg zu Hitler*, S. 85 und 90; Ullrich, *Hitler*, S. 148; Ludolf Herbst, *Hitlers Charisma: Die Erfindung eines deutschen Messias*, Frankfurt am Main 2010, S. 147–149.

10 Hanfstaengl, *Unheard Witness*, S. 86.

11 William L. Shirer, *Aufstieg und Fall des Dritten Reiches*, Bd. 1, München: Droemer Knaur, 1963, S. 96.

12 Hitler, *Mein Kampf*, S. 116; die Bezeichnung »Traumlaller« findet sich bei Georg Schott, *Das Volksbuch vom Hitler*, München: Herrmann Wiechmann, 1924 und 1938, S. 10.

13 Ullrich, *Hitler*, S. 193.

14 Hoffmann, *Hitler wie ich ihn sah: Aufzeichnungen seines Leibfotografen*, München: Herbig, 1974, S. 41–42.

15 Claudia Schmölders, *Hitler's Face: The Biography of an Image*, Philadelphia 2009, S. 87; Herz, *Hoffmann & Hitler*, S. 162–169.

16 Hoffmann, *Hitler wie ich ihn sah*, S. 43–44.

17 Ullrich, *Hitler*, S. 211–213 und 250.

18 Joseph Goebbels, *Tagebücher 1924–1945*, hg. von Ralf Georg Reuth, Bd. 1, München: Piper, 1992, S. 200; Ullrich, *Hitler*, S. 235.

19 Ullrich, *Hitler*, S. 245.

20 Hitler, *Mein Kampf*, S. 96; Joseph Goebbels, *Die zweite Revolution: Briefe an Zeitgenossen*, Zwickau: Streiter-Verlag, 1928, S. 5–8; »Der Führer«, 22. April 1929, abgedruckt in: Joseph Goebbels, *Der Angriff*, München: Franz Eher Verlag, 1935, S. 214–216; siehe auch Ernest K. Bramsted, *Goebbels und die nationalsozialistische Propaganda 1925–1945*, Frankfurt am Main 1971, S. 280–287.

21 Ullrich, *Hitler*, S. 250–252.

22 Herbst, *Hitlers Charisma*, S. 215; *The Times*, 10. Juni 1931, S. 17; Richard Bessel, »The Rise of the NSDAP and the Myth of Nazi Propaganda«, in: *Wiener Library Bulletin*, 33, 1980, S. 20–29.

23 Ullrich, *Hitler*, S. 315.

24 Heinrich Hoffmann, *Hitler wie ihn keiner kennt*, München 1935 (erste Ausgabe 1932); siehe auch Herz, *Hoffmann & Hitler*, S. 245–248.

25 Bramsted, *Goebbels und die nationalsozialistische Propaganda*, S. 285–287; Emil Ludwig, *Three Portraits: Hitler, Mussolini, Stalin*, New York: Longmans, Green & Co., 1940, S. 27.

26 Gerhard Paul, Aufstand der Bilder. Die NS-Propaganda vor 1933, Bonn 1990, S. 204–207.

27 Ullrich, *Hitler*, S. 369–370.

28 Richard J. Evans, »Coercion and Consent in Nazi Germany«, in: *Proceedings of the British Academy*, 151, 2006, S. 53–81.

29 Richard J. Evans, »Coercion and Consent in Nazi Germany«, in: *Proceedings of the British Academy*, 151, 2006, S. 53–81.

30 BArch, R43II/978, 31. März, 2., 7. und 10. April 1933.

31 BArch, R43II/978, 18. Februar, 7., 8. und 11. März 1933; R43II/976, 7. April und 3. Juli 1933.

32 BArch, DS6/215, S. 16, Rundschreiben von Martin Bormann, 6. Oktober 1933.

33 Konrad Repgen und Hans Booms, *Akten der Reichskanzlei: Regierung Hitler 1933–1938*, Boppard: Harald Boldt Verlag, 1983, Teil 1, Bd. 1, S. 467; BArch, R43II/959, 5. und 13. April 1933, 29. August 1933, S. 25–26 und 48.

34 Richard Bessel, »Charismatisches Führertum? Hitlers Image in der deutschen Bevölkerung«, in: Martin Loiperdinger, Rudolf Herz und

Ulrich Pohlmann (Hg.), *Führerbilder: Hitler, Mussolini, Roosevelt, Stalin in Fotografie und Film*, München 1995, S. 16–17.

35 Ullrich, *Hitler*, S. 525.

36 *Deutschland-Berichte der Sozialdemokratischen Partei Deutschlands (Sopade) 1934–1940*, Salzhausen: Verlag Petra Nettelbeck, 1980, Bd. 1, *1934*, S. 275–277; siehe auch John Brown, *I Saw for Myself*, London: Selwyn and Blount, 1935, S. 35.

37 Victor Klemperer, *Ich will Zeugnis ablegen bis zum letzten: Tagebücher 1933–1945*, Bd. 1, *1933–1941*, Berlin: Aufbau-Verlag, 1995, S. 137.

38 Die Rede findet sich in Rudolf Heß, »Der Eid auf Adolf Hitler«, in: *Reden*, München: Franz Eher Verlag, 1938, S. 9–14, die Reaktionen darauf in *Deutschland-Berichte der Sopade*, Bd. 1, *1934*, S. 470–472.

39 Hitler, *Mein Kampf*, S. 387.

40 BArch, NS22/425, S. 149, 30. August 1934; nachdem berichtet wurde, dass einige Porträts zerstört worden waren, wurden zwei Wochen später in einem neuen Rundschreiben die Bilder anderer Führungspersönlichkeiten wieder erlaubt, vorausgesetzt, dass Hitlers Bild im richtigen Verhältnis und der richtigen Größe dabei hing; siehe S. 148, 14. September 1934; zu den Parolen beim Parteitag 1935 siehe Louis Bertrand, *Hitler*, Paris: Arthème Fayard, 1936, S. 45.

41 *Deutschland-Berichte der Sopade*, Bd. 1, *1934*, S. 10–11, 471–472, 482 und 730–731.

42 Joseph Goebbels, *»Unser Hitler!« Signale der neuen Zeit. 25 ausgewählte Reden von Dr. Joseph Goebbels*, München: NSDAP, 1934, S. 141–149; siehe auch Bramsted, *Goebbels und die nationalsozialistische Propaganda*, S. 288.

43 Bernd Sösemann, »Die Macht der allgegenwärtigen Suggestion. Die Wochensprüche der NSDAP als Propagandamittel«, in: *Berliner Wissenschaftliche Gesellschaft Jahrbuch 1989*, Berlin 1990, S. 227–248; siehe auch Victor Klemperer, *Ich will Zeugnis ablegen bis zum letzten: Tagebücher 1933–1945*, Bd. 2, *1942–1945*, Berlin: Aufbau-Verlag, 1995, S. 187.

44 Wolfgang Schneider, *Alltag unter Hitler*, Berlin 2000, S. 83; BArch, R58/542, S. 30, *Frankfurter Zeitung*, 25. August 1938; S. 32, *Berliner Börsen-Zeitung*, 7. September 1938; S. 38, *Völkischer Beobachter*, 6. November 1938.

45 Othmar Plöckinger, *Geschichte eines Buches. Adolf Hitlers »Mein*

Kampf« 1922–1945, München 2006, S. 414–415; BArch, R43II/978, 6. Februar und 5. April 1937.

46 Ansgar Diller, *Die Rundfunkpolitik im Dritten Reich*, München 1980, S. 62–63.

47 Goebbels, *Tagebücher 1924–1945*, 4. März 1933, S. 772.

48 Zur Anzahl der Geräte und zum Anschaffungspreis siehe Wolfgang König, »Der Volksempfänger und die Radioindustrie. Ein Beitrag zum Verhältnis von Wirtschaft und Politik im Nationalsozialismus«, in: *Vierteljahrschrift für Sozial- und Wirtschaftsgeschichte*, 90, Nr. 3 (2003), S. 273; *Deutschland-Berichte der Sopade*, Bd. 1, *1934*, S. 275–277; Bd. 3, *1936*, S. 414; Bd. 5, *1938*, S. 1326; Klemperer, *Ich will Zeugnis ablegen bis zum letzten*, Bd. 1, *1933–1941*, S. 250.

49 Stephan Dolezel und Martin Loiperdinger, »Hitler in Parteitagsfilm und Wochenschau«, in: Loiperdinger, Herz und Pohlmann, *Führerbilder*, S. 81.

50 Zu den mobilen Kinos siehe Richard J. Evans, *Das Dritte Reich: Diktatur*, München 2007, S. 156.

51 Hoffmann, *Hitler wie ich ihn sah*, S. 50; Herz, *Hoffmann & Hitler*, S. 244.

52 Ines Schlenker, Hitler's Salon: The Große Deutsche Kunstausstellung at the Haus der Deutschen Kunst in Munich 1937–1944, Bern 2007, S. 134.

53 A. W. Kersbergen, *Onderwijs en nationaalsocialisme*, Assen: Van Gorcum, 1938, S. 21.

54 Annemarie Stiehler, *Die Geschichte von Adolf Hitler – den deutschen Kindern erzählt*, Berlin-Lichterfelde: Verlag des Hauslehrers, 1940; Kersbergen, *Onderwijs en nationaalsocialisme*, S. 22.

55 Paul Jennrich, *Unser Hitler. Ein Jugend- und Volksbuch*, Halle (Saale): Pädagogischer Verlag Hermann Schroedel, 1933; Linda Jacobs Altman, *Shattered Youth in Nazi Germany: Primary Sources from the Holocaust*, Berkeley Heights, NJ, 2010, S. 95.

56 Rudolf Hoke und Ilse Reiter (Hg.), Quellensammlung zur österreichischen und deutschen Rechtsgeschichte, Wien 1993, S. 544.

57 Despina Stratigakos, *Hitler at Home*, New Haven, CT, 2015, S. 24–46.

58 Albert Speer, *Erinnerungen*, Berlin: Propyläen, 1969, S. 117; Christa Schroeder, *Er war mein Chef: Aus dem Nachlaß der Sekretärin von Adolf Hitler*, München: Langen Müller, 1985, S. 71.

59 Stratigakos, *Hitler at Home*, S. 59.
60 Stratigakos, *Hitler at Home*, S. 84.
61 Kristin Semmens, *Seeing Hitler's Germany: Tourism in the Third Reich*, Houndmills, Basingstoke 2005, S. 56–68; BArch, R43II/957a, 10. Oktober 1938, S. 40–41.
62 Ulrich Chaussy und Christoph Püschner, *Nachbar Hitler. Führerkult und Heimatzerstörung am Obersalzberg*, Berlin 2007, S. 141–142; David Lloyd George, »I Talked to Hitler«, in: Anson Rabinbach und Sander L. Gilman (Hg.), *The Third Reich Sourcebook*, Berkeley, CA, 2013, S. 77–78.
63 Chaussy und Püschner, *Nachbar Hitler*, S. 142.
64 Andrew Nagorski, Hitlerland: American Eyewitnesses to the Nazi Rise to Power, New York 2012, S. 84–86.
65 Kershaw, *Hitler: 1889–1936*, S. 741–743; Max Domarus, *Hitler: Reden und Proklamationen 1932–1945*, Leonberg: Pamminger, 1988, S. 606.
66 *Deutschland-Berichte der Sopade*, Bd. 3, *1936*, S. 68–70; W. E. B. DuBois, »What of the Color-Line?«, in: Oliver Lubrich (Hg.), *Travels in the Reich, 1933–1945: Foreign Authors Report from Germany*, Chicago: University of Chicago Press, 2010, S. 143.
67 *Deutschland-Berichte der Sopade*, Bd. 3, *1936*, S. 68–70, 141, 409, 414 und 419; Domarus, *Hitler*, S. 643.
68 William L. Shirer, *Berliner Tagebuch: Aufzeichnungen 1934–1941*, Leipzig: Kiepenheuer, 1991, S. 85.
69 *Deutschland-Berichte der Sopade*, Bd. 4, *1937*, S. 139–140, 143–146, 603, 606, 1224 und 1531.
70 *Deutschland-Berichte der Sopade*, Bd. 4, 1937, S. 1528 und 1531.
71 Ullrich, *Hitler*, S. 812; Ian Kershaw, *Hitler: 1936–1945*, Stuttgart 2000, S. 165–167.
72 Klemperer, *Ich will Zeugnis ablegen bis zum letzten*, Bd. 1, *1933–1941*, S. 469; Goebbels, »Geburtstag des Führers«, 19. April 1939, in: *Die Zeit ohne Beispiel*, München: Franz Eher Verlag, 1942, S. 103; *The Times*, 20. April 1939.
73 »Aggrandizer's Anniversary«, in: *Time Magazine*, 1. Mai 1939; Speer, *Erinnerungen*, S. 163–164.
74 »Aggrandizer's Anniversary«, in: *Time Magazine*, 1. Mai 1939.
75 Roger Moorhouse, »Germania: Hitler's Dream Capital«, in: *History Today*, 62, Nr. 3 (März 2012); Speer, *Erinnerungen*, S. 83.

76 Goebbels, *Tagebücher 1924–1945*, 21. April 1939, S. 1319–1320; Sebastian Haffner, *Anmerkungen zu Hitler*, München: Kindler, 1978, S. 47; Kershaw, *Hitler: 1936–1945*, S. 248.

77 Klemperer, Ich will Zeugnis ablegen bis zum letzten, Bd. 1, 1933–1941, S. 480; Deutschland-Berichte der Sopade, Bd. 5, 1938, S. 407; Speer, Erinnerungen, S. 163.

78 *Deutschland-Berichte der Sopade*, Bd. 6, *1939*, S. 450; BArch, R43II/963, 15. Februar 1939, S. 56.

79 Deutschland-Berichte der Sopade, Bd. 5, 1938, S. 1056–1057.

80 Deutschland-Berichte der Sopade, Bd. 6, 1939, S. 442.

81 Evans, Das Dritte Reich: Diktatur, S. 852.

82 Shirer, *Berliner Tagebuch*, S. 192; Hoffmann, *Hitler Was My Friend*, S. 115.

83 Hoffmann, *Hitler Was My Friend*, S. 115.

84 Shirer, *Berliner Tagebuch*, S. 194 und 199; Klemperer, *Ich will Zeugnis ablegen bis zum letzten*, Bd. 1, *1933–1941*, S. 495; C. W. Guillebaud, »How Germany Finances The War«, in: *Spectator*, 29. Dezember 1939, S. 8.

85 Shirer, *Berliner Tagebuch*, S. 257.

86 Shirer, *Berliner Tagebuch*, S. 304.

87 Shirer, *Berliner Tagebuch*, S. 192, 318 und 381; Goebbels, *Tagebücher 1924–1945*, 7. Juli 1940, S. 1450; Hitlers Anweisungen in BArch, R55/20 007, Juli 1940, S. 8–9; siehe auch Stephen G. Fritz, *Ostkrieg: Hitler's War of Extermination in the East*, Lexington, KT, 2011, S. 31.

88 Richard J. Evans, *Das Dritte Reich: Krieg*, München 2009, S. 177.

89 Shirer, *Berliner Tagebuch*, S. 427–429.

90 Ernst Hanfstaengl, sein Publizist in den USA, erwähnt wiederholt Hitlers mangelnde strategische Vorstellungskraft in Hinblick auf die Vereinigten Staaten; siehe Hanfstaengl, *Unheard Witness*, S. 37 und 66.

91 Evans, Das Dritte Reich: Krieg, S. 534–535.

92 Evans, *Das Dritte Reich: Krieg*, S. 635–636; Schroeder, *Er war mein Chef*, S. 74–75.

93 Bramsted, Goebbels und die nationalsozialistische Propaganda, S. 308.

94 Evans, Das Dritte Reich: Krieg, S. 531–532.

95 Evans, *Das Dritte Reich: Krieg*, S. 422–423; Ulrich von Hassell, *Die*

Hassell-Tagebücher, 1938–1945: Aufzeichnungen vom Andern Deutschland, Berlin: Siedler, 1988, S. 367.

96 BArch, NS18/842, 17. Juli 1942, S. 38.

97 Hoffmann, *Hitler Was My Friend*, S. 227; Speer, *Erinnerungen*, S. 474–476.

98 Evans, *Das Dritte Reich: Krieg*, S. 891; Klemperer, *Ich will Zeugnis ablegen bis zum letzten*, Bd. 2, *1942–1945*, S. 766–767.

99 Speer, *Erinnerungen*, S. 476.

100 Evans, *Das Dritte Reich: Krieg*, S. 914–916; Hans J. Mallaquoi, *Destined to Witness: Growing up Black in Nazi Germany*, New York: Perennial, 2001, S. 251; Klemperer, *Ich will Zeugnis ablegen bis zum letzten*, Bd. 2, *1942–1945*, S. 773; siehe auch Joachim C. Fest, *Hitler. Eine Biographie*, Frankfurt am Main 1973, S. 1027–1028.

101 Antony Beevor, *Berlin 1945: Das Ende*, München 2002, S. 451.

Stalin

1 Henri Béraud, *Ce que j'ai vu à Moscou*, Paris: Les Editions de France, 1925, S. 46–47.

2 Richard Pipes, *The Russian Revolution*, New York 1991, S. 812.

3 Pipes, *The Russian Revolution*, S. 814.

4 Pipes, *The Russian Revolution*, S. 815.

5 Robert Service, *Stalin: A Biography*, London 2004, S. 132; Eugene Lyons, *Stalin: Czar of all the Russians*, New York: J. B. Lippincott, 1940, S. 287; Stephen Kotkin, *Stalin: Paradoxes of Power, 1878–1928*, New York 2014, S. 424.

6 Kotkin, Stalin: *Paradoxes of Power*, S. 534.

7 Fernand Corcos, *Une visite à la Russie nouvelle*, Paris: Editions Montaigne 1930, S. 404–405; Benno Ennker, »The Origins and Intentions of the Lenin Cult« in: Ian D. Thatcher (Hg.), *Regime and Soviety in Twentieth-Century Russia*, Basingstoke 1999, S. 125.

8 Alexei Yurchak, »Bodies of Lenin: The Hidden Science of Communist Sovereignty«, in: *Representations*, Nr. 129 (Winter 2015), S. 116–157; Béraud, *Ce que j'ai vu à Moscou*, S. 45.

9 Kotkin, *Stalin*, S. 534; Robert H. McNeal, *Stalin: Man and Rule*, New York 1988, S. 90–93.

10 Kotkin, *Stalin*, S. 591.
11 Etwa RGASPI, 17. Oktober 1925, 558–11–1158, Dokument 59, S. 77.
12 »Stalin's Word«, in: *Time* vom 27. April 1925.
13 Kotkin, *Stalin*, S. 648.
14 Eugene Lyons, *Assignment in Utopia*, London: George G. Harrap, 1938, S. 173; Service, *Stalin*, S. 259.
15 Alexander Trachtenberg, *The History of May Day*, New York: International Pamphlets, 1931.
16 Lyons, *Assignment in Utopia*, S. 101–103.
17 Service, *Stalin*, S. 265–267.
18 Lyons, *Assignment in Utopia*, S. 206–207; in einer Sonderausgabe der *Prawda* vom 21. Dezember 1929 wurde Stalin als »wahrer Erbe« von Marx und Lenin und als »Führer« der proletarischen Partei bejubelt; RGASPI, 558–11–1352, 21. Dezember 1929, Dokument 8; siehe auch Jeffrey Brooks, *Thank You, Comrade Stalin!: Soviet Public Culture from Revolution to Cold War*, Princeton 2000, S. 60–61.
19 RGASPI, 558–11–1352, Dokument 1, 19. Dezember 1929; siehe auch *The Life of Stalin: A Symposium*, London: Modern Books Limited, 1930, S. 12–14.
20 Lazar Kaganovich, »Stalin and the Party«; Sergo Ordzhonikidze, »The ›Diehard‹ Bolshvik«, beide abgedruckt in: *The Life of Stalin*, S. 40 und 87–89.
21 Lyons, *Assignment in Utopia*, S. 265–266; über Plakate im Jahr 1929 siehe James L. Heizer, »The Cult of Stalin, 1929–1939«, Dissertation, University of Kentucky, 1977, S. 55, zitiert in: Sarah Davies, *Popular Opinion in Stalin's Russia: Terror, Propaganda and Dissent, 1934–1941*, Cambridge 1997, S. 147.
22 Der Begriff stammt aus Stephen Kotkins genauer Analyse in: *Stalin*, S. 474 und 591; Kotkin hingegen glaubt nicht, dass das Testament in vollem Umfang Lenin zuzuschreiben ist.
23 Leon Trotzki, *My Life*, New York: Charles Scribner, 1930, S. 321, 390 und 410.
24 Abel Jenukidse, »Leaves from my Reminiscences«, in: *The Life of Stalin*, S. 90–96.
25 Lyons, *Assignment in Utopia*, S. 381–391; »Russia: Stalin Laughs!«, in: *Time* vom 1. Dezember 1930.
26 »Soso was Good«, in: *Time* vom 8. Dezember 1930.

27 Siehe Stanley Weintraub, *Journey to Heartbreak: The Crucible Years of Bernard Shaw*, New York 1971, sowie Stanley Weintraub, »GBS and the Despots«, in: *Times Literary Supplement* vom 22. August 2011.

28 Emil Ludwig, *Nine Etched from Life*, New York: Robert McBride, 1934; »Stalin. Unterredung mit dem deutschen Schriftsteller Emil Ludwig [13. Dezember 1931]«, in: *Internationale Literatur*, 2 (1932), H. 2, S. 71–76. Die Überprüfung von Barbusse beschreibt Michael David-Fox, *Showcasing the Great Experiment: Cultural Diplomacy and Western Visitors to the Soviet Union, 1921–1941*, Oxford 2011, S. 231–232, sowie Jan Plamper, *The Stalin Cult: A Study in the Alchemy of Power*, New Haven, CT, 2012, pp loc. 2938; keiner der Autoren erwähnt finanzielle Transaktionen, die sich aber finden in: RGASPI, 558–11–699, 12. Oktober 1933, Dokument 6, S. 53–54; André Gide, »Retouches à mon 'Retour de l'URSS'« in: *Souvenirs et Voyages*, Paris 2001, S. 803–871, zitiert in: Andrew Sobanet, »Henri Barbusse, Official Biographer of Joseph Stalin«, in: *French Cultural Studies*, 24, Nr. 4 (November 2013), S. 368; zu weiteren ausländischen Autoren, an die man sich wegen einer Stalin-Biografie wandte, siehe Roi Medwedew, »New Pages from the Political Biography of Stalin«, in: Robert C. Tucker (Hg.), *Stalinism: Essays in Historical Interpretation*, New Brunswick, NJ: Transaction, S. 207, Anm. 9.

29 Henri Barbusse, *Stalin: A New World seen through One Man*, New York: John Lane, 1935, S. vii and 277. Deutsche Ausgabe: *Stalin. Eine neue Welt*, Paris: Ed. du Carrefour, 1935.

30 Hierzu, unter anderen: David-Fox, *Showcasing the Great Experiment.*

31 Emil Ludwig, *Three Portraits: Hitler, Mussolini, Stalin*, New York: Longmans, Green and Co., 1940, S. 104.

32 Lyons, *Assignment in Utopia*, S. 340–342.

33 Zu den Statuen siehe Corcos, *Une Visite à la Russie Nouvelle*, S. 117, sowie auf dem Land: Malcolm Muggeridge, box 2, Hoover Institution Archives, »Russia, 16.9.1932–29.1.1933«, S. 125.

34 Service, *Stalin*, S. 312–313 und 360.

35 Richard Pipes, Communism: A History of the Intellectual and Political Movement, London 1994, S. 66.

36 Zu den »kleinen Stalins« siehe Malte Rolf, »Working towards the Centre: Leader Cults and Spatial Politics«, in: Apor Balázs, Jan C. Behrends, Polly Jones und E. A. Rees (Hg.), *The Leader Cult in Communist Dic-*

tatorships: Stalin and the Eastern Bloc, Basingstoke 2004, S. 152; E. A. Rees, »Leader Cults: Varieties, Preconditions and Functions« in: Balász u. a., *The Leader Cult in Communist Dictatorships*, S. 10; Sheila Fitzpatrick, *Everyday Stalinism. Ordinary Life in Extraordinary Times: Soviet Russia in the 1930 s*, Oxford 1999, S. 30–31; Rumiantsew nannte Stalin im Februar 1934 ein Genie, siehe *XVII s'ezd Vsesojuznoj Kommunisticheskoj Partii, 26 janvarja–10 fevralja 1934* (XVII. Parteitag der Kommunistischen Partei der Vereinigten Union (b), 26. Januar–10. Februar 1934 [Text]: Ausführlicher Bericht), Moskau: Partizdat 1934, S. 143; zum Kult siehe Jörg Baberowski, *Scorched Earth: Stalin's Reign of Terror*, New Haven, CT, 2016, S. 224–227.

37 Larissa Vasilieva, *Kremlin Wives*, New York 1992, S. 122–124.

38 Brooks, *Thank You, Comrade Stalin!*, S. 106; John Brown, *I Saw for Myself*, London: Selwyn and Blount, 1935, S. 261.

39 Malte Rolf, »A Hall of Mirrors: Sovietizing Culture under Stalinism«, in: *Slavic Review* 68, Nr. 3 (Herbst 2009), S. 601.

40 Lyons, *Stalin*, S. 215.

41 Rolf, »A Hall of Mirrors«, S. 610; Anita Pisch, The Personality Cult of Stalin in Soviet Posters, 1929–1953: Archetypes, Inventions and Fabrications, Dissertation, Australian National University, 2014, S. 135.

42 Brooks, *Thank You, Comrade Stalin!* S. 69–77; Pisch, »The Personality Cult of Stalin in Soviet Posters«, S. 69.

43 Zur Begegnung von Awdeenko und Mechlis siehe Davies, *Popular Opinion in Stalin's Russia*, S. 149; zur Sendung siehe Eugene Lyons, »Dictators into Gods«, in: *American Mercury*, März 1939, S. 268.

44 Lyons, »Dictators into Gods«, S. 269.

45 Nadezhda Mandelstam, *Hope against Hope: A Memoir*, New York: Atheneum, 1983, S. 420; RGASPI, 558–11–1479, Dokument 36, S. 54–56.

46 Simon Sebag Montefiore, *Stalin: The Court of the Red Tsar, New York 2004*, S. 164; SSSR. Sezd Sovetov (chrezvychajnyj) (8). Stenografi cheskij otchet, 25 nojabrja–5 dekabrja 1936 g. (UdSSR. Sowjetkongress (außerordentlich) (8). Stenographischer Bericht vom 25. November bis 5. Dezember 1936 g.), Moskau: CIK SSSR, 1936, S. 208; Sergo Ordschonikidse, Izbrannye stat'i i rechi, 1918–1937 (Ausgewählte Artikel und Reden, 1918–1937), Moskau 1945, S. 240.

47 David Brandenberger, »Stalin as Symbol: A Case Study of the Perso-

nality Cult and Its Construction«, in: Sarah Davies und James Harris (Hg.), *Stalin: A New History*, Cambridge 2005, S. 249–270; David King, *The Commissar Vanishes: The Falsification of Photographs and Art in Stalin's Russia*, New York 1997.

48 Kees Boterbloem, *The Life and Times of Andrei Zhdanov, 1896–1948*, Montreal 2004, S. 176–177 und 215.

49 RGASPI, 558–11–1354, 20. November 1939, S. 29–34; alle Briefe in Dokument 21.

50 Die Anfrage des Museums findet sich hier: RGASPI, 558–11–1354, 9. Juli 1940, Dokument 15, eine Ausstellungsliste in Dokument 15.

51 RGASPI, 558–11–1354, 20. Dezember 1940, Dokument 25.

52 Andrew Nagorski, The Greatest Battle: Stalin, Hitler, and the Desperate Struggle for Moscow that Changed the Course of World War II, New York 2008, S. 16–17; Adolf Hitler, Mein Kampf, Bd. 2, Kap. 14.

53 Service, *Stalin*, S. 403; David Glantz, *Stumbling Colossus: The Red Army on the Eve of World War*, Lawrence 1998.

54 Service, *Stalin*, S. 409.

55 Anna Louise Strong, zitierend aus einem Bericht von Erskine Caldwell in ihrem *The Soviets Expected It*, New York: The Dial Press, 1941, S. 46–64; Alexander Werth, *Russia at War, 1941–1945: A History*, New York 2011, S. 166.

56 Victoria E. Bonnell, *Iconography of Power: Soviet Political Posters under Lenin and Stalin*, Berkeley 1998, S. 252; Service, *Stalin*, S. 451; Richard E. Lauterbach, *These are the Russians*, New York: Harper, 1944, S. 103.

57 Werth, *Russia at War*, S. 595; John Barber, »The Image of Stalin in Soviet Propaganda and Public Opinion during World War 2«, in: John Garrard und Carol Garrard (Hg.), *World War 2 and the Soviet People*, New York 1990, S. 43.

58 Plamper, *The Stalin Cult*, S. 54.

59 Michael Neiberg, Potsdam: The End of World War II and the Remaking of Europe, New York 2015, S. 58; Paul Hollander, Political Pilgrims: *Western Intellectuals in Search of the Good Society*, London 2017, S. 1; Kimberly Hupp, ›Uncle Joe‹: What Americans Thought of Joseph Stalin before and after World War II, Dissertation, University of Toledo, 2009.

60 Mandelstam, *Hope against Hope*, S. 345.

61 Zu Verlusten siehe Timothy C. Dowling (Hg.), Russia at War: From the Mongol Conquest to Afghanistan, Chechnya, and Beyond, Bd. 1, Santa Barbara, CA, 2015, S. 172; Richard Overy, Russia's War: A History of the Soviet Effort: 1941–1945, Harmondsworth 1997, S. 291.

62 Werth, *Russia at War*, S. 369.

63 Harrison Salisbury, *The 900 Days: The Siege of Leningrad*, New York/ Cambridge, MA, 1985, S. 552; Catherine Merridale, *Ivan's War: The Red Army 1939–45*, London 2005, S. 67, 117–118; Beevor, *The Fall of Berlin 1945*, S. 424.

64 Merridale, *Ivan's War*, S. 3.

65 Isaac Deutscher, *Stalin: A Political Biography*, New York: Vintage Books, 1949, S. 466; Salisbury, *The 900 Days*, S. 552; Merridale, *Ivan's War*, S. 67 und 117–118; Beevor, *The Fall of Berlin 1945*, S. 425–426.

66 Service, *Stalin*, S. 543; Brandenberger, »Stalin as Symbol«, S. 265–270; *Iosif Vissarionovich Stalin. Kratkaya biografiya* (Josef Wissarionowitsch Stalin. Kurze Biografie), Moskau: OGIZ, 1947, S. 182–222.

67 Service, *Stalin*, S. 508 und 564.

68 Anne Applebaum, *Iron Curtain: The Crushing of Eastern Europe, 1944–1956*, New York 2012; Jan C. Behrends, »Exporting the Leader: The Stalin Cult in Poland and East Germany (1944/45–1956)«, in: Balázs u. a., *The Leader Cult in Communist Dictatorships*, S. 161–178.

69 »Mr. Stalin 70 Today, World Peace Prizes Inaugurated«, in: *Times* vom 21. Dezember 1949, S. 4; »Flags and Lights For Mr. Stalin: Birthday Scenes in Moscow«, in: *Times* vom 22. Dezember 1949, S. 4.

70 RGASPI, 558-4-596, 1950; siehe auch McNeal, *Stalin*, S. 291–292.

71 RGASPI, 558–11–1379, Dokument 2 und 4; siehe auch Liste mit Datum vom 22. April 1950 in RGASPI, 558–11–1420; RGASPI, 558-4-596, 1950.

72 Service, *Stalin*, S. 548; Overy, *Russia's War*, S. 288 und 302.

73 Harrison E. Salisbury, »The Days of Stalin's Death«, in: *New York Times* vom 17. April 1983; Brooks, *Thank You, Comrade Stalin!*, S. 237.

Mao

1 Zu Maos Reise nach Moskau siehe Paul Wingrove, »Mao in Moscow, 1949–50: Some New Archival Evidence«, in: *Journal of Communist Studies and Transition Politics*, 11, Nr. 4 (Dezember 1995), S. 309–334; David Wolff, »'One Finger's Worth of Historical Events': New Russian and Chinese Evidence on the Sino-Soviet Alliance and Split, 1948–1959«, in: *Cold War International History Project Bulletin*, Working Paper Nr. 30 (August 2002), S. 1–74; Sergey Radchenko und David Wolff, »To the Summit via Proxy-Summits: New Evidence from Soviet and Chinese Archives on Mao's Long March to Moscow, 1949«, in: *Cold War International History Project Bulletin*, Nr. 16 (Winter 2008), S. 105–182.

2 *New York Times*, 15. Mai 1927.

3 Mao Zedong, »Report on an Investigation of the Peasant Movement in Hunan«, März 1927, in: *Selected Works of Mao Zedong*, Peking 1965, Bd. 1, S. 23–24.

4 Alexander V. Pantsov und Steven I. Levine, *Mao: Die Biographie*, Frankfurt a. M., S. Fischer 2014, S. 330, 333 und 337.

5 Mao Zedong, »On Tactics against Japanese Imperialism«, 27. Dezember 1935, übersetzt in Stuart Schram, *Mao's Road To Power: Revolutionary Writings, 1912–49*, Armonk, NY: Sharpe, 1999, Bd. 5, S. 92.

6 Alvin D. Coox, *Nomonhan: Japan against Russia 1939*, Palo Alto 1988, S. 93.

7 Yang Kuisong, *Mao Zedong yu Mosike de enen yuanyuan* (Mao und Moskau), Nanchang: *Jiangxi renmin chubanshe*, 1999, S. 21; Pantsov und Levine, *Mao*, S. 401–402.

8 Jung Chang und Jon Halliday, *Mao: Das Leben eines Mannes, das Schicksal eines Volkes*, München: Blessing, 2005, S. 253.

9 Edgar Snow, *Roter Stern über China: Mao Tse-tung und die chinesische Revolution*, Frankfurt am Main: März-Verlag, 1970, S. 116.

10 Lee Feigon, *Mao: A Reinterpretation*, Chicago 2002, S. 67–69.

11 Feigon, *Mao*, S. 67; Robert M. Farnsworth, *From Vagabond to Journalist: Edgar Snow in Asia, 1928–1941*, Columbia, MO, 1996, S. 222.

12 Pantsov und Levine, *Mao*, S. 406.

13 Jay Taylor, The Generalissimo: Chiang Kai-shek and the Struggle for Modern China, Cambridge, MA, 2009, S. 169.

14 Pantsov und Levine, *Mao*, S. 443.
15 RGASPI, 17–170–128 a, Georgi Dimitroff, Bericht an Stalin über das Sechste Plenum des Zentralkomitees der KPdSU, 21. April 1939, S. 1–3; siehe auch den Bericht von Dmitri Manuilski auf S. 14–43.
16 Arthur A. Cohen, *The Communism of Mao Tse-tung*, Chicago 1964, S. 94–95.
17 Gao Hua, *Hong taiyang shi zenyang shengqi de. Yan'an zhengfeng yundong de lailong qumai* (Wie stieg die rote Sonne über Yan'an auf? Eine Geschichte der Zhengfeng-Bewegung), Hongkong 2000, S. 580.
18 Gao, *Hong taiyang shi zenyang shengqi de*, S. 530; siehe auch Chen Yung-fa, *Yan'an de yinying* (Yan'an's Schatten), Taipei: Institute of Modern History, Academia Sinica, 1990.
19 Gao, Hong taiyang shi zenyang shengqi de, S. 593.
20 Gao Wenqian, Zhou Enlai: *The Last Perfect Revolutionary*, New York 2007, S. 88.
21 Raymond F. Wylie, The Emergence of Maoism: Mao Tse-tung, Ch'en Po-ta, and the Search for Chinese Theory, 1935–1945, Palo Alto 1980, S. 205–206; Gao, Hong taiyang shi zenyang shengqi de, S. 607–609; Li Jihua, »Dui Mao Zedong geren chongbai de zisheng« (Die Förderung des Personenkults um Mao), Yanhuang chunqiu, Nr. 3 (März 2010), S. 40–45; Theodore H. White und Annalee Jacoby, Thunder out of China, London 1947, S. 217.
22 Chang und Halliday, *Mao*, S. 354; Public Record Office, Kew, FO 371/35777, 1. Februar 1943, S. 21.
23 Stuart R. Schram, »Party Leader or True Ruler? Foundations and Significance of Mao Zedong's Personal Power« in: Stuart R. Schram (Hg.), *Foundations and Limits of State Power in China*, London 1987, S. 213.
24 Frank Dikötter, The Tragedy of Liberation: A History of the Chinese Revolution, 1945–1957, London 2013, S. 16–17.
25 Dikötter, *The Tragedy of Liberation*, S. 3 und 22–23.
26 PRO, FO371–92192, 20. November 1950, S. 19; Robert Guillain, »China under the Red Flag«, in: Otto B. Van der Sprenkel, Robert Guillain und Michael Lindsay (Hg.), *New China: Three Views*, London 1950, S. 91–92; zu den Vorgaben für das Hängen der Porträts siehe zum Beispiel SMA, 9. September 1952, A22–2-74, S. 6–7; 29. Dezember 1951, B1–2-3620, S. 61; Hung Chang-tai, »Mao's Parades: State

Spectacles in China in the 1950s«, in: *China Quarterly*, Nr. 190 (Juni 2007), S. 411–431.

27 Dikötter, The Tragedy of Liberation, S. 134–137.

28 Dikötter, The Tragedy of Liberation, S. 83.

29 Dikötter, The Tragedy of Liberation, S. 47–48.

30 Dikötter, The Tragedy of Liberation, S. 99–100.

31 Dikötter, The Tragedy of Liberation, S. 190; William Kinmond, No Dogs in China: A Report on China Today, New York 1957, S. 192–194.

32 John Gitting, »Monster at the Beach«, in: *The Guardian*, 10. April 2004.

33 Das klassische Werk zum Thema ist Cohen, *The Communism of Mao Tse-tung*; der Autor wurde allerdings geächtet, als studierte Professoren der Harvard University wissenschaftliche Werke über die »Sinisierung des Marxismus« verfassten.

34 Valentin Chu, *The Inside Story of Communist China: Ta Ta, Tan Tan*, London: Allen & Unwin, 1964, S. 228.

35 Siehe Richard Curt Kraus, Brushes with Power: Modern Politics and the Chinese Art of Calligraphy, Berkeley 1991.

36 Chow Ching-wen, Ten Years of Storm: The True Story of the Communist Regime in China, New York 1960, S. 81.

37 Dikötter, The Tragedy of Liberation, S. 227.

38 William Taubman, *Khrushchev: The Man and his Era*, London 2003, S. 271–272.

39 Dikötter, The Tragedy of Liberation, S. 275–276.

40 Pang Xianzhi und Jin Chongji (Hg.), *Mao Zedong zhuan, 1949–1976* (Eine Biographie Mao Zedongs, 1949–1976), Peking: Zhongyang wenxian chubanshe, 2003, S. 534; Li Zhisui, *Ich war Maos Leibarzt: Die persönlichen Erinnerungen des Dr. Li Zhisui an den Großen Vorsitzenden*, Bergisch-Gladbach: Lübbe, 1994, S. 201–203.

41 Dikötter, The Tragedy of Liberation, S. 291.

42 GSPA, Maos Rede am 10. März 1958 in Chengdu, 91–18–495, S. 211.

43 Li Rui, *Dayuejin qin liji* (Zeitzeugenbericht über den »Großen Sprung nach vorn«), Haikou: Nanfang chubanshe, 1999, Bd. 2, S. 288.

44 Frank Dikötter, Mao's Great Famine: The History of China's Most Devastating Catastrophe, 1958–1962, London 2010, S. 20.

45 Frank Dikötter, *Mao's Great Famine*, S. 22–23.

46 Li Rui, *Lushan huiyi shilu* (Ein wahrer Bericht über die Konferenz von

Lushan), Hongkong: Tiandi tushu youxian gongsi, 2. Aufl. 2009, S. 232 und 389–390; Li, *Ich war Maos Leibarzt*, S. 411.

47 Li, Lushan huiyi shilu, S. 232.

48 Gao, *Zhou Enlai*, S. 187–188; Liu Tong, »Jieshi Zhongnanhai gaoceng zhengzhi de yiba yaoshi: Lin Biao biji de hengli yu yanjiu« (Zum besseren Verständnis der hohen Politik in Zhongnanhai: Eine Einordnung und Untersuchung der Notizen Lin Biaos), Vortrag bei der International Conference on Chinese War and Revolution in the Twentieth Century, Shanghai Communications University, 8. bis 9. November 2008.

49 Dikötter, *Mao's Great Famine*, S. 102.

50 Dikötter, *Mao's Great Famine*, S. 116–123.

51 Siehe Frank Dikötter, *The Cultural Revolution: A People's History, 1962–1976*, London 2016, S. 12.

52 *The People's Daily*, 7. Februar 1963, zitiert in: Cohen, *The Communism of Mao Tse-tung*, S. 203.

53 David Milton und Nancy D. Milton, The Wind Will Not Subside: Years in Revolutionary China, 1964–1969, New York 1976, S. 63–65; siehe auch Jacques Marcuse, The Peking Papers: Leaves from the Notebook of a China Correspondent, London: Arthur Barker, 1968, S. 235–246.

54 Lu Hong, *Junbao neibu xiaoxi: »Wenge« qinli shilu* (Die Geschichte eines Insiders bei der PLA Daily), Hongkong: Shidai guoji chubanshe, 2006, S. 14–17; Daniel Leese, *Mao Cult: Rhetoric and Ritual in China's Cultural Revolution*, Cambridge 2011, S. 111–113.

55 Li, Ich war Maos Leibarzt, S. 442; Lynn T. White III, Policies of Chaos: The Organizational Causes of Violence in China's Cultural Revolution, Princeton 1989, S. 194–195, 206 und 214–216.

56 Brief von D. K. Timms, 6. Oktober 1964, FO 371–175 973; siehe auch Laszlo Ladany, *The Communist Party of China and Marxism, 1921–1985: A Self-Portrait*, London 1988, S. 273.

57 Dikötter, The Cultural Revolution, S. XI.

58 Dikötter, *The Cultural Revolution*, S. 71–74.

59 Dikötter, *The Cultural Revolution*, S. 107–109.

60 Chang Jung, *Wilde Schwäne: Die Geschichte einer Familie*, München: Droemer Knaur, 1991, S. 396.

61 Dikötter, The Cultural Revolution, S. 89.

62 PRO, FO 371–186 983, Leonard Appleyard und John Benson, »Manifestations of the Mao Cult«, 28. September 1966.
63 Louis Barcata, China in the Throes of the Cultural Revolution: An Eye Witness Report, New York: Hart Publishing, 1968, S. 48.
64 SMA, 11. Dezember 1967, B167–3-21, S. 70–73; NMA, Anweisungen des Zentrums, 5. April und 12. Juli 1967, 5038–2-107, S. 2 und 58–59.
65 HBPA, Direktive des Handelsministeriums, 30. August 1966, 999-4-761, S. 149.
66 SMA, 2. Mai 1967, B182–2-8, S. 5–8.
67 Helen Wang, Chairman Mao Badges: Symbols and Slogans of the Cultural Revolution, London 2008, S. 21.
68 PRO, FCO 21–41, Donald C. Hopson, »Letter from Beijing«, 7. Oktober 1967.
69 Siehe zum Beispiel Pamela Tan, The Chinese Factor: An Australian Chinese Woman's Life in China from 1950 to 1979, Dural, New South Wales: Roseberg, 2008, S. 131.
70 PRO, FCO 21–19, Percy Cradock, »Letter from Peking«, 3. Juni 1968.
71 SMA, B103–4-1, 11. Juli 1967, S. 1–3; 9. Dezember 1969, B98–5-100, S. 10–11; 1. August 1968, B109–4-80, S. 31; zu den Statuen in Shanghai sollte man Jin Dalu lesen, *Feichang yu zhengchang: Shanghai »wenge« shiqi de shehui bianqian* (Das Außergewöhnliche und das Normale: Gesellschaftlicher Wandel in Shanghai während der Kulturrevolution), Shanghai: Shanghai cishu chubanshe, 2011, Bd. 2, S. 198–228.
72 Dikötter, *The Cultural Revolution*, S. 240–241.
73 »Zhongyang zhuan'an shencha xiaozu ›guanyu pantu, neijian, gongzei Liu Shaoqi zuixing de shencha baogao‹ ji ›pantu, neijian, gongzei Liu Shaoqi zuizheng‹« (Bericht zu Liu Shaoqi von der zentralen Fallgruppe), 18. Oktober 1968, Datenbank zur Kulturrevolution; mit einigen kleinen Änderungen habe ich die Übersetzung aus Milton und Milton verwendet, *The Wind Will Not Subside*, S. 335–339; zur Zusammensetzung des Kongresses siehe Roderick MacFarquhar und Michael Schoenhals, *Mao's Last Revolution*, Cambridge, MA, 2006, S. 292–293.
74 GDPA, 296-A2.1–25, Bericht über Shanghai, 7. März 1973, S. 189–198; PRO, FCO 21–962, Michael J. Richardson, »Naming of Streets«, 26. Januar 1972.
75 Chang und Halliday, *Mao*, S. 758–759.

76 Chang, *Wilde Schwäne*, S. 611.
77 Interview mit Jean Hong, 7. November 2012, Hongkong; Rowena Xiaoqing He, »Reading Havel in Beijing«, in: *Wall Street Journal*, 29. Dezember 2011.
78 Ai Xiaoming im Interview mit Zhang Tiezhi, 22. Dezember 2010, Guangzhou.
79 Wu Guoping im Interview mit Dong Guoqiang, 1. Dezember 2013, Bezirk Zongyang, Provinz Anhui.

Kim Il-sung

1 Robert A. Scalapino und Chong-sik Lee, *Communism in Korea*, Teil I: *The Movement*, Berkeley, CA, 1972, S. 324–325; Lim Un, *The Founding of a Dynasty in North Korea: An Authentic Biography of Kim Il-song*, Tokio 1982, S. 149.
2 Hongkoo Han, Wounded Nationalism: The Minsaengdan Incident and Kim Il-sung in Eastern Manchuria, Dissertation, University of Washington, 1999, S. 347.
3 Han, »Wounded Nationalism«, S. 365–366; Scalapino und Lee, *Communism in Korea*, S. 202–203; Dae-sook Suh, *Kim Il-sung: The North Korean Leader*, New York 1988, S. 37–47.
4 Charles Armstrong, *The North Korean Revolution: 1945–50*, Ithaca, NY, 2002, 2. Kapitel.
5 Lim, The Founding of a Dynasty in North Korea, S. 152.
6 Bradley K. Martin, *Under the Loving Care of the Fatherly Leader: North Korea and the Kim Dynasty*, New York 2004, S. 53; Armstrong, *The North Korean Revolution*, loc. 3415; John N. Washburn, »Russia Looks at Northern Korea«, in: *Pacific Affairs*, 20, Nr. 2 (June 1947), S. 160.
7 Armstrong, The North Korean Revolution, loc. 3862 und 5845; Schätzung von einer Million in: Martin, Under the Loving Care of the Fatherly Leader, zitierend Byoung-Lo Philo Kim, Two Koreas in Development: A Comparative Study of Principles and Strategies of Capitalist and Communist Third World Development, London 1991, S. 168.
8 David Allen Hatch, The Cult of Personality of Kim Il-Song: Functional Analysis of a State Myth, Dissertation, Washington, DC, 1986, S. 106–109.

9 Benoit Berthelier, »Symbolic Truth: Epic, Legends, and the Making of the Baekdusan Generals«, 17. Mai 2013, Sino-NK.

10 Hatch, The Cult of Personality of Kim Il-Song, S. 84–85 und 104.

11 Chen Jian, *China's Road to the Korean War*, New York 1996, S. 110; Sergei N. Goncharov, John W. Lewis und Xue Litai, *Uncertain Partners: Stalin, Mao, and the Korean War*, Stanford 1993, S. 142–145.

12 Max Hastings, *The Korean War*, New York 1987, S. 53; Hatch, *The Cult of Personality of Kim Il-Song*, S. 153.

13 Suh, Kim Il-sung, S. 123–126; Lim Un, The Founding of a Dynasty in North Korea, S. 215.

14 Hatch, The Cult of Personality of Kim Il-Song, S. 159–160.

15 Scalapino und Lee, *Communism in Korea*, S. 429.

16 Andrei Lankov, The Real North Korea: Life and Politics in the Failed Stalinist Utopia, Oxford 2013, S. 14.

17 Blaine Harden, The Great Leader and the Fighter Pilot: A True Story About the Birth of Tyranny in North Korea, New York 2016, S. 7; Suh, Kim Il-sung, S. 127–130; Andrei Lankov, From Stalin to Kim Il Sung: The Formation of North Korea, 1945–1960, New Brunswick, NJ, 2002, S. 95–96.

18 MfAA, A 5631, Botschaftsbericht, 23. März 1955, S. 63–64.

19 MfAA, A 5631, Botschaftsbericht, 23. März 1955, S. 54; RGANI, 5–28–411, Tagebuch von Botschafter V. I. Iwanow, 21. März 1956, S. 168; ein in Glas eingeschlossener Stein wird erwähnt bei Horst Kurnitzky, *Chollima Korea: A Visit in the Year 23*, Raleigh: Lulu Press Inc., 2006 (Erstveröff. dt. 1972), S. 19.

20 Hunter, Kim Il-song's North Korea, S. 13.

21 Hatch, The Cult of Personality of Kim Il-Song, S. 172–175.

22 RGANI, 5–28–410, S. 233–235; Übersetzung von Gary Goldberg in: »New Evidence on North Korea in 1956«, in: *Cold War International History Project Bulletin*, Nr. 16 (Herbst 2007/Winter 2008), S. 492–494.

23 RGANI, 5–28–412, 30. Mai 1956, S. 190–196; Übersetzung von Gary Goldberg in: »New Evidence on North Korea in 1956«, in: *Cold War International History Project Bulletin*, Nr. 16 (Herbst 2007/Winter 2008), S. 471; siehe auch Andrei Lankov, *Crisis in North Korea: The Failure of De-Stalinization, 1956*, Honolulu 2005.

24 Lankov, Crisis in North Korea; siehe auch Balázs Szalontai, Kim Il

Sung in the Khrushchev Era: Soviet-DPRK Relations and the Roots of North Korean Despotism, 1953–1964, Stanford 2006.

25 Lankov, *Crisis in North Korea*, S. 152–154.

26 Seltsamerweise gibt es in der gesamten Sekundärliteratur kaum explizite Hinweise darauf, dass das System tatsächlich auf Maos Grundlagen basiert; Ausnahme siehe Judy Sun und Greg Wang, »Human Resource Development in China and North Korea«, in: Thomas N. Garavan, Alma M. McCarthy und Michael J. Morley (Hg.), *Global Human Resource Development: Regional and Country Perspectives*, London 2016, S. 92; zu den Verfolgungen siehe Lankov, *Crisis in North Korea*, S. 164.

27 Lankov, Crisis in North Korea, S. 182.

28 RGANI, 5–28–314, Brief von S. Susdalew, Botschafter der Sowjetunion, an N. T. Fedorenko, 23. März 1955, S. 13–15; RGANI, 5–28–412, 10. Mai 1956, Bericht über das Gespräch von I. Biakov, dem ersten Sekretär der sowjetischen Botschaft, mit dem Leiter des Museums, S. 249–252; BArch, DY30 IV 2/2035/137, Informationsbulletin, 14. März 1961, S. 72.

29 Suh, *Kim Il-sung*, S. 168.

30 BArch, DY30 IV 2/2035/137, Informationsbulletin, 14. März 1961, S. 72–73 und 79; siehe auch Hatch, *The Cult of Personality of Kim Il-Song*, S. 183–192; über den Rückzug aus der Öffentlichkeit siehe Suh, *Kim Il-sung*, S. 168.

31 MfAA, A 7137, Information zum Nationalfeiertag, 16. September 1963, S. 45–49.

32 Zur Rede vom Dezember 1955 sei empfohlen: Brian R. Myers, »The Watershed that Wasn't: Re-Evaluating Kim Il-sung's ›Juche Speech‹ of 1955«, in: *Acta Koreana*, 9, Nr. 1 (Januar 2006), S. 89–115.

33 James F. Person, »North Korea's chuch'e philosophy«, in: Michael J. Seth (Hg.), *Routledge Handbook of Modern Korean History*, London 2016, S. 705–798.

34 MfAA, C 1088/70, Ingeborg Göthel, Informationsbericht, 29. Juli 1966, S. 100.

35 Person, »North Korea's chuch'e philosophy«, S. 725–767; MfAA, G-A 344, 10. November 1967, Brief der Botschaft, S. 1–7; darin beschrieben, wie der Kult mit den Säuberungen erstarkte.

36 MfAA, A 7174, Informationsbericht der Botschaft, 19. August 1968,

S. 19–20; PRO, FCO 51–80, »North Korea in 1968«, 3. Juli 1969, S. 13; FCO 21–307, »Kim Il-sung, the ›Prefabricated Hero‹«, 3. Juni 1967.

37 Suh, *Kim Il-sung*, S. 197; PRO, FCO 51–80, »North Korea in 1968«, 3. Juli 1969, S. 13.

38 MfAA, C 1088/70, Ingeborg Göthel, Bericht über den Maifeiertag, 5. Mai 1967, S. 55–58.

39 MfAA, C 1088/70, Hermann, Informationsbericht der Botschaft, 5. Januar 1968, S. 76–77, ebenso Ingeborg Göthel, Informationsbericht, 3. November 1967, S. 16–17; Ingeborg Göthel, Informationsbericht der Botschaft, 22. September 1967, S. 18–19; C 1023/73, Informationsbericht der Botschaft, 22. Mai 1968, S. 98–99; über die Studienräume siehe auch Rinn-Sup Shinn u. a., *Area Handbook for North Korea*, Washington: U. S. Government Printing Office, 1969, S. 276.

40 MfAA, C 1088/70, Ingeborg Göthel, Bericht über den Maifeiertag, 5. Mai 1967, S. 55–58; Ingeborg Göthel, Informationsbericht, 3. November 1967, S. 16–17.

41 Suh, *Kim Il-sung*, S. 231–234.

42 MfAA, G-A 347, Barthel, Bericht über Diskussion mit Samoilow, 17. Mai 1972, S. 16–18; siehe auch Suh, *Kim Il-sung*, S. 242.

43 »Rede vor den Vertretern der Abteilung für Propaganda und Agitation des Zentralkomitees der Arbeiter«, 29. Oktober 1971, Dokument auf der Website der Korean Friendship Association, Zugang 15. Januar 2016; Suh, *Kim Il-sung*, S. 319.

44 Harrison E. Salisbury, *To Peking and Beyond: A Report On The New Asia*, New York: Quadrangle Books, 1973, S. 207; Suh, *Kim Il-sung*, S. 319.

45 MfAA, C 6877, 6. März 1972, S. 76–77; MfAA, G-A 347, Brief der Botschaft, 11. Januar 1972, S. 14.

46 Salisbury, *To Peking and Beyond*, S. 218–219; siehe auch Suh, *Kim Il-sung*, S. 316–317; beide nennen 240 000 Quadratmeter als Ausstellungsfläche, was bei 92 Räumen unwahrscheinlich wirkt; die Fläche von 50 000 Quadratmetern stammt aus Helen-Louise Hunter, *Kim Il-song's North Korea*, Westport, CT, 1999, S. 23.

47 MfAA, C 6877, 6. März 1972, S. 76–77; Sonia Ryang, Writing Selves in Diaspora: Ethnography of Autobiographics of Korean Women in Japan and the United States, Lanham, MD, 2008, S. 88.

48 Salisbury, *To Peking and Beyond*, S. 218–219; Suh, *Kim Il-sung*, S. 316–319.

49 SMA, B158-2-365, 20. Dezember 1971, S. 107–111 und B163-4-317, 1. Dezember 1971, S. 134–135; zu Abzeichen in späteren Jahren siehe Andrei Lankov, *North of the DMZ: Essays on Daily Life in North Korea*, Jefferson, NC, 2007, S. 7–9.

50 Suh, *Kim Il-sung*, S. 270–271.

51 MfAA, C 6877, Informationsbulletin, 28. April 1972, S. 66–67.

52 Salisbury, *To Peking and Beyond*, S. 196–197, 204 und 220.

53 Salisbury, *To Peking and Beyond*, S. 214 und 219.

54 MfAA, C 315/78, 8. April 1970, S. 155–158.

55 Suh, *Kim Il-sung*, S. 262.

56 Lim, The Founding of a Dynasty in North Korea, S. 269; Suh, Kim Il-sung, S. 267–268.

57 Suh, *Kim Il-sung*, S. 267–268.

58 Philippe Grangereau, *Au pays du grand mensonge. Voyage en Corée*, Paris 2003, S. 134–137; Hunter, *Kim Il-song's North Korea*, S. 22.

59 C 6926, Kirsch, Botschaftsbrief, 21. November 1975, S. 1–3.

60 Suh, *Kim Il-sung*, S. 278–282.

61 Hans Maretzki, *Kim-ismus in Nordkorea: Analyse des letzten DDR-Botschafters in Pjöngjang*, Böblingen: Anika Tykve Verlag, 1991, S. 34 und 49; Lankov, *North of the DMZ*, S. 40–41.

62 Don Oberdorfer, *The Two Koreas: A Contemporary History*, Reading, MA, 1997, S. 341; Barbara Demick, *Nothing to Envy: Ordinary Lives in North Korea*, New York 2009, S. 100–101.

Duvalier

1 Zur frühen Geschichte Haitis siehe Philippe Girard, Haiti: The Tumultuous History – From Pearl of the Caribbean to Broken Nation, New York 2010.

2 Eric H. Cushway, The Ideology of François Duvalier, Magisterarbeit, University of Alberta, 1976, S. 79 und 97; Martin Munro, Tropical Apocalypse: Haiti and the Caribbean End, Charlottesville, VA, 2015, S. 36.

3 John Marquis, Papa Doc: Portrait of a Haitian Tyrant 1907–1971, Kingston 2007, S. 92.

4 Paul Christopher Johnson, »Secretism and the Apotheosis of Duvalier«, in: *Journal of the American Academy of Religion*, 74, Nr. 2 (Juni 2006), S. 428; Cushway, *The Ideology of François Duvalier*, S. 78–83.

5 François Duvalier, *Guide des ›Œuvres Essentielles‹ du Docteur François Duvalier*, Port-au-Prince: Henri Deschamps 1967, S. 11.

6 Trevor Armbrister, »Is There Any Hope for Haiti?«, in: Saturday Evening Post, 236, Nr. 23 (15. Juni 1963), S. 80; siehe auch Bleecker Dee, Duvalier's Haiti: A Case Study of National Disintegration, Dissertation, University of Florida, 1967, S. 70.

7 NARA, RG 59, Box 3090, Gerald A. Drew, »Political Situation in Haiti«, 3. August 1957.

8 Bernard Diederich, The Price of Blood: History of Repression and Rebellion in Haiti under Dr. François Duvalier, 1957–1961, Princeton, NJ, 2011, S. 17–18.

9 Diederich, *The Price of Blood*, S. 17–18.

10 Mats Lundahl, »Papa Doc: Innovator in the Predatory State«, in: *Scandia*, 50, Nr. 1 (1984), S. 48.

11 MAE, 96QO/24, Lucien Félix, »Conférence de presse de Duvalier«, 4. Oktober 1957; MAE, 96QO/24, Lucien Félix, »Un mois de pouvoir du président Duvalier«, 22. November 1957; NARA, RG 59, Box 3090, »Harassment of Haitian Labor Leaders«, 10. Januar 1958; Virgil P. Randolph, »Haitian Political Situation«, 30. Januar 1958.

12 *Haiti Sun* vom 24. Dezember 1957, S. 11; Louis E. Lomax, »Afro Man Chased out of Haiti«, in: *Baltimore Afro-American* vom 15. Oktober 1957; Stephen Jay Berman, *Duvalier and the Press*, Magisterarbeit in Journalismus, University of Southern California, 1974, S. 28.

13 NARA, RG 59, Box 3090, Virgil P. Randolph, »Haitian Political Situation«, 30. Januar 1958; Louis E. Lomax, »Afro Man Chased out of Haiti«, in: *Baltimore Afro-American* vom 15. Oktober 1957.

14 MAE, 96QO/24, Lucien Félix, »Un mois de pouvoir du président Duvalier«, 22. November 1957; NARA, RG 59, Box 3090, »Harassment of Haitian Labor Leaders«, 10. Januar 1958; Virgil P. Randolph, »Haitian Political Situation«, 30. Januar 1958.

15 MAE, 96QO/25, Lucien Félix, Telegramm, 13. März 1958.

16 NARA, RG 59, Box 3090, Gerald A. Drew, »Haitian Political Situation«, 26. Juni 1958; Dee, »Duvalier's Haiti«, S. 87.

17 NARA, RG 59, Box 3092, Virgil P. Randolph, »Joint Weeka No. 32«,

6. August 1958; MAE, 96QO/25, Lucien Félix, »Le coup de main du 29 juillet 1958«, 31. Juli 1958.

18 Lundahl, »Papa Doc«, S. 59; Robert I. Rotberg, *Haiti: The Politics of Squalor*, Boston 1971, S. 215–216.

19 MAE, 96QO/25, Lucien Félix, »La nouvelle constitution de la République d'Haiti«, 17. April 1958; Lundahl, »Papa Doc«, S. 60.

20 Elizabeth Abbott, *Haiti: The Duvaliers and Their Legacy*, New York 1988, S. 91–92.

21 Bernard Diederich und Al Burt, *Papa Doc: The Truth about Haiti Today*, New York 1969, S. 139; Rotberg, *Haiti*, S. 218.

22 Lundahl, »Papa Doc«, S. 60.

23 MAE, 96QO/25, Lucien Félix, »La situation politique et économique en Haiti«, 3. Februar 1959.

24 NARA, RG 59, Box 3092, »Joint Weeka No. 22«, 5. Juni 1959; NARA, Central Foreign Policy Files, RG 59, Box 3093, Gerald A. Drew, »Embtel 423«, 3. Juni 1959; Rotberg, *Haiti*, S. 218.

25 NARA, RG 59, Box 3093, Gerald A. Drew, »President François Duvalier Resumes Active Duty«, 7. Juli 1959.

26 NARA, RG 59, Box 3091, Philip P. Williams, »Executive-Legislative Relations«, 23. September 1959; Rotberg, *Haiti*, S. 220–221.

27 NARA, RG 59, Box 7, Caspar D. Green, »Memorandum«, United States Operations Mission, 13. Mai 1960.

28 MAE, 96QO/26, »Evolution vers l'extrémisme de gauche«, 9. August 1960; ebenso Charles le Genissel, »Arrestation de M. Clément Barbot«, 6. August 1960; NARA, RG 59, Box 1633, Brief des Botschafters in Haiti an den Außenminister, 15. Juli 1960; »Civilian Militia Palace Parade«, in: *The Haiti Sun* vom 7. Dezember 1960, S. 1 und 20.

29 MAE, 96QO/26, »Bulletin Mensuel d'Information«, 13. April 1961; NARA, RG 59, Box 1633, Charles Wm. Thomas, Brief des Botschafters in Haiti an den Außenminister, »Haiti Re-Elects President«, 9. Mai 1961.

30 NARA, RG 59, Box 1633, David. R Thomson, »Political Event in Haiti«, 21. Mai 1961.

31 MAE, 96QO/26, Charles le Genissel, »Prestation de serment du docteur Duvalier«, 25. Mai 1961; NARA, RG 59, Box 1634, Botschaft in Port-au-Prince, »Joint Weeka No. 21«, 26. Mai 1961.

32 NARA, RG 59, Box 3922, »Joint Weeka No. 29«, 20. Juli 1963; Berman, »Duvalier and the Press«, S. 57.

33 Dee, »Duvalier's Haiti«, S. 151–157; Diederich und Burt, *Papa Doc*, S. 195–196; Berman, »Duvalier and the Press«, S. 62.

34 MAE, 96QO/27, Charles le Genissel, »Mesures exceptionelles«, 29. August 1963; NARA, RG 59, Box 3922, »Joint Weeka No. 38«, 22. September 1963.

35 Rotberg, *Haiti*, S. 233; Cushway, *The Ideology of François Duvalier*, S. 136; NARA, RG 59, Box 3923, Norman E. Warner, »Duvalier Speech on September 30, 1963«, 8. Oktober 1963; *Hispanic American Report*, Bd. 16, Nr. 8 (September 1963), S. 869; NARA, RG 59, Box 1634, »Joint Weekas« Nr. 24 und 29, 16. Juni und 21. Juli 1961.

36 MAE, 96QO/54, »Présidence à vie«, 13. April 1964; Dee, »Duvalier's Haiti«, S. 177–178.

37 NARA, RG 59, Box 2262, »Joint Weeka No. 26«, 26. Juni 1964; NARA, RG 59, Box 2263, »Build-Up Begins for May 22 Celebrations«, 20. Mai 1964.

38 Jean Fourcand, *Catéchisme de la révolution*, Port-au-Prince: Imprimerie de l'Etat, 1964, S. 17.

39 NARA, RG 59, Box 2262, »Joint Weeka No. 38«, 18. September 1964.

40 Rotberg, *Haiti*, S. 239–242.

41 Richard West, »Haiti: Hell on Earth«, in: *New Statesman* vom 29. April 1966, französische Übersetzung in: MAE, 96QO/54, »Articles et documents«, 12.–19. August 1966; »Crushing a Country«, in: *Time* vom 27. August 1965; Berichte über Hungersnot in: NARA, RG 59, Box 2263, »Joint Weeka No. 46«, 12. November 1965.

42 Rotberg, *Haiti*, S. 243; Millery Polyné, *From Douglass to Duvalier: U.S. African Americans, Haiti, and Pan Americanism, 1870–1964*, Gainesville 2010, S. 190.

43 Rotberg, *Haiti*, S. 344; Michel Soukar, *Un général parle: Entretien avec un Chef d'état-major sous François Duvalier*, Port-au-Prince: Le Natal, 1987, S. 56.

44 NARA, RG 59, Box 2263, »Joint Weeka No. 25«, 20. Juni 1965.

45 NARA, RG 59, Box 2263, »Joint Weeka No. 46«, 12. November 1965.

46 Rotberg, *Haiti*, S. 247; NARA, RG 59, Box 2263, »Joint Weeka No. 16«, 24. April 1966.

47 NARA, RG 59, Box 2263, »Joint Weeka No. 16«, 24. April 1966; Vertrauliches Telegramm ans Außenministerium, 26. April 1966.

48 NARA, RG 59, Box 2263, »Joint Weeka No. 24«, 19. Juni 1966.

49 NARA, RG 59, Box 2263, »Alleged Statement by Haile Sellasie«, 8. Mai 1966.

50 NARA, RG 59, Box 2263, Vertrauliches Telegramm ans Außenministerium, 9. Juni 1966; »Duvalier October 26 Speech«, 18. Dezember 1966.

51 NARA, RG 59, Box 2263, »Joint Weeka No. 30«, 31. Juli 1966; »Joint Weeka No. 36«, 9. September 1966.

52 NARA, RG 59, Box 2263, »Joint Weeka No. 30«, 31. Juli 1966; »Confidential Report«, 2. September 1966; NARA, RG 59, Box 2172, »Joint Weeka No. 43«, 29. Oktober 1967.

53 NARA, RG 59, Box 2263, »Joint Weeka No. 30«, 31. Juli 1966; »Confidential Report«, 2. September 1966.

54 NARA, RG 59, Box 2172, »Joint Weeka No. 15«, 16. April 1967; »The Birthday Blowout«, in: *Time* vom 28. April 1967.

55 Abbott, *Haiti*, S. 144; »Coming to a Boil«, in: *Time* vom 25. August 1967.

56 NARA, RG 59, Box 2172, »Joint Weeka No. 25«, 25. Juni 1967; siehe auch Abbott, *Haiti*, S. 145.

57 NARA, RG 59, Box 2172, »Joint Weeka No. 11«, 19. März 1967; NARA, RG 59, Box 2172, »Joint Weeka No. 37«, 24. September 1967; NARA, RG 59 Box 5, »Haiti«, 26. September 1967.

58 NARA, RG 59, Box 2173, »Duvalier Speaks Extemporaneously Again«, 5. November 1967; »Joint Weeka No. 37«, 24. September 1967.

59 Über das Radio siehe NARA, RG 59, Box 2172, »Joint Weeka No. 2«, 14. Januar 1968.

60 Rotberg, *Haiti*, S. 350–366.

61 NARA, RG 59, Box 2172, »Trip Report: Northwest Department of Haiti«, 29. Dezember 1968.

62 Rotberg, *Haiti*, S. 235.

63 MAE, 96QO/56, Philippe Koening, »La rébellion du 24 avril«, 10. Juni 1970; »Action anti-communiste«, 30. April 1969; Abbott, *Haiti*, S. 152; Marquis, *Papa Doc*, S. 266–267.

64 MAE, 96QO/73, Philippe Koenig, »Haiti après la mort du Président François Duvalier«, 28. April 1971; NARA, RG 59, Box 2346, »Political/Economic Summary No. 3«, 21. Februar 1971; »Political/Economic Summary No. 8«, 8. Mai 1971.

Ceauşescu

1 »Obituary: Anca Petrescu«, in: *The Telegraph* vom 1. November 2013; Robert Bevan, *The Destruction of Memory: Architecture at War*, London 2006, S. 127–131.

2 John Sweeney, *The Life and Evil Times of Nicolae Ceausescu*, London 1991, S. 44–51.

3 Dennis Deletant, Communist Terror in Romania: Gheorghiu-Dej and the Police State, 1948–1965, New York 1999.

4 Alice Mocanescu, »Surviving 1956: Gheorghe Gheorghiu-Dej and the ›Cult of Personality‹ in Romania«, in: Apor Balázs, Jan C. Behrends, Polly Jones und E. A. Rees (Hg.), *The Leader Cult in Communist Dictatorships: Stalin and the Eastern Bloc*, Basingstoke 2004, S. 256; »Rumania: Want amid Plenty«, in: *Time* vom 8. Juni 1962.

5 Sweeney, The Life and Evil Times of Nicolae Ceausescu, S. 77–78; Vladimir Tismaneanu, Stalinism for All Seasons: A Political History of Romanian Communism, Berkeley, CA, 2003, S. 176.

6 Mary Ellen Fisher, *Ceauşescu: A Study in Political Leadership*, Boulder 1989, S. 69.

7 MAE, 201QO/167, 20. Januar 1968, Brief von Jean-Louis Pons, Botschafter in Rumänien.

8 Fisher, *Ceauşescu*, S. 133–139.

9 Fisher, *Ceauşescu*, S. 143–145.

10 Sweeney, The Life and Evil Times of Nicolae Ceausescu, S. 95.

11 Streng genommen war noch ein weiterer Genosse aus Gheorghiu-Dejs Politbüro übrig, nämlich Emil Bodnaras. Dieser war jedoch krank und nahm nicht am Kongress teil; Fisher, *Ceauşescu*, S. 154–157.

12 Fisher, *Ceauşescu*, S. 92–93; OSA, 300-8-3-5811, »Nicolae Ceausescu and the Politics of Leadership«, 29. März 1973, S. 16–18.

13 ANR, 2574-72-1971, Sitzungsprotokoll des Exekutivkomitees (Politbüro), 25. Juni 1971, S. 11.

14 ANR, 2574-72-1971, Sitzungsprotokoll des Exekutivkomitees (Politbüro), 25. Juni 1971, S. 11.

15 ANR, 2574-72-1971, Sitzungsprotokoll des Exekutivkomitees (Politbüro), 25. Juni 1971, S. 45–46; OSA, 300-8-47-188-23, »Rumanian Situation Report«, 13. Juli 1971, S. 9–11.

16 Fisher, *Ceauşescu*, S. 125–126.

17 ANR, 2574–72–1971, Sitzungsprotokoll des Exekutivkomitees (Politbüro), 25. Juni 1971; OSA, 300–8-47–188–23, »Rumanian Situation Report«, 13. Juli 1971, S. 9–11; den »neuen Menschen« erwähnt Parteisekretär Popescu; siehe OSA, 300–8-47–188–24, »Rumanian Situation Report«, 20. Juli 1971, S. 13.

18 Den Streit zwischen Ceauşescu und Iliescu erwähnt etwa Sweeney, *The Life and Evil Times of Nicolae Ceausescu*, S. 102.

19 Michel-Pierre Hamelet, Nicolae Ceausescu: Présentation, choix de textes, aperçu historique, documents photographiques, Paris 1971.

20 ANR, 2898–19–1976, Liste von im Ausland erschienenen Büchern über Nicolae Ceauşescu, 4. März 1976; OSA, 300–8-47–201–3, »Situation Report«, 9. Februar 1978, S. 9.

21 ANR, 2898–10–1973, Notiz über die Abteilung für Auslandsbeziehungen, 28. Mai 1973, S. 12–13.

22 Die exakte Summe betrug 7,5 Millionen Lire, siehe ANR, 2898–21–1971, Notiz über die Abteilung für Auslandsbeziehungen des Zentralkomitees, 4. September 1971; siehe auch Günter Heyden, »Bericht über einen Besuch beim Rumänischen Institut für historische und soziopolitische Studien«, 27. September 1971, DY 30/IVA 2/20/357, S. 377–378.
In *Protokolle des Politbüros des Zentralkomitees der Sozialistischen Einheitspartei Deutschlands (Mikrofiche-Edition, DY 30)* findet sich kein Protokoll vom 27. September 1971. Siehe: http://www.argus.bstu.bundesarchiv.de/dy30pbpr/index.htm Günter Heyden war Direktor des Instituts für Marxismus-Leninismus beim Zentralkomitee der SED.

23 OSA, 300–8-3–5811, »Nicolae Ceausescu and the Politics of Leadership«, 29. März 1973, S. 3–15.

24 ANR, 2574–31–1974, Sitzungsprotokoll des Exekutivkomitees (Politbüro) des Zentralkomitees, 27. März 1974, S. 50–59.

25 Sweeney, The Life and Evil Times of Nicolae Ceausescu, S. 105.

26 Fisher, *Ceauşescu*, S. 184–185 und 212–213; Anneli Ute Gabanyi, *The Ceauşescu Cult: Propaganda and Power Policy in Communist Romania*, Bukarest 2000, S. 17–18; Thomas J. Keil, *Romania's Tortured Road toward Modernity*, New York 2006, S. 301.

27 ANR, 2898–19–1976, Liste von im Ausland erschienenen Büchern über Nicolae Ceauşescu, 4. März 1976, S. 1–6.

28 OSA, 300–8-3–5850, »Ceausescu's Ideological Role is Strengthened«, 29. Juli 1976, S. 1–9.

29 OSA, 300–8-3–5850, »Ceausescu's Ideological Role is Strengthened«, 29. Juli 1976, S. 7.

30 OSA, 300–8-47–201–3, »Situation Report«, 9. Februar 1978, S. 9.

31 OSA, 300–8-47–201–3, »Situation Report«, 9. Februar 1978, S. 3; PRO, $FCO_2$8–3444, R. A. Burns, »President Ceauşescu's 60th Birthday«, 8. Februar 1978, S. 4–5.

32 OSA, 300–8-47–201–3, »Situation Report«, 9. Februar 1978, S. 6–10.

33 PRO, $FCO_2$8–3407, R. L. Secondé, »President Ceausescu of Romania: A Summary«, 24. April 1978, S. 4–5; Sweeney, *The Life and Evil Times of Nicolae Ceausescu*, S. 111–120.

34 Pacepa schrieb später ein vernichtendes Buch über das Ceauşescu-Regime: *Red Horizons: The True Story of Nicolae and Elena Ceausescus' Crimes, Lifestyle, and Corruption*, Washington, DC: Regnery Publishing, 1990.

35 ANR, 2898–28–1977, Bestände ausländischer Medaillen und Auszeichnungen, die Elena und Nicolae Ceauşescu verliehen wurden, 21. November 1977, S. 1–16.

36 Die DDR über die Pirvulescu-Affäre, siehe BArch, DY 30/IV 2/2035/52, 23. November 1979, S. 2–7; siehe auch Fisher, *Ceauşescu*, S. 240.

37 Jonathan Eyal, »Why Romania Could Not Avoid Bloodshed«, in: Gwyn Prins (Hg.), *Spring in Winter: The 1989 Revolutions*, Manchester 1990, S. 149–150.

38 OSA, 300–8-47–204–10, »Situation Report«, 22. Juli 1980, S. 2–5; MAE, 1929INVA/4629, Pierre Cerles, Bericht des Botschafters, 22. Dezember 1980.

39 MAE, 1929INVA/4630, »Situation en Roumanie«, 20. Dezember 1980.

40 Sweeney, *The Life and Evil Times of Nicolae Ceausescu*, S. 130–133.

41 OSA, 300–8-3–5914, Anneli Maier, »Anniversary of the 1965 RCP Congress«, 11. August 1982, S. 1–4.

42 BArch, DY 30/11599, Juni 1982, S. 87–89.

43 MAE, 1930INVA/5471, Michel Rougagnou, »Célébration du vingtième anniversaire«, 23. Juli 1985.

44 ANR, 2898–80–1984, Regeln für die Präsentation des offiziellen

Bildnisses von Nicolae Ceauşescu, 7. März 1984, S. 1–4; 2989–21–1984, Notiz zum neuen ABECEDAR, 1984, S. 8.

45 ANR, 2898–32–1985, Bericht über Sonderprogramme zum 65. Gründungstag der Kommunistischen Partei, 1985, S. 1–4.

46 David Binder, »The Cult Of Ceausescu«, in: *The New York Times* vom 30. November 1986.

47 ANR, 2898–36–1984, Transkript eines Treffens von Nicolae Ceauşescu und Vertretern der Union Visueller Künstler, 18. September 1984, S. 2–6.

48 Lucian Boia, *Romania: Borderland of Europe*, London 2001, S. 288–290.

49 Gabriel Ronay, »Romania Plans Village Blitz«, in: *Sunday Times* vom 23. Mai 1988; OSA, 300–8-47–212–11, »The Rural Resettlement Plan«, 16. September 1988, S. 13.

50 Binder, »The Cult Of Ceausescu«,(ohne Seitenangabe).

51 MAE, 1930INVA/5471, Michel Rougagnou, »Célébration du vingtième anniversaire«, 23. Juli 1985; Sweeney, *The Life and Evil Times of Nicolae Ceausescu*, S. 157–158.

52 Sweeney, The Life and Evil Times of Nicolae Ceausescu, S. 158.

53 Die Zahlen stammen aus: MAE, 1930INVA/5471, Michel Rougagnou, »La vie du parti dans l'entreprise«, 6. Oktober 1983.

54 MAE, 1930INVA/4630, Pierre Cerles, »Le communisme à la roumaine«, 24. Mai 1978.

55 OSA, 300–8-47–211–1, »Ceausescu Rejects Soviet-Style Reform«, 6. Februar 1980, S. 3–6.

56 Sweeney, *The Life and Evil Times of Nicolae Ceausescu*, S. 172–174.

57 MAE, 1935INVA/6478, Jean-Marie Le Breton, »Campagne d'élections«, 16. November 1989.

58 Peter Siani-Davies, *The Romanian Revolution of December 1989*, Ithaca, NY, 2007, S. 81–82; Emma Graham-Harrison, »'I'm Still Nervous', Says Soldier who Shot Nicolae Ceausescu«, in: *The Guardian* vom 7. Dezember 2014.

Mengistu

1 Donald L. Donham, »Revolution and Modernity in Maale: Ethiopia, 1974 to 1987«, in: *Comparative Studies in Society and History*, 34, Nr. 1 (Januar 1992), S. 42; Estelle Sohier, *Politiques de l'image et pouvoir royal en Éthiopie de Menilek II à Haylä Sellasé (1880–1936)*, Dissertation, Université de Paris 1, 2007, S. 159–169.

2 PRO, FCO 31/1829, Willie Morris, »Annual Review for 1974«, 6. Februar 1975.

3 Bahru Zewde, *A History of Modern Ethiopia*, London 2001, S. 234.

4 PRO, FCO 31/1829, Willie Morris, »Annual Review for 1974«, 6. Februar 1975.

5 PRO, FCO 31/1829, Willie Morris, »Annual Review for 1974«, 6. Februar 1975.

6 Richard J. Reid, Frontiers of Violence in North-East Africa: Genealogies of Conflict since c. 1800, Oxford 2011; Christopher Clapham, Transformation and Continuity in Revolutionary Ethiopia, Cambridge 1988, S. 41.

7 Shambel Tesfaye Reste Mekonnen, *Misikirnet be Derg Abalat* (Aussagen von Derg-Mitgliedern), Addis Abeba 2007, S. 164; PRO, FCO 31–2093, D. M. Day, »Mengistu«, 15. Juni 1977.

8 *Ethiopian Herald* vom 21. Dezember 1974 und 30. Januar 1975; Paul B. Henze, *Layers of Time: A History of Ethiopia*, London 2000, S. 290; Andargatchew Tiruneh, *The Ethiopian Revolution 1974–87*, Cambridge 1993, S. 102–103.

9 Begashaw Gobaw Tashu, *Yecoloel Mengistu Haile Maryam ena Yederggemenawoch* (Geheimnisse Mengistu Haile Mariams und des Derg), Addis Abeba: Far East Trading, 2008, S. 220.

10 Babile Tola, *To Kill a Generation: The Red Terror in Ethiopia*, Washington 1989, S. 38–39; PRO, FCO 31/2098, »Annual Review for 1976«, 3. Januar 1977.

11 *Ethiopian Herald* vom 29. September 1976; PRO, FCO 31/2098, »Annual Review for 1976«, 3. Januar 1977; Henze, *Layers of Time*, S. 291.

12 Eshetu Wendemu Hailesselasie, *Heiwot Be Mengistu Betemengist* (Leben im Palast in der Zeit Mengistus), Addis Abeba: Zed Printing House, 2010, S. 81–90.

13 *Ethiopian Herald* vom 5. Februar 1977.

14 Feseha Desta, *Abyotuna Tezetaye* (Meine Erinnerungen an die Revolution), Addis Abeba: Tsehay Asatami Derejet, 2008, S. 80; Geset Techane (Pseudonym Zenebe Feleke), *Neber* (War), Addis Abeba: Hetemet Alfa Asatamewoch, 2007, S. 238; Baalu Girma, *Oromay* (Das Ende), Addis Abeba: Mankusa Asatami, 1983, S. 21 und 50.
15 Fekreselasie Wegderes, *Egnana Abyotu* (Wir und die Revolution), Addis Abeba: Tsehay Akefafay Derejet, 2006, S. 75–76; Baalu, *Oromay*, S. 24 und 50–54.
16 *Ethiopian Herald* vom 5. Februar 1977; Begashaw, *Yecoloel Mengistu Haile Maryam*, S. 291.
17 Marina und David Ottaway, *Ethiopia: Empire in Revolution*, New York: Africana Publishing, 1978, S. 142–146; Judith Ashakih, *Gift of Incense: A Story of Love and Revolution in Ethiopia*, Trenton, NJ: Red Sea Press, 2005, S. 290; Stéphane Courtois u. a. (Hg.), *The Black Book of Communism: Crimes, Terror, Repression*, Cambridge, MA, 1999, S. 691.
18 »Farewell to American Arms«, in: *Time* vom 9. Mai 1977.
19 David A. Korn, *Ethiopia, the United States and the* Soviet Union, Carbondale 1986, S. 28–29.
20 NARA, RG 59, 1978STATE106159, 26. April 1978.
21 PRO, FCO 31/2251, C. M. Carruthers, »Leading Personalities of Ethiopia«, 19. Mai 1978; NARA, Central Foreign Policy Files, RG 59, 1978ADDIS02129, 11. Mai 1978.
22 NARA, RG 59, 1979ADDIS01388, 19. April 1979; Donham, »Revolution and Modernity in Maale«, S. 43.
23 Archiv Paul Henze, Hoover Institution, box 71, »A Communist Ethiopia?«, 1981.
24 NARA, RG 59, 1979ADDIS01388, 19. April 1979.
25 Shambel, Misikirnet be Derg Abalat, S. 327.
26 Habtamu Alebachew, *Ye Kesar Enba* (Cäsars Tränen), Addis Abeba: Far East Trading Publishing, 2007, S. 122, 142–143, 145 und 150.
27 Dawit Wolde Giorgis, *Red Tears: War, Famine and Revolution in Ethiopia*, Trenton, NJ, 1989, S. 58; BArch, DY 30/IV 2/2035/127, Bericht über Propaganda, 4. April 1978, S. 253–256; Baalu verfasste kritische Erinnerungen mit dem Titel *Oromay*. Er verschwand 1984, vermutlich wurde er getötet.
28 Dawit Shifaw, *The Diary of Terror: Ethiopia 1974 to 1991*, Blooming-

ton, IN, 2012, S. 72; Begashaw, *Yecoloel Mengistu Haile Maryam*, S. 378.

29 Archiv Paul Henze, Hoover Institution, box 68, »Revolution Day«, 12. September 1977, S. 16–17; zu den Strafen siehe PRO, FCO 31/2093, D. M. Day, »Mengistu«, 15. Juni 1977; siehe auch Giorgis, *Red Tears*, S. 59.

30 PRO, FCO 31/2093, D. M. Day, »Mengistu«, 15. Juni 1977; MAE, 326QONT/28, Jean Ausseil, »Chronique mensuelle«, 11. Dezember 1979; Habtamu, *Ye Kesar Enba*, S. 122.

31 MAE, 326QONT/28, Jean Ausseil, »Note: Situation intérieure de l'Ethiopie«, 27. Februar 1981.

32 Clapham, Transformation and Continuity in Revolutionary Ethiopia, S. 70–77.

33 Clapham, Transformation and Continuity in Revolutionary Ethiopia, S. 77.

34 François Jean, *Éthiopie: Du bon usage de la famine*, Paris: Médecins Sans Frontières, 1986, S. 21–25; siehe auch Harold G. Marcus, *A History of Ethiopia*, Berkeley 1994, S. 204–205.

35 BArch, DY 30/11498, 6. Mai 1982, S. 12; BArch, DY 30/27158, 3. Dezember 1982, S. 3; PRO, FCO 31/3895, D. C. B. Beaumont, »Meeting of EC Ambassadors«, 23. September 1983.

36 *Ethiopian Herald* vom 6. und 26. Juli 1984.

37 Henze, *Layers of Time*, S. 306–307; Archiv Paul Henze, Hoover Institution, box 72, »Communist Ethiopia: Is it Succeeding«?, Januar 1985; Giorgis, *Red Tears*, S. 135, erwähnt »Tausende« von Nordkoreanern; über die Reise nach Nordkorea im Jahr 1982 siehe auch S. 59.

38 Archiv Paul Henze, Hoover Institution, box 71, »A Communist Ethiopia?«, 1981; Korn, *Ethiopia, the United States and the Soviet Union*, S. 122–123.

39 *Ethiopian Herald* vom 4. und 7. September 1984; die Biografie ist erwähnt in: Giorgis, *Red Tears*, S. 172.

40 Korn, Ethiopia, the United States and the Soviet Union, S. 122–123.

41 »Ethiopians Mark 10th Anniversary of Socialist Revolution«, in: *United Press International* vom 12. September 1984; *Ethiopian Herald* vom 16. September 1984.

42 MfAA, C 1852, Reisebericht, April 1978, S. 58; Donham, »Revolution and Modernity in Maale«, S. 29.

43 Korn, Ethiopia, the United States and the Soviet Union, S. 123–124.
44 Henze, *Layers of Time*, S. 307; Archiv Paul Henze, Hoover Institution, box 72, »Communist Ethiopia: Is it Succeeding«?, Januar 1985; box 73, Paul Henze, »Exploiting Famine and Capitalizing on Western Generosity«, März 1986, S. 91; Korn, *Ethiopia, the United States and the Soviet Union*, S. 124–126.
45 Laurence Binet (Hg.), *Famine et transferts forcés de populations en Ethiopie 1984–1986*, Paris 2013; Alex de Waal, »Is the Era of Great Famines Over?«, in: *New York Times* vom 8. Mai 2016.
46 Gebru Tareke, The Ethiopian Revolution: War in the Horn of Africa, New Haven, CT, 2009, S. 218–261.
47 Charles Mitchell, »›Operation Red Star‹: Soviet Union, Libya back Ethiopia in Eritrean War«, 20. März 1982, UPI; Messay Kebede, *Ideology and Elite Conflicts: Autopsy of the Ethiopian Revolution*, Lanham, MD, 2011, S. 307–324.
48 Alex de Waal, Evil Days: Thirty Years of War and Famine in Ethiopia, New York 1991, S. 302–307.
49 Henze, *Layers of Time*, S. 327–329.
50 Archiv Paul Henze, Hoover Institution, box 68, »Travel Diary, 1991 June«.

Nachwort

1 Elleni Centime Zeleke, »Addis Ababa as Modernist Ruin«, in: *Callaloo*, 33, Nr. 1 (Frühjahr 2010), S. 125.
2 »How Kim Jong Un Builds his Personality Cult«, in: *The Economist* vom 8. Juni 2017, (ohne Seitenangabe; die Quelle ist vermutlich: https://www.economist.com/asia/2017/06/08/how-kim-jong-un-builds-his-personality-cult
3 Joseph Willits, »The Cult of Bashar al-Assad«, in: *The Guardian* vom 1. Juli 2011.
4 Kadri Gursel, »The Cult of Erdogan«, in: *Al-Monitor* vom 6. August 2014.
5 Tom Phillips, »Xi Jinping: Does China Truly Love ›Big Daddy Xi‹ – or Fear Him?«, in: *The Guardian* vom 19. September 2015.
6 Rowan Callick, »No Turning Back the Tide on Xi Jinping Personality

Cult«, in: *The Australian* vom 25. November 2017; Viola Zhou, »›Into the Brains‹ of China's Children: Xi Jinping's ›Thought‹ to Become Compulsory School Topic«, in: *South China Morning Post* vom 23. Oktober 2017; Jamil Anderlini, »Under Xi Jinping, China is Turning Back to Dictatorship«, in: *Financial Times* vom 11. Oktober 2017.

Personen- und Ortsregister

A

Addis Abeba 48 f., 59, 268 f., 271, 273, 277, 281, 285, 287
  Kaiserpalast (»Großer Gibi«) 269 f., 274, 277
  Museum für Ethnologie 281
  Parteikongresshalle 280 f.
  Platz der Revolution 270 f., 277, 281, 285
  Thronsaal 269 f.
  Tiglachin-Denkmal 281
  United Nations Economic Commission for Africa 279
  Universität 279
Adwa 47, 265, 282
Afabet 284
Afrika 47, 199, 214, 265, 284
  Ostafrika 47
Agronsky, Martin 232
Ägypten 57, 95, 253
Aksum 49, 265
Albanien 51, 57, 205, 287
Alessandria 22
Alexander der Große, Kg. v. Makedonien, Hegemon d. Korinth. Bundes 249
Alfieri, Dino 43
Allilujewa, Anna 142
Allilujewa, Nadeschda 120
Allilujewa, Swetlana 120
Aman Andom 267 f., 270, 276
Anhui 182
Apostol, Gheorghe 241 f.
Arcahaie 225
Arnaldo Mussolini 40
Asien 199
  Ostasien 246
Asmara 284
Assad, Baschar al- 18, 289
Assad, Hafiz al- 18, 289
Atatürk, Mustafa Kemal 234
Athen 57
Äthiopien 15 f., 47–49, 231, 265–268, 272 f., 277–283
Atnafu Abate 267, 272
Augustin, Rémy 224
Augustinus von Hippo, Hl. 233
Augustus, 1. röm. Kaiser 45 f.
Australien 36
Awdeenko, Alexander 127

B

Baalu Girma 276
Babylonisches Reich 95
Badoglio, Pietro 59
Bahamas 230

Balbo, Italo 27, 33, 47
Balkan 57
Barbot, Clément 216, 218, 220, 224, 226 f.
Barbot, Harry 227
Barbusse, Henri 121–123, 138
Baron Samedi 221 f.
Barre, Siad 272 f.
Bayern 64, 69, 79
Bedel, Maurice 37
Beethoven, Ludwig van 200
Belgien 99, 247
Belluno Veronese 41
Benjamin, René 36
Béraud, Henri 33, 107, 111
Berchtesgaden 88
Beria, Lawrenti 130 f.
Berlin 50, 52, 56, 65, 67, 75, 77, 84, 88, 92, 98, 102, 104 f., 138
  Bunker 104 f.
  Charlottenburg 77, 94
  Germania 95
  Große Halle 95
  Marmorgalerie 87
  Ordenspalais 81
  Ost-Berlin 140
  Propagandaministerium 104
  Reichskanzlei, Voßstraße 87 f., 90, 94, 99 f., 130
  Reichskanzlei, Wilhelmstraße 78, 87
  Reichstag 76, 81
  Schöneberg 84
  Sportpalast 84, 101
  Triumphbogen 94 f.
  Unter den Linden 95
  Via Triumphalis 94 f.
Bessel, Richard 73
Bierut, Bolesław 140
Bismarck, Otto von 121
Bodnaras, Emil 248
Bokassa, Jean-Bédel 18
Bolitho (Ryall), William 30
Bologna 26 f.
Boston 37
Braun, Eva 53, 104
Bremen 82
Breschnew, Leonid 243, 251, 261
Breslau 91
Bucharin, Nikolai 108, 113 f., 124
Budapest 163, 195
Bukarest 245, 258, 262
  Boulevard des Sieges des Sozialismus 258
  Nationaltheater 248
  Palastplatz 243
  Parlamentspalast 239, 258
  Stadion der Republik 254
  Zentrale der Kommunistischen Partei 262 f., 287
Bulgarien 140, 242
Burebista, Kg. d. Daker 254
Bursow, Boris 187
Byrnes, James 136

C

Caesar, Gaius Julius 46 f., 249
Cap Haitien 225
Carter, Jimmy 251
Castro, Fidel 18, 208, 222, 237, 274
Catchlove, Donald 247
Cayes 230
Ceauşescu, Elena 239, 251–253, 257 f., 261–263

Ceauşescu, Nicolae 13, 18, 208, 239–252, 254–263, 287 f.
Ceauşescu, Nicu 253
Chamberlain, Neville 93 f., 96 f.
Changchun 157, 166
Chang Jung 181
Chen Boda 153
Chiang Kai-shek 146–148, 151 f., 156 f., 170, 188
Chicago 115
China 15, 141, 145–147, 149–152, 155–157, 159, 162, 164–166, 168, 171, 180 f., 184, 188, 192, 194–200, 205, 207, 209, 244 f., 252, 289 f.
Chinesische Mauer 149
Cho Ki-chon 187
Cho Man-sik 185
Chongqing 152
Christophe, Henri 213 f., 238
Chruschtschow, Nikita 11, 145, 162–164, 168, 170 f., 182, 194, 240
Churchill, Winston 37, 61, 135
Ciano, Galeazzo 39, 51–53, 56 f., 60
Clapham, Christopher 278
Corner, Francesca 22
Courlander, Harold 221
Cromwell, Oliver 27, 249

D

Dagestan 128
Dakien 254
Dalí, Salvador 248
Dänemark 99
Dangun Wanggeom 184
D'Annunzio, Gabriele 23 f.
De Gaulle, Charles 233, 247
Déjoie, Louis 217, 219
Deng Xiaoping 163 f., 172
Denis, Lorimer 215, 221
Dessalines, Jean-Jacques 213, 225, 229
Deutsche Demokratische Republik (DDR 1949–1990) 140, 202, 279, 285
Deutscher, Isaac 138
Deutsches Reich (1871–1933) 64, 70–73
Deutsches Reich (Drittes Reich, Nationalsozialismus 1933–1945) 13, 39, 44, 46, 49–52, 57 f., 60, 75, 80–87, 90 f., 93 f., 96–105, 132–134, 139, 149
Deutschland 66, 247
Dire Dawa 273
Dominikanische Republik 230
Draghici, Alexandru 242
Dresden 79
Drexler, Anton 64
Dschugaschwili, Bessarion 119
Dschugaschwili, Jakow 120, 122
Dserschinski, Felix 111
DuBois, W.E.B. 91
Dumini, Amerigo 28
Düsseldorf 77
Duvalier, Duval 223
Duvalier, François 15, 18, 232, 236 f.
Duvalier, François (Papa Doc) 15, 18, 213, 215–238, 289
Duvalier, Jean-Claude (Baby Doc) 18, 226, 232, 238
Duvalier, Marie-Denise 232
Duvalier, Simone (Tochter) 226

E

Eckart, Dietrich 65–67
Edison, Thomas 37
Eduard »David«, Herzog von Windsor 89

Eisner, Kurt 64
El Alamein 284
Elisabeth II., Kg. d. Vereinigtem Königreichs Großbritannien u. Nordirland 232, 252
Endelkachew, Makonnen 266
Engels, Friedrich 16, 112, 130, 155, 160, 198, 200, 276, 279
Erdoğan, Recep Tayyip 289
Eritrea 17, 47, 267, 283–285
Estimé, Dumarsais 215–217
Estland 132

F

Farinacci, Roberto 27, 30–32, 43
Felice, Renzo de 52
Finnland 132
Fiume 23
Florenz 39
Foch, Ferdinand 99
Franco, Francisco 18
Frankreich 11, 36, 46, 49, 56, 69, 84, 97–99, 121, 133, 213 f., 220, 224, 253
Futian 148

G

Gaddafi, Muammar al- 18
Gaetano, Vincenzo de 34
Gandhi, Mahatma 37, 185
Gao Hua 153
Garbo, Greta 32
Garibaldi, Giuseppe 27
Geladse, Ketewan 120
Gentile, Emilio 59
George, Lloyd 89, 122
Georgien 115
Gheorghiu-Dej, Gheorghe 240–242, 255
Gibson, Violet 30
Gide, André 121
Giobbe, Salustri 22
Gitowitsch, Alexander 187
Gizeh
  Cheops-Pyramide 239
Glasgow
  Park Terrace 88
Glowania, Paul 91
Goebbels, Joseph 71 f., 74 f., 78, 81–85, 87, 94–96, 100–102, 105
Goethe, Johann Wolfgang von 86
Gojam 275
Go-Joseon 184
Gondar 57
Gorbatschow, Michail 261 f., 285
Göring, Hermann 81, 92, 97, 100, 104
Grandi, Dino 27, 31, 47
Gravelli, Asvero 40
Graziani, Rudolfo 48, 57
Green, Caspar D. 224
Greene, Graham 220
Griechenland 56 f.
Großbritannien 26, 46, 49 f., 56 f., 59, 64, 89, 93, 97 f., 100, 122, 135, 164, 206, 232, 251, 253

H

Haffner, Sebastian 96
Haile Baykedagn 268
Haile Mariam Wolde Ayana 268
Haile Selassie, Ks. v. Äthiopien 231 f., 265–267, 269, 273 f., 281 f.

Haiti 11, 213–215, 218, 220, 222, 225–227, 229–233, 237
Citadelle Henri Christophe 213
Hamelet, Michel-Pierre 246 f.
Han Chae-tok 187
Hanfstaengl, Ernst 67
Hannibal 48
Hannover 77
Han Sor-ya 186
Hassell, Ulrich von 102
Havanna 222
Hearst, William Randolph 37
Heiliges Römisches Reich Deutscher Nation 80
Henri, Jacques-Victor 214
Heß, Rudolf 80 f.
Himmler, Heinrich 104 f.
Hindenburg, Paul von 74–76, 78 f.
Hispaniola 222
Hitler, Adolf 13–16, 18, 46–52, 57, 60, 63–105, 110, 116, 122, 130–133, 137, 245, 249, 258
Hobbes, Thomas 7
Hoffmann, Heinrich 67, 70, 74, 85, 87 f., 98, 103
Ho Kai 190
Hollander, Paul 15
Horn von Afrika 47, 265
Hou Bo 159
Hoxha, Enver 18, 287
Hua Mulan 141
Hunan 146, 161
Hussein, Saddam 18

I

Iliescu, Ion 242, 246, 263
Indonesien 198
Italien 13 f., 22 f., 25, 27, 30, 32–35, 40, 46 f., 49, 51, 53 f., 56 f., 59 f., 85, 117, 245, 247, 265
Furlo-Schlucht 49
Iwanow, Wassili 192

J

Jacoby, Annalee 155
Jakarta 199, 206
Jalta 135, 183
Jang Song-thaek 288
Japan 51, 149, 151 f., 156, 184, 187, 196, 203 f., 209
Jennrich, Paul 86
Jenukidse, Abel 119
Jeremie 230
Jeschow, Nikolai 131
Jiang Qing 252
Jiangsu 175
Jiangxi 148 f.
Johnson, Lyndon B. 232
Juda 265
Jugoslawien 207, 251

K

Kaganowitsch, Lasar 112, 117, 129 f.
Kalinina, Ekaterina 125
Kalinin, Michail 125
Kambodscha 18
Kamenjew, Lew 112 f., 124
Kang Pan-sŏk 187, 200
Kang Sheng 153 f.
Kaplan, Fanny 107 f.
Kapp, Wolfgang 65
Kasachstan 114, 118, 123
Kasan 125
Kasten, Hermann 76

Kaukasus 135
Kebede Tessema 268
Kébreau, Antonio 217, 219
Kennedy, John F. 226
Ke Qingshi 165
Kershaw, Ian 13
Khomeini, Ruhollah 18
Kiew 133 f.
Höhlenkloster 111
Kihss, Peter 222
Kim Bo-hyon 200
Kim (Familie) 18, 289
Kim Hyŏng-jik 184, 187, 200, 203
Kim Il-sung 12, 16 f., 183–211, 288 f.
Kim Jong-il 208–210
Kim Jong-un 288–290
Kim Song-ae 202
Kim Ungu 200
Kim Yong-ju 202
Kipling, Rudyard 233
Kirkpatrick, Ivone 26, 50
Kirow, Sergei 124
Klemperer, Victor 79, 84, 94, 96, 105
Knickerbocker, Hubert 120
Knox, Frank 37
Kongo, Demokratische Republik (1971–1997 Zaire) 253
Korea 15, 156, 183–185, 187 f., 190, 210, 244 f., 257
Demokratische Volksrepublik Korea (Nordkorea) 17 f., 141, 156, 183–192, 194–196, 198 f., 201 f., 205–207, 230, 246, 253, 258, 280 f., 288
Republik Korea (Südkorea) 185–187, 189, 191, 196 f., 201
Kruoskaja, Nadeschda 111
Kuba 208, 222, 226, 230, 273
Kunming 181
Kwarkja, Seidik 128
Kyrenaica 46

L

Lamont, Thomas W. 37
Landsberg am Lech
Staatliche Gefangenenanstalt 70
Lateinamerika 199
Lausanne 27
Lauterbach, Richard E. 135
Lebedew, Nikolai 183
Lee Bo-ik 200
Lei Feng 168 f.
Lenin (eigtl. Wladimir Iljitsch Uljanow) 10, 16, 23, 107–115, 117–119, 122 f., 130, 137, 143, 146, 149, 155, 160, 164, 166, 171, 190, 192, 198, 234, 251, 276, 279, 281, 285, 287
Leningrad (St. Petersburg) 114, 124, 126, 133, 136
Lettland 132
Ley, Robert 86 f., 99, 105
Libyen 46, 57
Lin Biao 166–169, 172 f., 176 f., 179 f.
Lincoln, Abraham 249
Li Rui 166
Litauen 132
Littoria 45
Littoria, Italien 45
Liu Shaoqi 154–156, 163, 166 f., 172, 179
Li Zhisui 13
Locard, Henri 18
London 27, 57, 247
Buckingham-Palast 251
Louverture, Toussaint 213

Ludwig, Emil 75, 121, 123
Ludwig XIV. 9
Ludwig XIV., Kg. v. Frankreich 9–11
Ludwig XVI., Kg. v. Frankreich 10
Lushan 166, 169
Lusso, Emilio 55
Lyons, Eugene 119 f., 126

M

MacArthur, Douglas 189
Magloire, Paul 216 f.
Mahatma Gandhi 37
Mailand 25, 42, 60
Majakowski, Wladimir 187
Malenkow, Georgi 208
Maltoni, Rosa 43
Mandelstam, Nadeschda 128, 136
Mandelstam, Osip 127 f.
Mandschurei 149, 151, 156 f., 183 f.
Manescu, Manea 250
Mangyongdae 190, 203
Mao Zedong 12 f., 16–18, 141, 145–182, 188 f., 195 f., 206, 208, 234 f., 247, 288
Markisowa, Engelsina (Gelia) 127
Markisow, Ardan 127
Marx, Karl 16 f., 108, 112, 117, 130, 155, 160, 166, 192, 198, 200, 276, 279, 281
Massawa 285
Matteotti, Giacomo 28, 33, 55
Maurer, Gheorghe 241–243, 248
Mechlis, Lew 112, 127
Menelik II., Ks. v. Äthiopien 47, 265, 272, 274
Mengistu Haile Mariam 16 f., 265, 267–286
Miami 224, 233
Michael der Mutige 254
Mikojan, Anastas 130
Mircea der Ältere 254
Mobutu Sese Seko (eigtl. Joseph-Désiré Mobutu) 18
Molotow (Stadt) 125
Molotow, Wjatscheslaw 112, 125
Morrison, Herbert 216, 218, 223 f.
Moskau 63, 107, 112, 114, 120 f., 130, 134, 137 f., 140 f., 145 f., 148, 152–154, 164, 185, 188, 194–196, 206, 242, 260, 272 f., 285
  Grandhotel 117
  Hotel Metropol 117
  Kreml 117, 120, 125, 127, 132 f., 135, 140 f., 145, 162
  Puschkin-Museum 141
  Roter Platz 110, 115, 117 f., 122, 138, 140, 143
  Theaterplatz 117
Mugabe, Robert 18, 285
München 63–68, 70, 88, 96
  Brienner Straße (»Braunes Haus«) 70
  Bürgerbräukeller 68
  Circus Krone 65
  Schellingstraße 70
  Theresienwiese 96
Murmansk 137
Musan 203
Mussolini, Alessandro 34, 43
Mussolini, Arnaldo 32, 40
Mussolini, Benito 10, 12–14, 16 f., 21–60, 63, 66, 68, 89, 102, 104, 107, 122, 230, 249, 254, 258, 288
Myohyang-san 208
  Museum für Völkerfreundschaft 208

N

Nairobi 285
Nanjing 152
Napoleon I. Bonaparte, Ks. v. Frankreich 27, 40, 47, 95, 121, 249
Navarra, Quinto 28, 53
Negri, Ada 37
Negussie Fanta 275
New York 218, 227, 231, 237
Niederlande 56, 253
Nixon, Richard 180, 242 f., 247
Nkrumah, Kwame 234
Normandie 103
Norwegen 99
Nürnberg 71, 80 f., 84, 87
  Zeppelinfeld 80

O

Obersalzberg (Berchtesgaden) 88 f., 93
  Berghof 88–90, 92, 94
  Große Halle 88
O'Connell, William 37
Oder 104
Ogaden 272 f.
Ordschonikidse, Sergo 112, 117, 125, 129
Ordschonikidse (Stadt) 125
Orwell, George 19
Österreich 51, 93, 96
Osteuropa 141, 262, 278
Ostrowski, Nikolai 200
Ostsee 126

P

Pacepa, Ion Mihai 252 f.
Paektusan 184, 210
Pak Hon-yong 185, 190, 192
Papailler, Hubert 225
Paris 10 f., 99, 121, 127, 133
  Arc de Triomphe 209
Park Chung 201
Pătrăşcanu, Lucreţiu 240, 242
Paul VI., Papst 233
Pearl Harbor 101, 152
Peking 149, 151, 157, 162 f., 167, 169, 172 f., 180, 182, 195, 244 f., 290
  Tian'anmen-Platz (Platz des Himmlischen Friedens) 158, 170, 172, 177, 244
  Verbotene Stadt 157, 161
Pelanda, Bortolo 41
Peng Dehuai 166 f., 169
Perikles 249
Petacci, Clara 60
Peter I. der Große, 1. Ks. d. Russischen Reichs 249
Petrescu, Gheorghe 253
Piacentini, Marcello 21
Pik Stalin (Pik Ismoil Somoni) 141
Pini, Giorgio 34
Pîrvulescu, Constantin 250, 253, 261
Pius XII., Papst 58 f.
Pius XI., Papst 58
Pjöngjang 183–185, 190, 195, 197, 199 f., 203, 205, 207–209, 244 f., 258, 280
  Kim-Il-sung-Platz 203, 209
  Mansudae 204, 210
  Revolutionsmuseum 197, 204
  Stadion 209
  Triumphbogen 209
Platon 233
Pochonbo 184, 187, 190, 203

Polen 51, 56, 97 f., 103, 117, 132, 140, 242, 262
Polewoi, Boris 143
Pol Pot (eigtl. Saloth Sar) 18
Port-au-Prince 227, 237
Aéroport François Duvalier 231
Avenue Haile Selassie 231
Fort Dimanche 234
Präsidentenpalast 11, 216, 219, 231 f., 238
Salon Jaune 222
Poskrjobyschew, Alexander 128
Potsdam 135
Reichstag 78
Prag 242, 251
Predappio 31, 43
Santa Rosa 43
Predappio Nuova 43
Preußen 95
Price-Mars, Jean 214 f.

R

Rákosi, Mátyás 140
Raubal, Geli 73
Rhee Syng-man 187–189
Rheinland 90
Riefenstahl, Leni 84, 87
Rizi, Arturo 41
Rockefeller, Nelson 237
Röhm, Ernst 66, 74, 78, 81, 131
Rom 10, 12, 21, 25, 27, 30, 32, 41 f., 44–46, 48 f., 55 f., 59, 63, 95, 265
Circus Maximus 49
EUR (Esposizione Universale Roma) 21, 46
Foro Mussolini 49
Kolosseum 21, 41, 44, 46
Königshalle 41
Palazzo delle Esposizione 43
Palazzo Venezia 35, 41, 44, 53, 57
Sala del Mappamondo 35 f.
Via dell'Imperio 44
Villa Borghese 63
Villa Torlonia 32 f., 36, 44
Romanow (Zarenfamilie) 25, 108
Römisches Reich 95
Roosevelt, Franklin D. 97, 135 f., 183
Rosenberg, Alfred 50, 67
Rossi, Cesare 28, 32, 39
Rotes Meer 265, 267, 285
Rubikon 25
Rumänien 242 f., 246–248, 250–252, 254–256, 259 f., 262
Rumiantsew, Iwan 125
Russland (bis 1922, ab 1992) 15, 23, 111, 115, 131
Rust, Bernhard 85, 87, 105

S

Saddam Hussein 18
Sahelzone 284
Salisbury, Harrison 205 f.
Salò 60
Sarfatti, Margherita 34
Sauter, Robert 91
Schdanow, Andrei 139
Schirach, Baldur von 74, 86 f.
Schleicher, Kurt von 76
Schukow, Georgi 133, 138 f.
Schuschnigg, Kurt 89, 93
Schweden 206
Schweinebucht 237
Scornicești 258 f.
Stadion 259

Secondé, Sir Reggie 251
Seitz, Hans H. 86
Seoul 187, 191, 201
Service, Robert 133
Seychellen 207
Shaanxi 149
Shanghai 146–148, 152, 156, 165, 170, 173, 175, 178, 180 f.
Peace Hotel 180
Shaw, George Bernard 120–122
Shijiazhuang 290
Shirer, William 92, 98 f.
Sibirien 123, 149
Sichuan 152
Siegert, Heinz 247
Simbabwe 285
Simpson, Wallis, Herzogin von Windsor 89
Sinowjew, Grigori 112 f., 124
Sinowjewsk 125
Sinuiju 193
Slocombe, George 26, 32
Smith, Al (Alfred E.) 37
Snow, Edgar 150 f.
Somalia 47, 272 f., 283
Somaliland 46
Sondershausen 77
Sowjetunion (1922–1991) 12, 14, 17, 58, 69, 97 f., 101, 113–116, 118, 120, 122, 125, 127 f., 130–135, 138, 140 f., 147–149, 155 f., 158, 162–165, 167, 171, 180, 183–186, 188–190, 192, 194–199, 202 f., 205–209, 240–243, 247, 253, 255, 260 f., 270, 272 f., 278 f., 283 f.
Speer, Albert 80, 87, 94–96, 104
Stalinabad (Duschanbe) 126
Stalinagorsk (Nowomoskowsk) 126
Stalingrad (Wolgograd) 101 f., 125 f., 135
Stalin, Josef 11–14, 16–18, 32, 48, 97, 101, 105, 107, 109–143, 145, 148 f., 151 f., 154–156, 158–162, 164, 168, 171, 182–185, 188–192, 206, 208, 241, 288
Stalin-Kanal 126
Stalino (Donezk) 126
Stalinsk (Nowokusnezk) 126
Stalin, Wassili 120, 122
Starace, Achille 37 f., 40, 43, 48, 53 f., 59 f.
Staßfurt 76
Stefan der Große 254
Steriade, Mihai 247
Stiehler, Annemarie 86
St. Petersburg
Winterpalais 10
Stresemann, Gustav 72
Strunino 136
Stuttgart 77
Sudetenland 93 f., 97
Sukarno 18
Sweeney, John 260
Syrien 289

T

Taiwan 157, 188
Teferi Banti 267, 270, 276
Teheran 135
Thackeray, William Makepeace 9
Thompson, Dorothy 90
Tichonow, Nikolai 143
Tiflis 115
Tigray 275, 283
Timişoara 262

Tito (eigtl. Josip Broz) 18
Tokio 149, 207
Tower, Henrietta 44
Tower Wurts, Henrietta 44
Tripolis 46
Troost, Gerdy 88
Trotzk 125
Trotzki, Leo (eigtl. Lew Dawidowitsch Bronstein) 12, 107, 109 f., 112–114, 118 f.
Truman, Harry S. 135
Tschechoslowakei (1918–1992, seither Tschechien, Slowakei, z. T. Ukraine) 51, 93, 97, 141, 206, 242, 260
Turati, Augusto 31, 37, 40, 43
Turin 41
Türkei 289

U

Ukraine 123, 133
Ulbricht, Walter 140
Ungarn 36, 97, 117, 140, 163, 242, 262
Ural 123

V

Valéry, Paul 233
Valori, Giancarlo Elia 247
Vatikan 224, 232
Venedig 22, 50
  Piazza San Marco 50
Vereinigte Staaten von Amerika (USA) 37, 44, 71, 84, 101, 134, 151 f., 156, 164, 180, 187–189, 191, 197, 199, 206, 214, 216, 219, 222, 224, 226 f., 229 f., 232, 237, 243, 252, 268, 272
Versailles (Schloss von Versailles) 10 f.
  Spiegelsaal 87
Vesper, Will 82
Viktor Emanuel III., Kg. v. Italien 25, 43, 48 f., 58 f.
von Ludendorff, Erich 68

W

Walachei 254
Wang Jiaxiang 155
Warschau 98, 140
Washington, D.C. 237
  Weißes Haus 216
Weißes Meer 126
Welega 275
Werth, Alexander 134
White, Theodore 155
Wien 63, 93
Windward-Passage 222, 230
Winner, Percy 36
Wolfsschanze 103
Wolga 123
Wolga-Don-Kanal 142
Wollo 282
Wonsan 185

X

Xi Jinping 290

Y

Yan'an 149 f., 152–154, 156
Yi Sang-jo 194
Yunnan 165, 181

Z

Zentralasien 140
Zhou Enlai 148 f., 152, 154, 163, 165, 168, 180, 242